Harald Klingemann · Linda Carter Sobell (Hrsg.)

Selbstheilung von der Sucht

Harald Klingemann
Linda Carter Sobell (Hrsg.)

Selbstheilung von der Sucht

VS VERLAG FÜR SOZIALWISSENSCHAFTEN

Bibliografische Information Der Deutschen Bibliothek
Die Deutsche Bibliothek verzeichnet diese Publikation in der Deutschen Nationalbibliografie; detaillierte bibliografische Daten sind im Internet über <http://dnb.ddb.de> abrufbar.

1. Auflage Juni 2006

Lektorat: Stefanie Laux

Der VS Verlag für Sozialwissenschaften ist ein Unternehmen von Springer Science+Business Media.
www.vs-verlag.de

Umschlaggestaltung: KünkelLopka Medienentwicklung, Heidelberg
Satz: www.text-und-stil.de

Gedruckt auf säurefreiem und chlorfrei gebleichtem Papier

ISBN-10 3-531-14862-1
ISBN-13 978-3-531-14862-5

Zur Ermutigung für alle, die ihr Leben ändern wollen.

Inhalt

Dank

Die Herausgabe des ersten deutschsprachigen Übersichtswerkes zum Thema *Selbstheilung von der Sucht* wurde mit finanzieller Unterstützung des schweizerischen Bundesamtes für Gesundheit (BAG) im Rahmen des Editionsmandats 03.000194 ermöglicht. Den Mitarbeiterinnen des Bundesamtes, insbesondere Frau Dr. Rihs-Middel, aber auch Frau Villiger und Frau Günter von der Abteilung Nationale Präventionsprogramme, Sektion Grundlagen des BAG, gilt unser Dank für ideelle und administrative Betreuung auch in schwierigen Zeiten. Das Engagement der Mitherausgeberin wurde durch Forschungsmittel des ‚National Institute on Alcohol Abuse and Alcoholism' (Grant AA08593) ermöglicht und von der Nova South Eastern University in Florida, USA, tatkräftig gefördert – angesichts knapper Forschungsmittel und der spezifischen Thematik nicht gerade selbstverständlich im nordamerikanischen Kontext.

Kein Buch ohne Verlag. Als wir 2003 an Herrn Edmund Budrich vom Verlag Leske + Budrich mit unserer Publikationsidee herantraten, stießen wir auf spontanes Interesse und hatten jemanden gefunden, der an unser Projekt glaubte. Nach der Übernahme des Editionsvorhabens durch den VS Verlag für Sozialwissenschaften / GWV Fachverlage befand sich das Buch in guten Händen bei Frau Stefanie Laux vom Lektorat Erziehungswissenschaften, Soziale Arbeit, welche uns kompetent und geduldig begleitet und betreut hat. Es ist das Verdienst von Frau Laux und von Frau Weijman vom Special Licensing Department des Springer Verlages, dass ein Abtausch der Rechte bezüglich englischsprachiger Originaltexte des Buches zwischen den Verlagen zustande kam: eine notwendige Voraussetzung für die Publikation der vorliegenden revidierten deutschsprachigen Ausgabe.

Last but not least geht ein ganz besonderes Dankeschön an Frau Ulrike Freywald vom Wissenschaftslektorat „Text & Stil" (Berlin/Wien), die die verlagskonforme Aufbereitung, Korrektur und kritische Durchsicht des Gesamtmanuskripts – bei Übersetzungen aus dem Englischen kein leichtes Unterfangen – mit höchster Professionalität und viel persönlichem Engagement erfolgreich in die Hand genommen hat.

Liste der Autorinnen und Autoren

Harald Klingemann
Berner Fachhochschule, Soziale Arbeit Bern & *südhang* Klinik für Suchttherapien, Kirchlindach, Schweiz, e-mail: harald.klingemann@suedhang.ch

Linda C. Sobell
Center for Psychological Studies, Nova Southeastern University, Fort Lauderdale, USA, e-mail: sobelll@nova.edu

Gallus Bischof
Forschungsgruppe S:TEP (Substanzmissbrauch: Therapie, Epidemiologie und Prävention), Klinik für Psychiatrie und Psychotherapie, Universität Lübeck, Deutschland

Jan Blomqvist
Research & Development Unit, City of Stockholm, Stockholm, Schweden, e-mail: jan.blomqvist@stadshuset.stockholm.se

Patrick Finn
Speech, Language, & Hearing Sciences University of Arizona, Tucson, USA, e-mail: pfinn@email.arizona.edu

Stephanie Flöter
IFT Institut für Therapieforschung, München, Deutschland

Ulfert Hapke
Institut für Epidemiologie und Sozialmedizin, Ernst-Moritz-Arndt-Universität Greifswald, Deutschland

Ulrich John
Institut für Epidemiologie und Sozialmedizin, Ernst-Moritz-Arndt-Universität Greifswald, Deutschland

Christoph Kröger
IFT Institut für Therapieforschung, München, Deutschland, e-mail: kroeger@ift.de

Joachim Körkel
Ev. Fachhochschule Nürnberg, Nürnberg, Deutschland,
e-mail: joachim.koerkel@evfh-nuernberg.de

Christian Meyer
Institut für Epidemiologie und Sozialmedizin, Ernst-Moritz-Arndt-Universität Greifswald, Deutschland

Jachen C. Nett
Berner Fachhochschule, Soziale Arbeit, Bern, Schweiz

Janet Polivy
Department of Psychology, University of Toronto at Mississauga, Mississauga, Kanada, e-mail: jpolivy@utm.utoronto.ca

Hans-Jürgen Rumpf
Forschungsgruppe S:TEP (Substanzmissbrauch: Therapie, Epidemiologie und Prävention), Klinik für Psychiatrie und Psychotherapie, Universität Lübeck, Deutschland, e-mail: H.Rumpf@ukl.mu-luebeck.de

Reginald G. Smart
CAMH Centre for Addiction and Mental Health, General Mental Health Assessment, Toronto, Kanada, e-mail: Reg_Smart@camh.net

Mark B. Sobell
Center for Psychological Studies, Nova Southeastern University, Fort Lauderdale, USA, e-mail: sobellm@nova.edu

Jukka-Pekka Takala
Oikeusministeriö, kriminaalipoliittinen osasto Rikoksentorjuntaneuvosto, Helsinki, Finnland, e-mail: pekka.takala@om.fi

Tony Toneatto
Department of Psychiatry, University of Toronto, Kanada,
e-mail: Tony_Toneatto@camh.net

Justyna Zulewska
Zaklad Badan nad Alkoholizmem i Toksykomaniamii, Instytut Psychiatrii i Neurologii, Warschau, Polen

Einleitung

Harald K.-H. Klingemann und Linda C. Sobell

Wissenschaftliche Untersuchungen, aber auch unsere Alltagserfahrung – denken wir nur an das Rauchen – zeigen klar, dass es die meisten Süchtigen schaffen, ihr Problemverhalten *ohne* professionelle Hilfe oder Selbsthilfegruppen zu überwinden. Gleichzeitig wurden Forschungsbemühungen auf dem Gebiet des ‚selbst organisierten Ausstiegs aus der Sucht' oder der ‚Selbstheilung' jedoch durch ein deterministisches Krankheitsmodell beeinträchtigt, das die Suchtforschung lange Zeit dominierte. Selbstheilung wurde schlichtweg als unmöglich betrachtet und es wurde tautologisch argumentiert, dass ein Abhängiger[1], der aus der Sucht ausgestiegen ist, eben nie wirklich ‚abhängig' gewesen sein kann. ‚Kontrollverlust' als zentrales Definitionsmerkmal von Sucht schließt den Gedanken an individuelle Steuerungsmöglichkeiten ebenso von vornherein aus.

Seit Mitte der 1980er Jahre gewann die Selbstheilungsforschungsperspektive jedoch an Bedeutung und die Forschungsbemühungen verstärkten sich. Im Rahmen einer umfassenden Literaturanalyse konnten vierzig Studien – meist während der letzten zehn Jahre publiziert – identifiziert werden, die auf Untersuchungspopulationen basierten, die strikten Auswahlkriterien genügten (Sobell, Ellingstad & Sobell 2000). Gleichzeitig wurde auch die Relevanz der Selbstheilungsperspektive, d. h. der Untersuchung des natürlichen Verlaufs von Suchtkarrieren, vermehrt anerkannt. So ließ etwa das Institute of Medicine verlauten, dass „die positive Entwicklung des individuellen Suchtverhaltens unabhängig von formeller Behandlung keineswegs selten oder irrelevant ist" (Institute of Medicine 1990: 52), und die Amerikanische Psychiatrische Gesellschaft konstatiert: „Einige Alkoholabhängige (möglicherweise 20 % oder mehr) erreichen langfristige Abstinenz sogar ohne aktive Behandlung" (American Psychiatric Association 1994: 203).

Anfang der 90er Jahre setzte auch eine Veränderung der Forschungsstrategien zur Erforschung des Selbstheilungsprozesses ein. So beruhten neuere Studien auf einem Methodenmix von qualitativen und quantitativen Ansätzen und

---

[1] Im vorliegenden Band wird der besseren Lesbarkeit wegen auf geschlechtsdifferenzierende Doppelnennungen verzichtet, sofern das Geschlecht der betreffenden Personen für die Aussage irrelevant ist. Mit dem maskulinen Ausdruck sind dann stets beide Geschlechter gemeint. Andernfalls wird die Unterscheidung explizit im Text deutlich gemacht.

schlossen lebensgeschichtliche Ansätze bzw. Lebensereignisanalysen mit ein. ‚Selbstheilungsmotivation' und ‚kognitive Abwägungsprozesse' erweisen sich aufgrund dieser neueren Studien als zentrale Elemente des Selbstveränderungsprozesses. Diese Ergebnisse haben wichtige Implikationen für die Konzeption von Interventionsprogrammen. Aufgrund aktueller Studien verfügen wir über genauere Schätzungen der Selbstheilungsprävalenzen bei verschiedenen Süchten, wie Tabak-, Alkohol- und Drogenabhängigkeit, aber auch Spielsucht. Die gesamtgesellschaftlichen Bedingungen, die den selbst organisierten Ausstieg aus verschiedenen Arten von Abhängigkeit begünstigen, wurden ebenfalls aufgegriffen und in die Diskussion gebracht. Trotz dieses weiten Spektrums von Einzelbefunden und einer zunehmenden Ausdifferenzierung des Forschungsfeldes standen bislang eine systematische Integration der Befunde unter Berücksichtigung klinischer und therapeutischer Implikationen, aber auch die Identifikation künftiger Forschungsprioritäten immer noch aus.

Vor diesem Hintergrund kam 1999 die erste internationale Konferenz zum Thema: „Natürliche Suchtverläufe; behandlungsfreie Heilung von Alkohol-, Tabak- und anderen Drogenproblemen" in Les Diablerets (Schweiz) zustande. Das Treffen wurde unter der Schirmherrschaft der „Kettil Bruun Society for Social and Epidemiological Research on Alcohol" (KBS) und mit Unterstützung des Bundesamtes für Gesundheit (BAG) der Schweizerischen Fachstelle für Alkohol- und andere Drogenprobleme (SFA) abgehalten. Die 29 KonferenzteilnehmerInnen – Soziologen, Psychologen, Anthropologen, Fachleute aus dem Bereich ‚öffentliche Gesundheit' und politische Vertreter, ein wahrhaft interdisziplinärer Teilnehmerkreis – verband ein gemeinsames Interesse an der Selbstheilungsforschung. Im Rahmen dieser Konferenz wurden insbesondere folgende Themen aufgegriffen und diskutiert:

- Selbstheilungsraten und kulturelle Aspekte der Veränderungsprozesse im internationalen Vergleich;
- Möglichkeiten und Grenzen von Lebensereignisanalysen;
- die Bedeutung der Selbstheilungsforschung für therapeutische Interventionen;
- geschlechtsspezifische und ethnische Einflüsse im Ausstiegsprozess;
- eine kritische Bestandsaufnahme von Theorien zur Erklärung individueller Verhaltensänderungen;
- die Einschätzung kontextueller Rahmenbedingungen auf situativer, gruppenbezogener und gesellschaftlicher Ebene und
- der Einsatz der computerunterstützten Inhaltsanalyse (cui) zur Harmonisierung quantitativer und qualitativer Ansätze.

Als Konferenzertrag erschienen zwei Zeitschriftenpublikationen, die einen ersten Syntheseversuch darstellten, und zwar:

Klingemann, H. K.-H. & Sobell, L. C. (2001). Natural recovery research across substance use (Introduction). In: Substance Use and Misuse 36. 1409-1416.

und

Sobell, L. C., Ellingstad, T. P. & Sobell, M. B. (2000). Natural recovery from alcohol and drug problems. Methodological review of the research with suggestions for future directions. In: Addiction 95. 749-776.

Was dieses Expertentreffen von anderen wissenschaftlichen Konferenzen unterschied, waren die explizite Zielsetzung und Vorgabe eines Brückenschlages zwischen Wissenschaft und Praxis. Intendiert waren ein Wissenstransfer zwischen Forschern, Behandlungsanbietern und suchtpolitischen Repräsentanten sowie eine Klärung der Relevanz von Selbstheilungsforschung für die Therapie.

Die während der Konferenz geleistete Synthese des Standes der Forschung aus interdisziplinärer Sicht und die ergiebigen Panel-Diskussionen zwischen Forschern, Behandlungsanbietern und Suchtpolitikern bildeten denn auch die Basis für die Herausgabe eines ersten Übersichtswerkes auf dem Gebiet der Selbstheilungsforschung:

Klingemann, H. K.-H., Barker, L. C., Blomqvist, J., Cloud, W., Ellingstad, T. P. et al. (2001): Promoting self-change from problem substance use. Implications for policy, prevention and treatment. Boston, MA; Kluwer Academic Publishers.

Das überaus positive Echo in Fachwelt und Praxis bewogen das Bundesamt für Gesundheit (BAG) dazu, eine adaptierte deutschsprachige Edition in Auftrag zu geben. Angesichts der raschen Entwicklung auf dem Gebiet der Selbstheilungsforschung bot sich damit nicht nur Gelegenheit zur Aktualisierung des Werkes, sondern auch zur konzeptuellen Erweiterung der Erstausgabe: Die Ergiebigkeit der ‚self-change'- oder ‚Selbstheilungsperspektive' wird nicht nur am Beispiel stoffgebundener und stoffungebundener Süchte demonstriert, sondern im Rahmen neuer Originalbeiträge auch auf andere abweichende Verhaltensweisen oder Störungen wie Kriminalität, Stottern und Essstörungen angewandt. Den gesellschaftlichen Rahmenbedingungen für Änderungsprozesse wird – ergänzend zur individualpsychologischen Sicht – in der hier vorliegenden Ausgabe ebenfalls verstärkt Beachtung geschenkt (vgl. etwa den Beitrag von Klingemann & Zulewska). Darüber hinaus erfolgte eine Abstimmung auf die spezifischen Bedürfnisse der Leserschaft im deutschsprachigen Raum, die sich etwa in der Ausrichtung des ‚Ratgeberanhanges' (Werkzeugkasten), aber auch in den ergänzenden Kapiteln zur Umfrageforschung ‚aus europäischer Sicht' (Rumpf et al.) und zur Spielsucht (Toneatto & Nett) widerspiegelt.

Im ersten Kapitel dieses Buches wird dem Leser eine Einführung zur historischen Entwicklung des Selbstheilungsthemas geboten. Dieses Kapitel zeigt konzeptuelle ebenso wie methodische Grundfragen sowie den Stand der Forschung im Überblick, es thematisiert Hindernisse bei der Inanspruchnahme von Behandlung und skizziert die wichtigsten Verhaltensänderungsmodelle. Eine Zusammenfassung und umfassende kritische Darstellung der Klassiker der Selbstheilungsforschung im Alkohol- und Drogenbereich findet sich in Kapitel 2. Diese Studien wurden meist nicht explizit aus einer Selbstheilungsperspektive heraus konzipiert, lieferten jedoch erste wichtige Grundlagen für den Nachweis des Selbstheilungsphänomens. Kapitel 3.1 macht den Leser mit dem Beitrag der Umfrageforschung vertraut und referiert, was wir über Selbstheilungsprozesse aus breit angelegten Bevölkerungsumfragen und Gemeindestudien, aber auch aus kleineren, meist medienrekrutierten Befragungsgruppen wissen. Dabei kann sich die Leserschaft über die Vor- und Nachteile unterschiedlicher Untersuchungs- und Zugangsmethoden informieren. Offene Fragen und Probleme bei der Untersuchung von Selbstheilungsprozessen in großen Bevölkerungsgruppen kommen ebenfalls zur Sprache. Kapitel 3.2 ergänzt die eher nordamerikanische Ausrichtung dieses Beitrags und geht insbesondere auf europäische Untersuchungen ein. Angesichts potentieller kultureller Einflüsse auf den Verlauf von Suchtkarrieren sind diese Befunde von besonderem Interesse mit Blick auf mögliche forschungsbasierte Interventionsstrategien in Deutschland, Österreich und der Schweiz.

Die Kapitel 4.1 bis 4.5 illustrieren die Erklärungskraft von Selbstheilungskonzepten nicht nur am politisch derzeit brisanten Thema ‚Rauchen', sondern zeigen deren Relevanz auch am Beispiel der Spielsucht (als einer nicht stoffgebundenen Sucht), für die ein Behandlungsangebot erst im Entstehen begriffen ist, und schließlich darüber hinaus an anderen abweichenden Verhaltensweisen wie Stottern, Essstörungen und Kriminalität. Es lassen sich so interessante Gemeinsamkeiten ableiten, wie etwa die Relevanz der Schwere der Störung für die Selbstheilungschancen.

Kapitel 5 macht deutlich, dass die Veränderung von Suchtkarrieren keineswegs ausschließlich über traditionelle therapeutische Interventionen erfolgen muss, sondern dass es viele Wege aus der Sucht gibt, eben „50 Möglichkeiten, den Lover loszulassen…". Das Kapitel geht im Einzelnen der Frage der ‚therapiegestützten Selbstheilung' nach und schlägt als eine Möglichkeit zur effizienten Erbringung von Behandlungsleistungen die Übernahme eines Systems der abgestuften Behandlung (‚stepped care') vor, d. h. im Sinne einer evidenzkontrollierten Steigerung der Behandlungsintensität durch die Professionellen in der Gesundheitsversorgung.

Kapitel 6 macht deutlich, dass die meisten Süchtigen kaum je die Schwelle von Behandlungseinrichtungen überschreiten werden, um sich einer Therapie zu unterziehen, und beschreibt unkonventionelle Wege (etwa über Internet und die Verbreitung von Selbstheilungsratgebern auf neuartigen Wegen), um die Änderungsmotivation bei Abhängigen zu fördern.

Selbstheilungs-/Selbstveränderungsprozesse werden meist als innerpsychische Abläufe auf individueller Ebene bzw. als klar abgrenzbare Interaktionsprozesse interpretiert unter Ignorierung *gesellschaftlicher* Einflussfaktoren. Hier setzt Kapitel 7 an, das eine Verbindung zwischen der individuellen Selbstheilungsperspektive und gesellschaftlichen Rahmenbedingungen herstellt: Die Ausgestaltung des Behandlungssystems, Vorstellungen in der Bevölkerung über Sucht und deren Veränderbarkeit, Medieneinflüsse und unterschiedliche Suchtpolitiken stellen wichtige makrosoziale Rahmenbedingungen einer ‚selbstheilungsfreundlichen Gesellschaft' dar, die von unmittelbarem Interesse für Politikverantwortliche sind.

Schließlich haben wir diesen Band mit einem Werkzeugkasten versehen, dem Forscher, Praktiker aus der Gesundheitsversorgung, Spezialisten der öffentlichen Gesundheit und Alkohol- und Drogenpolitiker Tipps und Handreichungen/Instrumente entnehmen können, um Selbstheilungsprozesse in der täglichen Praxis zu fördern.

Wir hoffen, dass dieser Band mit einem ‚Werkzeugkasten für die Praxis' seinen Platz als Nachschlagewerk zum Thema ‚Selbstheilung' finden wird. Es soll Forschern, Professionellen im öffentlichen Gesundheitswesen, Alkohol- und Drogenfachleuten sowie Praktikern im Gesundheitswesen zu einem vertieften Verständnis von Selbstheilungsprozessen und deren Förderung verhelfen.

Obgleich während des letzten Jahrzehntes ein verstärktes Interesse an der Selbstheilungsforschung festzustellen ist, so müssen wir nach wie vor von erheblichen Wissenslücken ausgehen. Daher ist der geflügelte Satz *„mehr Forschung tut not"* zumindest auf diesem Gebiet durchaus angebracht.

Aus diesem Blickwinkel hoffen wir als Herausgeber, dass dieses Buch nicht zuletzt auch Wissenschaftlern und Forschungsförderungseinrichtungen Aufschluss darüber gibt, wo der ‚Forschungs-Euro oder -Franken' am besten angelegt ist.

Harald Karl-Heinz Klingemann und
Linda Carter Sobell Bern und Fort Lauderdale, März 2006

Literatur

Institute of Medicine (1990). Broadening the Base of Treatment for Alcohol Problems. Washington D.C.: National Academy Press.

American Psychiatric Association (1994). Diagnostic and Statistical Manual of Mental Disorders. Washington D.C.: American Psychiatric Association.

1 Das Phänomen Selbstheilung: Überblick und konzeptionelle Fragen

Linda C. Sobell

> Wir sollten auch diejenigen berücksichtigen, deren Kontakt mit der Devianz eher flüchtiger Natur war, diejenigen also, deren Karrieren sich von der Devianz entfernten und hin zu einer konventionellen Lebensweise führten. So können wir beispielsweise aus Studien über jugendliche Delinquenten, die als Erwachsene nicht zu Kriminellen werden, mehr lernen als von denjenigen Delinquenten, die ihre im Jugendalter begonnene kriminelle Karriere im Erwachsenenalter fortführen.
> (Becker 1963: 24-25)

Vor 40 Jahren warnte Becker (1963) in seiner klassischen Studie über Devianz vor einer ausschließlichen Konzentration auf die Extremfälle. Auch im Bereich Suchtforschung gewannen im Laufe der Jahre ähnliche Ansichten an Boden. So sprach Cahalan (1987) auf der Grundlage epidemiologischer Untersuchungen bei Problemtrinkern (Cahalan 1970, 1987; Cahalan, Cisin & Crossley 1969; Cahalan & Room 1974) von der „Spitze des Eisbergs"; seine Studie hatte gezeigt, dass die Alkoholiker, die der klinischen Definition eines „Alkoholikers" entsprachen, nur einen sehr kleinen Teil derjenigen Menschen ausmachten, deren Alkoholkonsum für die Betroffenen selbst und die Gesellschaft ein signifikantes Problem darstellte. Room (1977) bezeichnete diese Unterschiedlichkeit, mit der sich Alkoholprobleme in Bevölkerungsumfragen gegenüber klinischen Studien darstellen, als „zwei Welten des Alkoholismus". Einige Jahre später kamen Vaillant & Milofsky (1984) aufgrund ihrer bekannten Longitudinalstudie zu dem Schluss, dass die Untersuchung von Klinikpopulationen allein noch keine Erkenntnis über die Entstehung der Alkoholsucht ermögliche. Und wiederum ein Jahrzehnt darauf gelangte Robins in einer Studie über Vietnamveteranen, die in Vietnam Heroin konsumiert, diesen Konsum jedoch nach ihrer Rückkehr in die Vereinigten Staaten aufgegeben hatten, zu der Erkenntnis, dass „Sucht sich ganz anders darstellt, wenn man ihr Auftreten in der allgemeinen Bevölkerung untersucht, als wenn man Fälle in Behandlung betrachtet" (Robins 1993: 1051). Im Hinblick auf Kokain untersuchte Erickson (1989) Süchtige, die von allein ausgestiegen sind, und schloss daraus, dass die behandelten Kokainsüchtigen ebenfalls lediglich die Spitze des Eisbergs sämtlicher Kokainsüchtigen darstellten. Schließlich untermauern mehrere weitere größere Erhebungen

(Cunningham 1999; Cunningham, Lin, Ross & Walsh 2000; Dawson 1996; Grant 1997; Narrow, Regier, Rae, Manderscheid & Locke 1993; Roizen 1977; Room & Greenfield 1993) die ursprünglichen Ergebnisse von Cahalan et al., dass behandelte Alkoholiker und Drogensüchtige nur einen kleinen Prozentsatz all derjenigen Menschen ausmachen, die ähnliche Suchtprobleme haben.

Jahrelang war das Augenmerk der Suchtforschung fast ausschließlich auf schwer abhängige Menschen gerichtet. Diese Fokussierung auf schwere Abhängigkeit hat zu einer kurzsichtigen Betrachtungsweise von Substanzmissbrauchsproblemen geführt: Abhängigkeit wurde als progressiv, irreversibel und als nur durch Behandlung überwindbar angesehen. Dass diese herkömmliche Betrachtungsweise zu kurz greift, haben zusätzliche Studien bestätigt, wonach diejenigen, die ohne professionelle Hilfe aus der Sucht aussteigen, üblicherweise ein weniger schwerwiegendes Substanzmissbrauchsproblem aufweisen und über intaktere soziale Ressourcen (z. B. Ehe, Bildung, Arbeitsstelle) verfügen als diejenigen, die in herkömmlicher Weise Hilfe bzw. eine Behandlung in Anspruch genommen haben (Hodgins & el-Guebaly 2000; Humphreys, Moos & Finney 1995; Sobell, Ellingstad & Sobell 2000; Sobell, Sobell, Toneatto & Leo 1993; Vaillant & Milofsky 1984).

Wenn an die Stelle eines Schwarz-Weiß-Schemas (d. h. Alkoholiker vs. Nicht-Alkoholiker, Drogensüchtige vs. Nicht-Drogensüchtige) eine Sichtweise rückt, die die Breite der Substanzmissbrauchsprobleme als ein Kontinuum mit gleitenden Übergängen zwischen unterschiedlichen Schweregraden betrachtet, das von „keine Probleme“ über „leichte Probleme“ bis hin zu „schwerwiegenden Problemen“ reicht, führt dies zu einer grundlegend anderen Sicht auf die betroffenen Individuen und deren Behandlung. Es zeigt sich also, dass zahlreiche verschiedene Wege aus der Sucht herausführen, einschließlich der von der Suchtforschung bisher weitgehend ignorierten Selbstheilung.

Dieses Kapitel soll dem Leser den gegenwärtigen Forschungsstand näher bringen und die Richtung der gegenwärtigen Entwicklung aufzeigen. Es bietet einen historischen Überblick zum Phänomen der Selbstheilung, es behandelt konzeptionelle und methodologische Fragen und stellt zusammenfassend den aktuellen Forschungsstand im Bereich der Selbstheilung dar. Darüber hinaus werden Zugangsschwellen zu einer Behandlung sowie die wichtigsten Veränderungsmodelle diskutiert.

Die Befragten kommen zu Wort

Mehreren Forschern, die sich mit dem Selbstheilungsprozess von Substanzmissbrauchenden befasst haben, fiel auf, wie sehr den Betroffenen am Erzählen der eigenen Geschichte gelegen war (Shaffer & Jones 1989; Sobell, Sobell & Toneatto 1992; Tuchfeld 1981). Wir haben deshalb beschlossen, verschiedene Aspekte des Selbstheilungsprozesses mit persönlichen Geschichten und Erfahrungen Betroffener zu illustrieren. Über das ganze Buch verteilt finden sich eingerahmt in Kästchen Zitate von Betroffenen zu ihrer erfolgreichen Selbstheilung. Die jeweiligen kurzen Schilderungen beziehen sich auf unterschiedliche, im jeweiligen Kapitel besprochene Themen. Diese Zitate sind weder als ausführliche Beschreibung des gesamten Ausstiegsprozesses gedacht, noch enthalten sie nähere persönliche Angaben zu den einzelnen Befragten. Vielmehr sollen sie dem Leser vermitteln, wie sich die jeweils dargestellten unterschiedlichen Aspekte des Ausstiegs (z. B. Motiv für eine Änderung, Zugangsschwellen zu einer Behandlung, Faktoren zugunsten einer Suchtfortführung) aus der Betroffenenperspektive darstellen.

„Meine Geschichte"
In einer der ersten Studien über die Beurteilung der eigenen Selbstheilung von Alkoholproblemen stellte Tuchfeld (1981) bei ehemals alkoholmissbrauchenden Personen einen nicht zu unterschätzenden Stolz fest, ohne formelle Hilfe oder Behandlung den Ausstieg aus der Alkoholsucht selbst bewältigt zu haben.
Ein paar Jahre später berichteten Shaffer & Jones (1989) nach einem Interview mit Kokainmissbrauchenden, die aus eigenem Antrieb aus der Sucht ausgestiegen waren, dass „der typische Kokainaussteiger uns seine Geschichte erzählen wollte – oder dass es ihm sogar ein dringendes Anliegen war" (Shaffer & Jones 1989: 6). Sobell et al. (1992) schrieben ferner, dass viele ehemals Alkoholmissbrauchende gemäß eigenen Angaben nie mit jemandem über ihren Ausstieg gesprochen hätten. Daraus lässt sich folgern, dass Selbstheiler, die eine Substanzkonsumproblematik bewältigen, die Interview-Erfahrung als hilfreich oder therapeutisch empfinden.

Wie wichtig ist dieses so genannte ‚Phänomen' überhaupt?

Konzepte wie ‚Spontanremission', ‚natürliche Heilung' und ‚Herausreifen' sind nicht neu. Der Begriff ‚spontan' wird in der medizinischen Terminologie bereits seit vielen Jahren verwendet und bedeutet so viel wie eine Verbesserung des Zustands eines Patienten ohne Behandlung oder Therapie (Roizen, Cahalan & Shanks 1978). Psychologische Arbeitsdefinitionen der erwähnten Begriffe (Biernacki 1986; Marlatt & Gordon 1985) heben die kognitive Eigenleistung des Individuums hervor (d. h. eine auf Eigeninitiative beruhende Heilung oder Veränderung). Aus soziologischer Sicht stehen die Abkehr von einer verhaltensauffälligen Karriere ohne Inanspruchnahme einer formellen Intervention (Stall 1983) und die Mobilisierung externer Ressourcen (d. h. selbst organisierter Ausstieg; Happel, Fischer & Wittfeld 1993) im Vordergrund. Im Kontext der Jugendkriminalität wurde der Begriff des „Herausreifens“ synonym verwendet für „nicht mehr straffällig werden“ (Labouvie 1996).

Im Bereich der Suchtforschung wurden im Laufe der Jahre die unterschiedlichsten Begriffe für den aus eigener Kraft (d. h. ohne formelle Hilfe oder Therapie) erfolgreich bewältigten Ausstieg aus einer Sucht verwendet: Spontanremission, Autoremission, Selbstheilung (engl. ‚self change’), ‚natural resolution’, Herausreifen (engl. ‚maturing out’), ‚burning out’, spontane Heilung, natürliche Heilung, Remission ohne Inanspruchnahme einer Therapie (engl. ‚untreated remission’), Heilung ohne Inanspruchnahme einer Therapie (engl. ‚untreated recovery’), Selbst-Aussteiger (engl. ‚self-quitters’), Spontanauflösung (engl. ‚spontaneous resolution’). Obwohl diese Begriffe austauschbar sind und vermutlich jeweils zur Beschreibung ein- und desselben Phänomens dienten – nämlich der Selbstheilung –, wurde der Begriff der Spontanremission als semantisch und konzeptuell ungenau kritisiert (Institute of Medicine 1990; Shaffer & Jones 1989; Tuchfeld 1976; Tuchfeld 1981). Laut Mulford beispielsweise sei „der Begriff der Spontanremission (engl. ‚spontaneous remission’) lediglich ein Euphemismus für unsere Unkenntnis der involvierten Kräfte“ (Mulford 1988: 330). Auch wenn einige der Bezeichnungen für natürliche Heilungsprozesse nahe legen, dass die stattgefundene Änderung sich ohne spezifischen Grund vollzogen habe, würde wohl kein Wissenschaftler eine solche Entwicklung als ‚unerklärbar’ bezeichnen, sondern wohl eher einfach als ‚unerklärt’.

Wenngleich bislang auch keine Einigung bezüglich des zu verwendenden gültigen Begriffs erzielt werden konnte, so ist doch all den genannten letztlich gemeinsam, dass sie die Überwindung eines *ungewollten* Zustandes ohne professionelle Behandlung oder Therapie bezeichnen. Adjektive wie ‚natürlich’ und ‚spontan’ werden zunehmend durch neutrale Begriffe wie ‚ohne Behandlung’ (engl. ‚untreated’) oder ‚Selbstheilung’ ersetzt. Auch in dem vorliegenden Band wird vorrangig der Begriff ‚Selbstheilung’ verwendet.

Was ist eigentlich ‚Behandlung’?

Auf den ersten Blick mag es simpel erscheinen, festzustellen, ob eine Behandlung stattgefunden hat oder nicht. In der Literatur jedoch fehlt es an einer klaren Definition von Behandlungsepisoden. Weitere Schwierigkeiten ergeben sich, wenn man die Behandlungsintensität (d. h. die Anzahl der Sitzungen) berücksichtigt. So stellt sich beispielsweise bei Kurzinterventionen, die häufig nur aus einer einzigen Sitzung von zuweilen nicht einmal 30 Minuten bestehen, die Frage, ob dies bereits eine formelle Behandlung darstellt (Heather 1989, 1990, 1994; Law & Tang 1995). Das Bild verkompliziert sich weiter, wenn es um die Einstufung von Ratsuche bei Laien, wie Pfarrern, Rabbis und Freunden, geht. Sind darüber hinaus auch die öffentlichen, allgemein zugänglichen Therapiemöglichkeiten, etwa von staatlichen Organisationen angebotene Nichtraucher- oder Gewichtsreduktionsprogramme, als Behandlung zu betrachten? Ein gutes Beispiel dafür ist das Community Intervention Trial (COMMIT) for Smoking Cessation, ein multizentrisches und umfassendes Gemeindepräventionsprogramm (Geffen 1991; Green et al. 1995; Hughes, Cummings & Hyland 1999). COMMIT richtete sich an Zigarettenraucher; sie sollten dabei unterstützt werden, Nichtraucher zu werden und langfristig mit dem Rauchen aufzuhören. Zur Erreichung dieses Ziels wurden Gemeinden, Medien, öffentliche Erziehungseinrichtungen, Arbeitgeber sowie ganz allgemein wichtige Organisationen und Sozialeinrichtungen einbezogen, die breite Bevölkerungsgruppen beeinflussen können (Foulds 1996; Hughes et al. 1999).

Mangelhafte Differenzierung zwischen behandelten und unbehandelten Populationen

Ein ernsthaftes methodologisches Problem bei Selbstheilungsstudien im Suchtbereich stellt die fehlende Trennung von behandelten und bisher nie behandelten Personen dar (Sobell et al. 2000; Sobell & Sobell 1995a; Sobell et al. 1992; Sobell, Toneatto & Sobell 1990). In der Literatur fehlt es nicht an Beispielen für Studien, die dieses Manko aufweisen (Ludwig 1985; Saunders & Kershaw 1979; Stall 1983; Tuchfeld 1976; Tuchfeld 1981). Die meisten von ihnen sind älteren Datums und folgen nicht der strengen Definition von ‚keine Behandlung', wodurch auch Personen, die nach einer erfolglosen Behandlung ein Alkoholproblem aus eigenem Antrieb lösten, in die Studiengruppe aufgenommen wurden. So waren beispielsweise 22 % der von Tuchfeld (Tuchfeld 1976; Tuchfeld 1981) Befragten zu irgendeinem früheren Zeitpunkt einmal wegen ihres Alkoholproblems in Behandlung gewesen. Um dieses Problem zu umgehen, wurden in einigen jüngeren Selbstheilungsstudien die Daten derjenigen Personen, die mehrere Jahre vor ihrem Ausstieg aus der Sucht bereits in Behandlung gewesen waren oder Selbsthilfegruppen angehört hatten, jedoch angaben, den Ausstieg aus eigener Kraft geschafft zu haben, von den Angaben zu Personen, die noch nie eine Behandlung oder die Unterstützung einer Selbsthilfegruppe in Anspruch genommen hatten, getrennt ausgewiesen (Klingemann 1991; Sobell et al. 1993). Eine Aufteilung der Personen nach dem Kriterium einer früheren Behandlung ist für die Beurteilung ihrer Heilung insofern relevant, als dass mehrere Studien gezeigt haben, dass nicht behandelte, geheilte Alkoholmissbrauchende und Raucher sich von den früher einmal behandelten darin unterscheiden, dass die Gruppe der unbehandelten Personen weniger schwerwiegende Problemvergangenheiten aufweist (Fagerström et al. 1996; Hingson, Scotch, Day & Culbert 1980; Sobell, Cunningham & Sobell 1996; Sobell et al. 1992; Weisner 1987).

Ab wann ist eine Behandlung eine Behandlung?
Neuere Selbstheilungsstudien (Sobell et al. 1993; Toneatto, Sobell, Sobell & Rubel 1999; Tucker, Vuchinich & Gladsjo 1991; Tucker, Vuchinich, Gladsjo, Hawkins & Sherrill 1989) versuchen dem Problem, welches Minimum an Behandlung bereits als Behandlung zu qualifizieren sei, gerecht zu werden, indem sie eine konservative Behandlungsdefinition vertreten, d. h. jegliche Intervention durch anerkannte Programme oder Personen, deren Hauptziel in der Behandlung von Personen mit Suchtproblemen besteht, gilt als Behandlung (z. B. ambulante/stationäre Einrichtungen; medikamentöse Suchtbehandlung; Besuch von Selbsthilfegruppen von Betroffenen zwecks Auseinandersetzung mit ihrem Problem; professionelle, auf Substanzmissbrauch ausgerichtete Beratung; behandlungsorientierte Kurse für Personen, die sich der Trunkenheit am Steuer schuldig gemacht haben). Da sich auch Kurzinterventionen bei Substanzmissbrauchenden als wirksam herausgestellt haben, kann bereits eine einzige Sitzung als Behandlung gelten. Unter Berücksichtigung der Tatsache, dass zahlreiche Einzelpersonen möglicherweise Selbsthilfegruppen-Sitzungen besucht haben, ohne jedoch je ernsthaft in ein entsprechendes Programm einzusteigen, wurden in einigen Selbstheilungsstudien auch solche Teilnehmer berücksichtigt, die ein oder zwei Treffen von Selbsthilfegruppen besucht hatten (Sobell et al. 1992; Sobell et al. 1993; Tucker, Vuchinich & Gladsjo 1994).

Ein interessantes Dilemma ergibt sich, wenn man auf kulturelle Unterschiede der jeweiligen Behandlungsperspektiven blickt. So wurde z. B. in einer neueren Selbstheilungsstudie immer dann das Fehlen einer Behandlung konstatiert, wenn nicht mehr als fünf ambulante Arztbesuche stattgefunden hatten (Rumpf, Bischof, Hapke, Meyer & John 2000). Der Grund hierfür liegt darin, dass in Deutschland, wo diese Untersuchung durchgeführt wurde, eine Alkoholentwöhnungstherapie bis vor kurzem mit einen psychiatrischen Krankenhausaufenthalt verbunden war. Ab fünf ambulanten Arztbesuchen (was mehr als ausreichend für eine Qualifikation als Kurzintervention sein dürfte) erschien dem Untersucher daher die kritische Grenze zur ‚Behandlung' erreicht.

Eine weitere konzeptuelle Grundproblematik besteht in der fälschlichen Gleichsetzung von Studien zur Selbstheilung, d. h. dem Ausstieg aus der Sucht ohne professionelle Hilfe oder Selbsthilfegruppen, und Untersuchungen zur natürlichen Änderungsdynamik im Lebenslauf, wie etwa bei der Langzeituntersuchung von Vaillant, bei der Krankheitsentwicklung und Behandlungsinanspruchnahme beobachtet werden (vgl. Vaillant 1995; Vaillant & Milofsky 1982).

Aktueller Wissensstand in Sachen Selbstheilung

Obwohl die Ergebnisse der Selbstheilungsforschung im Bereich des Substanzmissbrauchs seit den 1960er Jahren bekannt sind (Drew 1968; Schachter 1982; Winick 1962), hat die Selbstheilungsforschung erst vor kurzem einen Wiederaufschwung erfahren (siehe Dawson 1996; Sobell, Cunningham & Sobell 1996; Sobell et al. 1993). Im Laufe der letzten zehn Jahre konnte die Annahme, dass natürliche Heilungen oder Selbstheilungen (d. h. die Heilung ohne Behandlung) für Süchtige einen wichtigen Weg zur Verhaltensänderung darstellen, durch zahlreiche Untersuchungen gestützt werden (Klingemann 2001; Sobell et al. 2000). Allerdings sind die Schwerpunkte der Selbstheilungsforschung sehr ungleichmäßig über den gesamten Bereich der Suchtforschung verteilt. Bei den Zigarettenrauchern stellt die Selbstheilung zwar den üblichen und überdies gut dokumentierten Ausstiegsweg dar (Schätzungen zufolge erreichen 80 % bis 90 % aller ehemaligen Raucher den Ausstieg durch Selbstheilung; Carey, Snel, Carey & Richards 1989; Fiore et al. 1990; Hughes et al. 1996; Mariezcurrena 1994; Orleans, Ramer, Christianize, Kent & Fleisher 1991; U.S. Department of Health and Human Services 1988), im Bereich Alkohol und Drogen fehlt eine systematische Untersuchung dieses Phänomens jedoch noch weitgehend (einen Überblick bieten Sobell et al. 2000). Wie aus umfassenden Literaturübersichten hervorgeht, ist die Zahl der Studien zur Selbstheilung in jüngster Vergangenheit jedoch beträchtlich gestiegen. So zeigt der erwähnte Überblick von Sobell et al. (2000) beispielsweise, dass von insgesamt 38 Studien, die die notwendigen methodologischen Kriterien erfüllen, 15,8 % in einem Zeitraum von 20 Jahren (1960-1979) publiziert worden sind, weitere 31,6 % im Laufe von neun Jahren (1980-1989) und über die Hälfte der Studien (52,65 %) erst in den sieben Jahren (1990-1997) vor Erstellung der Übersicht. Wie aus den Kapiteln, die der hier vorliegenden deutschsprachigen Ausgabe hinzugefügt wurden, hervorgeht, gab es früher nur vereinzelt Selbstheilungsstudien, die sich mit Suchtverhalten, wie z. B. Fettleibigkeit (Adipositas) (Jeffery & Wing 1983; Rzewnicki & Forgays 1987; Schachter 1982; Tinker & Tucker 1997) und Spielsucht (z. B. Hodgins & el-Guebaly 2000; Hodgins, Wynne & Makarchuk 1999), auseinander setzten. Mittlerweile findet das Thema der Selbstheilung jedoch auch Eingang in andere Bereiche zum Thema Suchtverhalten.

Während die englischsprachige Ausgabe des Buches ausschließlich auf Studien zur natürlichen Heilung bei Suchtverhalten ausgerichtet war, behandelt die vorliegende Edition auch die natürliche Heilung bei anderen – nicht nur klinischen – Problemen (z. B. Jugendkriminalität, Stottern). Dies ist deshalb von Bedeutung, weil die meisten dieser ,psychologischen' Probleme nicht in den Gesprächen mit psychiatrischem und medizinischem Fach- und Betreuungspersonal auftauchen (Toro 1986), sondern im Allgemeinen mit ,natural helpers', also mit Laien, die über keinerlei psychologische Ausbildung verfügen, besprochen werden (Veroff, Douvan & Kulka 1981).

Methodisch ausgereifte Studien über die natürliche Heilung bei Suchtverhalten sind zwar relativ neu (Breslin, Sobell, Sobell & Agrawal 2000), Veröffentlichungen und isolierte Berichte zu diesem Phänomen gibt es jedoch schon länger. Einer der frühesten Berichte geht auf den Beginn des 19. Jahrhunderts zurück und stammt von Benjamin Rush (1814), einem berühmten Arzt. In seiner wissenschaftlichen Abhandlung über Trunkenheit beschreibt er mehrere Personen, die ihre Alkoholprobleme aus eigener Kraft gelöst hatten (Alkoholtherapie, wie wir sie heute kennen, gab es im 19. Jahrhundert noch nicht). Zudem scheinen sich einige dieser Personen zu gemäßigten Trinkern entwickelt zu haben (d. h. sie entsagten dem „Übel der Spirituosen").

Seit 1975 sind mehrere Übersichtsarbeiten zu Selbstheilung bei Substanzmissbrauch publiziert worden (Blomqvist 1996; Fillmore 1988; Hughes et al. 1992; Jordon & Oei 1989; Mariezcurrena 1994; O'Doherty & Davies 1987; Smart 1975/76; Stall & Biernacki 1986; Waldorf & Biernacki 1982). Leider hat diese frühe Literatur nur wenig zum Verständnis der natürlichen Heilung beigetragen – außer vielleicht, dass sie auf die beträchtliche Variabilität der Lebensereignisse hingewiesen hat, die bei der natürlichen Heilung eine Rolle spielen können (Sobell et al. 2000). Die meisten dieser identifizierten Lebensereignisse waren allerdings eher von allgemeiner Art und kontextbezogen (z. B. Veränderungen im Familienumfeld oder bei Freunden, Vorkommnisse im Bereich der Gesundheit oder Religion sowie sozialer Druck). Der eher exploratorische Charakter dieser frühen Studien und deren noch wenig ausgereifte methodische Anlage (Jordon & Oei 1989) ließen zahlreiche Fragen offen (kritischer Überblick bei Sobell et al. 2000; Sobell et al. 1992).

Der Selbstheilungsansatz bei Suchtverhalten wird empirisch durch folgende Forschungsfelder und -ansätze gestützt: (a) Prävalenz- und Longitudinalstudien in der allgemeinen Bevölkerung (d. h. Fälle, die zu zwei bestimmten Zeitpunkten untersucht wurden, z. B. Cahalan 1970; Cahalan et al. 1969; Fillmore, Hartka, Johnstone, Speiglman & Temple 1988; Sobell, Cunningham & Sobell 1996); (b) Wartelisten-Kontrollgruppenstudien (z. B. Alden 1988; Kissin, Rosenblatt & Machover 1968) oder Nachbefragungsuntersuchungen bei Patienten, die eine

Behandlung abbrachen (z. B. Kendell & Staton 1966); (c) aktive, gezielte Fallfindungsstudien, die gezielt Personen rekrutiert und interviewt haben, die ohne formelle Hilfe oder Behandlung aus der Sucht ausgestiegen sind (z. B. Biernacki 1986; Hodgins & el-Guebaly 2000; Ludwig 1985; Shaffer & Jones 1989; Sobell et al. 1993; Tuchfeld 1976; Tucker et al. 1994); die Suche nach solchen Fällen erfolgte vorwiegend durch Aufrufe in den Medien (z. B. Sobell et al. 1993; Toneatto et al. 1999; Tucker et al. 1989) und über das so genannte ‚Schneeballverfahren' (d. h. Verweisketten, die von bekannten Zielpersonen ausgehend weiterverfolgt werden; Granfield & Cloud 1996; Schasre 1966; untersucht von Sobell et al. 2000) und (d) Untersuchungen, welche auf offizielle Register und Verzeichnisse, etwa im Strafverfolgungsbereich, zurückgreifen (z. B. Snow 1973; Winick 1962).

Vorteile von Bevölkerungsumfragen und anderen Untersuchungsmethoden bei der Erforschung des Phänomens ‚Selbstheilung'

Obwohl Repräsentativumfragen im Vergleich zu anderen Methoden zur Erforschung von Selbstheilung zahlreiche Vorteile aufweisen, bringen sie auch einige Nachteile mit sich. Zwar erlaubt die Befragung bei größeren Bevölkerungsgruppen die Einschätzung von Selbstheilungsraten; andererseits können solche Umfragen nicht in die Tiefe gehen und werfen nur wenig Licht auf den eigentlichen Selbstheilungsprozess. Dem stehen Studien gegenüber, die sich zur Rekrutierung von ehemaligen Substanzmissbrauchenden der Schneeballtechnik oder Medienaufrufen bedienen und sich auf die Modalitäten und die Dynamik von Selbstheilungsabläufen konzentrieren.

Warum wurde die Selbstheilung als Untersuchungsgebiet so lange übersehen oder ignoriert?

Über viele Jahre hinweg wurde der Selbstheilung als Untersuchungsgegenstand in der Suchtforschung nur wenig Aufmerksamkeit gewidmet oder sie wurde vollkommen ignoriert (Shaffer & Jones 1989; Sobell et al. 1992); bei einigen Forschern galt das Thema der Selbstheilung sogar als Tabu (Chiauzzi & Liljegren 1993). Die Auffassung, dass jemand ohne umfassende professionelle Unterstützung seine Sucht überwinden kann, stieß und stößt noch heute bei zahlreichen medizinischen Fachleuten sowie auch in der allgemeinen Bevölkerung auf ein gewisses Maß an Ungläubigkeit (Cunningham, Sobell & Chow 1993; Cunningham, Sobell & Sobell 1999; Ferris 1994; Rush & Allen 1997). Darüber hinaus ist die Selbstheilung als Forschungsgebiet möglicherweise auch deshalb bislang ignoriert worden, weil im öffentlichen Bewusstsein vor allem

Menschen mit gravierenden und schwerwiegenden Suchtproblematiken präsent sind. Eine weitere Ursache für die mangelnde Wahrnehmung mag darin liegen, dass Forscher und Kliniker selten mit Menschen zusammentreffen, die ohne professionelle Hilfe ausgestiegen sind. Daher sind sich viele der in diesem Bereich tätigen Fachleute des breiten Spektrums möglicher Ausstiegswege (z. B. Behandlung, Selbsthilfegruppen wie AA, Selbstheilung) gar nicht bewusst.

Ein dritter und sehr augenfälliger Grund, weshalb die Selbstheilung so lange vernachlässigt worden ist, liegt in der weit verbreiteten Haltung, Sucht als Krankheit zu betrachten (Chiauzzi & Liljegren 1993; Shaffer & Jones 1989; Sobell et al. 2000). Dieses Krankheitsmodell dominierte die Forschung nicht nur über lange Zeit, es stellt auch einen mit dem Phänomen der Selbstheilung völlig inkompatiblen Ansatz dar. Befürworter des Krankheitsmodells bringen ein tautologisches Argument vor, nämlich dass „die Fähigkeit, Suchtverhalten aus eigener Kraft zu beenden, ein Indiz dafür sei, dass der Betreffende überhaupt nicht süchtig war. Denn nur, wenn es einer Person *nicht* gelingt, unabhängig und selbstständig von einer Sucht loszukommen, liegt eine Sucht vor“ (Chiauzzi & Liljegren 1993: 306). Wie die drei folgenden Zitate im Kasten zeigen, gehen die Vertreter des Krankheitsmodells von einer progressiven, irreversiblen Krankheit aus, deren Heilung nur über therapeutische Intervention erreicht werden kann.

Traditionalisten behaupten, dass Selbstheilung nicht möglich sei

„Sucht wächst sich nicht von allein aus. Eine unbehandelte Sucht verschlimmert sich unweigerlich, hat nicht nur eine zunehmende Schädigung zur Folge, sondern auch Haftstrafen und letzten Endes den Tod" (Dupont 1993: xi-xii).

„Alkoholismus ist eine tödliche Krankheit, sie ist zu 100 % tödlich. Niemand überlebt den Alkoholismus, wenn dieser unkontrolliert bleibt. Diese Menschen werden nicht in der Lage sein, aus eigener Kraft mit dem Trinken aufzuhören. Sie sind gezwungen, Hilfe in Anspruch nehmen. Tun sie das nicht, gehen sie elend zu Grunde" (Johnson 1980: 1).

„Sowohl in Laien- als auch in Fachkreisen wurde beträchtliche Skepsis geäußert an der These, dass viele Süchtige ihren Drogenkonsum nie ganz einstellen, sondern bis zu ihrem Tod als Süchtige weiterleben…"
(Winick 1962: 1).

Ansichten, die den zitierten Ausführungen verwandt sind, finden sich auch im Ansatz der soziologischen Etikettierung, der sich lange Zeit auf die fortschreitende Festigung von devianten Karrieren konzentrierte und den einzelnen Menschen als Opfer einer Stigmatisierung durch Stellen der sozialen Kontrolle betrachtete (Sack 1978; Wagner 1985).

Ein Einwand, der dem Krankheitsmodell von Sucht zuwiderläuft, ist die These, wonach ein risikoarmer Alkohol- oder Drogenkonsum durch den Einzelnen möglich ist (auch ‚chipping' genannt, siehe Shaffer & Jones 1989). Studien der letzten Jahre, die diese Möglichkeit nachweisen, sind auf eine recht emotional geprägte Resonanz gestoßen, die von zutiefst empfundener Ungläubigkeit bis hin zu schwerwiegenden Angriffen reichte (vgl. hierzu Hunt 1998; Marlatt 1983, 1998; Rosenberg & Davis 1994; Sobell & Sobell 1995b). Daher werden Studien, die eine erfolgreiche Rückkehr von selbstgeheilten Alkohol- und Drogenmissbrauchenden in den risikoarmem Alkohol- oder Drogenkonsum beschreiben, vielfach als Gefahr angesehen, dass das Krankheitsmodell von zwei Seiten unterlaufen wird, da offenbar zum einen eine Heilung ohne Behandlung und zum anderen sogar eine Rückkehr zu kontrolliertem Konsum, d. h. eine Umkehr des Krankheitsverlaufes möglich ist. Interessanterweise kann – wie später noch ausführlich zu diskutieren sein wird – durch eine aktuelle Literaturübersicht gerade das häufige Vorkommen risikoarmen Alkohol- und Drogenkonsums nachgewiesen werden (Sobell et al. 2000).

Was spricht für die Erforschung des Selbstheilungsprozesses?

Wie bereits dargelegt, wird gemeinhin angenommen, dass Menschen mit Alkohol- oder Drogenproblemen nur mit Hilfe einer Behandlung oder mit Hilfe von Selbsthilfegruppen von ihrer Sucht loskommen können. Die 38 in dem vorliegenden Beitrag referierten Untersuchungen widerlegen jedoch genau diesen Standpunkt. Die Selbstheilungsforschung läuft auch dem Abstinenzdogma zuwider, das bei der Behandlung von Alkohol- und Drogenproblemen traditionellerweise vertreten wird. Über drei Viertel (78,6 %) der Studien zur Heilung von Alkoholproblemen betonen die Rolle risikoarmen Trinkens bei der Bewältigung der Alkoholabhängigkeit. Dies entspricht den Befunden von Therapieerfolgsstudien im Alkoholbereich (Breslin, Sobell, Sobell & Sobell 1997; Rosenberg 1993) und legt nahe, dass das vorherrschende Paradigma mit dem Stand der empirischen Forschung nicht mehr vereinbar und daher korrekturbedürftig ist.

Obwohl zahlenmäßig mehr Studien zur Selbstheilung bei Alkohol- als bei Drogenproblemen vorliegen, ergibt sich ein ähnliches Ausstiegsmuster. In nahezu der Hälfte der konsultierten Drogenstudien (46,2 %) wird über eine Heilung berichtet, die einen beschränkten Drogenkonsum beinhaltete. Dies ist insofern nicht überraschend, als bereits früher über kontrollierten Opiatkonsum (Blackwell 1983; Klingemann 1991; Shewan et al. 1998; Waldorf 1983; Zinberg, Harding & Winkeller 1977; Zinberg & Jacobson 1976) und Kokainkonsum (Cohen & Sas 1994; Hammersley & Ditton 1994; Mugford 1995; Waldorf, Reinarman

& Murphy 1991) berichtet wurde. Mit Blick auf den Stand der Forschung sollte die Entwicklung eines umfassenden Konzeptes von Alkohol- und Drogenproblemen oberste Priorität haben, das Variabilität von Suchtverhalten im Zeitverlauf einschließt (d. h. Progressivität nicht zu einem Definitionsmerkmal von Substanzkonsum-Störungen erklärt) und Spielraum für verschiedene Wege der Suchtbewältigung, einschließlich der Mäßigung und Schadensreduzierung (Marlatt 1998), lässt. Zahlreiche renommierte Suchtforscher haben auf den möglichen Nutzen der Erforschung des Selbständerungsprozesses hingewiesen. So drängten beispielsweise vor über einem Vierteljahrhundert Orford & Edwards (1977) bereits darauf, dass „der vor uns liegende Weg in der Alkoholismusforschung darin bestehen sollte, die Erforschung der ‚natürlichen Kräfte' stärker unter die Lupe zu nehmen, um diese zu erfassen und bei geplanten Interventionen nutzen zu können" (Orford & Edwards 1977: 3). Auch Vaillant (1980: 18) forderte: „Falls sich die Behandlungsweisen, wie sie sich uns heute darstellen, als nicht wirksamer herausstellen als natürliche Heilungsprozesse, müssen wir diese Heilungsprozesse verstehen lernen."

Das Fehlen langfristig wirksamer Behandlungsmöglichkeiten für Substanzmissbrauch (Emrick 1982; Miller & Heather 1986; Sobell et al. 1990) legitimiert die Forderung nach vermehrter Erforschung des Selbstheilungsphänomens. Keine einzige Behandlungsmethode kann eine hohe Rate an *nachhaltigen* Heilungen für sich in Anspruch nehmen. Des Weiteren ist nur wenig über die Voraussetzungen für eine optimale Zuordnung (Passung oder ‚matching') von Therapiearten zu unterschiedlich diagnostizierten PatientInnen bekannt (Orford 1999; Project MATCH Research Group 1998a, 1998b).

Ein besseres Verständnis des Selbstheilungsprozesses könnte zweitens für die Erarbeitung von wirksameren Behandlungsprogrammen genutzt werden (Fillmore et al. 1988; Orford & Edwards 1977; Sobell et al. 1993; Stall & Biernacki 1986). Die Studien, in denen Material zu den Gründen für natürliche Heilungen zusammengetragen wurde, haben trotz ihrer geringen Zahl bereits etwas Licht auf die Faktoren werfen können, die den Heilungsprozess möglicherweise auslösen und ihn aufrechterhalten (Sobell et al. 2000).

Ein dritter Grund für die Erforschung des Selbstheilungsprozesses ist, wie bereits erwähnt, die Tatsache, dass die große Mehrheit von Menschen mit Alkohol-, Drogen- und Nikotinproblemen im Allgemeinen der Aufmerksamkeit von Forschern oder Klinikern entgeht, da sie üblicherweise keine Behandlung in Anspruch nimmt. Im Bereich des Alkoholmissbrauchs liegt das Verhältnis von Personen, die keine Behandlung in Anspruch nehmen, und behandelten Populationen schätzungsweise zwischen 3:1 und 13:1 (Nathan 1989; Roizen et al. 1978). Über drei Viertel aller ehemaligen Raucher haben aus eigenem Antrieb wieder aufgehört (Fiore et al. 1990; Hughes et al. 1996; Orleans, Schoenbach et al. 1991). Bei der Spielsucht wird geschätzt, dass weniger als 3 % all derjenigen, die als pathologische Spieler diagnostiziert wurden (mit anderen Worten die schwersten Fälle), in Behandlung waren; bei den Problemtrinkern waren es sogar noch weniger (National Gambling Impact Study Commission 1999).

Aufgrund der Forschungsliteratur ergeben sich drei Hauptgründe, weshalb sich Substanzmissbrauchende nicht im Rahmen traditioneller Therapien behandeln lassen wollen (einen Überblick geben Chiauzzi & Liljegren 1993; Cunningham, Sobell, Sobell, Agrawal & Toneatto 1993; Hodgins & el-Guebaly 2000; Sobell 2000, Hodgins et al. 1999 sowie Sobell et al. 2000).

Stigmatisierung und Beschämung: Eine hohe Zugangsschwelle

Befragter A: „Ja, weil ich glaube, dass die Leute Alkoholiker als Menschen betrachten, die ganz unten sind. Jemand, der bloß ein gesellschaftlicher Trinker ist, möchte nicht mit solchen Leuten in Verbindung gebracht werden. Wie die, die man am so am Stadtrand sieht, diese Alkis. Das ist das, was man selber unter einem wirklichen Alkoholiker versteht."

Befragter B: „Ich glaube, am schlimmsten wäre für mich die Beschämung gegenüber meinen Verwandten und Freunden gewesen, wenn ich zu den AA oder woandershin hätte gehen müssen. Wäre ich zu diesen Stellen gegangen, hätte ich damit mein Alkoholproblem zugegeben und jedermann hätte mich dann als Alkoholiker bezeichnen können. Bis heute glaube ich nicht, dass ich Alkoholiker war. Ich glaube vielmehr, dass ich einfach ein ernsthaftes Alkoholproblem hatte."

Befragter C: „Ich glaube, niemand wird gern als Alkoholiker oder Trunkenbold klassifiziert. Ich zumindest nicht. Ja, ich habe mich geschämt."

Befragter D: „Ich habe einfach nicht das Gefühl, ich sei ein Alkoholiker, Schluss Punkt. Ich habe ein … ich hatte ein Alkoholproblem, auch wenn dies ein grässliches Wort ist."

Befragter E: „Weil ich halt vielleicht ein eher zurückhaltender Mensch bin, bin ich nicht der Typ Mensch, der, Sie wissen schon, einfach so hingeht und sich helfen lässt, und ich würde mich schämen, wenn viele Menschen … das Problem mitbekämen."

Die drei Gründe, die als Hemmschwellen für die Inanspruchnahme einer Behandlung eruiert wurden, sind: (a) das Stigma, welches die Etikettierung als ‚Alkoholiker' mit sich bringt; (b) die Ansicht der Missbrauchenden, dass ihr Problem nicht schwerwiegend genug ist, um Aufmerksamkeit zu verdienen (d. h. herkömmliche Programme sind oft zu intensiv und zu anspruchsvoll für Menschen, die nicht schwer abhängig sind), und (c) der Vorsatz von Substanzmissbrauchenden, ihre Probleme allein und selbstständig anzugehen.

Selber damit fertig werden: Warum ich keine formelle Hilfe oder Behandlung in Anspruch genommen habe

Befragter A: „Ich hatte einfach das Gefühl, wenn ich nicht allein damit fertig werden würde, würden auch andere Menschen mir nicht helfen können. Ein sehr guter Freund hat vor kurzem seinen 10-Jahres-Pin bekommen, darum ... Er ist sehr stolz darauf, und sollte das auch sein, aber ich konnte einfach nicht ... Sie sind Freunde von mir, aber ich konnte einfach nicht. Wenn ich es nicht selber schaffe, dann hätte ich mir einfach nicht vorstellen können, wie mir jemand anderes helfen sollte. Ich habe nichts gegen die AA, verstehen Sie mich nicht falsch, das ist eine gute Organisation, aber 15 oder 20 Leute können mir einfach nicht sagen, was ich zu tun und zu lassen habe."

Befragter B: „Ich hatte schon das Gefühl, dass ich da wohl ein Problem hätte, aber ich hätte nie gedacht, dass ich schon dermaßen jenseits des Limits war. Ich hatte einfach das Gefühl, dass mein Zustand noch nicht so schwerwiegend war, dass ich mich nicht hätte selber heilen können."

Befragter C: „Nun ja, ich hatte das Gefühl, dass es alleine an mir liegt, ob ich diese Sache in den Griff bekomme, und dass mich niemand am Trinken hindern kann. Weshalb sollte ich also hingehen und jemand anderes darum bitten, und dieser Person meine Probleme aufbürden, wo es doch eines meiner eigenen Probleme ist."

Befragter D: „Ich denke, es war mein eigener Stolz ... ich wollte es ohne probieren ... Ich denke, ich wäre vielleicht zu den AA gegangen oder irgend einer anderen Beratungsstelle, wenn ich es nicht selber geschafft hätte, aber zu Beginn wollte ich es alleine zustande bringen, und ich war der Meinung, dass ich das auch könnte."

Befragter E: „Mit dem Unterschied, dass das ein größerer Sieg ist, weil ich es selber geschafft habe. Ich habe niemand anderes dazu gebraucht."

Zu den weiteren Hemmschwellen gehören das Fehlen von Behandlungsmöglichkeiten, negative Einstellungen gegenüber einer Therapie und/oder zu hohe Kosten für eine Behandlung (Cunningham, Sobell, Sobell et al. 1993; Hodgins & el-Guebaly 2000; Sobell et al. 2000; Sobell et al. 1992; Toneatto et al. 1999). Zu berücksichtigen ist jedoch, dass ein umfassendes Verständnis der Stigmatisierung und anderer Zugangsbarrieren, die eine Behandlung erschweren, nicht erreicht werden kann, solange nur behandelte Personen im Mittelpunkt des Interesses stehen.

Weitere Hindernisse für eine Behandlung

Geld:

Befragter A: „Die Entscheidung, Sie wissen schon welche, dafür hätte es viel Geld gebraucht ... externe Hilfe in Anspruch zu nehmen, das hätte weit über meinen finanziellen Mitteln gelegen, bei meinem Lohn. Das war ziemlich klar."

Befragter B: „Nun ja, ich konnte es mir nicht leisten, das ganze Theater mit dem Sanatorium, ich konnte mir das einfach nicht leisten."

Einstellung zur Behandlung:

Befragter A: „Nun, ich konnte mich nicht richtig mit der Idee anfreunden, dass irgendeines dieser Behandlungszentren einem sollte helfen können."

Befragter B: „Ich halte nicht viel von der Ärzteschaft. Ich halte überhaupt nicht viel von all diesen Fachleuten, das betrifft nicht nur die Mediziner."

Fehlen von Einrichtungen:

Befragter A: „Sie sind mir nicht bekannt [Behandlungseinrichtungen]. Es kommen mir nur gerade die AA in den Sinn."

Befragter B: „Also eigentlich kenne ich keine Behandlungseinrichtungen."

Behandlungshindernisse bei ethnischen Minderheiten und Frauen

Studien über die Zugangsschwellen zur Inanspruchnahme einer Alkoholtherapie (Blomqvist 1999; Cunningham, Sobell, Sobell & Gaskin 1994; Hasin & Grant 1995; Hilton 1991; Hingson, Mangione, Meyers & Scotch 1982; Hingson et al. 1980; Oppenheimer, Sheehan & Taylor 1988; Sheehan, Wieman & Bechtel 1981) haben gezeigt, dass Betroffene, die eine Behandlung in Erwägung ziehen bzw. noch nie in Behandlung waren, mit einer ganzen Reihe von Hindernissen konfrontiert werden (z. B. Stigmatisierung von Alkoholproblemen, Nicht-Erkennen eines Problems, kulturelle Unterschiede, geographische Verhältnisse, Kosten, Kinderbetreuung während der Therapie). Mehrere Studien konnten auch geschlechtsspezifische Probleme beim Behandlungszugang identifizieren (Gomberg & Turnbull 1990; Roman 1988; Schmidt & Weisner 1995; Schober & Annis 1996; Thom 1986, 1987). In einer Studie, die die Unterschiede zwischen den sich in Behandlung befindenden Problemtrinkern und denjenigen in der allgemeinen Bevölkerung untersucht hat (Weisner 1993), ergaben sich wichtige Unterschiede zwischen Männern und Frauen hinsichtlich der Faktoren, die einen

Behandlungseintritt beeinflussen (Frauen: z. B. bisherige Behandlungserfahrung, ethnische Herkunft, Berufstätigkeit; Männer: z. B. soziale Folgeprobleme der Sucht, bisherige Behandlungen, berufliche Situation). Eine weitere Studie zu geschlechtsspezifischen Unterschieden (Weisner 1992) kam zu dem Schluss, dass im Vergleich zu männlichen Problemtrinkern bei den weiblichen eine höhere Wahrscheinlichkeit besteht, Angebote in Anspruch zu nehmen, die nicht speziell auf Alkoholtherapien ausgerichtet sind, insbesondere psychologische Dienstleistungen; zudem berichteten sie über einen höheren Schweregrad des Symptoms. Andere Untersuchungen kamen zu ähnlichen Ergebnissen, etwa dass Frauen eher allgemeine Hilfsangebote annehmen, wie allgemeinmedizinische und psychologische Beratung, um ihr Alkoholproblem in den Griff zu bekommen (Beckman & Kocel 1982; Schmidt & Weisner 1999; Schober & Annis 1996).

Die Verfügbarkeit und Akzeptanz professioneller Hilfe und Behandlung beeinflusst aller Wahrscheinlichkeit nach die Raten der natürlichen Heilung. Duckert (1989) zufolge liegen die Hauptgründe für die offenbar bestehende tendenzielle Abneigung von Frauen, eine Behandlung aufzusuchen, in einer mangelnden Anpassung der Behandlungssysteme an die spezifischen Bedürfnisse weiblicher Süchtiger und im „Fehlen von attraktiveren Behandlungsalternativen" (Duckert 1989: 176). Dies führt zu der Annahme, dass Selbstheilungen bei Frauen deshalb häufiger vorkommen, weil Frauen weniger externe Möglichkeiten zur Verfügung stehen, um ihr Problem zu lösen.

Alkoholmissbrauch – ein schlimmeres Stigma für Frauen

Befragte A: „Ich habe das Gefühl, als Alkoholikerin abgestempelt zu werden, ist ganz besonders für eine Frau erniedrigend. Es bedeutet, dass man so irgendwie … dass man keine Willensstärke hat. Man macht sich selber zum Idioten. Ich finde das irgendwie abstoßend."

Befragte B: „Ja, zu peinlich. Insbesondere … bei einem Mann ist es o.k., wenn er trinkt, und es ist auch toll, wenn er sich in Behandlung begibt, aber als Frau, da sieht man … es ist einfach nicht das Gleiche."

Befragte C: „Ich wollte nicht, dass es jemand rausfinden würde. Ich wollte es nicht … weil ich immer noch denke – vielleicht ist das ja heute anders –, aber bei Frauen ist das ein größeres Stigma."

Angesichts der im Vergleich zu Männern geringeren Prävalenz des Problemtrinkens bei Frauen (Blume 1986) und eines Zahlenverhältnisses zwischen Männern und Frauen von vier zu eins bei Heroinsüchtigen (vgl. Klingemann 1994 für die Schweiz) sind bei den weiblichen Probanden in Selbstheilungsuntersuchungen niedrige absolute Zahlen zu erwarten. Therapeuten führen die relativ geringe Zahl von weiblichen Substanzmissbrauchenden in Behandlungen nicht auf eine Ungeeignetheit der Behandlung für die Bedürfnisse der Frauen zurück, sondern auf die besondere Stigmatisierung von Trunkenheit oder Heroinsucht, sobald diese bei Frauen beobachtet wird (Engemann 1991). Bei den Konsumenten von illegalen Drogen könnte sich aus der Verwendung der Schneeballtechnik ein zusätzlicher Unterschied zwischen den Geschlechtern ergeben, da ein solches Vorgehen möglicherweise die geschlechtsspezifischen Kommunikationsnetzwerke in der Drogenszene und daher letztlich die Berücksichtigung von Männern begünstigt.

Gemäß einer Literaturübersicht zu Alkohol- und Drogenmissbrauchenden, die ihre Sucht ohne formelle Hilfe beendet haben, betrug der durchschnittliche Frauenanteil in allen Studien 31,6 % (Sobell et al. 2000), eine Zahl, die nur leicht über den Zahlen von Alkoholtherapieeinrichtungen beispielsweise in den Vereinigten Staaten von Amerika liegt, wo ein Viertel der Patienten weiblich ist (National Institute on Drug Abuse 1992). Diese Tatsache deckt sich mit Erfahrungen bei Kurztherapien, für die nach Aufrufen in den Medien mehr weibliche Probanden als erwartet rekrutiert worden waren (z. B. Sanchez-Craig, Neumann, Souzaformigoni & Rieck 1991; Sobell & Sobell 1998).

Bislang liegen lediglich zwei Studien über geschlechtsspezifische Unterschiede in Selbstheilungsstudien vor (Rounsaville & Kleber 1985; Tucker & Gladsjo 1993). In beiden Studien konnten keine signifikanten geschlechtsspezfischen Unterschiede zwischen behandelten und unbehandelten Gruppen von Opiat- und Alkoholmissbrauchenden festgestellt werden. Eine plausible Erklärung dafür ist, dass sowohl Kurztherapien als auch Selbstheilung ein Selbstbefähigungskonzept zugrunde liegt und sie daher Frauen mehr ansprechen als herkömmliche Behandlungsprogramme, die nicht nur als stigmatisierend angesehen werden, sondern Krankheitskonzepte verfolgen, die Gefühle der eigenen Machtlosigkeit eher fördern.

Im Gegensatz zur umfassenden Literatur im Suchtbereich zu geschlechtsspezifischen Bestimmungsgründen der Behandlungsbereitschaft und Behandlungsaufnahme ganz allgemein gibt es „sehr wenig Studien, die ethnisch bedingte Unterschiede in der Inanspruchnahme verschiedener Behandlungsangebote untersuchen" (Schmidt & Weisner 1999: 79). Dennoch liegen Hinweise dafür vor, dass z. B. in den USA Faktoren wie fehlende Krankenversicherung und größere Wahrscheinlichkeit eines Lebens unterhalb der Armutsgrenze die Zugangsmöglichkeiten von lateinamerikanischen Einwanderern und Afro-Amerikanern zu einer Behandlung einschränken (Gordis 1994).

Aus der ausgezeichneten Überblicksarbeit zu ethnischen und kulturellen Minderheiten von Castro et al. (1999) geht hervor, (a) dass frühere Studien zeigen konnten, dass Minderheiten-Klienten die Inanspruchnahme von traditionellen psychologischen und Substanzmissbrauch-Einrichtungen von staatlichen Stellen kritisch beurteilen; (b) dass bei den eine Beratung aufsuchenden Minderheiten-Klienten eine hohe Behandlungsabbruchrate festzustellen ist, wobei hierfür mangelndes kulturelles Einfühlungsvermögen der Therapeuten verantwortlich gemacht wurde (Sue, Fujino, Hu, Takeuchi & Zane 1991), und (c) dass der Einbezug der Klienten in die Therapie, sei es durch den Aufbau einer persönlichen Beziehung oder durch das Wecken von positiven Erwartungen, nur ungenügend ausfällt. Ein weiterer Grund für die Entscheidung, keine Behandlung in Anspruch zu nehmen, sowie für die hohen Abbruchquoten ist darin zu sehen, dass die meisten Behandlungsprogramme für Substanzmissbrauch weder für Minderheiten entwickelt noch für Minderheiten evaluiert worden sind.

Schlussfolgerung
Aufgrund der mit der Aufnahme einer Alkoholtherapie ganz allgemein verbundenen Stigmatisierung – gekoppelt mit der Zurückhaltung von Frauen und Minderheiten, die traditionellen Programme für Substanzmissbrauch in Anspruch zu nehmen – sind Selbstheilungsstudien und -interventionen für diese beiden Gruppen von großer Bedeutung. Zudem sind intra- und interkulturelle Untersuchungen nötig, um die Verallgemeinerbarkeit einzelner Forschungsergebnisse prüfen zu können. Von einer Ausnahme abgesehen (Sobell et al. 2001) liegen bis anhin nämlich keine Untersuchungen des Selbstheilungsprozesses in unterschiedlichen kulturellen oder sozialen Kontexten vor (Klingemann 2001).

Schließlich haben nationale Erhebungen gezeigt, dass die je nach Geschlecht und ethnischem Hintergrund unterschiedliche Akzeptanz und Nutzung von Therapieangeboten durch Faktoren wie z. B. diskriminierende Praktiken der Behandlungseinrichtung, mangelnde Klientenorientierung, diagnostische Inkompetenz, Attraktivität der Therapien und grundsätzliche Verfügbarkeit von Therapieangeboten bedingt sein kann. Daher gilt es bei der Entwicklung von alternativen Behandlungsmöglichkeiten gruppenspezifischen und individuellen Bedürfnissen Rechnung zu tragen. Der Gedanke einer einheitlichen Therapie für alle kann als überholt gelten.

Modelle zur Erklärung von Verhaltensveränderung

Im Laufe der vergangenen 35 Jahre wurden verschiedene Modelle zur Verhaltensänderung und Entscheidungsfindung vorgelegt. Obwohl all diese Modelle im Laufe von mehr als drei Jahrzehnten entwickelt worden sind, lassen sich gewisse Ähnlichkeiten feststellen. Im vorliegenden Kapitel kann keine vertiefte Auseinandersetzung mit diesen Modellen geleistet werden. Es wird vielmehr eine kurze Beschreibung der wichtigsten Ansätze geboten, um der Leserschaft eine angemessene Einordnung der in den folgenden Kapiteln referierten Ergebnisse zu ermöglichen. Im Zentrum der Entscheidungstheorien zu Verhaltensänderungen steht eine inhärente kognitive Kosten-/Nutzen-Bewertung. Diese Theorien beschreiben Überzeugungen und Meinungen sowie deren Rolle bei einer zu einer Verhaltensänderung führenden Entscheidungsfindung. Treibende Kraft einer Sucht ist die Tatsache, dass zumindest am Anfang und vielleicht noch über eine gewisse Zeit hinweg das Positive das Negative überwiegt (Orford 1986). Kommen Süchtige aber mit der Zeit bei der Abwägung der Vor- gegenüber den Nachteilen zu dem Schluss, dass die Nachteile die Vorteile überwiegen, steigt die Wahrscheinlichkeit einer Einstellung oder Reduzierung des Konsums.

In einem wegweisenden Artikel hat Eysenck (1952) die Wirksamkeit der Psychotherapie für das, was ursprünglich als Neurose bezeichnet wurde, hinterfragt. Aus seiner Analyse der zu diesem Zeitpunkt vorliegenden Behandlungsstudien schloss Eysenck, dass „von einer Gruppe von neurotischen Patienten innerhalb von etwa zwei Jahren nach Ausbruch der Krankheit rund zwei Drittel geheilt werden oder sich ihr Zustand markant verbessert" (Eysenck 1952: 322). Mit dieser frühen Infragestellung der Wirksamkeit von Psychotherapie gehörte Eysenck auch zu den Ersten, die ein besseres Verständnis der gemeinsamen Elemente der therapeutischen Beeinflussung von Verhaltens- und psychischen Problemen anstrebten. In der Folge wurden mehrere umfassende Änderungsmodelle postuliert, die den Anspruch erheben, unterschiedliche Modelle der Verhaltensveränderung zu integrieren (z. B. Goldfried 1982).

Konflikttheorie

Gemäß der Konflikttheorie von Janis & Mann (1968) kommt es aufgrund einer Dissonanz zwischen verschiedenen Einstellungen zu Spannungen. Um einen Dissonanzabbau zu erreichen, muss das Individuum positive und negative Aspekte der konkurrierenden Ansichten prüfen und über einen Abbau dieses Konflikts entscheiden. Das Entscheidungsmodell von Janis & Mann umfasst fünf Stufen der Entscheidungsfindung: (a) Einschätzung des Problems, (b) Einschätzung von Alternativen, (c) Auswahl der besten Alternative, (d) Engagement für die neue Strategie und (e) Weiterverfolgen der neuen Strategie trotz negativem Feedback (Janis & Mann 1977, 1968). Die Anstrengung des Individuums zur Lösung einer Spannung (mit anderen Worten eines inneren Konflikts) wird als abhängig vom Ausmaß der vorhandenen Überzeugungsdissonanz angenommen.

Das transtheoretische Modell der Verhaltensänderung

Das transtheoretische Änderungsmodell ist entstanden aus dem Versuch, verschiedene allgemeine therapietheoretische Annahmen zu Änderungsprozessen auf den Prozess der Raucherentwöhnung anzuwenden. Zur Erklärung der Verhaltensänderung verwenden Prochaska & DiClemente (1984) ein fünfstufiges Änderungsmodell (im Einzelnen: Absichtslosigkeit, Absichtsbildung, Vorbereitung, Handlung, Aufrechterhaltung), das den Entscheidungsfindungsphasen, wie sie von Janis & Mann (1968) vorgelegt wurden, gleicht. Das Modell von Prochaska & DiClemente erhebt jedoch auch den Anspruch, Änderungsprozesse ganz allgemein, außerhalb therapeutischer Settings zu erklären (Prochaska, DiClemente & Norcross 1992) und geht davon aus, dass die Phase des Änderungsprozesses, in dem sich Menschen gerade befinden, die Wahrscheinlichkeit des zu erwartenden Veränderungserfolges bestimmt (Prochaska 1983). Dieses Modell lässt sich folgendermaßen beschreiben: (a) Personen in der Absichtslosigkeitsstufe ziehen keinerlei Verhaltensveränderungen in Erwägung; (b) während der Phase der Absichtsbildung ziehen Individuen Verhaltensveränderungen in Betracht; (c) in der Vorbereitungsphase werden Pläne gemacht und erste Veränderungsschritte eingeleitet; (d) Personen in der Handlungsphase setzen sich aktiv für Veränderungen ein; (e) es folgt die Aufrechterhaltung, d. h. die Festigung und Absicherung der erreichten Verhaltensänderung und schließlich möglicherweise (f) eine Rückfallepisode, die den Prozess erneut in Gang setzt.

Herauskristallisierung von Unzufriedenheit
Baumeister (1996) hat den Änderungsprozess vor dem Hintergrund des durch die Person wahrgenommen Verhaltenskontextes konzeptualisiert. Im Bemühen um Konsistenz, so Baumann, unterziehen Menschen ihre Überzeugungen und ihr Verhalten fortlaufend einer Neubeurteilung, behalten ihre Überzeugungen jedoch bei. Sie nehmen in diesem Prozess Zuschreibungen vor, die ihre Entscheidungen stützen. Anhand der Beispiele Heirat und Religion erklärt Baumeister, wie Menschen extreme kausale Zuschreibungen vornehmen, um ihre Meinungen und Überzeugungen zu untermauern. Er postuliert, dass Informationen, die der eigenen Überzeugung widersprechen, dabei abgewertet und nicht berücksichtigt werden, um diese beibehalten zu können.

Erst wenn die als negativ wahrgenommenen Konsequenzen des Verhaltens beim Individuum Unbehagen auslösen, wird eine ursächliche Zuordnung vorgenommen, d. h. es kristallisiert sich die Überzeugung heraus, dass die Konsequenzen in einem engen Zusammenhang mit dem eigenen Verhalten stehen. Baumeister nennt diesen Prozess „Herauskristallisierung von Unzufriedenheit". Wenn also das Individuum Negativerlebnisse als miteinander verbunden ansieht und einen festen Zusammenhang mit seinen Überzeugungen und Verhaltensweisen annimmt, dann resultiert daraus auch eine Änderungsmotivation. So beendet beispielsweise eine Person eine Beziehung, in die sie stark eingebunden war, deshalb, weil diese Beziehung in ihrer Wahrnehmung negativ geworden ist,

d. h. das individuell noch annehmbare Ausmaß negativer Begleitumstände überschritte wurde. Im Suchtbereich ist die Hypothese des Herausreifens von Winick (1962) ein gutes Beispiel für den Prozess der Herauskristallisierung von Unzufriedenheit. Süchtige, die aus dem Drogenkonsum aussteigen, nennen als Motivation für die Verhaltensänderung den zusätzlichen Aufwand der Drogenbeschaffung, der mit der Zeit so zunimmt, dass die negativen Konsequenzen früher oder später die Unannehmlichkeitsschwelle erreichen (mit anderen Worten sind Drogensüchtige nicht mehr länger gewillt bzw. es fehlt ihnen an Energie, den Drogenkonsum fortzuführen).

Zum Aussteiger werden

Der ‚Herauskristallisierung von Unzufriedenheit' vergleichbar beschreibt Ebaugh (1988) den Änderungsprozess als die Aufgabe einer sozialen Rolle, konkret: die zunehmende Überzeugung, dass die aktuelle Rolle nicht mehr den ursprünglichen Vorstellungen bei Übernahme der Rolle entspricht. Er nennt dies „ein Ehemaliger (‚Ex') werden". Ein gutes Beispiel für das von Ebaugh beschriebene Aufgeben einer Rolle wären etwa Nonnen, die nach dem Ablegen ihrer Gelübde und ihrem Eintritt in die Kirche einzelne Punkte der Kirchenpolitik wahrzunehmen beginnen, mit denen sie sich überhaupt nicht einverstanden erklären können. Die Einschränkung ihrer Rechte verstärkt ihre Ablehnung angesichts negativer Konsequenzen (Ablehnung der Kirchenpolitik, Vorenthaltung des Priesteramtes) zusehends. Mit sich immer stärker auswirkenden Konsequenzen nimmt die Dissonanz zwischen den Werten des Individuums und dem Inhalt ihrer Rolle zu. Der Punkt, an dem jemand schließlich die Aufgabe einer Rolle beschließt und motiviert ist, etwas völlig Neues zu tun, wird als Kernpunkt gesehen, an dem sich die Unzufriedenheit einer Person herauskristallisiert. Nach Ebaugh (1988) spielen solche „Wendepunkte" eine wichtige Rolle in einer Verhaltensänderung, da sie „(a) anderen eine Änderung ankündigen und diese begründen, (b) die kognitive Dissonanz und den kognitiven Konflikt reduzieren und (c) mithelfen, Ressourcen zu mobilisieren" (Ebaugh 1988: 134).

Selbstheilung und das Phasenänderungsmodell (PM)

Nun gilt es zu prüfen, inwieweit der Selbstheilungsansatz mit dem PM kompatibel ist (Klingemann 2001). Gegen eine voreilige Modellintegration spricht jedoch die wachsende Kritik am PM, welche darauf abstellt, dass das PM die Komplexität von Verhaltensänderung letztlich nicht adäquat zu berücksichtigen vermag (Bandura 1997; Budd & Rollnick 1996; Carey, Purnine, Maisto & Carey 1999; Davidson 1998; Sutton 1996). Es wird darauf hingewiesen, dass das PM eine komplexe Art einer Verhaltensbeschreibung darstelle und dass es Verhaltensweisen gebe, die sich besser anhand eines Kontinuums erklären lassen.

Ferner durchläuft eine Änderung von Suchtverhalten nicht systematisch einzelne Phasen (Budd & Rollnick 1996; Carey et al. 1999; Sutton 1996). Bei einem echten Phasenmodell müssen alle Phasen nur einmal und es darf keine Phase doppelt durchlaufen werden (Bandura 1997). Das Änderungsphasenmodell verletzt beide Voraussetzungen, denn dem Modell zufolge müssten rückfällig gewordene Menschen in eine frühere Phase zurückversetzt werden. Zudem besteht insofern ein Widerspruch, als viele, die ohne professionelle Hilfe aussteigen, gleich beim ersten Entschluss den Ausstieg schaffen, im Modell stellt jedoch der Rückfall eine zwingende Phase dar. Diesbezüglich ist einer vor kurzem durchgeführten Studie zu entnehmen, dass 42,9 % von natürlich geheilten Alkoholmissbrauchenden den Ausstieg erfolgreich im ersten Anlauf geschafft haben (King & Tucker 2000). Schließlich können Fälle von echten Spontanremissionen (z. B. religiöse Bekehrungen) nicht alle Phasen durchlaufen, sondern schreiten stattdessen von der Vorerwägung direkt zur Handlung fort.

Das transtheoretische Modell der Verhaltensveränderung hat zwar über das vergangene Jahrzehnt hinweg viel Aufmerksamkeit erhalten und einen großen Teil der empirischen Arbeiten über „Readiness to Change" (RTC, d. h. das Maß, in dem ein Individuum zur Änderung eines problematischen Verhaltens bereit ist) inspiriert, doch liefert die psychometrische Literatur nur widersprüchliche Unterstützung für die Annahme diskreter Änderungsphasen (Carey et al. 1999). Im Einklang mit anderen Kritikern des PM schlagen Carey et al. (1999) vor, dass RTC am besten als ein „multidimensionales Konstrukt auf einem Kontinuum, mit komplexen Beziehungen zu Verhalten, Kognition und Kontextbedingungen" zu betrachten (Carey et al. 1999: 245).

Wichtige Befunde der Selbstheilungsforschung

Obgleich es sich bei der Selbstheilungsforschung noch um ein relativ neues Gebiet handelt, so weisen die vorliegenden Studien teilweise wichtige Übereinstimmungen auf. Im Folgenden soll auf solche Kernbefunde kurz näher eingegangen werden.

Selbstheilung – ein wichtiger Weg zum Ausstieg aus der Sucht

Mehrere größere Untersuchungen haben ergeben, dass Süchtige in der Regel ohne professionelle Hilfe ihr Suchtproblem wieder in den Griff bekommen: Dies gilt für (a) Rauchen/Zigaretten (Fiore et al. 1990; Hughes et al. 1996; Orleans, Ramer et al. 1991; U.S. Department of Health and Human Services 1988); (b) Alkohol (Cunningham, Ansara, Wild, Toneatto & Koski-Jännes 1999; Cunningham et al. 2000; Dawson 1996; Sobell, Cunningham & Sobell 1996);

(c) Drogen (Cunningham 1999) und (d) Spielsucht (Hodgins et al. 1999). Ein ausgezeichnetes Beispiel ist die bekannte National Longitudinal Alcohol Epidemiologic Survey (NLAES), in der Trinkmusterveränderungen sowohl in behandelten als auch in unbehandelten Gruppen untersucht wurden. Demnach änderte die große Mehrheit der alkoholabhängigen Alkoholkonsumenten ohne professionelle Hilfe ihr Trinkverhalten (Dawson 1996).

Die Mehrheit der Selbstheilerstudien bezüglich Alkohol- und Drogenmissbrauchs wurde in den USA, in Europa und Kanada durchgeführt (Sobell et al. 2000). Hierbei entfällt der größte Teil auf Alkoholmissbrauch (75 %); Heroinmissbrauch folgt mit großem Abstand (22,5 %). Für Kokain- und Marihuanakonsum wurden nur wenige Selbstheilungsstudien durchgeführt (7,5 % bzw. 2,5 %).

In der ersten systematischen Studie zur natürlichen Heilung bei Marihuanakonsum wurden 25 Cannabismissbrauchende, die für mindestens ein Jahr ausgestiegen waren, über ihren Substanzkonsum in der Vergangenheit befragt, über die entsprechende Vorgeschichte der Heilung sowie zu denjenigen Faktoren, die eine Änderung gefördert hatten (Ellingstad 2001; Ellingstad, Venner, Sobell, Sobell & Eickleberry-Goldsmith 2001). Offenbar wurde der Ausstieg bei Marihuana eher durch innerpsychische als durch externe Faktoren motiviert. Die Auslöser für den Ausstieg betrafen vorwiegend positive kognitive und affektive Komponenten und weniger soziale oder gesundheitsrelevante Faktoren. Als häufigster Grund für die Aufgabe des Cannabiskonsums wurde die subjektive Neubewertung des eigenen Konsums genannt, gefolgt von der Wahrnehmung persönlicher negativer Auswirkungen. Die am häufigsten angegebenen stabilisierenden Umstände für die Beibehaltung des Konsumverzichts betrafen die Vermeidung von Situationen, in denen Cannabis konsumiert wird, Änderungen im Lebensstil und die Entwicklung von Interessen, die nicht im Zusammenhang mit Cannabis standen. Schließlich berichteten über drei Viertel der Befragten, dass sie keine Behandlung aufgesucht hätten, weil sie dies nicht für nötig hielten oder selbst hätten aussteigen wollen.

Sind Selbstheilerberichte glaubwürdig?

Es ist wichtig, die Berichte von Selbstheilern zusätzlich anderweitig zu überprüfen, wird von den Befragten doch bei der Beschreibung von Ausstiegsprozessen eine beachtliche Erinnerungsleistung erwartet. Wie auch bei behandelten Populationen werden selbst berichtete Angaben durch Rückgriff auf die Befragung beteiligter Drittpersonen und Sekundärstatistiken (Register, Verzeichnisse) validiert (vgl. hierzu die Übersicht bei Sobell et al. 2000).

In mehreren Studien wurde die Validität der Berichte von natürlich geheilten Substanzmissbrauchenden untersucht (Blomqvist 1996; Gladsjo, Tucker, Hawkins & Vuchinich 1992; Klingemann 1991; Sobell, Agrawal & Sobell 1997; Sobell et al. 1992; Sobell et al. 1993; Tucker 1995; Tucker et al. 1994). Ein Vergleich mit den Aussagen der beteiligten Drittpersonen (‚Entwicklungszeugen') hat ergeben, dass die Betroffenen ihren Substanzmissbrauch vor und nach dem Ausstieg ziemlich genau beschrieben hatten. Damit entsprechen diese Resultate den Ergebnissen von Studien mit behandelten Substanzmissbrauchenden (Babor, Brown & Del Boca 1990; Babor, Steinberg, Anton & Del Boca 2000; Maisto & Connors 1992; Maisto, McKay & Connors 1990; Sobell, Toneatto & Sobell 1994). Da in einigen Untersuchungen (King & Tucker 2000; Sobell et al. 1993; Toneatto et al. 1999) darauf hingewiesen wurde, dass es vielen Befragten offenbar schwer fällt, eine Person zu nennen, die diese noch während ihrer Problemzeit gekannt hat (d. h. in der ferneren, 10-20 Jahre zurückliegenden Vergangenheit), wurden bei Folgestudien Zuverlässigkeitsprüfungen in den Befragungsprozess eingebaut (d. h. die Wiederholung ein- und derselben Frage bei Aufnahme ins Projekt sowie bei einem späteren Interview) (Sobell et al. 2000). Allgemein lässt sich die Schlussfolgerung ziehen, dass die Berichte von natürlich geheilten Substanzmissbrauchenden über ihre Zeit vor und nach dem Ausstieg und ihre diesbezüglichen Erfahrungen mit den Angaben aus anderen Quellen übereinstimmen und als valide gelten können (Gladsjo et al. 1992; Klingemann 1991; Sobell et al. 2000; Sobell et al. 1993; Winick 1962).

Zur Frage der Stabilität natürlicher Heilungen
In einer neueren Literaturübersicht zu Selbstheilungsstudien wurde konstatiert, dass über alle Studien hinweg die durchschnittliche Selbstheilungsperiode etwas mehr als sechs Jahre betrug (Sobell et al. 2000). Da bei Substanzkonsum mit einer hohen Rückfallquote zu rechnen ist (Marlatt & Gordon 1985) und mehreren Studien zufolge eine stabile Heilung sich erst nach mindestens fünf Jahren einstellen kann (Dawson 1996; De Soto, O'Donnell & De Soto 1989; Jin, Rourke, Patterson, Taylor & Grant 1998; Sobell, Sobell & Kozlowski 1995), wurde die Empfehlung abgeleitet, dass Selbstheilerstudien eine minimale Heilungsperiode von fünf oder mehr Jahren zugrunde gelegt werden sollte. Eine Stabilisierungsperiode dieser Dauer entspricht Ergebnissen aus der Medizin, wonach ein fünfjähriges oder längeres Überleben einer schweren Krankheit als stabiles Behandlungsergebnis gilt (z. B. Bonadonna & Robustelli 1988; Devita, Hellman & Rosenberg 1985).

Anhand von Selbstheilungs-Longitudinalstudien lässt sich auch die Beziehung zwischen einer Änderung im Substanzkonsum und anderen Verhaltensweisen untersuchen. Es liegen Befunde vor, denen zufolge Befragte zwar den Konsum einer bestimmten Droge aufgegeben, dafür jedoch den Konsum einer anderen gesteigert haben (Biernacki 1986; Sobell et al. 1994). Im Rahmen einer

Longitudinalstudie ließ sich z. B. feststellen, dass annähernd die Hälfte der ehemaligen Alkoholmissbrauchenden innerhalb von sechs Monaten nach einer natürlichen Heilung den Konsum von nicht-alkoholischen Getränken gesteigert hatten; eigenen Angaben zufolge aß ein Viertel der Befragten mehr Süßigkeiten und etwa ein Fünftel steigerte den eigenen Tabak- und Lebensmittelkonsum (Sobell et al. 1995). Jedoch wurde in einigen Studien auch Gegenteiliges festgestellt: Die Bewältigung von Alkoholproblemen ging mit einer erhöhten Wahrscheinlichkeit einher, dass auch das Rauchen aufgegeben wurde (Breslau, Peterson, Schultz, Andreski & Chilcoat 1996).

Ein letzter Punkt betrifft die Einschätzung des Konsums und des Missbrauchs sämtlicher Drogen, nicht lediglich der Substanz, die im Mittelpunkt der Selbstheilung stand. So wird beispielsweise von Kokainmissbrauchenden nach einer natürlichen Heilung über hohen Alkoholkonsum berichtet (Toneatto et al. 1999). Laut einer anderen Studie über abstinente Heroinselbstheiler „setzte sich der Konsum von anderen Drogen, insbesondere Alkohol, für eine längere Zeitdauer fort und entwickelte sich schließlich zu einem eigenständigen Problem" (Biernacki 1986: 126).

Risikoarmes Trinken und Folgen des Drogenkonsums

Wie bereits erwähnt, geht die traditionelle Konzeptualisierung von Alkohol- und Drogenproblemen vom Abstinenzparadigma aus; das heißt, das eine Suchtbewältigung nur durch Abstinenz erreicht werden kann. Der Blick auf die Selbstheilungsliteratur zeigt jedoch, dass diese tradierte Annahme empirisch nicht länger haltbar ist (Sobell et al. 2000). Gemäß einer Literaturanalyse berichten drei Viertel (78,6 %) der referierten Studien Ergebnisse, die die Annahme einer Rückkehr zu risikoarmem Trinken stützen. Wie aus der Übersicht in Tabelle 1 hervorgeht, ist risikoarmes Trinken bei zwei Fünfteln (40,3 %) aller Alkoholausstiege festzustellen. Die Verfolgung risikoarmen Trinkens kann also durchaus als häufige Selbstheilungsstrategie bei Alkoholmissbrauch gelten. Diese Resultate entsprechen denjenigen aus anderen Therapieerfolgsstudien im Alkoholbereich (Breslin et al. 1997; Heather & Robertson 1997; Rosenberg 1993). Schließlich ist festzuhalten, dass die meisten Selbstheiler mit einem Alkoholproblem, die zu einem gemäßigten Konsum zurückkehren, auch weniger abhängig vom Alkohol sind; ein Befund, der ähnlich auch für behandelte Populationen gilt (Sobell & Sobell 1995b). Zudem konnte im Rahmen eines breit angelegten klinischen Versuchs mit 825 Problemtrinkern ohne jegliche Behandlungserfahrung demonstriert werden, dass bereits Minimalinterventionen zur Stützung von Selbstheilungen (‚assisted self-change') eine beträchtliche Reduzierung des Alkoholkonsums im Vergleich zum Vorjahr zur Folge hatten (vgl. hierzu die ausführliche Darstellung in Kapitel 6).

Ausstiegsmodus (Mehrfachnennungen möglich)	Prozentmittelwert der Befragtengruppen	Median	Spannweite
Alkohol (Angaben in n=26 Studien)			
Abstinenz	60 %	62 %	3 %-100 %
Risikoarmes Trinkverhalten	40 %	38 %	0 %-97 %
Drogen (Angaben in n=10 Studien)			
Abstinenz	86 %	100 %	0 %-100 %
Eingeschränkter Drogenkonsum	14 %	0 %	0 %-100 %

Quelle: Sobell et al. (2000); die Studien wurden über die Konsultation der Literaturdatenbanken Medline und Psychlit, Referenzlisten einschlägiger Schlüsselpublikationen und persönliche Forschungsnetzkontakte identifiziert und bis zum Erscheinungsjahr 1997 berücksichtigt.

Tab. 1: Wege zum Ausstieg aus problematischem Alkohol- und Drogenkonsum im Spiegel von Selbstheilungsstudien

Obwohl weniger Selbstheilerstudien bei Drogenabhängigen als bei Alkoholabhängigen vorliegen, so können doch vergleichbare Konsummuster nach dem Ausstieg beobachtet werden. Annähernd die Hälfte (46 %; n=6) der Drogenstudien berichten Einschränkungen des Drogenkonsums; insgesamt ergab sich bei 14 % aller Heilungen von Drogenproblemen eine Konsumreduzierung (Sobell et al. 2000). Angesichts der Tatsache, dass sowohl über kontrollierten Opiatkonsum (Blackwell 1983; Klingemann 1991; Shewan et al. 1998; Waldorf 1983; Zinberg et al. 1977; Zinberg & Jacobson 1976) als auch über Kokainkonsum (Cohen & Sas 1994; Hammersley & Ditton 1994; Mugford 1995; Waldorf et al. 1991) bereits berichtet wurde, stellen diese Ergebnisse keine Überraschung dar.

Wodurch wird eine Selbstheilung ausgelöst? Über Veränderung nachdenken

Zahlreiche Studien weisen darauf hin, dass die Änderungsdynamik bei Selbstheilungen auf einer kognitive Abwägung oder kognitiven Evaluation beruht. Genauer: Befragte berichten, dass der Änderung des Suchtverhaltens ein Prozess des Abwägens von Pro- und Kontra-Argumenten vorausging, der schließlich eine Änderungsmotivation begründete (bei Drogen: Biernacki 1986; beim Rauchen: Carey et al. 1989; Granfield & Cloud 1996; bei Alkohol: Klingemann

1992; Ludwig 1985; Sobell et al. 1993; Toneatto et al. 1999; Tucker et al. 1991; Waldorf et al. 1991). Mit Ausnahme der Spielsucht (Hodgins & el-Guebaly 2000) wurden kognitive Einschätzungen bei einer ganzen Vielfalt von Substanzen festgestellt: (a) *Rauchen/Zigaretten* (Carey et al. 1989); (b) *Kokain und Heroin* (Biernacki 1986; Klingemann 1992; Toneatto et al. 1999; Waldorf et al. 1991) und (c) *Alkohol* (Granfield & Cloud 1996; Klingemann 1992; Ludwig 1985; Sobell et al. 1993; Tucker et al. 1991). Die Literaturanalyse von Sobell et al. (2000) stützt ebenfalls die Annahme kognitiver Abwägungsprozesse als ‚Motor der Selbstheilung': 28 % der erfassten Studien berichten über solche Gründe für einen Ausstieg, während 63 % der Studien Gesundheitsprobleme aufführen. Vergleichbare kognitive Prozesse wurden bereits von behandelten Alkoholmissbrauchenden mit langfristig anhaltenden Therapieerfolgen (Amodeo & Kurtz 1990) berichtet. Als Gesamtbild ergibt sich, dass fortlaufende kognitive Evaluationen von zentraler Bedeutung für den Änderungsprozess bei zahlreichen Menschen sind, die ihre Probleme mit Alkohol, Drogen und Zigaretten aus eigener Kraft gelöst haben.

Kognitive Abwägungsprozesse und Selbstheilung

Befragter A: „Wissen Sie, ich hatte ja schon eine ganze Zeit darüber nachgedacht und hatte mich entschlossen, dass ich es durchziehen wollte. Ich hatte festgestellt, dass ich ein Problem hatte. Es war ein großes Problem. Es war sicherlich ein noch größeres Problem als ich ursprünglich angenommen hatte. Sobald ich es aber irgendwie erfasst hatte und zur Einsicht gelangt war, dass hier etwas nicht im Reinen war ... sobald ich also einmal so zu denken begonnen hatte, dauerte es nicht mehr lange, bis ich feststellte, was das Problem war und warum es da war. Und wenn es dir so ins Gesicht starrt, dann muss man einfach etwas machen ... Ich entschloss mich also einfach, mit dem Trinken aufzuhören. Aber das ... ging nicht einfach so, nicht am Dienstag, nicht am Donnerstag oder am Mittwoch ... Es braucht viel mehr als das. Es ist schon schwierig für mich, Ihnen gegenüberzusitzen und zu erzählen, was ich am Dienstag, 1978 dachte. Oder wie ich am Mittwoch dachte, aber das Gesamtbild ... viel einfacher kann ich es fast nicht darstellen ... wie es dann passierte. Es war ein Prozess von ... über eine bestimmte Zeitdauer. Es ging schrittweise vorwärts ... Es dauerte vermutlich über ein Jahr, etwa 18 Monate."

Befragter B: „Für mich selber war ich nur noch Dreck, weil ich nicht mehr als das erreicht hatte, mit meinen 36 Jahren, da beginnt man eine Art Bilanz zu ziehen. Man stellt fest, dass man völlig am Boden ist und dass man alles für Alkohol ausgegeben hat."

Selbstheilungen im Zusammenhang mit kognitiven Evaluationen sind im Gegensatz zu solchen, die durch bestimmte Ereignisse ausgelöst werden, von besonderem Interesse, da erstere sowohl für Patienten in Therapie als auch für

Individuen, die veränderungsbereit sind, aber auf eine Behandlung verzichten möchten, relevant sind (Sobell, Cunningham, Sobell, Agrawal et al. 1996). Falls der Prozess einer kognitiven Einschätzung (z. B. Durchführung eine Bilanzierung der jeweils positiven und negativen Konsequenzen einer Konsumfortführung oder -aufgabe mittels einer tabellarischen Aufstellung) die Bewältigung von Suchtmissbrauchsproblemen erleichtert, könnten durch die Motivierung der Patienten, eine Einschätzung ihres eigenen Suchtmittelkonsums vorzunehmen, vermutlich bessere Therapieergebnisse erzielt werden. In den Problembereichen ,Tabakkonsum' und ,Übergewicht' hat sich dieses Bilanzierungsmodell bereits als sehr erklärungsstark erwiesen (Mann 1972; Velicer, DiClemente, Prochaska & Brandenberg 1995) und diente auch im Rahmen einer großen Gemeindekampagne als theoretischer Bezugspunkt (Sobell, Cunningham, Sobell, Agrawal et al. 1996; vgl. auch Kapitel 6).

Zur Aufrechterhaltung von Selbstheilungen

Über Bewältigungsstrategien für die Aufrechterhaltung von Selbstheilungen gibt es nur spärliche, aber doch immerhin übereinstimmende Forschungsbefunde. Demnach können als wichtigste Umstände für die Aufrechterhaltung der Problemlösung soziale Unterstützung oder ein positives Umfeld, insbesondere mit Blick auf Freunde und Familie, gelten (vgl. eine entsprechende Übersicht bei Carey et al. 1989; Klingemann 1991; Sobell et al. 2000; Sobell et al. 1993; Tuchfeld 1981). Diese Erkenntnisse stimmen mit der Literatur überein, die aufzeigt, dass ein positives familiäres Umfeld oder soziale Unterstützung auch zu vermehrtem Therapieerfolg führen (Billings & Moos 1983; Moos, Finney & Chan 1982).

Alkoholselbstheiler in der Phase der Aufrechterhaltung
„[Ich hielt mich] fern von meinen früheren Kumpeln und gewohnten Treffpunkten mit Trinkkumpanen und Typen, die auch Drogen nehmen; ... [und blieb] in Kontakt mit positiven Menschen in einem positiven Umfeld."

Für Drogenmissbrauchende besteht eine weitere häufige Strategie zur Vermeidung eines Rückfalls darin, dass sie sich aus dem Drogenumfeld zurückziehen und den Kontakt mit drogenkonsumierenden Freunden abbrechen (Sobell et al. 2000; Waldorf et al. 1991).

Schlussfolgerungen und Ausblick

Die Annahme, dass Selbstheilung heute als ein häufiger und sehr relevanter Weg des Ausstiegs aus der Sucht und der Bewältigung von Alkohol- und Drogenproblemen gelten kann, ist aus den verschiedensten Quellen und Forschungsfeldern mittlerweile hinlänglich belegt worden (American Psychological Association 1993; Institute of Medicine 1990; Sobell et al. 2000). Die Erforschung des Prozesses der Selbstheilung hat überdies zur Entwicklung von alternativen Interventionen für Problemtrinker geführt (siehe dazu die Erläuterungen in Kapitel 5). Die Erforschung von Selbstheilungsprozessen ist aus verschiedenen Gründen wichtig – nicht zuletzt deshalb, weil es in der Suchtbehandlung an nachhaltigen und wirksamen Therapien fehlt und eine große Zahl von Individuen mit einer weniger schwer ausgeprägten Suchtproblematik vom gegenwärtigen Versorgungssystem erst gar nicht erreicht bzw. erfolgreich angesprochen wird. In dieser Hinsicht argumentieren Humphreys & Tucker (2002) überzeugend, dass das System der Suchtbehandlung die ganze Bandbreite von Problemen, Ressourcen, Therapiepräferenzen, Zielen, Motivationen, Verhaltensänderungswegen, einschließlich der Selbstheilung, berücksichtigen muss. Es ist also an der Zeit, im Alkoholsektor ein differenziertes Angebot an Ausstiegsmöglichkeiten anzubieten, das dem vollen Spektrum der Suchtproblematik entspricht und gerecht wird.

Künftige Selbstheilungsstudien sollten vermehrt methodologischen Ansprüchen genügen und eine vergleichbare Erfassung demographischer Hintergrundmerkmale und der Suchtkarriere vorsehen (Sobell et al. 2000). Nur so werden substanzvergleichende Schlussfolgerungen ermöglicht. Zudem sollte von einer minimalen Selbstheilungsdauer von fünf oder mehr Jahren ausgegangen werden, damit sich nicht durch vorübergehende Ausstiege ein falsches Bild ergibt. Des Weiteren ist die Herausarbeitung der substanzspezifischen Unterschiede einerseits (Umweltveränderungen, wie z. B. ein Umzug, könnten ein wichtiger Faktor für die Selbstheilung bei Heroin sein, sind aber weniger wichtig bei Alkohol) und der Gemeinsamkeiten andererseits (soziale Unterstützung kann z. B. für alle Substanzmissbrauchenden ein hilfreicher Beibehaltungsfaktor sein) von Bedeutung. Schließlich zielt die Untersuchung von natürlichen Heilungen u. a. auf das Verständnis der maßgeblichen Faktoren für erfolgreiche Ausstiegsversuche ab, damit diese unter klinischen Bedingungen geprüft werden können. Es kommt daher auf ein vertieftes und umfassendes Verständnis der selbstheilungsfördernden und -erhaltenden Kräfte an, die für den Ausstieg aus der Sucht ohne professionelle Intervention und Selbsthilfegruppen maßgeblich sind.

Durch die vermehrte Beachtung der Selbstheilungsperspektive im Bereich der Suchtforschung und aufgrund der Erkenntnis, dass risikoarmer Alkohol- und

Drogenkonsum tatsächlich möglich und häufig ist, wird die empirische Grundlage für eine Neuformulierung der Alkohol- und Drogenproblematik geschaffen, die nicht länger auf die Annahme eines progressiven Krankheitsverlaufes angewiesen ist und Raum für die Annahme lässt, dass viele Wege aus der Sucht führen und möglich sind – einschließlich der Möglichkeit der Rückkehr zum kontrollierten/gemäßigten Konsum und der Schadensbegrenzung. Die empirische Bestätigungslage macht weiter deutlich, dass die Suchtproblematik nicht dichotom gefasst werden kann, sondern als Kontinuum verstanden werden muss, das von problemfreiem Substanzgebrauch über mäßige Alkoholprobleme bis hin zu schwerer Abhängigkeit reicht. Schließlich hat eine solche Sichtweise nicht zuletzt auch Auswirkungen auf die Bandbreite und Intensität der Angebote im Behandlungssystem (vgl. zum Konzept der abgestuften Behandlung die Ausführungen in Kapitel 5).

Literatur

Alden, L. (1988). Behavioral self-management controlled drinking strategies in a context of secondary prevention. In: Journal of Consulting and Clinical Psychology 56. 280-286.

American Psychiatric Association (2000). Diagnostic and statistical manual of mental disorders. 4., überarb. Aufl. Washington, D.C.: American Psychiatric Association.

American Psychological Association (1993). Guidelines for providers of psychological services to ethnic, linguistic, and culturally diverse populations. In: American Psychologist 48. 45-48.

Amodeo, M. & Kurtz, N. (1990). Cognitive processes and abstinence in a treated alcoholic population. In: International Journal of the Addictions 25. 983-1009.

Babor, T. F., Brown, J. & Del Boca, F. K. (1990). Validity of self-reports in applied research on addictive behaviors: Fact or fiction? In: Addictive Behaviors. 12. 5-32.

Babor, T. F., Steinberg, K., Anton, R. & Del Boca, F. (2000). Talk is cheap. Measuring drinking outcomes in clinical trials. In: Journal of Studies on Alcohol 61. 55-63.

Bandura, A. (1997). The anatomy of stages of change. In: American Journal of Health Promotion 12. 8-10.

Baumeister, R. F. (1996). The crystallization of discontent in the process of major life change. In: T. F. Heatherton & J. L. Weinberger (Hrsg.): Can personality change? Washington, D.C.: American Psychological Association. 281-297.

Becker, H. S. (1963). Outsiders. New York: Free Press.

Beckman, L. J. & Kocel, K. M. (1982). Treatment-delivery system and alcohol abuse in women: social policy and implications. In: Journal of Social Issues 38. 139-151.

Biernacki, P. (1986). Pathways from heroin addiction recovery without treatment. Philadelphia: Temple University Press.

Billings, A. G. & Moos, R. H. (1983). Psychosocial processes of recovery among alcoholics and their families. Implications for clinicians and program evaluators. In: Addictive Behaviors 8. 205-218.

Blackwell, J. S. (1983). Drifting, controlling and overcoming. Opiate users who avoid becoming chronically dependent. In: Journal of Drug Issues 13. 219-235.

Blomqvist, J. (1996). Paths to recovery from substance misuse. Change of lifestyle and the role of treatment. In: Substance Use and Misuse 31. 1807-1852.

Blomqvist, J. (1999). Treated and untreated recovery from alcohol misuse. Environmental influences and perceived reasons for change. In: Substance Use & Misuse 34. 1371-1406.

Blume, S. B. (1986). Women and alcohol. A review. In: Journal of the American Medical Association 256. 1467-1470.

Bonadonna, G. & Robustelli, G. (1988). Handbook of medical oncology. Milano: Masson.

Breslau, N., Peterson, E., Schultz, L., Andreski, P. & Chilcoat, H. (1996). Are smokers with alcohol disorders less likely to quit? In: American Journal of Public Health 86. 985-990.

Breslin, F. C., Sobell, L. C., Sobell, M. B. & Agrawal, S. (2000). A comparison of a brief and long version of the Situational Confidence Questionnaire. In: Behaviour Research and Therapy 38. 1211-1220.

Breslin, F. C., Sobell, S. L., Sobell, L. C. & Sobell, M. B. (1997). Alcohol treatment outcome methodology. State of the art 1989-1993. In: Addictive Behaviors 22. 145-155.

Budd, R. J. & Rollnick, S. (1996). The structure of the Readiness to Change Questionnaire. A test of Prochaska & DiClemente's transtheoretical model. In: British Journal of Health Psychology 1. 365-376.

Cahalan, D. (1970). Problem drinkers. A national survey. San Francisco: Jossey-Bass.

Cahalan, D. (1987). Studying drinking problems rather than alcoholism. In: M. Galanter (Hrsg.): Recent developments in alcoholism. Band 5. New York: Plenum. 363-372.

Cahalan, D., Cisin, I. H. & Crossley, H. M. (1969). American drinking practices. New Brunswick, NJ: Rutgers Center of Alcohol Studies.

Cahalan, D. & Room, R. (1974). Problem drinking among American men. New Brunswick, NJ: Rutgers Center of Alcohol Studies.

Carey, K. B., Purnine, D. M., Maisto, S. A. & Carey, M. P. (1999). Assessing readiness to change substance abuse. A critical review of instruments. In: Clinical Psychology – Science and Practice 6. 245-266.

Carey, M. P., Snel, D. L., Carey, K. B. & Richards, C. S. (1989). Self-initiated smoking cessation. A review of the empirical literature from a stress and coping perspective. In: Cognitive Therapy and Research 13. 323-341.

Castro, F. G., Proescholdbell, P. J., Abeita, L. & Rodriquez, D. (1999). Ethnic and cultural minority groups. In: B. S. McCrady & E. E. Epstein (Hrsg.): Addictions. A comprehensive guidebook. New York: Oxford University Press. 499-526.

Chiauzzi, E. J. & Liljegren, S. (1993). Taboo topics in addiction treatment. An empirical review of clinical folklore. In: Journal of Substance Abuse Treatment 10. 303-316.

Cohen, P. & Sas, A. (1994). Cocaine use in Amsterdam in non deviant subcultures. In: Addiction Research 2. 71-94.

Cunningham, J. A. (1999). Untreated remissions from drug use. The predominant pathway. In: Addictive Behaviors 24. 267-270.

Cunningham, J. A., Ansara, D., Wild, T. C., Toneatto, T. & Koski-Jännes, A. (1999). What is the price of perfection? The hidden costs of using detailed assessment instruments to measure alcohol consumption. In: Journal of Studies on Alcohol 60. 756-758.

Cunningham, J. A., Lin, E., Ross, H. E. & Walsh, G. W. (2000). Factors associated with untreated remissions from alcohol abuse or dependence. In: Addictive Behaviors 25. 317-321.

Cunningham, J. A., Sobell, L. C. & Chow, V. M. C. (1993). What's in a label? The effects of substance types and labels on treatment considerations and stigma. In: Journal of Studies on Alcohol 54. 693-699.

Cunningham, J. A., Sobell, L. C. & Sobell, M. B. (1999). Changing perceptions about self-change and moderate-drinking recoveries from alcohol problems. What can and should be done? In: Journal of Applied Social Psychology 29. 291-299.

Cunningham, J. A., Sobell, L. C., Sobell, M. B., Agrawal, S. & Toneatto, T. (1993). Barriers to treatment. Why alcohol and drug abusers delay or never seek treatment. In: Addictive Behaviors 18. 347-353.

Cunningham, J. A., Sobell, L. C., Sobell, M. B. & Gaskin, J. (1994). Alcohol and drug abusers reasons for seeking treatment. In: Addictive Behaviors 19. 691-696.

Davidson, R. (1998). The transtheoretical model. A critical overview. In: W. R. Miller & N. Heather (Hrsg.): Treating addictive behaviors. 2. Aufl. New York: Plenum. 25-38.

Dawson, D. A. (1996). Correlates of past-year status among treated and untreated persons with former alcohol dependence. United States, 1992. In: Alcoholism: Clinical and Experimental Research 20. 771-779.

De Soto, C. B., O'Donnell, W. E. & De Soto, J. L. (1989). Long-term recovery in alcoholics. In: Alcoholism: Clinical and Experimental Research 13. 693-697.

Devita, V. T. J., Hellman, S. & Rosenberg, S. A. (1985). Cancer. Principles and practice of oncology. 2. Aufl. New York: J. P. Lippincott.

Drew, L. R. (1968). Alcoholism as a self-limiting disease. In: Quarterly Journal of Studies on Alcohol 29. 956-967.

Duckert, F. (1989). „Controlled drinking" – A complicated and contradictory field. In: F. Duckert, A. Koski-Jännes & S. Rönnberg (Hrsg.): Perspectives on controlled drinking. Helsinki: Nordic Council for Alcohol and Drug Research (= NAD Publication 17). 39-54.

Dupont, R. L. (1993). Forward to the book „Treating adolescent substance abuse" by G. R. Ross. Boston: Allyn and Bacon.

Ebaugh, H. R. F. (1988). Becoming an ex. The process of role exist. Chicago: University of Chicago Press.

Ellingstad, T. P. (2001). Natural recovery from cannabis abuse. Unpublished Dissertation, Nova Southeastern University, Ft. Lauderdale, FL.

Ellingstad, T. P., Venner, K., Sobell, L. C., Sobell, M. B. & Eickleberry-Goldsmith, L. (2001, November). Factors associated with cannabis self-resolution and barriers to treatment seeking. Paper presented at the Association for the Advancement of Behavior Therapy, Philadelphia, PA.

Emrick, C. D. (1982). Evaluation of alcoholism psychotherapy methods. In: E. H. Pattison & E. Kaufman (Hrsg.): Encyclopedic Handbook of Alcoholism. New York: Gardner. 1152-1169.

Engemann, S. (1991). Zwei Jahre Erprobung akzeptanzorientierter, niedrigschwelliger Drogenarbeit im Kontaktcafé Münster. Münster: INDRO e. V.

Erickson, P. G. & Alexander, B. K. (1989). Cocaine and addictive liability. In: Social Pharmacology 3. 249-270.

Eysenck, H. J. (1952). The effects of psychotherapy. An evaluation. In: Journal of Consulting Psychology 16. 319-324.

Fagerström, K. O., Kunze, M., Schoberberger, R., Breslau, N., Hughes, J. R., Hurt, R. D. et al. (1996). Nicotine dependence versus smoking prevalence. Comparisons among countries and categories of smokers. In: Tobacco Control 5. 52-56.

Ferris, J. (1994, Juni). Comparison of public perceptions of alcohol, drug and other tobacco addictions – moral vs. disease models. Paper presented at the 20th Annual Alcohol Epidemiology Symposium, Ruschlikon, Schweiz.

Fillmore, K. M. (1988). Alcohol use across the life course. A critical review of 70 years of international longitudinal research. Toronto: Addiction Research Foundation.

Fillmore, K. M., Hartka, E., Johnstone, B. M., Speiglman, R. & Temple, M. T. (1988, Juni). Spontaneous remission of alcohol problems. A critical review. Paper commissioned and supported by the Institute of Medicine, Washington, D.C.

Fiore, M. C., Novotny, T. E., Pierce, J. P., Giovino, G. A., Hatziandreu, E. J., Newcomb, P. A. et al. (1990). Methods used to quit smoking in the United States. In: Journal of the American Medical Association 263. 2760-2765.

Foulds, J. (1996). Strategies for smoking cessation. In: British Medical Bulletin 52. 157-173.

Giffen, C. A. (1991). Community intervention trial for smoking cessation (COMMIT). Summary of design and intervention. In: Journal of the National Cancer Institute 83. 1620-1628.

Gladsjo, J. A., Tucker, J. A., Hawkins, J. L. & Vuchinich, R. E. (1992). Adequacy of recall of drinking patterns and event occurrences associated with natural recovery from alcohol problems. In: Addictive Behaviors 17. 347-358.

Goldfried, M. R. (1982). Converging themes in psychotherapy. New York: Springer.

Gomberg, E. S. L. & Turnbull, J. E. (1990, Juni). Alcoholism in women. Pathways to treatment. Paper presented at the Research Society on Alcoholism Annual Meeting, Toronto, Canada.

Gordis, E. (1994). Alcohol and minorities. Alcohol Alert 23 Ph 347. Bethesda, MD: National Institute on Alcohol Abuse and Alcoholism (NIAAA). 1-5.

Granfield, R. & Cloud, W. (1996). The elephant that no one sees: natural recovery among middle-class addicts. In: Journal of Drug Issues 26. 45-61.

Grant, B. F. (1997). Barriers to alcoholism treatment. Reasons for not seeking treatment in a general population sample. In: Journal of Studies on Alcohol 58. 365-371.

Green, S. B., Corle, D. K., Gail, M. H., Mark, S. D., Pee, D., Freedman, L. S. et al. (1995). Interplay between design and analysis for behavioral intervention trials with community as the unit of randomization. In: American Journal of Epidemiology 142. 587-593.

Hammersley, R. & Ditton, J. (1994). Cocaine careers in a sample of Scottish users. In: Addiction Research 2. 51-70.

Happel, H.-V., Fischer, R. & Wittfeld, I. (1993). Selbstorganisierter Ausstieg. Überwindung der Drogenabhängigkeit ohne professionelle Hilfe (Endbericht). Frankfurt am Main: Integrative Drogenhilfe an der Fachhochschule Ffm e. V.

Hasin, D. & Grant, B. (1995). AA and other help seeking for alcohol problems. Former drinkers in the U.S. general population. In: Journal of Substance Abuse 7. 281-292.

Heather, N. (1989). Psychology and brief interventions. In: British Journal of Addiction 84. 357-370.

Heather, N. (1990). Brief intervention strategies. New York: Pergamon.

Heather, N. (1994). Brief interventions on the world map. In: Addiction 89. 665-667.

Heather, N. & Robertson, I. (1997). Problem drinking. 3. Aufl. New York: Oxford University Press.

Hilton, M. E. (1991). A note on measuring drinking problems in the 1984 national alcohol survey. In: W. B. Clark & M. E. Hilton (Hrsg.): Alcohol in America. Drinking practices and problems. Albany, NY: State University of New York. 51-70.

Hingson, R., Mangione, T., Meyers, A. & Scotch, N. (1982). Seeking help for drinking problems. A study in the Boston metropolitan area. In: Journal of Studies on Alcohol 43. 273-288.

Hingson, R., Scotch, N., Day, N. & Culbert, A. (1980). Recognizing and seeking help for drinking problems. In: Journal of Studies on Alcohol 11. 1102-1117.

Hodgins, D. C. & el-Guebaly, N. (2000). Natural and treatment-assisted recovery from gambling problems. A comparison of resolved and active gamblers. In: Addiction 95. 777-789.

Hodgins, D. C., Wynne, H. & Makarchuk, K. (1999). Pathways to recovery from gambling problems. Follow-up from a general population survey. In: Journal of Gambling Studies 15. 93-104.

Hughes, J. R., Cummings, K. M. & Hyland, A. (1999). Ability of smokers to reduce their smoking and its association with future smoking cessation. In: Addiction 94. 109-114.

Hughes, J. R., Fiester, S., Goldstein, M., Resnick, M., Rock, N., Ziedonis, D. et al. (1996). Practice guidelines for the treatment of patients with nicotine dependence. In: American Journal of Psychiatry 153. 1-31.

Hughes, J. R., Gulliver, S. B., Fenwick, J. W., Valliere, W. A., Cruser, K., Pepper, S. et al. (1992). Smoking cessation among self-quitters. In: Health Psychology 11. 331-334.

Humphreys, K., Moos, R. H. & Finney, J. W. (1995). Two pathways out of drinking problems without professional treatment. Addictive Behaviors 20. 427-441.

Humphreys, K. & Tucker, J. A. (2002). Toward more responsive and effective intervention systems for alcohol-related problems. Introduction. In: Addiction 97. 126-132.

Hunt, M. (1998). The new know-nothings. The political foes of the scientific study of human nature. Piscataway, NJ: Transaction Publishers.

Institute of Medicine (1990). Broadening the base of treatment for alcohol problems. Washington, D.C.: National Academy Press.

Janis, I. L. & Mann, L. (1977). Decision-making. A psychological analysis of conflict, choice, and commitment. New York: Free Press.

Janis, I. L. & Mann, L. (Hrsg.) (1968). A conflict-theory approach to attitude change and decision making. New York: Academic Press.

Jeffery, R. W. & Wing, R. R. (1983). Recidivism and self-cure of smoking and obesity. Data from population studies (Letter to the editor). In: American Psychologist 38. 852.

Jin, H., Rourke, S. B., Patterson, T. L., Taylor, M. J. & Grant, I. (1998). Predictors of relapse in long-term abstinent alcoholics. In: Journal of Studies on Alcohol 59. 640-646.

Johnson, V. E. (1980). I'll quit tomorrow. Überarb. Aufl. San Francisco: Harper & Row.

Jordon, C. M. & Oei, T. P. S. (1989). Help-seeking behaviour in problem drinkers. A review. British Journal of Addiction 84. 979-988.

Kendell, R. E. & Staton, M. C. (1966). The fate of untreated alcoholics. Quarterly Journal of Studies on Alcohol 27. 30-41.

King, M. P. & Tucker, J. A. (2000). Behavior change patterns and strategies distinguishing moderation drinking and abstinence during the natural resolution of alcohol problems without treatment. In: Psychology of Addictive Behaviors 14. 48-55.

Kissin, B., Rosenblatt, S. M. & Machover, K. (1968). Prognostic factors in alcoholism. In: American Psychiatric Association Reports 24. 22-43.

Klingemann, H. K.-H. (1991). The motivation for change from problem alcohol and heroin use. In: British Journal of Addiction 86. 727-744.

Klingemann, H. K.-H. (1992). Coping and maintenance strategies of spontaneous remitters from problem use of alcohol and heroin in Switzerland. In: International Journal of the Addictions 27. 1359-1388.

Klingemann, H. K.-H. (1994). Environmental influences which promote or impede change in substance behaviour. In: G. Edwards & M. M. Laer (Hrsg.): Addiction. Process of change. Band 34. New York: Oxford University Press. 131-161.

Klingemann, H. K.-H. (2001). Natural recovery from alcohol problems. In: N. Heather, T. J. Peters & T. Stockwell (Hrsg.): International handbook of alcohol dependence and problems. New York: John Wiley & Sons. 649-662.

Labouvie, E. (1996). Maturing out of substance abuse. Selection and self-correction. In: Journal of Drug Issues 26. 457-476.

Law, M. & Tang, J. L. (1995). An analysis of the effectiveness of interventions intended to help people stop smoking. In: Archives of Internal Medicine 155. 1933-1941.

Ludwig, A. M. (1985). Cognitive processes associated with „spontaneous" recovery from alcoholism. In: Journal of Studies on Alcohol 46. 53-58.

Maisto, S. A. & Connors, G. J. (1992). Using subject and collateral reports to measure alcohol consumption. In: R. Z. Litten & J. Allen (Hrsg.): Measuring alcohol consumption. Psychosocial and biological methods. Towota, NJ: Humana Press. 73-96.

Maisto, S. A., McKay, J. R. & Connors, G. J. (1990). Self-report issues in substance abuse. State of the art and future directions. In: Behavioral Assessment 12. 117-134.

Mann, L. (1972). Use of a „balance sheet" procedure to improve the quality of personal decision making. A field experiment with college applicants. In: Journal of Vocational Behavior 2. 291-300.

Mariezcurrena, R. (1994). Recovery from addictions without treatment. Literature review. In: Scandinavian Journal of Behaviour Therapy 23. 131-154.

Marlatt, G. A. (1983). The controlled drinking controversy. A commentary. In: American Psychologist 38. 1097-1110.

Marlatt, G. A. (Hrsg.) (1998). Harm reduction. Pragmatic strategies for managing high-risk behaviors. New York: Guilford.

Marlatt, G. A. & Gordon, J. R. (1985). Relapse prevention. New York: Guilford.

Miller, W. R. & Heather, N. (1986). Treating addictive behaviors. Processes of change. New York: Plenum.

Moos, R. H., Finney, J. W. & Chan, D. (1982). The process of recovery from alcoholism. II. Comparing spouses of alcoholic patients and matched community controls. In: Journal of Studies on Alcohol 43. 888-909.

Mugford, S. K. (1995). Recreational cocaine use in three Australian cities. In: Addiction Research 3. 95-108.

Mulford, H. (1988). Enhancing the natural control of drinking behavior. Catching up with common sense. In: Contemporary Drug Problems 17. 121-334.

Narrow, W. E., Regier, D. A., Rae, D. S., Manderscheid, R. W. & Locke, B. Z. (1993). Use of services by persons with mental and addictive disorders. Findings from the National Institute of Mental Health epidemiologic catchment area program. In: Archives of General Psychiatry 50. 95-107.

Nathan, P. E. (1989). Treatment outcomes for alcoholism in the U.S. Current research. In: T. Lørberg, W. R. Miller, P. E. Nathan & G. A. Marlatt (Hrsg.): Addictive behaviors. Prevention and early intervention. Amsterdam: Swets & Zeitlinger. 87-101.

National Gambling Impact Study Commission (1999). Final Report. Washington, D.C.: Government Printing Office.

National Institute on Drug Abuse (1992). Highlights from the 1989 National Drug and Alcoholism Treatment Unit Survey (NDATUS). Rockville, MD: National Institute on Drug Abuse.

O'Doherty, F. & Davies, J. B. (1987). Life events and addiction. A critical review. In: British Journal of Addiction 82. 127-137.

Oppenheimer, E., Sheehan, M. & Taylor, C. (1988). Letting the client speak. Drug misusers and the process of help seeking. In: British Journal of Addiction 83. 635-647.

Orford, J. (1999). Future research directions. A commentary on Project MATCH. In: Addiction 94. 62-66.

Orford, J. (Hrsg.) (1986). Critical conditions for change in the addictive behaviors. New York: Plenum.

Orford, J. & Edwards, G. (1977). Alcoholism. A comparison of treatment and advice with a study of the influence of marriage. Oxford: Oxford University Press.

Orleans, C. T., Rimer, B. K., Cristinzio, S., Keintz, M. K. & Fleisher, L. (1991). A national survey of older smokers. A treatment needs of a growning population. In: Health Psychology 10. 343-351.

Orleans, C. T., Schoenbach, V. J., Wagner, E. H., Quade, D., Salmon, M. A., Pearson, D. C. et al. (1991). Self-help quit smoking interventions. Effects of self-help materials, social support instructions, and telephone counseling. In: Journal of Consulting and Clinical Psychology 59. 439-448.

Prochaska, J. O. (1983). Self-changers versus therapy versus Schachter (Letter to the editor). In: American Psychologist 38. 853-854.

Prochaska, J. O. & DiClemente, C. C. (1984). The transtheoretical appproach. Crossing traditional boundries of therapy. Homewood, IL: Dow Jones-Irvwin.

Prochaska, J. O., DiClemente, C. C. & Norcross, J. C. (1992). In search of how people change. In: American Psychologist 47. 1102-1114.

Project MATCH Research Group. (1998a). Matching alcoholism treatments to client heterogeneity. Project MATCH three-year drinking outcomes. In: Alcoholism: Clinical and Experimental Research 22. 1300-1311.

Project MATCH Research Group. (1998b). Matching alcoholism treatments to client heterogeneity. Treatment main effects and matching effects on drinking during treatment. In: Journal of Studies on Alcohol 59. 631-639.

Robins, L. N. (1993). Vietnam veterans' rapid recovery from heroin addiction. A fluke or normal expectation? In: Addiction 88. 1041-1054.

Roizen, R. (1977). Barriers to alcoholism treatment. Berkeley, CA: Alcohol Research Group.

Roizen, R., Cahalan, D. & Shanks, P. (1978). Spontaneous remission among untreated problem drinkers. In: D. B. Kandel (Hrsg.): Longitudinal research on drug use. Empirical findings and methodological issues. Washington, D.C.: Hemisphere. 197-221.

Roman, P. M. (1988). Treatment issues. In: National Institute on Alcohol Abuse and Alcoholism (Hrsg.): Women and alcohol use. A review of the research literature (ADM 88-1574). Washington, D.C.: U.S. Government Printing Office. 38-45.

Room, R. (1977). Measurement and distribution of drinking patterns and problems in general populations. In: G. Edwards, M. M. Gross, M. Keller, J. Moser, & R. Room (Hrsg.): Alcohol-related disabilities. Geneva: World Health Organization. 62-87.

Room, R. & Greenfield, T. (1993). Alcoholics Anonymous, other 12 step movements and psychotherapy in the United States population, 1990. In: Addiction 88. 555-562.

Rosenberg, H. (1993). Prediction of controlled drinking by alcoholics and problem drinkers. In: Psychological Bulletin 113. 129-139.

Rosenberg, H. & Davis, L. A. (1994). Acceptance of moderate drinking by alcohol treatment services in the United States. In: Journal of Studies on Alcohol 55. 167-172.

Rounsaville, B. J. & Kleber, H. D. (1985). Untreated opiates addicts. How do they differ from those seeking treatment? In: Archives of General Psychiatry 42. 1072-1077.

Rumpf, H. J., Bischof, G., Hapke, U., Meyer, C. & John, U. (2000). Studies on natural recovery from alcohol dependence. Sample selection bias by media solicitation? In: Addiction 95. 765-775.

Rush, B. (1814). An inquiry into the effects of ardent spirits upon the human body and mind. 8. Aufl. Brookfield: E. Merriam & Company.

Rush, B. & Allen, B. A. (1997). Attitudes and beliefs of the general public about treatment for alcohol problems. In: Canadian Journal of Public Health 88. 41-43.

Rzewnicki, R. & Forgays, D. G. (1987). Recidivism and self-cure of smoking and obesity. An attempt to replicate. In: American Psychologist 42. 97-100.

Sack, F. (1978). Probleme der Kriminalsoziologie. In: R. König (Hrsg.): Wahlverhalten, Vorurteile, Kriminalität. Handbuch der empirischen Sozialforschung. Band 12. 2. Aufl. Stuttgart: Enke. 192-492.

Sanchez-Craig, M., Neumann, B., Souzaformigoni, M. & Rieck, L. (1991). Brief treatment for alcohol dependence. Level of dependence and treatment outcome. In: Alcohol and Alcoholism (Suppl. 1). 515-518.

Saunders, W. M. & Kershaw, P. W. (1979). Spontaneous remission from alcoholism. A community study. In: British Journal of Addiction 74. 251-265.

Schachter, S. (1982). Recidivism and self-cure of smoking and obesity. In: American Psychologist 37. 436-444.

Schasre, R. (1966). Cessation patterns among neophyte heroin users. In: International Journal of the Addictions 1. 23-32.

Schmidt, L. & Weisner, C. (1995). The emergence of problem-drinking women as a special population in need of treatment. In: M. Galanter (Hrsg.): Recent developments in alcoholism, Band 12. New York: Plenum. 309-334.

Schmidt, L. A. & Weisner, C. M. (1999). Public health perspectives on access and need for substance abuse treatment. In: J. A. Tucker, D. A. Donovan & G. A. Marlatt (Hrsg.): Changing addictive behavior. Bridging clinical and public health strategies. New York: Guilford. 67-96.

Schober, R. & Annis, H. M. (1996). Barriers to help-seeking for change in drinking. A gender-focused review of the literature. In: Addictive Behaviors 21. 81-92.

Shaffer, H. J. & Jones, S. B. (1989). Quitting cocaine. The struggle against impulse. Lexington, MA: Lexington Books.

Sheehan, J. J., Wieman, R. J. & Bechtel, J. E. (1981). Follow-up of a twelve-month treatment program for chronic alcoholics. In: International Journal of the Addictions 16. 233-241.

Shewan, D., Dalgarno, P., Marshall, A., Lowe, E., Campbell, M., Nicholson, S. et al. (1998). Patterns of heroin use among a non-treatment sample in Glasgow (Scotland). In: Addiction Research 6. 215-234.

Smart, R. G. (1975/76). Spontaneous recovery in alcoholics. A review and analysis of the available research. In: Drug and Alcohol Dependence 1. 277-285.

Snow, M. (1973). Maturing out of narcotic addiction in New York City. In: International Journal of the Addictions 8. 921-938.

Sobell, L. C., Agrawal, S., Annis, H., Ayala-Velazquez, H., Echeverria, L., Leo, G. I. et al. (2001). Cross-cultural evaluation of two drinking assessment instruments. Alcohol Timeline Followback and Inventory of Drinking Situations. In: Substance Use and Misuse 36. 313-331.

Sobell, L. C., Agrawal, S. & Sobell, M. B. (1997). Factors affecting agreement between alcohol abusers' and their collaterals' reports. In: Journal of Studies on Alcohol 58. 405-413.

Sobell, L. C., Cunningham, J. A. & Sobell, M. B. (1996). Recovery from alcohol problems with and without treatment. Prevalence in two population surveys. In: American Journal of Public Health 86. 966-972.

Sobell, L. C., Cunningham, J. A., Sobell, M. B., Agrawal, S., Gavin, D. R., Leo, G. I. et al. (1996). Fostering self-change among problem drinkers. A proactive community intervention. In: Addictive Behaviors 21. 817-833.

Sobell, L. C., Ellingstad, T. P. & Sobell, M. B. (2000). Natural recovery from alcohol and drug problems. Methodological review of the research with suggestions for future directions. In: Addiction 95. 749-764.

Sobell, L. C. & Sobell, M. B. (1995a). Alcohol consumption measures. In: J. P. Allen & M. Columbus (Hrsg.): Assessing alcohol problems. A guide for clinicians and researchers. Rockville, MD: National Institute on Alcohol Abuse and Alcoholism. 55-73.

Sobell, L. C., Sobell, M. B. & Toneatto, T. (1992). Recovery from alcohol problems without treatment. In: N. Heather, W. R. Miller & J. Greeley (Hrsg.): Self-control and the addictive behaviours. New York: Maxwell MacMillan. 198-242.

Sobell, L. C., Sobell, M. B., Toneatto, T. & Leo, G. I. (1993). What triggers the resolution of alcohol problems without treatment? In: Alcoholism: Clinical and Experimental Research 17. 217-224.

Sobell, L. C., Toneatto, A. & Sobell, M. B. (1990). Behavior therapy (Alcohol and other substance abuse). In: A. S. Bellack & M. Hersen (Hrsg.): Handbook of comparative treatments for adult disorders. New York: John Wiley. 479-505.

Sobell, L. C., Toneatto, T. & Sobell, M. B. (1994). Behavioral assessment and treatment planning for alcohol, tobacco, and other drug problems. Current status with an emphasis on clinical applications. In: Behavior Therapy 25. 533-580.

Sobell, M. B. & Sobell, L. C. (1995b). Controlled drinking after 25 years. How important was the great debate? In: Addiction 90. 1149-1153.

Sobell, M. B. & Sobell, L. C. (1998). Guiding self-change. In: W. R. Miller & N. Heather (Hrsg.): Treating addictive behaviors. 2. Aufl. New York: Plenum. 189-202.

Sobell, M. B., Sobell, L. C. & Kozlowski, L. T. (1995). Dual recoveries from alcohol and smoking problems. In: J. B. Fertig & J. A. Allen (Hrsg.): Alcohol and tobacco. From basic science to clinical practice. Rockville, MD: National Institute on Alcohol Abuse and Alcoholism (= NIAAA Research Monograph 30). 207-224.

Stall, R. (1983). An examination of spontaneous remission from problem drinking in the bluegrass region of Kentucky. In: Journal of Drug Issues 13. 191-206.

Stall, R. & Biernacki, P. (1986). Spontaneous remission from the problematic use of substances. An inductive model derived from a comparative analysis of the alcohol, opiate, tobacco, and food/obesity literatures. In: International Journal of the Addictions 21. 1-23.

Sue, S., Fujino, D. C., Hu, L., Takeuchi, T. & Zane, N. W. S. (1991). Community mental health services for ethnic minority groups. A test of the cultural responsiveness hypothesis. In: Journal of Consulting and Clinical Psychology 59. 533-540.

Sutton, S. (1996). Can stages of change provide guidelines in the treatment of addictions? In: G. Edwards & C. Dare (Hrsg.): Psychotherapy, psychological treatments and the addictions. Cambridge, MA: Cambridge University Press. 189-205.

Thom, B. (1986). Sex differences in help-seeking for alcohol problems. – 1. The barriers to help-seeking. In: British Journal of Addiction 81. 777-788.

Thom, B. (1987). Sex differences in help-seeking for alcohol problems. – 2. Entry into treatment. In: British Journal of Addiction 82. 989-997.

Tinker, J. E. & Tucker, J. A. (1997). Motivations for weight loss and behavior change strategies associated with natural recovery from obesity. In: Psychology of Addictive Behaviors 11. 98-106.

Toneatto, T., Sobell, L. C., Sobell, M. B. & Rubel, E. (1999). Natural recovery from cocaine dependence. In: Psychology of Addictive Behaviors 13. 259-268.

Toro, P. A. (1986). A comparison of natural and professional help. In: American Journal of Community Psychology 14. 147-159.

Tuchfeld, B. S. (1976). Changes in patterns of alcohol use without the aid of formal treatment. An exploratory study of former problem drinkers. Research Triangle Park, North Carolina: Research Triangle Institute.

Tuchfeld, B. S. (1981). Spontaneous remission in alcoholics. Empirical observations and theoretical implications. In: Journal of Studies on Alcohol 42. 626-641.

Tucker, J. A. (1995). Predictors of help-seeking and the temporal relationship of help to recovery among treated and untreated recovered problem drinkers. In: Addiction 90. 805-809.

Tucker, J. A. & Gladsjo, J. A. (1993). Help seeking and recovery by problem drinkers. Characteristics of drinkers who attend Alcoholics Anonymous or formal treatment or who recovered without assistance. In: Addictive Behaviors 18. 529-542.

Tucker, J. A., Vuchinich, R. E. & Gladsjo, J. A. (1991). Environmental influences on relapse in substance use disorders. In: International Journal of the Addictions 25. 1017-1050.

Tucker, J. A., Vuchinich, R. E. & Gladsjo, J. A. (1994). Environmental events surrounding natural recovery from alcohol-related problems. In: Journal of Studies on Alcohol 55. 401-411.

Tucker, J. A., Vuchinich, R. E., Gladsjo, J. A., Hawkins, J. L. & Sherrill, J. T. (1989, November). Environmental influences on the natural resolution of alcohol problems without treatment. Paper presented at a poster session at the annual meeting of the Association for the Advancement of Behavior Therapy, Washington, D.C.

U.S. Department of Health and Human Services (1988). The health consequences of smoking. Nicotine addiction. A report of the Surgeon General. Washington, D.C.: U.S. Government Printing Office.

Vaillant, G. E. (1995). The natural history of alcoholism revisited. Cambridge, MA: Harvard University Press.

Vaillant, G. E. (Hrsg.). (1980). The doctor's dilemma. London: Croom Helm.

Vaillant, G. E. & Milofsky, E. S. (1982). Natural history of male alcoholism. IV. Paths to recovery. In: Archives of General Psychiatry 39. 127-133.

Vaillant, G. E. & Milofsky, E. S. (1984). Natural history of male alcoholism. Paths to recovery. In: D. W. Goodwin, K. T. van Dusen & S. A. Mednick (Hrsg.): Longitudinal research in alcoholism. Boston, MA: Kluwer-Nijhoff. 53-71.

Velicer, W. F., DiClemente, C. C., Prochaska, J. O. & Brandenberg, N. (1995). Decisional balance measure for assessing and predicting smoking status. In: Journal of Personality and Social Psychology 48. 1279-1289.

Veroff, J., Douvan, E. & Kulka, R. A. (1981). The inner American. A self-portrait from 1957-1976. New York: Basic.

Wagner, K. (1985). Das Potential des labeling-approach. Versuch einer programmatischen Neueinschätzung. In: Kriminologisches Journal 4. 267-289.

Waldorf, D. (1983). Natural recovery from opiate addiction. Some social-psychological processes of untreated recovery. In: Journal of Drug Issues 13. 237-280.

Waldorf, D. & Biernacki, P. (Hrsg.) (1982). Natural recovery from heroin addiction. A review of the incidence literature. New York: Human Science.

Waldorf, D., Reinarman, C. & Murphy, S. (1991). Cocaine changes. The experience of using and quitting. Philadelphia, PA: Temple University.

Weisner, C. (1987). The social ecology of alcohol treatment in the U.S. In: M. Galanter (Hrsg.): Recent developments in alcoholism. Band 5. New York: Plenum. 203-243.

Weisner, C. (1993). Toward an alcohol treatment entry model. A comparison of problem drinkers in the general population and in treatment. In: Alcoholism: Clinical and Experimental Research 1. 746-752.

Weisner, C. & Schmidt, L. (1992). Gender disparities in treatment for alcohol problems. In: Journal of the American Medical Association 268. 1872-1876.

Winick, C. (1962). Maturing out of narcotic addiction. In: Bulletin on Narcotics 14. 1-7.

Zinberg, N. E., Harding, W. M. & Winkeller, M. (1977). A study of social regulatory mechanism in controlled illicit drug users. In: Journal of Drug Issues 7. 117-133.

Zinberg, N. E. & Jacobson, R. C. (1976). The natural history of „chipping". In: American Journal of Psychiatry 133. 37-40.

2 Spontanremission bei Alkohol- und Drogenmissbrauch: die Klassiker

Jan Blomqvist

Der Hintergrund

Ein bestimmtes Ereignis bzw. ein bestimmter Zustand kann laut Toulmin (1961) erst vor dem Hintergrund des „Zustands einer natürlichen Ordnung" als problematisches oder erklärungsbedürftiges Phänomen qualifiziert werden. Dies ist zu berücksichtigen bei einer Bestandsaufnahme von Studien, die in der Debatte über die Möglichkeit, Vorkommenshäufigkeit und die Art von Spontanremissionen bei Suchtverhalten immer wieder, gewissermaßen als Klassiker, zitiert werden. Die Auswahl der in Betracht zu ziehenden Studien und die Zusammenfassung der wichtigsten Befunde und Konsequenzen kann nie einen Anspruch auf Vollständigkeit erheben. Unbestritten ist jedoch, dass die große Mehrheit der als ‚Klassiker' auf diesem Gebiet bezeichneten Werke in den 1960er und 1970er Jahren in den USA entstanden sind. Zu einem gewissen Grad lässt sich dies mit der – unter globaler Perspektive vorhandenen – Vorrangstellung der USA in der Alkoholismus- und Drogenforschung erklären. Jedoch ist auch denkbar, dass die große Aufmerksamkeit, die diesen Studien geschenkt wurde, sowie die daraus entstandenen Kontroversen sich von einem kulturellen Umfeld abheben, das dieses Thema besonders prominent macht. Infolge des Einflusses der Alkoholbewegung hatte sich das populäre Alkoholkrankheitsmodell in den frühen 60er Jahren zur nahezu unangefochtenen Grundlage der Alkoholforschung und -politik in den USA entwickelt (Mulford 1984). Diesem Modell zufolge ist Alkoholismus ein irreversibler und unaufhaltbarer fortschreitender Prozess, der durch spezifische angeborene Eigenschaften bei bestimmten Menschen ausgelöst wird. Auf ähnliche Weise – wenn auch aus anderen Gründen – schrieb man zur damaligen Zeit den Betäubungsmitteln (Opium und Opiumderivaten) chemische Eigenschaften zu, die Konsumenten mehr oder weniger sofort und für immer zu Sklaven eben dieser Drogen machen. In der Folge flossen beträchtliche Mittel in den Aufbau von Behandlungseinrichtungen für Menschen mit Alkoholproblemen und in die Prävention von Betäubungsmittelkonsum.

Begriffe wie ‚natural recovery' (‚natürliche Heilung') oder ‚spontaneous remission' (‚Spontanremission') mögen auf den ersten Blick als mit dem medizinischen oder biochemischen Bild von Sucht vereinbar erscheinen. Die These jedoch, dass problematischer Alkohol- oder Heroinkonsum ein lediglich vorübergehendes Verhalten sein kann, kam einem Angriff auf den Kern der damals weit verbreiteten und fest verwurzelten Ansichten gleich und stellte eine Bedrohung dar für die einflussreichen Interessen im Präventions- und Behandlungsbereich. Wären sozio-psychologische Modelle oder ‚natürliche Verlaufsmodelle' allgemein als Erklärung von Suchtproblemen anerkannt worden, wäre von der Erkenntnis, dass viele Menschen mit der Zeit aus ihrem problematischen Trinkverhalten oder Drogenkonsum herauswachsen, aller Wahrscheinlichkeit nach mit der Zeit nicht viel Aufhebens gemacht worden (Mulford 1984, Peele 1985).

Vor einer Übersicht über die klassischen Werke bleibt noch darauf hinzuweisen, dass viele der Studien, die zur damaligen Zeit am häufigsten als Beweis für die mögliche Selbstheilung zitiert wurden, sich eigentlich mit ganz anderen Forschungsfragen beschäftigt hatten. Aus dem möglichen Fehlen schlüssiger, spezifisch selbstheilungsrelevanter Evidenz, darf daher nicht auf Methodikmängel oder -schwächen dieser Studien geschlossen werden. Wenn in diesen Studien überhaupt der Begriff ‚spontaneous recovery' oder ein Bedeutungsäquivalent vorkam, diente er üblicherweise als provisorische Metapher für vermutete und noch kaum erfasste psychologische oder soziale Prozesse.

Dieses Kapitel wird durch zwei Tabellen ergänzt; die eine listet die ‚klassischen' Selbstheilungsstudien (Tabelle 1) und die andere die ‚klassischen' Alkohol-Selbstheilungsstudien (Tabelle 2) auf; beide werden in diesem Kapitel besprochen. Zu jeder Studie werden die folgenden Angaben angeführt: (a) Datenquellen und Befragungsgruppen; (b) Hauptziele der Untersuchungen; (c) wichtigste Ergebnisse; (d) Schlussfolgerungen bezüglich Selbstheilung und (e) Bemerkungen.

Die ‚Pionierstudien'

Charles Winick (Winick 1962), dem oft die erste Erwähnung des Phänomens der Spontanremission zugeschrieben wird, vermutete, dass ein ‚maturing out' (ein Prozess des Herausreifens) mit ein Grund dafür gewesen sein könnte, dass rund zwei Drittel der 16.725 Süchtigen (gemäß Definition regelmäßige Konsumenten von Opiaten), die vom Federal Bureau of Narcotics in den Jahren 1953 und 1954 registriert waren, Ende 1959 nicht mehr in dessen Statistik auftauchten. Aufgrund der Erfahrung, dass es einem regelmäßigen Konsumenten von Betäubungsmitteln wohl kaum gelingen würde, über eine Zeitspanne von zwei

Jahren der Aufmerksamkeit der Behörden zu entgehen, argumentierte er, dass der inaktive Status auch unter Berücksichtigung einer unbestimmten Anzahl Verstorbener ein Hinweis auf eine Beendigung des Drogenkonsums sein müsse. Winick stellte zudem fest, dass fast drei Viertel der 7.234 Süchtigen, die in der Zeitspanne zwischen 1955 und 1960 inaktiv geworden waren, ihren Drogenkonsum vor Erreichen des Alters von 38 Jahren aufgegeben hatten. Des Weiteren zeigte ein Altersvergleich zwischen den mittlerweile Inaktiven und der Gesamtzahl der bis 1955 registrierten Süchtigen, dass in der inaktiven Gruppe Personen im Alter von 30-40 Jahren klar überpräsentiert waren. Die durchschnittliche Suchtdauer bei den inaktiven Fällen lag bei 8,6 Jahren; über 80 % der Personen hatten ihren Konsum bereits vor dem zehnten Jahr ihrer Sucht aufgegeben.

Diese Ergebnisse bewegten Winick zu der Annahme eines natürlichen ‚Lebenszyklus' der Heroinsucht. Im Kern bestand die Hypothese darin, dass Opiatsüchtige in die Sucht einsteigen, um mit emotionalen Schwierigkeiten und Belastungen des frühen Erwachsenenalters fertig zu werden, und sie lassen von dieser Gewohnheit ab, wenn sie später als gewöhnlich – als Ergebnis eines homöostatischen Prozesses – in der Lage sind, ihre Verantwortung als Erwachsene ohne Drogenkonsum wahrzunehmen und zu bewältigen. Zur Beschreibung dieses von ihm vermuteten Prozesses verwendete er den umgangssprachlichen Begriff des ‚maturing out' (‚Herausreifen'). In einer späteren Analyse untersuchte Winick (Winick 1964) die Suchtdauer bei den inaktiven Fällen und das Suchteinstiegsalter. Es erwies sich, dass die große Mehrheit der inaktiven Gruppe in den Jahren vor oder nach dem 20. Geburtstag mit dem Drogenkonsum begonnen und mit Ende zwanzig / Anfang dreißig wieder damit aufgehört hatte. Eine kleine Gruppe von Personen mit einem sehr frühen Einstiegsalter wies jedoch eine Suchtdauer auf, die erheblich über dem Gruppendurchschnitt lag; hier war die Relation zwischen Einstiegsalter und Suchtdauer genau umgekehrt. Winick sah aufgrund seiner Ergebnisse den Begriff des Herausreifens für die Mehrheit derjenigen Konsumenten, bei denen die Sucht eine Zwischenphase darstellte, als zutreffend an. Für Langzeitkonsumenten sowie für eine kleine Gruppe von Konsumenten mit einer kurzen Suchtdauer seien seines Erachtens jedoch andere Bezeichnungen notwendig. – Rückblickend besteht das größte Verdienst dieser Studie darin, dass sie auf die – zu diesem Zeitpunkt nicht bekannte oder sogar dementierte – Tatsache aufmerksam machte, dass eine beträchtliche Anzahl von süchtigen Heroinkonsumenten mit der Zeit von allein in dauerhafte Abstinenz zurückfindet. Gleichzeitig enthalten diese Statistiken jedoch einen hohen Grad an Ungewissheit, so fehlen Angaben zu bestimmten maßgeblichen Variablen (z. B. Mortalitätsrate, potentielle Effekte einer Behandlung, exakte Daten zur Beendigung des Drogenkonsums). Darüber hinaus beruht die vorgebrachte Erklärung nicht auf empirischen Erhebungen bezüglich der emotionalen Erfahrungen der Befragten.

Einige Jahre später wies der australische Psychiater Les Drew (Drew 1968) darauf hin, dass gemäß zahlreicher klinischer Studien der Anteil von identifizierten Alkoholikern gemessen an der Gesamtbevölkerung in einer bestimmten Altersgruppe tendenziell vor dem 50. Lebensjahr einen Höchstwert erreicht, von da an aber bedeutend abnimmt. In Anlehnung an die Ergebnisse anderer Studien sah Drew die Gründe für den Rückgang von Alkoholproblemen in älteren Bevölkerungsgruppen in der erhöhten Mortalität bei Alkoholikern und, allerdings in geringerem Ausmaß, in positiven Auswirkungen einer Therapie. Da diese Erklärungen allein jedoch nicht ausreichend sein können, folgerte Drew, dass wahrscheinlich ein Prozess der Spontanremission die Ursache dafür ist, dass ein signifikanter Anteil von Alkoholikern mit steigendem Alter nicht mehr in den Statistiken auftaucht. Als potentielle Kräfte, die an einem solchen Prozess mitwirken, nennt Drew eine Reihe von Faktoren, die der Alterungsprozess mit sich bringt (z. B. zunehmende Reife und steigendes Verantwortungsgefühl, sinkender Antrieb, sich verstärkender sozialer Rückzug, sich verändernder sozialer Druck und reduzierte finanzielle Ressourcen). Zu den Einflüssen, die Selbstheilungsprozesse bremsen, zählt er soziale Isolation und frühes Auftreten von ernsthaften Komplikationen im Zusammenhang mit Alkoholmissbrauch. Was die Arbeit von Drew – wie auch im Fall von Winick – zu einer Art Meilenstein macht, liegt nicht darin begründet, dass die empirische Datenlage völlig überzeugend gewesen wäre, sondern vielmehr darin, dass er ein starkes und kaum zu übergehendes Argument vorgebracht hat gegen die weithin akzeptierte Auffassung, dass Alkoholmissbrauch eine unaufhaltsame, progressive und irreversible Krankheit sei (Pattison, Sobell & Sobell 1977).

Die Folgestudien

Die in den Jahrzehnten nach den ‚Pionierstudien' veröffentlichte Selbstheilungsliteratur stellt sich als eine recht heterogene Mischung aus Behandlungs- und Bevölkerungsstudien (sowohl Querschnitt- als auch Longitudinalstudien) sowie weiteren Untersuchungen zu Suchterkrankungen dar. Obwohl sich die im vorliegenden Kapitel vorgestellten Studien bezüglich der Gruppengröße und Art der Probanden sowie der Forschungsfragen und -methoden unterscheiden, haben sie einen gemeinsamen Nenner, nämlich die Beschäftigung mit Drogen- oder Alkoholproblemen. Selbstheilungsstudien zu Spiel- und Zigarettensucht werden in späteren Kapiteln aufgegriffen. Die im vorliegenden Kapitel vorgestellten Studien wurden wegen ihres wegweisenden Charakters ausgewählt; sie haben zum Zeitpunkt ihrer Veröffentlichung nicht unerhebliche Kontroversen und öffentliche Diskussionen ausgelöst. Es soll jedoch nicht unerwähnt bleiben, dass die aktuelle Selbstheilungsforschung auch in anderen Bereichen von Suchterkrankungen frühe Vorläufer hat. So stellte Schachter (1982) in einem richtungsweisenden Artikel Daten über Selbstheilung bei Rauchen und Übergewicht in zwei unterschiedlichen, behandlungsfreien Probandengruppen vor. Zusammengefasst zeigt diese Studie, dass rund zwei Drittel derjenigen, die im Laufe ihres Lebens versucht hatten, das Rauchen aufzugeben oder ihr Gewicht zu reduzieren, damit Erfolg hatten. Die Erfolgsraten der Selbstheilung in der Studie von Schachter übertrafen sogar die Erfolgsraten der Raucherentwöhnungstherapien oder der Therapien zur Gewichtsreduktion. Schachter nimmt an, dass sich dieser Unterschied teilweise dadurch erklären lasse, dass sich im Allgemeinen nur die sehr schweren Fälle zu einer Behandlung bereit finden. Die Haupterklärung sei Schachter zufolge wohl aber darin zu sehen, dass sich Behandlungsstudien auf einen einzigen Versuch der Nikotinentwöhnung oder Gewichtsreduktion beschränkten. Im Gegensatz dazu erfassen Selbstheilungsstudien den kumulativen Effekt lebenslanger Bemühungen. Der Autor betont deshalb, dass die Schlussfolgerungen solcher Studien ein verzerrtes Bild über eine ‚Therapieresistenz' von Suchtproblematiken wiedergeben könnten und verweist implizit auf die Notwendigkeit von Longitudinalstudien zur Selbstheilung und zur Rolle von Therapien im Hinblick auf eine Lebensänderung (vgl. Blomqvist 1996).

Studien zu Drogenkonsum und Drogensucht

Tabelle 1 listet eine Reihe von Informationen zu den vier klassischen Selbstheilungs-Drogenstudien auf, die nachfolgend diskutiert werden.

	Autor (Jahr)			
	Winick (1962; 1964)	Snow (1973)	Burt Associates (1977)	Robins (1974, 1993); Robins et al. (1974a,b; 1975; 1980)
Datenquellen; Befragte	Offizielle Registrierung von regelmäßigen Opiatkonsumenten (Federal Bureau of Narcotics)	Aktenuntersuchung über Drogensüchtige in New York (New York City Narcotics Register)	360 Heroinsüchtige, die 1-3 Jahre nach Behandlung erneut untersucht wurden	Armeeangehörige, die im September 1971 aus Vietnam zurückkehrten

Hauptziele	Beurteilung des langfristigen Verlaufs bei registrierten Drogenkonsumenten	Replizierung der Studien von Winick unter Berücksichtigung von Faktoren wie Mortalität und Institutionalisierung	Evaluierung des National Treatment Association's Program durch Vergleich von behandelten Fällen und Fällen mit Minimalintervention	Einschätzung des Drogenkonsums und drogenbezogener Probleme unter Armeeangehörigen in Vietnam sowie Notwendigkeit einer Drogenentzugstherapie nach der Rückkehr nach Hause
Hauptergebnisse	Rund zwei Drittel wurden innerhalb einer 5-Jahres-Periode inaktiv. Die Mehrheit stellte den Konsum nach weniger als zehn Jahren ein, im Alter von Ende Zwanzig oder im Laufe des dritten Lebensjahrzehnts.	Während eines Zeitraums von vier Jahren beendete rund ein Viertel der Probanden ihren Drogenkonsum.	Rund ein Drittel war geheilt (kein Konsum und soziale Stabilität während zweier Monate vor dem Interview) und bei einem weiteren Drittel hatte sich eine Verbesserung ergeben. Personen, die fünf Tage oder weniger in Behandlung geblieben waren, unterschieden sich nicht von denjenigen mit einem längeren Aufenthalt.	Fast die Hälfte der Männer hatte in Vietnam Opiate konsumiert, 20 % waren abhängig. Die große Mehrheit setzte den Drogenkonsum in den USA nicht fort. Von denjenigen, die dies taten, wurden weniger als 10 % rückfällig, meist nur für eine kurze Zeit. Drei Jahre nach ihrer Rückkehr wiesen weniger als 20 % von denjenigen, die in Vietnam abhängig gewesen waren, Anzeichen einer erneuten Abhängigkeit auf.

Schlussfolgerungen bezüglich Selbstheilung	Es könnte einen natürlichen Lebenszyklus von Drogensucht geben; die meisten Drogensüchtigen scheinen aus ihrer Sucht ‚herauszureifen'.	Das ‚Herausreifen' könnte weniger häufig sein als in den Studien von Winick dargestellt.	Zahlreiche Heroinsüchtige verbessern ihren Zustand in relativ kurzer Zeit. Eine Behandlung scheint die Ausstiegsrate nicht zu verbessern.	Drogenabhängigkeit ist keine einheitliche und schwer zu handhabende Störung, sondern ein komplexer und oft vorübergehender Zustand. Die Übergänge zwischen Konsum, Abhängigkeit und Suchtbewältigung sind wahrscheinlich durch verschiedene Gruppen von Faktoren bedingt.
Kommentare	Die Zahl derjenigen, die aus der Sucht ausgestiegen sind, könnte zu hoch gegriffen sein. Der vermutete Prozess des ‚Herausreifens' konnte nicht mit empirischen Daten belegt werden.	Die niedrigere Ausstiegsrate könnte teilweise durch die besondere Situation in New York erklärt werden oder durch Änderungen in der Drogenszene seit den Studien von Winick.	Die Studien- und die Kontrollgruppen waren unter Umständen nicht in vollem Umfang vergleichbar. Das ‚Heilungs'-Kriterium könnte auch vorübergehende Änderungen erfasst haben.	Die ‚Vietnam-Erfahrung' könnte ein Abbild des Drogenkonsums und der Drogensucht in der breiten Bevölkerung darstellen und zeigt, dass die Übergänge dort viel fließender und natürliche Heilungen viel häufiger sind als in Gruppen, die eine Behandlung aufgesucht haben.

Tab. 1: Besondere Merkmale der klassischen Selbstheilerstudien

Behandlungsstudien

Die Studie von Winick, die auf offiziellen Akten behördlich erfasster Drogenkonsumenten beruht, kann als Prototyp zahlreicher früher Selbstheilungsstudien im Drogenbereich angesehen werden. Bedauerlicherweise sind Studien, die sich mit Drogenkonsum und Drogensucht in der allgemeinen Bevölkerung befassen, immer noch selten (Sobell, Ellingstad & Sobell 2000). Es liegt jedoch eine begrenzte Anzahl von Studien zur Behandlung von Drogensüchtigen aus den 1960er und 1970er Jahren vor; diese weisen darauf hin, dass es lediglich einem geringen Anteil von selten mehr als 10 % gelingt, innerhalb von fünf bis zehn Jahren nach einer klinischen Behandlung ununterbrochen abstinent zu leben (Maddux & Desmond 1980). Abgesehen von wenigen Ausnahmen fehlt jedoch in diesen Studien eine Kontrollgruppe, die eine Analyse der Erfolgsrate bei Remissionen ohne Behandlung (und deren Determinanten) ermöglicht hätte (Sobell, Sobell, Toneatto & Leo 1993). Eine Ausnahme stellt die Evaluation der Programme der National Treatment Association durch Burt Associates (1977) dar, die auf Interviews mit 81 % von 360 anfänglich behandelten Heroinabhängigen basierte. Die Interviews fanden ein bis drei Jahre nach Beginn der Behandlung statt. Ein Drittel der Patienten war nur fünf Tage oder kürzer in Behandlung gewesen und wurde daher als Vergleichsgruppe herangezogen. Knapp einem Drittel (29 %), so das Ergebnis, war der vollständige Ausstieg aus der Sucht gelungen (d. h. kein Konsum illegaler Drogen, keine Verhaftungen sowie soziale Stabilität während der zwei dem Interview vorausgegangenen Monate); weiteren 37 % der Vergleichsgruppe war der Ausstieg zumindest teilweise gelungen. Die entscheidende Erkenntnis bezüglich des Selbstheilungsphänomens besteht darin, dass offenbar keine signifikanten Unterschiede zwischen der behandelten und der Kontrollgruppe bestehen und dass die Behandlungsdauer keinen Einfluss auf das Ergebnis ausübt. Allerdings ergeben sich aus der Studie keine Hinweise auf eine Vergleichbarkeit der behandelten Gruppe und der Kontrollgruppe hinsichtlich bestimmter relevanter Merkmale. Darüber hinaus kann das Zwei-Monate-Kriterium für die Beurteilung als erfolgreichen Ausstieg berechtigterweise kritisiert werden, da die Gefahr besteht, eine vorübergehende drogenfreie Periode mit einem stabilen Ausstieg zu verwechseln.

Die Vietnam-Erfahrung

Die am häufigsten zitierte und am hitzigsten debattierte Selbstheilungsstudie im Drogenbereich ist die Nachbefragung von zurückgekehrten Vietnamveteranen durch Lee Robin. Die Ergebnisse wurde zwischen 1973 und 1980 in einer Reihe von Berichten und Artikeln veröffentlicht. Ursprünglich war diese Studie durch das Special Action Office on Drug Abuse Prevention der Regierung Nixon geplant worden, um das Ausmaß des Drogenkonsums unter Soldaten in Vietnam sowie nach deren Rückkehr zu evaluieren und eine Grundlage für die Planung geeigneter Behandlungseinrichtungen bereitzustellen. Die Studie umfasst zwei Probandengruppen aus allen rekrutierten Männern, die im September 1971 aus

Vietnam heimgekehrt waren. Die erste Gruppe bestand aus einer einfachen Zufallsauswahl von Probanden, die die Zulassungskriterien erfüllten. Die zweite Gruppe war eine zufällig ausgewählte Gruppe all derjenigen, die vor ihrer Abreise positiv auf Drogen getestet worden waren. Da der Test angekündigt worden war, wurde ein positives Testergebnis als Indiz für eine stärkere Sucht gewertet. Nach der Bereinigung einer kleinen Überlappung zwischen den Probandengruppen und dem Ausschluss einer Minderheit, die nicht für ein Interview erreichbar war, umfassten die beiden Gruppen 451 bzw. 469 Männer. Die ersten publizierten Analysen betrafen den Drogenkonsum der Befragten in Vietnam und während der ersten acht bis zwölf Monate nach ihrer Rückkehr in die USA (Robins 1974a,b; Robins, Davis & Goodwin 1974; Robins, Davis & Nurco 1974). Eine spätere Analyse basierte auf den Daten eines dreijährigen Follow-up der gleichen Gruppe (Robins, Helzer, Hesselbrock & Wish 1980). Hinsichtlich des Drogenkonsums in Vietnam kam die Studie zu dem Ergebnis, dass fast die Hälfte der Armeeangehörigen Betäubungsmittel konsumiert hatte, 34 % hatten Heroin probiert und 38 % Opium. Außerdem hatten ungefähr 80 % Marihuana konsumiert (das in dieser Studie nicht als Narkotikum klassifiziert wurde). Fast die Hälfte von allen, die Betäubungsmittel konsumiert hatten, hatte dies mehr als einmal wöchentlich und während eines Zeitraums von mehr als sechs Monaten getan. Insgesamt gaben 20 % aller Rückkehrer an, während ihres Einsatzes in Vietnam „süchtig" nach Betäubungsmitteln gewesen zu sein (sie hatten sich „ausgezehrt" gefühlt und wiederholt und über längere Zeit an Entzugssymptomen gelitten). Die Drogen wurden hauptsächlich geraucht, weniger als 10 % hatten sich die Drogen gespritzt. Im Vergleich zu Soldaten, die niemals Drogen oder lediglich Marihuana konsumiert hatten, waren die Drogenkonsumenten tendenziell jünger, häufiger ledig, sie hatten eine weniger gute Schulbildung, waren oft in zerrütteten Familien aufgewachsen und kamen aus größeren Städten. Jedoch hatten die meisten der Männer, die in Vietnam Narkotika konsumierten, vor ihrer Armeezeit keine Drogen konsumiert und waren vor ihrem Einsatz in Vietnam sozial in keiner Weise auffällig gewesen.

Während des ersten Jahres nach ihrer Rückkehr hatten nur rund 10 % der allgemeinen Gruppe und ein Drittel der bei Abreise aus Vietnam positiv auf Drogen Getesteten irgendwelche Narkotika konsumiert. Interessanterweise wiesen weniger als 10 % aller Männer, die nach ihrer Rückkehr noch Drogen konsumiert hatten, irgendwelche Anzeichen von Sucht auf. In der Gruppe der positiv auf Drogen Getesteten betrug dieser Anteil 20 %. Daraus ergibt sich, dass nur 7 % in der positiv getesteten Gruppe bzw. 12 % aller Männer, die in Vietnam süchtig gewesen waren, nach ihrer Rückkehr in die USA an einer Sucht litten (Robins, Davis & Goodwin 1974; Robins, Davis & Nurco 1974). Während einer zusätzlichen, zweijährigen Nachbeobachtung der Veteranen stiegen diese

Zahlen leicht an. Trotzdem bleibt es dabei, dass weniger als 20 % derjenigen, die in Vietnam süchtig gewesen waren und in den USA den Drogenkonsum wieder aufgenommen hatten, zu irgendeinem Zeitpunkt in den drei Jahren nach ihrer Rückkehr süchtig gewesen waren, und wenn, dann meist nur für kurze Zeit. Gesamthaft standen diese Ergebnisse somit in einem klaren Widerspruch zu den festgefügten Suchtkonzepten der damaligen Zeit. Sie unterschieden sich eklatant von den beschriebenen Behandlungsergebnissen, die gemeinhin eine hohe Quote von Rückfällen nach höchstens sechs Monaten auswiesen. Analysen zur Annahme von Behandlungen seitens der süchtigen Veteranen haben des Weiteren gezeigt, dass die Therapie bestenfalls für einen winzigen Bruchteil der bemerkenswerten Erfolgsraten verantwortlich war. Weniger als 2 % derjenigen, die in Vietnam Narkotika konsumiert hatten, und nur 6 % der positiv auf Drogen Getesteten suchten nach ihrer Rückkehr eine Behandlungseinrichtung für Drogenprobleme auf (Robins, Helzer & Davis 1975). Zudem wiesen diejenigen, die sich in eine solche Institution begeben hatten, die gleichen Rückfallquoten auf wie Patienten in anderen Behandlungsstudien. Schließlich lassen die Ergebnisse erkennen, dass ein Ausstieg aus der Drogensucht auch ohne Abstinenz möglich war. Sogar bei denjenigen, die in Vietnam süchtig gewesen waren und nach ihrer Rückkehr regelmäßig Heroin konsumiert hatten, erlitt die Hälfte keinen Rückfall in die Sucht.

Die von Robins et al. präsentierten Ergebnisse stießen sowohl auf Seiten der Presse wie auch bei weiten Teilen der Wissenschaftsgemeinschaft auf beträchtliche Skepsis (Robins 1993). Es gibt noch immer Versuche, ihre Ergebnisse anzufechten oder wegzudiskutieren, selbst in der wissenschaftlichen Literatur. Neben dem zum Ausdruck gebrachten Verdacht, die Resultate seien auf die Interessen der militärischen Behörden zugeschnitten gewesen, die damit zeigen wollten, dass Soldaten nach einem Einsatz in Vietnam nicht zu einer lebenslangen Drogensucht verdammt seien, besteht ein Hauptkritikpunkt darin, dass die Ergebnisse nicht verallgemeinerbar seien. Ein diesbezüglicher Argumentationsstrang besagt, dass die Vietnamveteranen nie ‚echte' Süchtige gewesen seien. Vorgebracht wird dabei, dass die Belastung und das Elend des Krieges die Sucht geradezu zu einer ‚normalen' Reaktion gemacht haben – das relativ günstige Ergebnis nach der Rückkehr sei daher irrelevant für die Sucht in den USA. Ein weiteres Argument baut darauf auf, dass sich die Lebensbedingungen der zurückgekehrten Veteranen von denjenigen anderer Süchtiger unterschieden, die ihren Heroinkonsum in den USA begonnen hatten (für die Veteranen bedeutete die Rückkehr ein Leben in einer neuen Umgebung, wo sie nicht wussten, wie Heroin zu beschaffen ist, und wo sie rückfallbegünstigenden Stimuli nicht ausgesetzt waren). Zwei Jahrzehnte nach Durchführung der Studie widerspricht Robins (1993) diesen Einwänden mit gutem Grund und verteidigt die meisten ihrer damaligen Schlussfolgerungen. Zur Erklärung der Sucht in Vietnam hebt sie hervor, dass die Sucht im Allgemeinen schon vor einem Kampfeinsatz der Soldaten begonnen hatte und dass die Dosis-Wirkungs-Kurve – ein starkes Indiz für einen kausalen Zusammenhang – nicht auf die Beziehung zwischen Kampfexposition und Sucht anwendbar sei. Zudem interpretierten die Befragten ihren Heroinkonsum nicht als Reaktion auf Angst oder Stress, sondern eher als eine Bewältigungsstrategie, das langweilige Leben in der Armee erträglicher und erfreulicher zu gestalten. Dies sind Faktoren, die auch den Gelegenheitskonsum in den USA erklären können. Da – wie unter ,normalen' Umständen auch – früheres asoziales Verhalten einen wichtigen Prognosefaktor für eine Drogensucht in Vietnam darstellte, neigt die Autorin dazu, die leichte Zugänglichkeit von Drogen und den Mangel an alternativen Freizeitaktivitäten als Haupterklärung für die beachtliche Konsumrate, auch unter jungen Männern ohne frühere Anzeichen persönlicher oder sozialer Probleme, anzuführen. Dem Argument, dass die beeindruckende Ausstiegsquote nach der Rückkehr in die USA durch eine stark eingeschränkte Erhältlichkeit von Drogen sowie einen Mangel an Stimuli für Drogenkonsum in der neuen Umgebung zu erklären sei, steht die Tatsache entgegen, dass nur ein kleiner Bruchteil derjenigen, die ihren Konsum in den USA fortführten, tatsächlich wieder rückfällig wurde.

Robins zufolge sind – rückblickend auf die vergangenen zwei Jahrzehnte – die bedeutendsten Erkenntnisse ihrer Studie, die noch immer nicht in vollem Umfang Eingang in das öffentliche und wissenschaftliche Wissen über Heroinkonsum gefunden hat, die folgenden: (a) „Nur wenige der in Vietnam Süchtigen wären auch süchtig geworden, wenn sie zu Hause in den USA geblieben wären. Ihre Geschichte einer kurzen Sucht, der eine Spontanremission folgt, ob in Vietnam oder danach, sprengte nicht etwa den Rahmen der US-amerikanischen Erfahrung, sondern nur denjenigen der US-amerikanischen Überzeugung" (Robins 1993: 1051); (b) Sucht vermittelt ein völlig anderes Bild, wenn sie innerhalb der allgemeinen Bevölkerung untersucht wird, als wenn nur therapierte Fälle betrachtet werden, und (c) Sucht ist ein komplexes und facettenreiches Phänomen, dessen Verständnis erleichtert würde durch eine konzeptuelle Neuorientierung weg von einem homogenen Suchtverständnis hin zur Berücksichtigung auch der Übergänge zwischen Konsum, Sucht, Suchtausstieg und deren sich wechselseitig beeinflussenden Bestimmungsgründen.

Drogensucht – die Lehren aus den Klassikern

Auf den ersten Blick scheinen die genannten Studien auf hohe Ausstiegsraten bei den ,situationsbedingten' Heroinsüchtigen (wie den meisten der eingezogenen Männer, die von Robins untersucht wurden), auf mittlere bis hohe Heilungsraten bei Süchtigen in offiziellen Registern (Winick) und bemerkenswert niedrige Remissionsraten bei denjenigen hinzudeuten, die eine Behandlung in Anspruch nehmen (siehe Maddux & Desmond 1980). Zweifelsohne können all diese Studien zu Recht für sich in Anspruch nehmen, dazu beigetragen zu haben, die vorherrschende Meinung, dass Heroin eine sofort und für immer süchtig machende Substanz sei, als einen Mythos zu entlarven – einen Mythos, der wohl mehr auf dem illegalen Status und der offiziellen Rhetorik gründet als auf empirischen Fakten. Als wohl wahrscheinlichste Erklärung für diese unterschiedliche Bewertung der Selbstheilung mag – neben methodologischen Unterschieden – diejenige gelten, dass die verschiedenen Studien ganz verschiedene Abschnitte des Spektrums von Heroinkonsum und Heroinmissbrauch abdeckten. Ohne auf zuverlässige Daten zurückgreifen zu können, die einen Vergleich zwischen Studien über unterschiedliche Schweregrade von Drogenproblematiken zuließen, kann dennoch davon ausgegangen werden, dass der Heroinkonsum und die Heroinsucht unter Armeeangehörigen in Vietnam – mit Ausnahme der hohen gesamthaften Prävalenz – den Heroinkonsum und die Heroinsucht in der breiten Bevölkerung recht gut wiedergeben. Obwohl ein kleiner Prozentsatz der Armeeangehörigen nach der Rückkehr wieder süchtig wurde, erwies sich bei den meisten Konsumenten die Sucht als eine stark von Umwelt- und Entwicklungsfaktoren beeinflusste vorübergehende Phase. Die rückfälligen Kriegsveteranen stehen für eine viel kleinere Gruppe, deren problematischer Heroinkonsum sich mit mehreren anderen sozialen und psychologischen Problemen vermischt; sie begeben sich früher oder später in Behandlung. In dieser Gruppe, in der der Heroinkonsum wahrscheinlich überdurchschnittlich früh aufgenommen wurde und in der zudem häufig eine relativ lange Zeitspanne problematischen Gebrauchs verstreicht, bis die Sucht eingestanden wird, scheint sich die Abhängigkeit oft zu einem regelrechten Teufelskreis entwickelt zu haben, der – mit oder ohne professionelle Unterstützung – nur sehr schwer zu durchbrechen ist. In der Tat kann die vorherrschende Sicht, die die Heroinsucht als einen generell progressiven und irreversiblen Zustand betrachtet, sogar wie eine sich selbst erfüllende Prophezeiung wirken und diesen Prozess noch beschleunigen.

Studien über behördlich erfasste ‚Heroinsüchtige' können unter Umständen einen Bereich der Konsumintensität abdecken, der von geringfügigen Verstößen gegen das Betäubungsmittelgesetz bis hin zu schwerer Sucht und wiederholten Behandlungen reicht, was die in diesen Studien geschilderten im mittleren Bereich liegenden Selbstheilungsraten erklären würde. Aufgrund methodologischer Unzulänglichkeiten bei Winick ist die Schlussfolgerung in seiner nichtsdestoweniger als wegweisend zu bezeichnenden Studie, dass zwei Drittel aller registrierten Süchtigen früher oder später aus ihrer Sucht herausreifen, wohl etwas zu hoch gegriffen. Snow (1973) versuchte in einer Replizierung dieser Studie – auf der Basis von Daten des New York City Narcotics Register – sowohl die verstorbenen Befragten als auch die in einer Behandlung oder einer Anstalt befindlichen zu berücksichtigen. Er kam zu dem Ergebnis, dass rund ein Viertel der registrierten Süchtigen über eine Zeitspanne von vier Jahren aus ihrer Sucht herausgereift waren. Diese von Snow festgestellte niedrigere Rate könnte jedoch zumindest teilweise auch mit der außergewöhnlichen Situation in New York City oder den in den 1950er bis 60er Jahren eingetretenen gravierenden Veränderungen in der Drogenszene zusammenhängen.

Die von Waldorf & Biernacki (1979) zusammengetragene Literaturübersicht zur Inzidenz von Selbstheilung bei Heroinsucht (die Studien der vergangenen zwei Jahrzehnte berücksichtigt) stützt die Annahme, dass eine signifikante Anzahl von Heroinsüchtigen auf natürliche Weise, auch ohne Behandlungsintervention, aus ihrer Sucht ausgestiegen ist. Gleichzeitig beklagen Waldorf & Biernacki das weitgehende Fehlen von Studien über die psychologischen, sozialen und umweltbezogenen Mechanismen und Abläufe solcher Heilungsprozesse. Zusätzlich weisen sie auf die Notwendigkeit hin, die Mittel, auf die Menschen zurückgreifen, sowie die Charakteristika von Menschen zu untersuchen, die aus eigener Kraft aus der Sucht ausgestiegen sind, und die Ergebnisse einerseits mit den behandelten Populationen sowie andererseits mit der breiten Bevölkerung zu vergleichen. Mit diesem Überblick und dem Versuch der beiden Autoren, das von ihnen vorgeschlagene Forschungsprogramm in die Praxis umzusetzen (Waldorf & Biernacki 1981; Waldorf 1983; Biernacki 1986), begann sozusagen die ‚zweite Welle' der Selbstheilungsforschung, der das vorliegende Buch – zumindest in Bezug auf Drogen – hauptsächlich gewidmet ist.

Studien über Alkoholismus, Trinkmuster und Trinkprobleme

In Tabelle 2 sind verschiedene Informationen zu neun klassischen Alkohol-Selbstheilungsstudien aufgeführt; diese werden im Folgenden näher besprochen.

	Drew (1968)	*Kendell & Station (1966)*	*Kissin et al. (1968)*
Datenquellen; Befragte	Übersicht der Literatur zu Studien über Alkoholismus-Prävalenz nach Altersgruppen.	Betroffene, denen eine Alkoholtherapie im Maudsley Hospital, London, verweigert wurde oder die eine solche von sich aus ausgeschlagen haben, und eine Vergleichsgruppe, die an dieser Klinik behandelt wurde.	Klienten, die in drei verschiedenen Programmen behandelt wurden, und eine unbehandelte (Wartelisten-)Gruppe.
Hauptziele	Beurteilung von Änderungen in den Alkoholikerraten über das gesamte Lebensalter.	Beurteilung von Behandlungswirkungen und Spontanremissionen bei Alkoholikern.	Vergleich der Ergebnisse verschiedener Behandlungen und einer unbehandelten Kontrollgruppe.
Hauptergebnisse	Studien aus verschiedenen Ländern weisen ein gemeinsames Muster auf, insofern als der Anteil von Alkoholikern einer spezifischen Altersgruppe (im Verhältnis zur Bevölkerung) vor dem Alter von 50 Jahren seinen Höhepunkt erreicht und danach deutlich abnimmt.	Die Hälfte der unbehandelten Personen war geheilt (d. h. keine schwerwiegenden alkoholbedingten Ausfälle) zum Zeitpunkt der Folgebefragung 2-13 Jahre nach der ursprünglichen Evaluation. Die Rate derjenigen, deren Zustand sich infolge Behandlung verbessert hatte, war ähnlich, allerdings waren dort mehr abstinente Fälle zu verzeichnen.	Eine Verbesserung (mehrheitlich abstinent oder sozial/beruflich stabil während mindestens 6 Monaten bei Folgebefragung ein Jahr später) zeigte sich bei 17 % bis 20 % der Teilnehmer der behandelten Gruppen, jedoch nur bei 4 % der unbehandelten Gruppen.
Schlussfolgerungen bezüglich Selbstheilung	Der Rückgang des Alkoholismus in älteren Altersgruppen kann durch die erhöhte Mortalität und mögliche Behandlungserfolge nicht ausreichend erklärt werden. Es könnte einen Prozess einer „Spontanremission" geben, der durch normale Begleitfaktoren des Alterns bedingt ist.	„Spontanremissionen" scheinen relativ häufig zu sein. Behandlungen fördern Abstinenz, scheinen jedoch eine allgemeine Verbesserung nicht zu begünstigen.	„Spontanremissionen" bei Alkoholismus sind relativ selten; behandelten Patienten geht es viel besser.
Kommentare	Die verwendeten Daten erlauben keine genaue Einschätzung der Auswirkung von z. B. erhöhter Mortalität oder möglichen Behandlungswirkungen, doch die Studie führt starke Argumente gegen das Bild von Alkoholismus als einer unaufhaltsamen progressiven und irreversiblen Erkrankung an.	Es fehlen Daten zu früheren Behandlungserfahrungen in der Studiengruppe. Behandelte und unbehandelte Gruppen waren vielleicht nicht in allen wichtigen Kriterien vergleichbar.	Die Verwendung einer Wartelisten-Gruppe könnte das Ergebnis verzerrt haben. Die Drop-out-Rate der Studie lag bei fast 50 %, was die Gültigkeit der Schlussfolgerungen in Frage stellen könnte.

	Cahalan (1970); Cahalan et al. (1969); Knupfer (1972)	***Cahalan & Room (1974)***	***Clark (1976); Clark & Cahalan (1976)***
Datenquellen; Befragte	Nationale und regionale Zufallsstichproben erwachsener US-Amerikaner.	Nationale (n=1.561) und regionale (n=780) Zufallsstichproben erwachsener US-Amerikaner.	Cahalans & Rooms regionale Gruppe (San Francisco), erneute Befragung vier Jahre nach dem ersten Interview.
Hauptziele	Erstellung eines detaillierten und repräsentativen Berichts über US-amerikanische Trinkmuster und Trinkprobleme.	Analyse von Trinkproblemen und ihrer Bezüge untereinander sowie des Zusammenhangs mit demographischen und kontextuellen Faktoren.	Beurteilung der längerfristigen Entwicklung von problematischem Trinken und Trinkproblemen.
Hauptergebnisse	Trinkmuster und verschiedene Trinkprobleme wiesen einen starken Zusammenhang auf mit Faktoren wie Ethnizität, sozialer Schicht, Geschlecht und Alter. Starker Alkoholkonsum und Trinkprobleme erwiesen sich als viel weniger prävalent bei Frauen und bei den älteren Altersgruppen. Mehr als drei Viertel all derjenigen, die ihren problematischem Alkoholkonsum beendet hatten, hatten dies ohne Behandlung erreicht.	Sowohl für Alkoholkonsum als auch für problematischen Alkoholkonsum wurden starke ethnische und sozioökonomische Determinanten festgestellt. Spezifische Trinkprobleme korrelierten nur mäßig und variierten in Abhängigkeit von z. B. kontextuellen und ökologischen Faktoren. Die Prävalenz von starkem Alkoholkonsum und Alkoholproblemen war bei Männern viel höher als bei Frauen und bei jüngeren Altersgruppen höher als bei älteren.	„Kontrollverlust“ als Symptom von problematischem Trinken schien auch über kurze Zeitperioden stark zu fluktuieren (Clark). Spezifische Symptome zeigten eine geringe Kontinuität im Zeitverlauf, auch wenn das Weiterbestehen einiger Probleme relativ häufig war. Ein großer Teil der Befragten, die zum Zeitpunkt 1 Trinkprobleme angegeben hatten, berichtete zum Zeitpunkt 2 keinerlei Probleme mehr.
Schlussfolgerungen bezüglich Selbstheilung	Das herkömmliche Bild von Alkoholismus eignet sich schlecht zur Erfassung der Trinkerfahrungen der allgemeinen Bevölkerung. Trinkprobleme scheinen vorübergehender Art zu sein und im Allgemeinen mit zunehmendem Alter auch ohne Behandlung zu verschwinden.	Problemtrinken ist ein heterogener Zustand und Problemtrinker bilden eine heterogene Gruppe. Die Zugehörigkeit zu der einen oder anderen Problemkategorie kann sich bei den Betroffenen ohne weiteres ändern, in Abhängigkeit vom Alter und kontextuellen Faktoren.	Das Problemtrinken ist ein Bereich mit fließenden Übergängen. Die ‚Schlüsselsymptome‘ des Alkoholismus-Paradigmas führen nicht wie auf einer Einbahnstraße zu schlimmeren Problemen.
Kommentare	Die Studien basierten auf Querschnittsdaten und befassten sich nicht direkt mit der Änderung im Zeitverlauf. „Problemtrinken“ wurde hauptsächlich durch eine einfache zusammenfassende Bewertung beurteilt.	Die Analysen beruhten hauptsächlich auf Querschnittsdaten und befassten sich nicht direkt mit der Änderung im Zeitverlauf.	Der zeitliche Abstand zwischen Erst- und Zweitbefragung könnte zu kurz gewesen sein, um den langfristigen Verlauf von Problemtrinken zu erfassen.

	Roizen et al. (1978)	***Fillmore (1975, 1987a,b); Fillmore & Midanik (1984); Temple & Fillmore (1985)***	***Vaillant (1983, 1995)***
Datenquellen; Befragte	Eine Teilgruppe von 521 Männern aus der San-Francisco-Stichprobe mit verschiedenen Trinkproblemen zum Zeitpunkt 1 und ohne Behandlungserfahrung zum Zeitpunkt 2.	Zufallsstichproben, beobachtet über ausgedehnte Zeiträume, teilweise ergänzt durch Querschnittanalysen unterschiedlicher Geburtskohorten (Fillmore 1987b).	Männer einer Gemeinde („Innenstadt"), beobachtet von Jugend an bis ins höhere Alter; zusätzlich Daten einer College-Gruppe und eine Folgeuntesuchung einer klinischen Gruppe.
Hauptziele	Untersuchung von Schwankungen in der Anzahl der Spontanremissionen in Relation zum ursprünglichen Schweregrad des Problems und zu verschiedenen Kriterien der Verhaltensänderung.	Untersuchung der Schwankungen bei Trinken und Trinkproblemen über die Lebenszeit hinweg (Frauen und Männer).	Untersuchung des langfristigen Verlaufs von Alkoholismus und Alkoholmissbrauch.
Hauptergebnisse	Die Verbesserungsrate bewegte sich zwischen 11 % und 71 % – je nach den Kriterien, die für die jeweilige Definition von „Problemtrinken" zum Zeitpunkt 1 und von „Verbesserung" zum Zeitpunkt 2 verwendet wurden. Der Anteil derjenigen ohne jegliche Probleme zum Zeitpunkt 2 lag zwischen 12 % (Teilnehmer mit der höchsten Punktzahl zum Zeitpunkt 1) und 30 % (Teilnehmer mit der kleinsten Punktzahl zum Zeitpunkt 1).	Bei Männern ist die Inzidenz von schwerem Alkoholkonsum und Trinkproblemen im frühen Erwachsenenalter am höchsten und nimmt mit der Zeit ab. Die Chronifizierung des Problemtrinkens lag im mittleren Alter am höchsten. Bei Frauen waren starker Alkoholkonsum und Trinkprobleme in jüngeren Jahren viel seltener, sie nahmen im mittleren Alter leicht zu und gingen anschließend wieder zurück. Die Wahrscheinlichkeit einer Remission variierte stark je nach Geschlecht und Alter, wobei sich die niedrigste Rate bei Männern mittleren Alters ergab.	Im Alter von 47 Jahren war über die Hälfte aller Männer, die einmal als Alkoholiker eingestuft, aber nie behandelt worden waren, abstinent oder konsumierte Alkohol ohne Symptome. Von den behandelten Alkoholikern war fast die Hälfte symptomfrei, die Mehrheit davon abstinent. Von denjenigen, die mit 47 Jahren symptomfrei konsumierten, erlitt ein Drittel später einen Rückfall; bei denen, die abstinent waren, betraf dies nur ein Fünftel. Von allen abhängigen Personen, die später für mindestens zwei Jahre abstinent waren, erlitten vier von zehn einen Rückfall, in manchen Fällen noch nach Ablauf von zehn Jahren.
Schlussfolgerungen bezüglich Selbstheilung	Da es keine natürliche Abgrenzung zwischen Alkoholikern und Nicht-Alkoholikern in der Bevölkerung gibt, können auch „Selbstheilungen" unter Rückgriff auf unterschiedliche Kriterien definiert werden. Remission aus prognostischer oder diagnostischer Perspektive zu betrachten, erfordert ein unterschiedliches Studien-Design und führt zu unterschiedlichen Ergebnissen.	Trinkmuster und Trinkprobleme unterscheiden sich je nach Geschlecht und Alter, sie richten sich nach kulturellen Normen und sind zudem oft vorübergehender Natur. Lediglich bestimmte Kombinationen von frühen Symptomen scheinen eine Chronifizierung der Probleme zu bedingen.	Alkoholismus hat seine eigene Dynamik und wird am besten ähnlich wie eine Krankheit behandelt, so wie Bluthochdruck oder Herzkranzgefäßerkrankungen. Abstinenz ist die einzige Alternative zu suchtbedingtem Trinken; die Prinzipien der AA umfassen letztlich alle notwendigen Behandlungselemente.
Kommentare	Die Studie kann für sich in Anspruch nehmen, die nachfolgende Erforschung der „natürlichen Heilung" maßgeblich beeinflusst zu haben.	Ein Ausgleich eventueller, durch historische Gegebenheiten oder spezielle Aspekte einzelner Geburtskohorten bedingter Unausgewogenheiten hat keinen Einfluss auf die allgemeinen Schlussfolgerungen.	Eine alternative Interpretation der Daten wäre, dass – je nach Definition – fast die Hälfte der Alkoholiker als Selbstheiler angesehen werden kann und dass der „natürliche Verlauf" von Alkoholproblemen zufriedenstellender über das Selbstheilungskonzept als über das Krankheitsmodell interpretiert werden kann.

Tab. 2: Besondere Merkmale der klassischen Studien zur Selbstheilung bei Alkoholkonsum

Untersuchung bei bekannten Populationen von Alkoholmissbrauchenden

In dem stark beachteten Artikel von Drew (1968), der auf sekundären Querschnittsdaten beruht, fehlt zwar eine Schätzung zur Inzidenz der Selbstheilungsrate bei Personen mit Alkoholproblemen noch, jedoch berichtet Smart (1975/76) in der ersten umfassenden Literaturübersicht auf diesem Gebiet über Studien, die bei unbehandelten Alkoholikern und Problemtrinkern zu zwei Zeitpunkten ein Follow-up durchgeführt haben. Mit Ausnahme einiger weniger früher Studien von hauptsächlich anekdotenhaftem Interesse setzten zwischen 1965 und 1975 breit angelegte Untersuchungen ein. Die durchgeführten Studien ergaben gesamthaft gesehen Heilungsraten von 4-40 % sowie jährliche Heilungsraten von 1-33 %. Eine genauere Überprüfung dieser Ergebnisse zeigt jedoch, dass diese heterogenen Ergebnisse höchstwahrscheinlich zum einen auf eine unterschiedliche Zusammensetzung der Untersuchungsgruppen (registrierte Alkoholiker; Personen, die sich selbst als Alkoholiker bezeichnen; in Gesundheitserhebungen als Alkoholiker bezeichnete Personen; verurteilte Kriminelle, die als Alkoholiker identifiziert worden sind, etc.) und zum anderen auf abweichende Ausstiegs- und Heilungsdefinitionen (nicht in Behandlungsakten auffindbar; abstinent; problemfreies Trinken etc.) sowie auf verschiedene Follow-up-Zeiträume (zwischen sechs Monaten und 13 Jahren) zurückzuführen sind.

Gemäß Smart besteht ein weiteres Problem bei zahlreichen dieser Studien darin, dass sich unbehandelte Alkoholiker in wichtigen, die Prognose stark beeinflussenden Aspekten von denjenigen unterscheiden, die eine Behandlung aufsuchen und auch behandelt werden. Daher sollten bei Selbstheilungsstudien ebenso wie bei Behandlungsstudien Kontrollgruppen gebildet werden. Allerdings kamen auch die beiden einzigen Studien aus dieser Zeit zur Selbstheilung von Alkoholikern in Behandlungseinrichtungen zu ganz unterschiedlichen Ergebnissen. So gelangten Kendell & Staton (1966) zu dem Schluss, dass die Hälfte der als Alkoholiker diagnostizierten Gruppe, die entweder von einer Behandlung ausgeschlossen worden war oder eine Behandlung abgelehnt hatte (Maudsley Hospital in London) und auch während der nachfolgenden Follow-up-Zeit nicht behandelt worden war, nach einem Follow-up nach 2-13 Jahren ihren Zustand hatte verbessern können und keine alkoholbedingten Ausfälle mehr erlebt hatte. Mit Ausnahme eines geringeren Anteils an abstinenten Fällen bei der unbehandelten Gruppe unterschied sich diese Besserungsrate gesamthaft jedoch kaum von derjenigen einer im selben Spital behandelten Gruppe. Im Gegensatz dazu stellten Kissin, Rosenblatt & Machover (1968) in einer Vergleichsstudie von drei verschiedenen Behandlungsmethoden fest, dass es den behandelten Teilnehmern bereits ein Jahr nach der Erstbefragung viel besser ging als den unbehandelten (Heilungsraten von 17-20 % gegenüber 4 %). Obwohl beide Studien zu etwa gleichen jährlichen Selbstheilungsraten kommen, bleibt unklar, ob die behandelten und unbehandelten Gruppen in jeder dieser Studien überhaupt vergleichbar waren. Daher übernahmen Kendell & Staton ihre behandelte Vergleichsgruppe von einer anderen Studie. Kissin und Kollegen versuchten ihrerseits, Patienten durch Zufallsentscheid einer Warteliste zuzuweisen, mussten aber von den Teilnehmern der Kontrollgruppe absehen, deren Verlangen nach Behandlung über die sechs Monate (die man ihnen als Wartefrist angeraten hatte) weiter bestehen blieb, und die dann einer Behandlung zugewiesen werden mussten. Die gesamte Drop-out-Rate in der von Kissin et al. stammenden Studie lag bei fast 50 %, wobei jedoch nicht die jeweiligen Raten innerhalb der verschiedenen Gruppen angegeben wurden und überdies all diejenigen Personen als Drop-outs klassifiziert wurden, deren Zustand sich nicht verbessert hatte. Daher können die publizierten Daten die Remission in der Gesamtgruppe sehr wohl unterschätzt haben, dies gilt gleichermaßen auch für die Unterschiede zwischen den behandelten und den unbehandelten Gruppen.

Zusammengefasst stellen, wie in Blomqvist (1996) ausgeführt, Kontroll- und Wartelistengruppe von Behandlungsstudien kaum eine zuverlässige Grundlage für Rückschlüsse über Selbstheilung dar. Einerseits können mehrere Behandlungen eine kumulative Wirkung entfalten, daher sollten die entsprechenden untersuchten Gruppen nur aus zuvor unbehandelten Probanden bestehen. Andererseits führt dies auch dazu, dass diese Gruppen nicht vergleichbar sind mit solchen, bei denen wiederholt aufgenommene und daher wahrscheinlich schwerste Fälle klar überrepräsentiert sein dürften. Außerdem setzt ein solches Studiendesign voraus, dass sich die betreffenden Klienten freiwillig in Behandlung begeben. Ein diesbezügliches Zögern kann jedoch eine typische Eigenschaft gerade der ‚Selbstheiler' darstellen und sogar Teil der Motivation für eine Verhaltensänderung sein (Blomqvist 1996).

Das ‚Problemtrinker'-Paradigma

Während Studien über Alkoholiker, die sich in Therapie begeben, ein eher eingeschränktes Bild vom Phänomen der Selbstheilung vermitteln, kann mit Erkenntnissen aus frühen Erhebungen zu Alkoholkonsum und Trinkproblemen in der breiten Bevölkerung, wie sie hauptsächlich von Don Cahalan und seinen Kollegen in der Social Research Group (später Alcohol Research Group) in Berkeley durchgeführt worden sind, eine ganz andere Art von Nachweisen, die zumindest indirekt dasselbe Thema betreffen, nutzbar gemacht werden. In einer Vorläuferarbeit zu den Publikationen der Berkeley-Gruppe beschreiben Cahalan, Cisin & Crossley (1969) detailliert die Trinkmuster von erwachsenen US-

Amerikanern, wie sie sich aus persönlichen, zwischen Ende 1964 und Anfang 1965 durchgeführten Interviews mit 2.756 für die breite Bevölkerung repräsentativen Personen herauskristallisiert hatten. Diese Studien haben gezeigt, dass Trinkmuster ebenso wie eine Reihe von ‚Trinkproblemen' mit unterschiedlichen Prävalenzraten in einem engen Zusammenhang mit Faktoren wie ethnischer Herkunft, sozialer Schicht, Geschlecht und Alter stehen. Das Ergebnis mit der größten Bedeutung für die Diskussion über Selbstheilung bestand darin, dass sowohl Alkoholkonsum als auch ‚heavy drinking' bei Männern und Frauen im Alter von 50 Jahren und darüber viel weniger verbreitet waren als in den jüngeren Altersgruppen. Bei der Nachverfolgung einer Untergruppe derselben Befragten nach etwa drei bis vier Jahren setzte sich Cahalan (1970) intensiver mit dem Aspekt einer Änderung im Zeitverlauf auseinander. Angesichts der in der Studie konstatierten Heterogenität und Variabilität alkoholkonsumbedingter Probleme sogar über kürzere Zeiträume hinweg argumentierte Cahalan, dass die Bezeichnung ‚Problemtrinken' – zumindest als provisorisches Konzept – besser geeignet sei, die Realität der Schwierigkeiten der allgemeinen Bevölkerung zu erfassen, als die traditionelle Sichtweise von Alkoholismus. Hinsichtlich der Selbstheilung hat die Studie gezeigt, dass Problemtrinken (definiert als ‚7 und mehr' auf einer 11-Punkte-Skala) bei der jüngsten Altersgruppe weitaus häufiger war als in älteren Altersgruppen. Während ein Viertel aller Männer im Alter von 21-29 Jahren als Problemtrinker eingestuft wurde, traf dies nur auf 13 % aller Männer im Alter von 51-60 Jahren zu und nur auf 1 % der über 70-Jährigen. Die Prävalenz des Problemtrinkens stieg mit abnehmendem sozioökonomischen Status an und lag bei Frauen viel niedriger als bei Männern. Dennoch war ein Rückgang des Problems mit zunehmendem Alter in allen Altersgruppen klar erkennbar. Knupfer (1972) untersuchte mit Hilfe einer ähnlichen, zusätzlichen Skala des Problemtrinkens die Trinkprobleme in zwei Zufallsstichproben von Erwachsenen aus San Francisco (ein männliche und eine gemischte Gruppe). Sie fand unter anderem heraus, dass rund ein Drittel derjenigen, die jemals eine hohe Punktzahl auf der Punkteskala für Alkoholkonsum erreicht hatten, geheilt und stabil war, und dass bei weniger als einem Viertel der Fälle, die ausgestiegen waren, Behandlung eine Rolle gespielt hatte.

Während diese frühen Erhebungen durch die Verwendung von Problemsummen-Indizes als abhängige Variable der Ablösung des Begriffs ‚Alkoholismus' durch das neue Konzept der ‚alkoholbedingten Probleme' schon recht nahe kamen (Room 1983), verfolgten Cahalan & Room (1974) in „Problem Drinking Among American Men" einen differenzierten Ansatz, der sich nunmehr vollständig vom alten Alkoholismus-Paradigma unterschied. Für diese Studie wurden Daten der zuvor von Cahalan et al. untersuchten Gruppen verwendet und durch eine weitere, nationale Zufallstichprobe von erwachsenen Männern ergänzt, die 1969 befragt worden waren. Die zusammengeführten Daten der beiden ersten Erhebungen lieferten Angaben zu insgesamt 1.561 Männern im Alter zwischen 21 und 59 Jahren, die zusätzliche Gruppe setzte sich aus 978 Männern derselben Altersgruppe zusammen. Außerdem wurden in dieser Veröffentlichung einige Voranalysen zu einer Gruppe von 786 Männern aus San Francisco präsentiert, die Ende 1967 und Anfang 1968 interviewt worden waren. Als Hauptergebnis ging aus dieser Studie hervor, dass Problemattributionen eher willkürlich und wenig stabil ausfielen so dass sich die Betroffenen scheinbar sehr schnell in Problemkategorien hinein- und auch wieder herausbewegen konnten. Bezüglich der Prävalenz von Problemen kam die Studie zu dem Ergebnis, dass zwischen 6 % und 24 % aller Männer während der vorangegangenen drei Jahre zumindest gewisse Anzeichen von 1-13 Kategorien aktueller oder potentieller Trinkprobleme aufgewiesen hatten. Die Prävalenzrate von Problemen mit hohem Schweregrad – ‚high severity' – jedes Typs lag dabei bedeutend niedriger (sie war oft nur halb so hoch wie diejenige bei ‚geringer Schwere' – ‚minimal severity' – desselben Problems). Obwohl bei rund drei Vierteln derjenigen, die ein ‚high severity'-Problem aufwiesen, auch mindestens ein anderes Problem vorhanden war, ergab sich als Gesamtbild eine sehr heterogene Mischung von Trinkproblemen und Menschen mit Trinkproblemen. Daher zeigten sich selbst bei einem paarweisen Vergleich der Problemerfassungsinstrumente nur mäßig hohe Korrelationen; diese waren zudem hauptsächlich auf den hohen Anteil von Männern ohne jegliche Probleme zurückzuführen. – Ein interessantes Ergebnis der Studie bestand darin, dass symptomatisches Trinken (Zeichen für hohe physische Abhängigkeit) enger mit psychologischer Abhängigkeit verknüpft war als mit sehr hohem Konsum. Die Studie bestätigte auch Ergebnisse früherer Studien, die auf starke ethnische und sozioökonomische Einflussfaktoren in Bezug auf Trinken und Trinkprobleme hindeuten. So waren beispielsweise problematische Trinkmuster ebenso wie spürbare Konsequenzen des Alkoholkonsums mit einer Benachteiligung hinsichtlich sozio-ökonomischer Gegebenheiten, Ethnizität sowie familiärer und beruflicher Vergangenheit verbunden. Ferner zeigte sich, dass Umweltbedingungen und Lebensumstände Trinkmuster und Trinkprobleme wesentlich prägen. So macht beispielsweise das Leben in einer abstinenten Umgebung sowohl Trinken als auch starkes Trinken eher unwahrscheinlich, jedoch waren diejenigen, die in einem solchen Umfeld tranken, mit größerer Wahrscheinlichkeit sehr starke Trinker. Gleichzeitig war der Anteil derjenigen, die konkrete Konsequenzen zu spüren bekamen, hier bedeutend größer, wenngleich starke Trinker in ‚trockenen' Nachbarschaften nicht persönlich schlechter angepasst erschienen als andere starke Trinker. Schließlich stellten die Forscher einmal mehr fest, dass hoher Alkoholkonsum sowie problematische Trinkmuster am häufigsten in den jüngeren Altersgruppen vorkommen und mit zunehmendem Alter abnehmen.

Studien zur Veränderung des Suchtverhaltens im Zeitverlauf

Insgesamt gesehen weisen die Ergebnisse der bislang genannten Studien auf fließende Übergange zwischen verschiedenen Abstufungen problematischen Trinkens hin. Daneben zeigen sie auch, dass das Muster einer progressiven Verschärfung des Problems – wie es das Alkoholismusparadigma nahe legt – in mehrfacher Hinsicht schlecht geeignet ist, um das Problemtrinken in der allgemeinen Bevölkerung zu erklären. Allerdings beruhten die Analysen hauptsächlich auf Daten aus Querschnittstudien und konnten daher keine direkten Aussagen über langfristige Änderungen der Trinkmuster und Trinkprobleme machen. Man könnte jedoch sagen, dass hierdurch selbstheilungsunabhängige Gründe für den altersbedingten Rückgang von Alkoholproblemen mit berücksichtigt und thematisiert wurden (z. B. Generationenunterschiede bei Alkoholkonsumgewohnheiten, erhöhte Mortalität bei Problemtrinkern, potentielle Behandlungseffekte). Allerdings stellte Cahalan (1970) einige Longitudinalanalysen vor, bei denen eine aggregierter Index des Problemtrinkens (basierend auf psychologischer Abhängigkeit und häufiger Intoxikation) verwendet wurde, und konnte zeigen, dass 22 % der Männer und 9 % der Frauen ihren Problemtrinkerstatus in den drei bis vier auf das Interview folgenden Jahren wesentlich geändert hatten – sowohl zum Guten als auch zum Schlechten. Zusätzlich beinhalten sowohl seine Studie als auch die nachfolgende Studie von Cahalan & Room (1974) retrospektive Daten, die auf die wichtige Rolle des ‚Herausreifens' (‚maturing out') aus potentiell schwerwiegenden Alkoholproblemen hinweisen.

Erst mit der Publikation der Daten von Clark (1976) und Clark & Cahalan (1976), die in einer zweiten Interview-Welle in der Probandengruppe von San Francisco rund vier Jahre später erhoben worden waren, befasste sich die Berkeley-Gruppe auf der Grundlage von Beobachtungen derselben Befragten nun direkt mit der Frage langfristiger Veränderungen. Im ersten der diesbezüglichen Artikel setzte Clark den ‚Kontrollverlust', das Kernkonzept des Alkoholismusparadigmas, in einen Zusammenhang mit anderen Messgrößen von starkem Alkoholkonsum und schweren Alkoholproblemen. Insgesamt stellte er fest, dass diese Variable als nur einer von vielen Prädiktoren von Alkoholproblemen gelten kann und dass der Verlust der Kontrolle über den Alkoholkonsum nicht unbedingt wie eine Einbahnstraße unweigerlich in eine Verschlimmerung des Problems mündet, sondern sogar über kurze Zeitspannen wie z. B. vier Jahre hinweg höchst variabel ist. Clark & Cahalan präsentierten weitere Daten, mit denen sie den angeblich progressiven Charakter des Alkoholismus hinterfragten, indem sie nachwiesen, dass ‚Frühsymptome' von Alkoholismus nicht über längere Zeitperioden fortbestehen oder notwendigerweise zunehmend weitere Probleme nach sich ziehen. Vielmehr erwies sich, dass, selbst wenn Individuen weiterhin mit Alkoholproblemen *ganz allgemein* konfrontiert waren, ausgewählte *spezifische* Probleme nur selten anhielten. Zudem berichtete ein Viertel bis die Hälfte aller Befragten (in Abhängigkeit vom jeweiligen Problem), die zum Zeitpunkt des ersten Interviews Alkoholprobleme hatten, vier Jahre später über ein völliges Verschwinden der Probleme.

Schließlich befassten sich Roizen, Cahalan & Shanks (1978) in einer wegweisenden Studie ausführlich mit der Frage der Selbstheilung bei unbehandelten Problemtrinkern, indem sie eine Auswahl ihrer Probandengruppe untersuchten. Diese Teilgruppe setzte sich aus 521 Männern zusammen, die zum Zeitpunkt des ersten Interviews einige Alkoholprobleme genannt, anschließend aber nie irgendwelchen Kontakt zu einer Behandlungsinstitution oder -gruppe aufgenommen hatten und für ein Follow-up rund vier Jahre nach dem ersten Interview erreichbar waren. Roizen et al. verwendeten zum Zeitpunkt 1 wie auch für die Verbesserungen zum Zeitpunkt 2 eine Vielfalt von Kriterien des Problemtrinkens und stellten Besserungsraten von 11-71 % fest. Der höchste Grad des Problemtrinkens war mit 11 Punkten auf einer 11-Punkte-Gesamtskala erreicht, als Verbesserung wurde ein Rückgang von mindestens einem Punkt zum Zeitpunkt 2 gewertet. Wenn man dieses Kriterium in ‚überhaupt keine Probleme mehr zum Zeitpunkt 2' ändert (praktisch keine Testperson war total abstinent), sinkt die Besserungsrate jedoch in der Gruppe mit der höchsten Problembelastung zum Zeitpunkt 1 auf 12 % und in derjenigen mit der kleinsten Belastung zum Zeitpunkt 1 auf 30 %. In einer Untergruppe von 57 Männern, die so ausgewählt waren, dass sie bezüglich des Problem-Schweregrades einer klinischen Probandengruppe entsprachen, bewegten sich die Besserungsraten – je nach angesetzten Kriterien – zwischen 14 % und 59 %. Diese Ergebnisse, die deutlich machen, dass eine Remission einer Vielzahl von mehr oder weniger willkürlichen Abstufungen von Abstinenz und Konsumverringerung entspricht, spiegeln letztlich die Beobachtung, dass es auch in der allgemeinen Bevölkerung ebenso wenig eine natürliche Grenze zwischen Alkoholikern und Nicht-Alkoholikern gibt. Des Weiteren heben die Autoren hervor, dass die Frage der Remission von Alkoholproblemen nicht ein einzelnes Forschungsproblem darstelle, sondern vielmehr eine Reihe von Problemen aufwerfe, die jeweils unterschiedliche Ansätze erforderten. So weisen sie beispielsweise darauf hin, dass die Validität der diagnostischen Messinstrumente, mit deren Hilfe die Befragten der entsprechenden Problemkategorie zugeordnet werden, eine notwendige Voraussetzung sei, um Remission überhaupt als ‚prognostisches' Problem (d. h. Nachverfolgung diagnostizierter oder ‚bekannter' Fälle, um Faktoren zu identifizieren, die mit einer Verbesserung oder Verschlechterung der Problematik im Zusammenhang stehen) angehen zu können. Die Langzeitbeobachtung alkoholbezogener Probleme kann auch als Test verschiedener diagnostischer Kategorien aufgefasst werden, zumindest wenn diese den Anspruch erheben, Lebenszeitverläufe zu erfassen. In der Tat wird die tautologische Behauptung, dass Selbstheilung nichts weiter als eine zuvor erfolgte Fehldiagnose sei, durchaus noch geäußert. Mit ihren Analysen zeigten die Autoren, dass Studien, je nachdem ob sie auf prognostische oder diagnostische Forschungsfragen ausgerichtet wurden, auch zu unterschiedlichen Resultaten führen können, selbst wenn sie auf derselben Datenbasis beruhen.

Die Longitudinalstudien von Fillmore

In den Panel-Studien der Berkeley-Gruppe wurde zwar eine hohe Variabilität des Alkoholkonsums und der Alkoholprobleme im Zeitverlauf festgestellt, jedoch ließen die Studien aufgrund ihrer relativ kurzen Beobachtungsfenster keine definitiven Schlussfolgerungen über den langfristigen Verlauf von problematischem Alkoholkonsum zu. Diese Unzulänglichkeiten wurden durch Fillmores Untersuchungen, die erheblich längere Zeiträume berücksichtigten, zumindest teilweise überwunden. Bei einer ersten Studie aus dieser Untersuchungsreihe befragte Fillmore (1975) 206 Probanden aus einer Studie über Konsummuster und Alkoholprobleme mit insgesamt 17.000 US-amerikanischen College-Studenten erneut, die 20 Jahre zuvor das erste Mal interviewt worden waren. Trotz der verhältnismäßig kleinen Gruppengröße – die Studie war als Pilot- und Machbarkeitsstudie einer breit angelegten Anschlussuntersuchung konzipiert, die mangels Finanzierung dann doch nicht zustande kam – bestätigten die Resultate die Erkenntnisse früherer Querschnittstudien, da auch hier bei den meisten Arten von Alkoholproblemen ein deutlicher Rückgang vom jungen Erwachsenenalter bis zum mittleren Alter sichtbar wurde. Von einem Gesamtproblemindex ausgehend zeigte sich, dass 42 % der Männer während ihrer College-Jahre ‚Problemtrinker' gewesen waren, bei der mittleren Altersgruppe lag dieser Prozentsatz dagegen bei nur noch 17 %. Die typischen Probleme von frühem problematischen Alkoholkonsum erwiesen sich als wenig geeignete Prognosekriterien für Alkoholprobleme im späteren Alter. Vielmehr schienen, wie die Autorin folgert, bestimmte Kombinationen von frühen Problematiken auf bestimmte Kombinationen von später auftretenden Problemen zu verweisen. Bei Männern ließen z. B. mit frühem Alkoholkonsum verbundene Probleme, wie Unfälle, Verhaftungen, Streitsucht oder schulische Schwierigkeiten, nicht auf spätere Probleme schließen, außer wenn diese mit wiederholten Intoxikationen und symptomatischem Alkoholkonsum in Zusammenhang standen. Außerdem wurde festgestellt, dass periodisches Rauschtrinken (‚binge drinking') sich nur dann als Prädiktor für spätere Probleme erwies, wenn es mit symptomatischem Alkoholkonsum einherging. Ein bemerkenswertes Ergebnis war, dass ‚psychologische Abhängigkeit' dasjenige Maß darstellte, das zu beiden Zeitpunkten die höchsten Prävalenzraten aufwies, sich jedoch nur wenig mit anderen Parametern überschnitt und mit späterem Problemtrinken kaum korrelierte. Die Autorin schließt daraus, dass psychologische Abhängigkeit zu einem gewissen Grad typisch für US-amerikanischen Alkoholkonsum sein könnte und weniger ein Symptom problematischen Trinkens ist. Ein weiteres wichtiges Ergebnis, auf das Fillmore verweist, betrifft die deutlichen Unterschiede zwischen Männern und Frauen in Bezug auf die Prävalenz des Problemtrinkens sowie auf spezifische Trinkprobleme und langfristige Veränderungen. So war die mit steigendem Alter zu verzeichnende Abnahme des Problemtrinkens nur für Männer typisch. Frauen wiesen dagegen zwar während ihrer College-Jahre eine viel niedrigere Prävalenz von problematischem Alkoholkonsum auf, jedoch hatten sie im mittleren Alter etwas mehr Probleme. Bei einer genaueren Analyse dieser Unterschiede kam die Autorin zu dem Schluss, dass gesellschaftliche Erwartungen bezüglich des Trinkverhaltens von Männern und Frauen eine entscheidende Rolle spielen.

Während der folgenden Jahre lieferte Fillmore weitere Belege für die Variabilität der Trinkmuster und Trinkprobleme im Zeitverlauf, sowohl bei Männern (Fillmore & Midanik 1984; Temple & Fillmore 1985) als auch bei Frauen (Fillmore 1987a). In einem methodologisch bedeutsamen Artikel (Fillmore 1987b) ergänzte sie Longitudinaldaten um Querschnittanalysen verschiedener Geburtskohorten. Auf diese Weise konnten potentielle historisch bedingte Umstände (z. B. Prohibition oder Kriegszeiten) und andere spezielle Aspekte bestimmter Geburtskohorten in den Longitudinalanalysen kontrolliert werden. Auch bei Kontrolle dieser Variablen führte die Studie wiederum zu dem Ergebnis, dass die Inzidenz von schwerem Alkoholkonsum unter Männern im frühen Erwachsenenalter relativ hoch war und mit dem Alter abnahm und dass der chronische Charakter von Alkoholproblemen (Persistenz im Untersuchungszeitraum von 5-7 Jahren) im mittleren Alter am stärksten ausgeprägt war und danach wieder zurückging. Im Rahmen eines Überblicks über Beweise für spontane Remissionen von Alkoholproblemen im Auftrag einer Kommission des Institute of Medicine fassten Fillmore et al. (1988) den Wissensstand auf dem Gebiet der Selbstheilung von problematischem Alkoholkonsum wie folgt zusammen:

> (...) in der Jugendzeit ist eine höhere Prävalenz von Problemen festzustellen – die jedoch eher punktuell auftreten und nicht-chronischer Natur sind, so dass die Chance für eine sowohl kurz- als auch langfristige Remission bei Männern 50-60 % und bei Frauen 70 % beträgt; im mittleren Alter besteht eine niedrigere Prävalenz – chronischer Art – mit einer Chance auf Remission von 30-40 % bei Männern und etwa 30 % bei Frauen; im höheren Alter schließlich fällt die Prävalenz der tendenziell eher chronischen Probleme deutlich niedriger aus und die Selbstheilungsraten liegen bei Männern bei 60-80 % und bei Frauen bei 50-60 %. (Fillmore et al. 1988: 29)

Selbstheilung als Teil des natürlichen Verlaufs von Alkoholproblemen?

Obwohl die Remissionsraten, wie gezeigt wurde, in hohem Maße von den verwendeten Messkriterien abhängig sind, machen die Bevölkerungsstudien der Berkeley-Gruppe deutlich, dass eine beträchtliche Selbstheilungsrate bei Alkoholproblemen empirisch belegt werden kann, und dies sogar bei Menschen, deren Alkoholproblematik als schwerwiegend eingestuft worden war. Zwar konnte durch diese Studien das konventionelle Bild von Alkoholproblemen als langfristig, als sich mit der Zeit unaufhaltbar verschlimmernd und sogar als nicht überwindbar widerlegt werden, jedoch wurden bei den meisten dieser Studien die Daten lediglich zu zwei Zeitpunkten erhoben, zwischen denen zudem oft eine relativ kurze Zeitspanne lag. Diese Studien können sich daher nicht ganz dem Vorwurf entziehen, dass sie die hohe Rückfallanfälligkeit von Alkoholmissbrauchenden und schweren Problemtrinkern, die auch nach längerer Abstinenz oder problemfreiem Alkoholkonsum weiterbesteht, unterschätzen. Diese Frage stellt eines der Hauptthemen in der sich mittlerweile über 50 Jahre erstreckenden Studie von George Vaillant (1983, 1995) über den langfristigen Verlauf von Alkoholproblemen dar. In mehrfacher Hinsicht ist dies bis heute eine der beeindruckendsten Studien in diesem Bereich geblieben, die auch Anlass zu den unterschiedlichsten Interpretationen gab und die hitzigsten Debatten ausgelöst hat. Die Langzeitstudie von Vaillant basiert auf Daten der Study of Adult Development der Harvard Medical School, in der eine Gruppe von 660 Männern, alle aus derselben Gemeinde, von ihrer Jugend über das mittlere Erwachsenenalter bis ins vorgerückte Alter beobachtet wurde. Die Befragten sind in zwei Gruppen unterteilt: in eine *College-Stichprobe* der oberen Mittelschicht mit 204 Befragten und in eine *sozial eher benachteiligte Gruppe* von 456 Interviewten aus der Innenstadt. In seinem Hauptbericht aus dem Jahr 1983 untersucht Vaillant 110 überlebende Personen der Innenstadtstichprobe (‚Core City sample'), die irgendwann einmal als Alkoholiker eingestuft worden waren (definiert durch vier Punkte oder mehr auf der Problemtrinken-Skala über mindestens ein Jahr hinweg), bis zum Alter von 47 Jahren. Hinzu kommen gelegentliche Berichte über das Schicksal der 26 Alkoholiker der College-Gruppe und über Daten eines achtjährigen Follow-ups von 106 Personen einer klinisch behandelten Gruppe, die in einem Programm behandelt wurden, das individuelle Beratung, Aufklärung über die medizinischen Aspekte von Alkoholkonsum und Alkoholmissbrauch und regelmäßige AA-Treffen als Behandlungsangebot kombinierte.

Bezüglich Ursprung und Art von Alkoholabhängigkeit stellte Vaillant (1983), ähnlich wie die bereits diskutierten Bevölkerungsumfragen fest, dass der ethnische Hintergrund, frühe soziale Probleme und Alkoholprobleme der Eltern mit der Entwicklung eines Alkoholproblems korreliert sind, nicht aber beispielsweise emotionale Probleme in der Kindheit oder gefährdende Umweltbedingungen. Trotzdem hält er aufgrund der angeblichen Persistenz von suchtbedingtem Trinken und der hohen Korrelation verschiedener Indikatoren an einem einheitlichen Konzept von Alkoholmissbrauch und Alkoholabhängigkeit fest, das genauso wie beispielsweise Bluthochdruck oder Erkrankungen der Herzkranzgefäße als Krankheit einzustufen ist. In beiden Auflagen seines Buchs stellt Vaillant totale Abstinenz als einzig mögliche Alternative zu süchtigem Trinken dar; seines Erachtens sind die Prinzipien der AA völlig ausreichend, um eine erfolgreiche Abstinenzlösung zu erreichen. Allerdings widersprechen diese Schlussfolgerungen, wie Peele (1994) anmerkt, zumindest zum Teil den empirischen Ergebnissen von Vaillants eigener Studie. So war beispielsweise mehr als ein Viertel der nicht behandelten Alkoholiker der Innenstadt-Stichprobe im Alter von 47 Jahren stabil abstinent und fast ebenso viele berichteten einen problemlosen Alkoholkonsum (Vaillant 1983). Unter den Alkoholmissbrauchenden der gleichen Gruppe, die während der Follow-up-Periode stationär behandelt worden waren (und deren Alkoholmissbrauch häufig als klar „progressiv" einzuschätzen war), hatte knapp die Hälfte ihren Missbrauch beendet, hauptsächlich durch Abstinenz. Im Gegensatz dazu hatten weniger als ein Drittel der klinischen Gruppe (die im Rahmen ihrer Behandlung an die AA verwiesen worden war) beim 8-Jahres-Follow-up eine dauerhafte Problemlösung erreicht; 95 % berichteten mindestens einen oder mehrere Rückfälle seit der letzten Befragung (Vaillant 1983).

Um seine Schlussfolgerungen im Lichte der oben zitierten Ergebnisse aufrechterhalten zu können, vertritt Vaillant in der Originalausgabe seines Buches die Ansicht, dass die Rückkehr zu sozialem Trinken – ein häufiger Befund bei den unbehandelten Alkoholikern aus der Innenstadt-Stichprobe – nicht notwendigerweise auch eine stabile Heilung bedeuten müsse. Vielmehr argumentiert er mit Hinweis auf eine Reihe von Fallbeschreibungen dafür, dass die Rückkehr zu „nicht symptomatischem Alkoholkonsum" ein eher zwiespältiges Ergebnis darstelle, häufig handele es sich bei den Betreffenden um Grenzfälle zwischen moderatem Alkoholkonsum und Alkoholmissbrauch. In der aktualisierten Auflage, die auf einem zusätzlichen 12-Jahres-Follow-up basiert (Vaillant 1995), präsentiert Vaillant Ergebnisse, die zeigen sollen, dass ehemalige Alkoholmissbrauchende über längere Zeit ohne Symptome Alkohol konsumieren und trotzdem einen Rückfall erleiden können und dass die Zeitspanne dauerhafter Abstinenz, die zur Prognose einer stabilen Remission herangezogen wird, in Wirklichkeit viel länger sein dürfte als ein Zeitraum von sechs Monaten, von dem in vielen Behandlungsstudien ausgegangen wird. Die Daten, die zur Stützung dieser Annahmen herangezogen werden, zeigen, dass fast ein Drittel derjenigen Alkoholiker aus der Innenstadt-Stichprobe, die im Alter von 47 Jahren zu sozialem Trinken übergegangen waren, später wieder rückfällig wurde, während dies weniger als ein Fünftel der Abstinenten betraf. Bei einem Follow-up sämtlicher 56 Männer aus der kombinierten Innenstadt- und College-Gruppe, die früher als alkoholabhängig eingestuft (DSM-III; American Psychiatric Association 1980) und dann für mindestens zwei Jahre abstinent geworden waren, konnte Vaillant zeigen, dass 40 % irgendwann später rückfällig geworden waren, in einzelnen Fällen noch nach zehn und mehr Jahren. Bezüglich der Prognosefaktoren für eine stabile Abstinenz gelangte er zu dem Ergebnis, dass weder Vorfälle in der Kindheit oder Risikofaktoren für Alkoholmissbrauch noch die meisten Indikatoren für den Schweregrad des Problems dazu geeignet sind, zwischen zukünftig anhaltenden Fällen und Abstinenzerfolgen zu unterscheiden. Es zeigte sich ein schwacher Zusammenhang zwischen Abstinenzerreichung und irischer Abstammung (im Gegensatz zu einer Herkunft aus Frankreich / dem Mittelmeerraum), einer Vergangenheit als periodischer Rauschtrinker und intensivem AA-Gruppenbesuch.

Zusammenfassend und weitgehend in Übereinstimmung mit anderen Studien kann aus dem Longitudinalstudien Vaillants gefolgert werden, dass viele Alkoholiker – vielleicht sogar die Hälfte, je nachdem wie weit Alkoholmissbrauch definiert wird – mit der Zeit auf natürlichem Weg aus der Sucht aussteigen, in manchen Fällen sogar ohne vollständige Aufgabe des Alkoholkonsums. Gleichzeitig zeigen diese Daten, dass sich die Probleme bei einer kleineren Gruppe zu einem ‚chronischen' Zustand entwickeln, bei dem die sicherste Lösung eine nachhaltige Abstinenz zu sein scheint. Obwohl Vaillant durchaus einräumt, dass Alkoholismus sowohl im Rahmen eines soziologischen als auch eines medizinischen Modells definiert werden kann (Vaillant 1983), bleibt er dabei, dass die Verläufe und die spezifische Dynamik bei der letztgenannten Gruppe die Anwendung des Krankheitsmodells rechtfertigt.

Die ‚Klassiker' auf dem Gebiet der Alkoholforschung: eine zusammenfassende Beurteilung

Rooms Konzept von den ‚zwei Welten von Alkoholproblemen' (Room 1977) erlaubt es möglicherweise noch am ehesten, die partiellen Widersprüche in Vaillants Schlussfolgerungen aufzulösen und die augenscheinlich divergierenden Bilder der Selbstheilung in den Studien zu institutionell erfassten Alkoholikern einerseits und in epidemiologischer Forschung andererseits miteinander zu vereinbaren. Demnach stellt sich Alkoholabhängigkeit *aus klinischer* Sicht unter Umständen tatsächlich als unaufhaltsam fortschreitende ‚Krankheit' dar, die sich durch zunehmenden und routinierten Alkoholkonsum auszeichnet und eine stetige Loslösung aus dem normalen Leben und sozialen Netzwerken mit sich bringt – mit relativ selten beobachteten Fällen von stabiler Remission, die ‚spontan' oder mit therapeutischer Unterstützung zustande gekommen wären. Damit kontrastiert das Bild, das sich aus Zufallsstichproben der Bevölkerung ergibt: Alkoholprobleme sind hier in der Regel relativ verbreitet, äußerst heterogen, hängen kaum miteinander zusammen und sind eher vorübergehender Natur; Selbstheilungen sind die Regel. Das bedeutet jedoch nicht unbedingt, dass Studien aus diesen beiden Blickwinkeln auch von vornherein verschiedene Populationen untersuchen, die sich ursprünglich grundlegend unterscheiden. Vielmehr ist es so, dass sie sich auf unterschiedliche Abschnitte des Problemkontinuums konzentrieren (das Blickfeld klinischer Studien richtet sich üblicherweise auf schwerere Fälle) oder aber im Grunde das gleiche Phänomen nur unter verschiedenen Paradigmen und mit divergierenden Begriffen betrachten (Fillmore et al. 1999). Der scheinbar progressive und vorhersagbare Verlauf von Alkoholismus, wie er von klinischen Studien vorgeführt wird, könnte sich jedoch durchaus auch als eine ‚retrospektive Täuschung' erweisen, die sich durch eine Reihe von sich überschneidenden Faktoren ergibt, etwa dass es tendenziell die schwersten Fälle sind, die sich (meist wiederholt) in Behandlung begeben, und zwar erst dann, wenn sie sich unter stärkstem Leidensdruck befinden, und/oder dass sie die Geschichten, die sie den Ärzten erzählen, an das anpassen, was sie in dieser Situation für angemessen halten (vgl. Peele 1999). Wie bereits umfassend illustriert wurde, z. B. in Mulford (1984), sind empirische Hinweise darauf, dass sich der Alkoholkonsum bestimmter Personen tendenziell zu einem Teufelskreis entwickelt und dass die Möglichkeit einer stabilen Remission entsprechend abnimmt und vermehrte Anstrengungen erfordert, je tiefer eine Person sich in dieser Dynamik befindet, jedoch noch kein Beleg dafür, dass es auch grundlegende Unterschiede zwischen Individuen gibt, deren weitere Entwicklung progressiv verläuft, und solchen, die ihre Alkoholkarriere wieder beenden.

Wie aus diesem Übersichtskapitel hervorgeht, hat sich der Forschungsdiskurs zum Thema Selbstheilung von der Sucht – möglicherweise wegen der offensichtlich kontroversen Natur dieses Themas – lange auf die Analyse von Inzidenz- und Prävalenzraten konzentriert. Nur einige wenige frühe Studien (Saunders & Kershaw 1979; Tuchfeld 1981; Ludwig 1985) haben sich mit den Gründen für die Aufgabe oder die Reduzierung des Alkoholkonsums bei unbehandelten Befragtengruppen befasst. Aufgrund von Unterschieden hinsichtlich der Reichweite, Methodik und Analyseebenen sind diese Studienergebnisse kaum vergleichbar und ergeben kein einheitliches Bild der maßgeblichen Selbstheilungskräfte. Jedoch haben die Postulate von Tuchfeld (1981), wonach sich behandelte und unbehandelte Heilung formal gleichen, sich aber im Inhalt unterscheiden, sowie Vaillants (1983) Versuch, die anhaltenden Problemlösungen gemeinsam zugrunde liegenden ‚Heilungskräfte' aufzudecken, einen wesentlichen Beitrag zur späteren Theoretisierung auf diesem Gebiet geleistet. Methodische Fortschritte waren vor allem mit der erstmals von Sobell et al. (1992) publizierten Studie zu verzeichnen (dies betraf z. B. die systematische Erfassung der Alkoholkarrieren, um sicherzustellen, dass wirklich eine Heilung von schweren Alkoholproblemen vorliegt, standardisierte Instrumente zur Erfassung von Umweltveränderungen sowie die Aufnahme von Kontrollgruppen in die Untersuchungsanlagen, um falsche Kausalannahmen zu vermeiden, wie etwa die Interpretation von Ereignissen und Erfahrungen als selbstheilungsspezifisch, obwohl diese tatsächlich auf alle Alkoholabhängigen zutreffen). Mit dieser Untersuchung, die als erste Studie der ‚zweiten Welle' der Selbstheilungsforschung im Alkoholbereich angesehen werden kann, wurden wichtige Standards für künftige Forschungsvorhaben auf diesem Gebiet gesetzt.

Zusammenfassung und Schlussfolgerungen

Was lässt sich nun aus diesen ‚frühen Klassikern' über Selbstheilung zuverlässig ableiten? Zur Beantwortung dieser Frage sollen die einleitenden Bemerkungen zu diesem Kapitel noch einmal aufgegriffen werden. Der Begriff der Selbstheilung zog zunächst viel Aufmerksamkeit auf sich und führte zu kontroversen und heftigen Diskussionen zu einer Zeit, als dieses Phänomen als Herausforderung und Bedrohung weithin vorherrschender Ansichten über die Natur von Alkohol- und Drogenproblemen aufgefasst wurde und zugleich einflussreichen Eigeninteressen im expandierenden Präventions- und Therapiebereich widersprach. Viele der empirischen Befunde, die der damaligen hitzigen Debatte neue Nahrung verliehen, waren jedoch größtenteils ein Nebenprodukt von Studien, die eigentlich auf andere Forschungsinteressen ausgerichtet waren.

Daher geben die klassischen Werke keine schlüssigen Antworten auf einfache grundlegende Fragen wie „Wie häufig ist Selbstheilung?" oder „Was kennzeichnet einen typischen Selbstheiler?". Vielmehr – und dies ist vielleicht noch bedeutsamer – kommt ihnen das Verdienst zu, eine Reihe von weit verbreiteten, jedoch kaum belegten Auffassungen über Probleme im Zusammenhang mit Alkohol- und Drogenkonsum widerlegt zu haben, die damals das öffentliche Bewusstsein und den Umgang der Gesellschaft mit solchen Problemen geprägt haben. Insgesamt betrachtet haben die frühen Studien die Vielschichtigkeit und Heterogenität dieser Probleme aufgezeigt und nachgewiesen, dass sie viel stärker durch ethnische, soziokulturelle und kontextuelle Faktoren bedingt sind als beispielsweise durch Vererbung oder Kindheitserfahrungen. Bezüglich des langfristigen Verlaufs von Alkohol- oder Drogenkonsum haben sie – ganz im Gegensatz zur damaligen Überzeugung – eine große Variabilität sowie fließende Übergänge (oft bereits über recht kurze Zeiträume) und einen generellen Rückgang der meisten Probleme mit zunehmendem Alter belegt. Es muss allerdings betont werden, dass dieses allgemeine Bild nicht die Existenz eines Kontinuums individueller ‚Problem-Karrieren' widerlegt, das von vorübergehenden und relativ leichten bis hin zu lange Zeit anhaltenden und zunehmend schwerwiegenderen, änderungsresistenten Problemen reichen kann.

Insgesamt sind diese Ergebnisse kaum kompatibel mit den traditionellen Krankheits- oder Abhängigkeitsparadigmen. Sie machen deutlich, dass es komplexerer Erklärungsmodelle bedarf, die auch psychologische und soziodemographische Faktoren sowie kulturell und subkulturell induzierte Werte, Optionen und Alternativen einbeziehen (Mulford 1984; Peele 1985; Blomqvist 1998). Hinsichtlich der Inzidenz von Selbstheilung haben die früheren Studien deutlich gezeigt, dass Betroffene ihre Alkohol- und Drogenkonsumgewohnheiten häufig zum Besseren verändern, wenn sie von ihnen selbst oder von anderen als Problem angesehen werden. Gleichzeitig ist klar geworden, dass Selbstheilungsraten in hohem Maße von den angewandten Messkriterien abhängen (etwa Kriterien zur Definition von ‚Sucht' und ‚Verbesserung' sowie Untersuchungszeiträumen). Inzidenzraten werden ferner davon abhängen, wie therapeutische Interventionen von natürlichen Einflüssen abgegrenzt werden (Blomqvist 1996; Moos 1994).

Viele Wege aus der Sucht

Indem sie gezeigt haben, dass „‚Spontanremission' ebenso wenig wie ‚Sucht' als ein einheitliches Phänomen anzusehen ist" (Blomqvist 1996: 1819), haben die hier vorgestellten Studien dazu beigetragen, Forschungsbemühungen in diesem Bereich auf komplexere und möglicherweise fruchtbarere Fragen auszurichten als die Abklärung von Inzidenzraten oder die Identifizierung vermeintlich stabiler Prognosefaktoren von Selbstheilung. Zumindest indirekt haben sie deutlich gemacht, dass es nicht nur *einen* Weg aus einem einheitlichen Zustand ‚Alkohol- oder Heroinsucht' gibt, sondern dass einer breiten Palette von suchtbezogenen Problemen auch vielfältige Lösungswege entsprechen (Blomqvist 1998; Sobell, Cunningham & Sobell 1996). Darüber hinaus können die Möglichkeiten für eine dauerhafte Überwindung von Suchtproblemen sowie der spezifische Verlauf des Änderungsprozesses je nach Schweregrad des Problems und je nach den persönlichen und soziokulturellen Umständen variieren. Dies lässt natürlich die Fortsetzung von Forschungsbemühungen auf diesem Gebiet nicht weniger dringlich erscheinen, sondern stellt vielmehr einen Aufruf dar, mit noch ausgefeilteren Methoden das komplexe Netz von interagierenden biologischen, psychologischen, sozialen und kulturellen Kräften aufzudecken, die Menschen bei der Überwindung von selbstschädigendem Alkohol- oder Substanzmissbrauch möglicherweise helfen, und zwar unabhängig davon, ob dieser Prozess im therapeutischen Rahmen abläuft oder nicht. In diesem Licht betrachtet bleibt festzustellen, dass die weitreichenden Auswirkungen der hier vorgestellten Studienergebnisse bei weitem noch nicht allgemein anerkannt worden sind, weder in der Öffentlichkeit noch im Forschungs- und Therapiebereich. Wie die anderen Beiträge in diesem Band zeigen werden, haben zahlreiche der in diesen frühen Publikationen aufgeworfenen Fragestellungen bis heute nichts an Aktualität verloren.

Literatur

Biernacki P. (1986). Pathways from heroin addiction. Recovery without treatment. Philadelphia: Temple University Press.

Blomqvist, J. (1996). Paths to recovery from substance misuse. Change of lifestyle and the role of treatment. In: Substance Use and Misuse 31. 1807-1852.

Blomqvist, J. (1998). Beyond treatment? Widening the approach to alcohol problems and solutions. Stockholm: Stockholm University.

Burt Associates (1977). Drug treatment in New York City and Washington D.C. Follow-up studies: NIDA.

Cahalan, D. (1970). Problem drinkers. A national survey. San Francisco: Jossey-Bass.

Cahalan, D. & Room, R. (1974). Problem drinking among American men. New Brunswick, NJ: Rutgers Center of Alcohol Studies.

Cahalan, D., Cisin, I. H. & Crossley, H. M. (1969). American drinking practices. New Brunswick, NJ: Rutgers Center of Alcohol Studies.

Clark, W. B. (1976). Loss of control, heavy drinking and drinking problems in a longitudinal study. In: Journal of Studies on Alcohol 37. 1256-1290.

Clark, W. B. & Cahalan, D. (1976). Changes in problem drinking over a four-year span. In: Addictive Behaviors 1. 251-260

Drew, L. R. H. (1968). Alcoholism as a self-limiting disease. In: Quarterly Journal of Studies on Alcohol 29. 956-967.

Fillmore, K. M. (1975). Relationships between specific drinking problems in early adulthood and middle age. In: Journal of Studies on Alcohol 36. 82-907.

Fillmore, K. M. (1987a). Women's drinking across the adult life course as compared to men's. In: British Journal of Addiction 82. 801-811.

Fillmore, K. M. (1987b). Prevalence, incidence and chronicity of drinking patterns and problems among men as a function of age. A longitudinal and cohort analysis. In: British Journal of Addiction 82. 77-83.

Fillmore, K. M. & Midanik, L. (1984). Chronicity of drinking problems among men. A longitudinal study. In: Journal of Studies on Alcohol 45. 228-236.

Fillmore, K. M., Hartka, E., Johnstone, B. M., Speiglman, R. & Temple, M. T. (1988). Spontaneous remission of alcohol problems. A critical review. Paper commissioned and supported by the Institute of Medicine, Juni 1988. Washington, D.C.: Institute of Medicine.

Fillmore, K. M., Roizen, R., Kerr, W., Marvy, P., Bostrom, A. et al. (1999). The changeability of heavy drinking. Pondering of paradigm shift from chronic to stochastic. Paper presented at the Annual Meeting of the Kettil Bruun Society for Social and Epidemiological Research on Alcohol, Montreal, Kanada, 31. Mai – 4. Juni 1999.

Kendell, R. E. & Staton, M. C. (1966). The fate of untreated alcoholics. In: Quarterly Journal of Studies on Alcohol 27. 30-41.

Kissin, B., Rosenblatt, S. M. & Machover, K. (1968). Prognostic factors in alcoholism. In: American Psychiatric Association Reports 24. 22-43.

Knupfer, G. (1972). Ex-problem drinkers. Minneapolis: University of Minnesota Press.

Ludwig, A. M. (1985). Cognitive processes associated with 'spontaneous' recovery from alcoholism. In: Journal of Studies on Alcohol 46. 53-58.

Maddux, J. F. & Desmond, D. P. (1980). New light on the maturing out hypothesis in opioid depedence. In: Bulletin on Narcotics 32. 15-25.

Moos, R. (1994). Treated or untreated, an addiction is not an island unto itself. In: Addiction 89. 507-509.

Mulford, H. A. (1984). Rethinking the alcohol problem. A natural processes model. In: Journal of Drug Issues 14. 31-43.

Pattison, E. M., Sobell, M. B. & Sobell, L. C. (1977). Emerging concepts of alcohol dependence. New York: Springer.

Peele, S. (1985). The meaning of addiction. Compulsive experience and its interpretation. Toronto: Lexington Books.

Peele, S. (1994). Disease or Defense? Review of the 'Natural History of Alcoholism' by George E. Vaillant. In: New York Times Book Review 1983. 10.

Peele, S. (1999). Natural remission as a natural process. Models of addiction/remission and their consequences. In: International Conference on Natural History of the Addictions, 7.-12. März 1999, Les Diablerets.

Robins, L. N. (1974a). The Vietnam drug user returns. Washington, D.C.: U.S. Government Printing Office.

Robins, L. N. (1974b). A follow-up study of Vietnam veterans' drug use. In: Journal of Drug Issues 4. 61-63.

Robins, L. N. (1993). Vietnam veterans' rapid recovery from heroin addiction. A fluke or normal expectation? In: Addiction 8. 1041-1054.

Robins, L. N., Davis, D. H. & Goodwin, D. W. (1974). Drug use by U.S. army enlisted men in Vietnam. A follow-up on their return home. In: American Journal of Epidemiology 99. 235-249.

Robins, L. N., Davis, D. H. & Nurco, D. N. (1974). How permanent was Vietnam drug addiction? In: American Journal of Public Health 64 (Suppl.). 38-43.

Robins, L. N., Helzer, J. E. & Davis, D. H. (1975). Narcotic use in Southeast Asia and afterward. An interview study of 898 Vietnam returnees. In: Archives of General Psychiatry 32. 955-961.

Robins, L. N., Helzer, J. E., Hesselbrock, M. & Wish, E. (1980). Vietnam veterans three years after Vietnam: how our study changed our view of heroin. In: L. Brill & C. Winick (Hrsg.): Yearbook of substance use and abuse. New York: Human Science Press. 213-230.

Roizen, R., Cahalan, D. & Shanks, P. (1978). Spontaneous remission among untreated problem drinkers. In: D. B. Kandel (Hrsg.): Longitudinal research on drug use. Empirical findings and methodological issues. Washington, D.C.: Hemisphere. 197-221.

Room, R. (1977). Measurement and distribution of drinking patterns and problems in general populations. Geneva: World Health Organization.

Room, R. (1983). Sociological aspects of the disease concept of alcoholism. New York: Plenum.

Saunders, W. M. & Kershaw, P. W. (1979). Spontaneous remission from alcoholism. A community study. In: British Journal of Addiction 74. 251-265.

Schachter, S. (1982). Recidivism and self-cure of smoking and obesity. In: American Psychologist 37. 436-444.

Smart, R. G. (1975/76). Spontaneous recovery in alcoholics. A review and analysis of the available research. In: Drug and Alcohol Dependence 1. 277-285.

Snow, M. (1973). Maturing out of narcotic addiction in New York City. In: International Journal of the Addictions 8. 921-938.

Sobell, L. C., Cunningham, J. A. & Sobell, M. B. (1996). Recovery from alcohol problems with and without treatment. Prevalence in two population surveys. In: American Journal of Public Health 86. 966-972.

Sobell, L. C., Ellingstad, T. P. & Sobell, M. B. (2000). Natural recovery from alcohol and drug problems. Methodological review of the research with suggestions for future directions. In: Addiction 95. 749-769.

Sobell, L. C., Sobell, M. B. & Toneatto, T. (1992). Recovery from alcohol problems without treatment. In: N. Heather, W. R. Miller & J. Greeley (Hrsg.): Self-control and the addictive behaviours. New York: Maxwell MacMillan. 198-242.

Sobell, L. C., Sobell, M. B., Toneatto, T. & Leo, G. I. (1993). What triggers the resolution of alcohol problems without treatment? In: Alcoholism: Clinical and Experimental Research 17. 217-224.

Temple, M. T. & Fillmore, K. M. (1985). The variability of drinking patterns among young men, age 16-31. A longitudinal study. In: International Journal of the Addictions 20. 1595-1620.

Toulmin, S. (1961). Foresight and understanding. London: Hutchinson.

Tuchfeld, B. S. (1981). Spontaneous remission in alcoholics. Empirical observations and theoretical implications. In: Journal of Studies on Alcohol 42. 626-641.

Vaillant, G. E. (1983). The natural history of alcoholism. Causes, patterns, and paths to recovery. Cambridge, MA: Harvard University Press.

Vaillant, G. E. (1995). The natural history of alcoholism revisited. Cambridge, MA: Harvard University Press.

Waldorf, D. (1983). Natural recovery from opiate addiction. Some social-psychological processes of untreated recovery. In: Journal of Drug Issues 13. 237-280.

Waldorf, D. & Biernacki, P. (1979). Natural recovery from heroin addiction. A review of the incidence literature. In: Journal of Drug Issues 9. 282-289.

Waldorf, D. & Biernacki, P. (1981). The natural recovery from opiate addiction. Some preliminary findings. In: Journal of Drug Issues 11. 61-74.

Winick, C. (1962). Maturing out of narcotic addiction. In: Bulletin on Narcotics 14. 1-10.

Winick, C. (1964). The life cycle of the narcotic addict and of addiction. In: Bulletin on Narcotics 16. 1-11.

3 Repräsentativumfragen, Schneeballverfahren und Medienrekrutierung: Selbstheilung und Umfrageforschung

3.1 Selbstheilung oder die behandlungsunabhängige Lösung von Alkohol- und Drogenproblemen im Spiegel der Umfrageforschung – Studien im englischsprachigen Raum

Reginald G. Smart

Ein beträchtlicher Anteil des Wissens über die natürliche oder spontane Lösung von Alkohol- und Drogenproblemen stammt aus allgemeinen Bevölkerungsumfragen oder spezifischen Erhebungen außerhalb des Behandlungskontextes. Dieses Kapitel bietet sowohl einen Überblick über groß angelegte Bevölkerungsumfragen und Gemeindestudien als auch über kleinere Erhebungen, die auf der Rekrutierung von Probanden durch Anzeigen oder auf anderem Wege basieren. Solche Studien erlauben eine gute Schätzung, wie viele Personen mit Alkohol- und Drogenproblemen in der Gesamtgesellschaft diese ohne Inanspruchnahme formeller Behandlung lösen. Gleichzeitig erhalten wir Aufschluss über die Merkmale, die SelbstheilerInnen auszeichnen. Die Vor- und Nachteile des Einsatzes unterschiedlicher Interviewmethoden werden ebenso wie noch weiterhin offene Fragen zum Selbstheilungsphänomen in der allgemeinen Bevölkerung diskutiert. Das Kapitel schließt mit einigen evidenzbasierten Vorschlägen für die Praxis.

Frühe Studien zum Trinkverhalten

Das Interesse an Selbstheilungen setzte mit der Beobachtung ein, dass Studien zum Trinkverhalten einen Konsumrückgang mit zunehmendem Alter konstatierten. Die amerikanische Alkoholkonsumstudie (American Drinking Practices Survey) von Cahalan & Room (1974) hat gezeigt, dass ein Viertel der männlichen Befragten im Alter zwischen 21 und 29 Jahren hohe Werte auf einer Skala von alkoholbezogenen Problemen aufwiesen. Im Vergleich dazu hatten bei der Altersgruppe ‚50 bis 59 Jahre' lediglich 13 % problematische Werte, und bei den über Siebzigjährigen waren es 19 % der Befragten. Diese Ergebnisse waren geschlechtsunabhängig und der Alterstrend erwies sich bei höherem sozioökonomischem Status als noch ausgeprägter als in den unteren Schichten. Die Studie von Cahalan & Room war als Querschnitt- und nicht als Längsschnittuntersuchung angelegt und enthielt keine Schätzung, wie viele Befragte ‚aus eigener Kraft' oder aber mit Hilfe von Behandlung abstinent wurden. Spätere Longitudinalstudien wiesen jedoch eher darauf hin, dass das Trinkverhalten stabil bleibt und kein Konsumrückgang zu beobachten ist (Glynn et al. 1985; Temple & Leino 1989). Diese Diskrepanz zwischen Längsschnittuntersuchungen und Querschnittstudien wurde in der Folge mit der höheren Mortalitätsrate bei starken Alkoholkonsumenten erklärt, die zur Folge habe, dass in den höheren Altersgruppen vorwiegend gelegentliche und moderate TrinkerInnen vertreten seien (Stall 1987; Temple & Leino 1989). Andere Autoren weisen jedoch darauf hin, dass diese Interpretation zu kurz greife und Selbstheilungen ebenfalls ein wichtiger Erklärungsfaktor seien (Drew 1986; Harford & Samorajski 1982).

Spezifische Umfragen zur Selbstheilung

Zahlreiche Forschungsbemühungen wurden unternommen, um die Selbstheilungsraten in der Allgemeinbevölkerung zu bestimmen. Gleichzeitig sind beträchtliche Unterschiede hinsichtlich der eingesetzten Methoden sowie der Definition von ‚Selbstheilung' und ‚Alkoholproblemen' zu beobachten.

Eine der frühesten Studien zum Selbstheilungsphänomen basierte auf einem Gesundheitsfragebogen, der zu drei Erhebungszeitpunkten in den frühen 1960er Jahren eingesetzt wurde. Baley & Steward (1966) stellten bei der Ersterhebung bei 91 Personen ein aktuelles oder früheres Alkoholproblem fest. Die Ergebnisse der zweiten und dritten Umfrage ergaben, dass lediglich 13 bzw. sechs Befragte einen problemlosen Konsum erkennen ließen. Von dieser Gruppe hatte keine Person Psychotherapie in Anspruch genommen – wenngleich die Hälfte der Befragten alkoholspezifische medizinische Hilfe bekommen hatte –, so dass diese als spontane Selbstheiler klassifiziert werden können. Im Vergleich zu späteren Studien weist diese Untersuchung also eine außergewöhnlich niedrige Selbstheilungsrate auf, ein Befund, der angesichts des sehr kleinen Stichprobenumfangs jedoch eher mit Zurückhaltung zu bewerten ist.

Nach der Studie von Bailey & Steward bewegte sich während etwa 25 Jahren nichts auf dem Gebiet der Selbstheilungsforschung. Erst Anfang der 90er Jahre wurden zunehmend größere und methodisch ausgefeiltere Studien durchgeführt. Hasin & Grant (1995) etwa führten die erste groß angelegte Selbstheilerstudie durch. Dabei griffen sie auf Daten der Nationalen Gesundheitsbefragung aus dem Jahre 1988 zurück. Sie benutzten für ihre Analysen eine sorgfältig konstruierte Stichprobe von 43.809 Befragten im Alter von über 18 Jahren aus den 50 US-amerikanischen Bundesstaaten und dem Distrikt Columbia und identifizierten einen Anteil von etwa 19 % ehemaliger Trinker. Von diesen ehemaligen Trinkern waren gemäß den Kriterien des DSM IV (American Psychiatric Association 1994) 21 % Alkoholabhängige und 42 % Alkoholmissbrauchende gewesen. Gleichzeitig ergab sich jedoch auch, dass lediglich ein Drittel der Alkoholabhängigen und 19 % der Alkoholmissbrauchenden AA-Gruppen oder sonstige Behandlungen in Anspruch genommen hatten. Die Mehrheit hatte ihre Alkoholprobleme ohne nennenswerte Hilfe gelöst; viele gaben an, unter sozialem Druck ihren Alkoholkonsum reduziert zu haben, und möglicherweise war dies bereits ausreichend, um sie zur Abstinenz zu bewegen.

In Kanada wurden ebenfalls wichtige Umfragen zum Thema ‚Selbstheilung' durchgeführt. Sobell et al. (1996) benutzten Daten einer nationalen Umfrage (n=11.634) und einer Umfrage aus der Provinz Ontario (n=1.034). Problemtrinker wurden von ihnen durch den gewohnheitsmäßigen Konsum von sieben oder mehr Gläsern pro Trinkanlass definiert. Von den Befragten, die ihre Alkoholprobleme lösen konnten, schaffte es die Mehrheit ohne Inanspruchnahme formaler Behandlung (n=322 bzw. n=70). Die Selbstheilungsraten lagen in beiden Umfragen bemerkenswert nahe beieinander (77,5 % und 77,7 %). Allerdings zeigte sich ein großer Unterschied bezüglich der Zahl derjenigen, die zu einem sozialen Trinkstil zurückkehrten, im Vergleich zur Abstinenz (nationale Umfrage: 38 %, Ontario-Umfrage: 63 %). Eine Interpretationsmöglichkeit dieser Differenz besteht darin, dass Ontario über ein im nationalen Vergleich höheres Einkommensniveau sowie über einen größeren Anteil von Gruppen mit höherem allgemeinem sozioökonomischem Status verfügt; beides sind Faktoren, die mit der Rückkehr zu sozialem Trinken in positivem Zusammenhang stehen.

Forschungsarbeiten zum Drogenkonsum sind seltener, gleichwohl liegen Arbeiten der Gruppe um Cunningham vor (1999a, 1999b). Die erste Studie basierte auf der „Kanadischen Alkohol- und Drogenumfrage", die 1994 mit einer nationalen Stichprobe von 12.155 Befragten durchgeführt worden ist. Von den identifizierten Ex-Drogenkonsumenten, die während des vergangenen Jahres keine Drogen mehr genommen hatten, waren nur sehr wenige in Drogenbehandlung gewesen, vor allem innerhalb der Teilgruppen der Marihuana-, LSD- und Kokainkonsumenten (jeweils behandelt: 16 %, 14,1 % bzw. 16 %). Dagegen fielen die Anteile der Behandelten bei Speed- und Heroinkonsumenten mit 20,4 % bzw. 34,5 % deutlich höher aus. Bei dieser Studie wurde nach Lebenszeitkonsumprävalenz und lebenslanger Behandlungsexposition gefragt und die Behandlungsexposition nicht mit Drogengebrauch oder dem Auftreten schwerer drogenbezogener Probleme in Beziehung gesetzt. Außerdem ist zu berücksichtigen, dass einige Teilgruppen, insbesondere diejenigen, die wegen ihres Speed- oder Heroingebrauchs behandelt worden waren, recht klein waren.

In einer Folgestudie in Ontario (Cunningham 1999b) wurden die Gründe für einen Ausstieg aus der Drogenkarriere untersucht. Die Studie identifizierte 109 Ex-Cannabiskonsumenten und 26 Ex-Kokainkonsumenten, die bei 50 bzw. 10 Gelegenheiten diese Drogen konsumiert hatten. Lediglich 1,8 % der Cannabiskonsumenten und kein einziger Kokainkonsument gaben an, aufgrund von Therapie oder nach Ratschlägen durch den Arzt mit dem Drogenkonsum aufgehört zu haben. Die meisten nannten als ausschlaggebende Gründe für den Ausstieg aus dem Drogenkonsum Gründe wie ‚reifer werden', persönliche Veränderungen, neue Verpflichtungen, Gesundheitsprobleme oder Enttäuschung über die Wirkungen des Drogenkonsums. Alle Umfragen zeigen, dass die meisten Befragten, die ihre Alkoholprobleme gelöst haben, dies ohne Behandlung oder den Besuch von AA-Gruppen schafften. Im Studienvergleich ergibt sich ein einheitliches Bild; die Selbstheilungsraten liegen in der Regel bei 75 % der Befragten oder höher.

Cunningham et al. (2000) konnten in ihrer Selbstheilerstudie verschiedene Gruppen schwerer Trinker identifizieren. Während die eine Gruppe mit langjährigen signifikanten Alkoholproblemen diese durch Behandlung und Abstinenz löste, gab es eine zweite Gruppe mit weniger ausgeprägten Problemen, deren Mitglieder mit zunehmendem Alter aus den Problemen ‚herausreiften' (‚maturing out'). Eine weitere Gruppe, welche weniger Probleme hatte als jene, die zur Abstinenzlösung griffen, löste ihre Alkoholprobleme und war gleichzeitig in der Lage, zu einem moderaten Konsum zurückzukehren. In einer weiteren Studie (Cunningham 1999a) stellte Cunningham fest, dass sich die Selbstheilungsraten bei Personen mit Alkoholproblemen zwischen 87,5 % und 53,7 % bewegten, je nachdem wie hoch die Belastung durch die Alkoholprobleme war. Je höher die Problembelastung, desto geringer der Prozentsatz an Selbstheilern. Behandlungsfreie Heilungen waren bei Personen mit schwerwiegenden Alkoholproblemen weniger häufig anzutreffen als bei Gruppen mit leichteren Problemen. Gleichwohl lösten auch bei den Untersuchungspersonen, die über sechs oder mehr Alkoholprobleme berichteten, immer noch 53,7 % ihr Problem ohne Inanspruchnahme professioneller Behandlung. Im Rahmen einer ähnlich wie die von Cunningham angelegten Studie in Kalifornien, die eine einjährige Nachuntersuchung einschloss, berichteten Weisner et al. (2003), dass behandelte Populationen von Alkoholabhängigen eher abstinent wurden als Personen, die keine Behandlung in Anspruch nahmen. Sowohl bei den behandelten als auch bei den nicht behandelten Gruppen erwies sich zudem, dass ein hoher Anteil schwerer Trinker im persönlichen sozialen Netzwerk, psychiatrische Problemlagen sowie das vermehrte Auftreten alkoholbezogener Folgeprobleme nachteilig für einen erfolgreichen Ausstieg aus der Sucht sind.

Bischof et al. (2001) untersuchten Spontanheilungen im Rahmen einer allgemeinen Bevölkerungsumfrage in Deutschland. Es konnten 32 alkoholabhängige Befragte identifiziert werden, die ihre Alkoholprobleme ohne Behandlung gelöst hatten; diese wurden mit 26 akut alkoholabhängigen Personen verglichen. Im Gegensatz zu bisherigen Befunden zeigte sich hier, dass die Selbstheiler im Gruppenvergleich stärker abhängig waren, sich weniger einem sozialen Druck, mit dem Trinken aufzuhören, ausgesetzt sahen sowie häufiger eine Alkohol-am-Steuer-Problematik angaben. Gleichzeitig aber waren die Selbstheiler zufriedener am Arbeitsplatz, finanziell besser gestellt und in eher gefestigten sozialen Beziehungen als die Befragten der Vergleichsgruppe. Im Vergleich zu männlichen Alkoholabhängigen zeichneten sich die weiblichen Selbstheiler dadurch aus, dass sie weniger sozialem Änderungsdruck ausgesetzt waren, weniger häufig unter Alkoholeinfluss Auto fuhren und eine geringere allgemeine Lebenszufriedenheit angaben, verbunden mit häufigeren Gesundheitsproblemen (Bischof et al. 2000a). Bislang handelt es sich hier um die einzige Studie, die geschlechtsspezifische Unterschiede von Selbstheilungsprozessen detailliert untersucht hat. Solchen geschlechtsspezifischen Unterschieden sollte bei künftigen Studien mit größeren Stichproben vermehrt Beachtung geschenkt werden.

Gemeindestudien und Selbstheilung

Studien zu Selbstheilungen im Gemeindekontext sind unter Rückgriff auf verschiedene Untersuchungsansätze durchgeführt worden. So verwendete Newman (1965) Unterlagen der Polizei, von Behandlungseinrichtungen, Sozialberatungsstellen und von kirchlichen Stellen aus dem Jahre 1951, um Alkoholiker im kanadischen Distrikt Ontario zu identifizieren. Bei den so festgestellten 688 Fällen wurde bei einer Anschlusserhebung im Jahr 1961 untersucht, ob es zu einem Ausstieg aus der Sucht gekommen war. Unter Selbstheilung wurde in diesem Zusammenhang verstanden, dass diese Personen bei keiner der erwähnten Stellen mehr als alkoholabhängig registriert waren. Nach dieser Definition kam es lediglich bei 29,4 % der Problemtrinker, bei 14,2 % der Alkoholabhängigen und bei 10 % der chronischen Alkoholiker zur Selbstheilung. Diese Selbstheilungsraten fielen viel geringer aus, als dies aufgrund der Umfragebefunde zu erwarten gewesen wäre. Gleichzeitig ist aber zu berücksichtigen, dass hier andere Kriterien verwendet worden sind, nämlich offizielle Aufzeichnungen und nicht selbst berichtete Alkoholprobleme, wie es bei Umfragen üblicherweise der Fall ist.

In der Gemeindestudie von Saunders & Kershaw (1979) zeigten sich ebenfalls niedrigere Selbstheilungsraten als bei Umfragestudien. Bei dieser Studie wurden 3.600 Personen in der Region Clydeside in Schottland befragt. Dabei gaben 228 Befragte an, dass sie in der Vergangenheit zu viel Alkohol getrunken hätten. Darunter waren Personen, die aktuell noch einen zu hohen Konsum aufwiesen, sowie episodische oder aufgrund intensiverer Interviews anderweitig kategorisierte Trinker. 41 ehemalige Problemtrinker hatten praktisch keinerlei Behandlungskontakte; lediglich drei Befragte gaben an, dass der Rat ihres Hausarztes für sie wichtig war, um ihren Alkoholkonsum einzuschränken. Die meisten in dieser Gruppe hatten ihren Alkoholkonsum verringert, weil sie geheiratet oder die Arbeit gewechselt hatten, krank geworden waren oder einem Rat aus der Familie gefolgt waren. Von den 19 Personen, die eindeutig als Alkoholabhängige identifiziert werden konnten, waren sieben wegen ihres Alkoholproblems behandelt worden bzw. hatten eine Gruppe der Anonymen Alkoholiker (AA) besucht. Die übrigen Fälle waren behandlungsfrei, wenngleich es darunter einige Personen gab, die wegen sonstiger Gesundheitsprobleme vermutlich allgemeinen medizinischen Rat gesucht hatten. Ähnlich wie bei der Gruppe der Problemtrinker erwiesen sich auch hier Heirat, Arbeitswechsel und körperliche Krankheiten als wichtigste Faktoren, die eine Selbstheilung begünstigten.

Neben den bereits erwähnten Gemeindestudien liegen weitere, kleinere Untersuchungen bei ethnischen Minderheiten vor. So führten Leung et al. (1993) in einer kleinen indianischen Gemeinde eine 19-jährige Verlaufsuntersuchung durch. Lediglich 46 Personen konnten nach 19 Jahren erneut interviewt werden, jedoch konnten weitere 25 Personen aufgrund medizinischer Aufzeichnungen oder Sterbeurkunden näher eingeordnet werden. Für die Definition von Alkoholmissbrauch und Alkoholabhängigkeit wurde auf die Kriterien des DSM III zurückgegriffen. Von den 46 Personen, für die bei der Nachuntersuchung Daten vorlagen, hatten lediglich acht alkoholspezifische Behandlung erfahren. Die meisten Befragten gaben Druck seitens der Familie sowie soziale und finanzielle Probleme als wichtigste Faktoren für den Ausstieg aus der Sucht an, wobei viele aber auch überhaupt keinen spezifischen Grund zu nennen wussten.

Cameron et al. (2002) haben zwei kleinere Gruppen verglichen, nämlich einerseits weiße Briten und andererseits indischstämmige Einwanderer, die aus ihrer Alkoholproblematik ‚herausgereift' waren. In beiden Gruppen erwiesen sich der körperliche Gesundheitszustand, das Selbstwertgefühl, Bewältigungsfähigkeiten und Berufstätigkeit als Faktoren, die die eigenständige Problemlösung förderten. In der Gruppe der Inder zeigte sich, dass soziale Netzwerke, Familienstatus und Ehrbegriffe einen besonders hohen Stellenwert besaßen.

In einer weiteren kleinen Studie bei männlichen Angehörigen des Navajo-Stammes konnten 83 Selbstheiler identifiziert werden, die ohne Behandlung aus der Alkoholproblematik ‚herausgereift' waren (Quintero 2000; Russell 2001). Sie waren vergleichsweise häufiger verheiratet, verfügten über ein größeres Repertoire an Bewältigungstechniken, wiesen eine höhere Selbstwerteinschätzung auf, waren in soziale Netzwerke mit weniger schweren Trinkern eingebunden und hatten im Verlauf ihres Lebens weniger Drogen konsumiert bzw. seltener Rauscherlebnisse.

Es ist auffallend, dass gerade zu ethnischen Hochrisikogruppen wie Familien mit Alkoholikern, amerikanischen Indianern und anderen Urbevölkerungsgruppen so wenige Studien vorliegen. Wir wissen recht wenig über Selbstheilungen in diesen Gruppen, und die spärlichen vorliegenden Ergebnisse beruhen lediglich auf wenigen Fällen.

Aus den hier berichteten Gemeindestudien ergibt sich eine große Bandbreite der Selbstheilungsraten. Eine besondere Schwierigkeit besteht darin, dass im Studienvergleich Stichprobengrößen und -eigenschaften, aber auch die verwendeten Kriterien für das Vorliegen von Alkoholproblemen und Alkoholabhängigkeit stark variieren. Schließlich ist anzumerken, dass lediglich wenige Gemeinden untersucht worden sind, die zudem vermutlich keine Rückschlüsse auf größere Bevölkerungsgruppen zulassen.

Drogenkonsumenten und Selbstheilung

Mittlerweile liegen auch einige Studien zu Spontanremissionen bei Personen mit Opiatmissbrauch bzw. Kokain- und Cannabismissbrauch vor, die zum Teil auf umfangreichen Stichproben beruhen. Die größte Studie bezieht sich auf Ausstiege aus der Drogensucht bei 841 Vietnamveteranen, bei denen zum Zeitpunkt ihrer Rückkehr aus Vietnam durch positive Urintests Drogengebrauch nachgewiesen worden war (Price et al. 2001). Eine Nachuntersuchung 25 Jahre später zeigte, dass die meisten Drogenmissbrauchenden ihren Drogenkonsum ohne Behandlung wieder aufgegeben hatten. Lediglich 20 % wurden wegen ihrer Drogenprobleme behandelt und die meisten schafften den Ausstieg auf dem Wege des ‚kalten Entzugs' (‚cold turkey'). Bei Opiaten war die Selbstheilungsrate niedriger als bei anderen Drogen. Diese interessante Studie zählt zu den wenigen Langzeituntersuchungen. Leider liefert sie jedoch weder Angaben zu den psychosozialen Gründen für Selbstheilung noch Aufschlüsse darüber, weshalb bei anderen Mitgliedern der Untersuchungsgruppe keine Selbstheilungen zu beobachten waren.

Allerdings beleuchten mehrere kleinere explorative Studien die psychosozialen Gründe für einen Ausstieg aus der Sucht. So haben Toneatto et al. (1999) 50 abstinente, behandlungsfreie Ex-Kokainkonsumenten und 21 behandlungsfreie, jedoch aktuelle Kokainkonsumenten untersucht. Die Gruppen unterschieden sich nicht hinsichtlich demographischer Eigenschaften, der berichteten Drogenkarrieren oder psychiatrischer Komorbidität. Der Ausstiegserfolg konnte auf einen kognitiven Prozess zurückgeführt werden, bei dem das Für und Wider einer Fortsetzung des Kokainkonsums erwogen wurde; dabei fiel bei den Selbstheilern die Bilanz zugunsten des Ausstiegs aus.

Blomqvist (2002) kommt zu ähnlichen Ergebnissen bei einer schwedischen Untersuchung, in deren Rahmen 25 behandelte und 25 behandlungsfreie, über Medien rekrutierte Drogenkonsumenten analysiert wurden. Innerpsychische Faktoren, wie die Ausstiegsmotivation, die Furcht vor erniedrigenden Erfahrungen, Veränderungen in den Lebensumständen, Gesetzeskonflikte und positive interpersonelle Einflüsse, zählten zu den am häufigsten genannten Gründen des Ausstiegs aus der Sucht. Aus dieser Untersuchung folgt, dass sowohl Alkohol- als auch Drogenmissbrauchende aufgrund bewusster Entscheidungen und zum Teil wegen negativer Konsumkonsequenzen den Suchtmittelkonsum beenden.

Nur wenige Untersuchungen berücksichtigen einheitliche Variablen, um den Ausstieg aus Alkohol- oder Drogenkarrieren zu untersuchen, was einen Vergleich erschwert. Latkin et al. (1999) untersuchte im Rahmen eines Aids-Präventionsprogramms eine große Anzahl von Drogenabhängigen und -missbrauchenden. 335 Personen beendeten ihren Drogenkonsum. Diese Personen hatten vergleichsweise weniger Drogenkonsumenten in ihrem sozialen Netzwerk als jene, die den Drogenkonsum fortsetzten; andere Faktoren schienen hingegen keine Rolle zu spielen. Hier wird ein möglicher Einfluss sozialer Faktoren bei Spontanremissionen deutlich, ein Vergleich mit anderen einschlägigen Studien ist jedoch schwierig.

Die Studie von Sobell et al. (2001), die Alkohol- und Kokainmissbrauchende in Kanada mit Alkohol- und Heroinkonsumenten in der Schweiz vergleicht, ist bislang die einzige internationale Vergleichsstudie auf diesem Gebiet. Kognitive Faktoren, gefolgt von affektiven und verhaltensbezogenen Einschätzungen erwiesen sich als die wichtigsten Gründe beim Ausstieg aus der Sucht. Entsprechende Abwägungsprozesse erscheinen somit tendenziell unabhängig vom kulturellen Kontext und dem spezifischen Suchtmittel.

Methodische Erwägungen zum Einsatz von Umfragen und anderen Techniken zur Erforschung von Selbstheilungen

Der Rückgriff auf Umfragetechniken hat vergleichsweise viele Vor-, allerdings auch einige Nachteile. Umfragen umfassen meist große allgemeine Bevölkerungsstichproben und erlauben so die Einschätzung von Selbstheilungsraten. Große Stichproben ermöglichen in der Regel die Identifikation einer erheblichen Anzahl von Problemtrinkern oder Alkoholabhängigen, die dann für weitergehende Analysen in Untergruppen aufgeteilt werden können. Gleichzeitig finden sich bei Umfragestudien jedoch in der Regel nur wenige Fragen, die das Thema ‚Selbstheilung' spezifisch angehen. Im Gegensatz dazu stellen Untersuchungen, die sich auf ausgewählte – u. a. mit der Schneeball-Verweismethode gewonnene – Stichproben ehemaliger Problemtrinker stützen, die spezifischen Umstände und den Prozess der Selbstheilung in den Mittelpunkt der Analyse. In der Regel werden zahlreiche Fragen nach Selbstheilungsstrategien gestellt und eine vertiefte Analyse der Ausstiegsmotivation geleistet. Solche Studien geben einerseits Antwort auf die Fragen nach den Ursachen und Umständen des selbst organisierten Ausstiegs aus der Sucht, andererseits bleibt die Frage, wie viele Alkoholabhängige und Problemtrinker ohne die Inanspruchnahme von Behandlung den Suchtausstieg schaffen, unbeantwortet.

Selbstheilungsstudien im Schneeballverfahren, durch Medienrekrutierung und als Gelegenheitsstichproben

Zahlreiche Anstrengungen wurden unternommen, um Selbstheilung bei Stichproben zu untersuchen, die über das Schneeballverfahren, Medienaufrufe und andere nicht repräsentative Verfahren gewonnen wurden. Verschiedene Wiederholungsstudien, so etwa von Vaillant (1983) und Fillmore (1987), zeigten, dass die natürliche Entwicklung von Alkoholproblemen im Zeitverlauf fluktuiert und bestimmte Untergruppen mit zunehmendem Alter den Ausstieg schaffen, während dies bei anderen wiederum nicht der Fall ist – ein Befund, der auch durch Untersuchungen bei Personen auf Behandlungswartelisten gestützt wird (Kissin et al. 1986; Kendall & Staton 1966).

Die besten Einsichten in die Ausstiegsgründe und spezifischen Begleitumstände liefern die vorliegenden Studien bei ehemaligen Alkoholabhängigen und Alkoholmissbrauchenden. Zahlreiche solcher Studien sind bei Personen durchgeführt worden, die durch Medienkontakte gewonnen werden konnten, genauer: mittels Zeitungsanzeigen, Radio- oder Fernsehaufrufen oder Hinweistafeln an strategischen Orten. Die frühen Studien von Tuchfeld (1981) und Ludwig (1985) stützten sich auf Zeitungsanzeigen, um so Zugang zu Alkoholselbstheilern zu erhalten. Tuchfeld konnte auf diesem Wege lediglich 51 und Ludwig 29 Fälle erreichen, was das Problem, größere Stichproben auf dem Wege der Medienrekrutierung zu bilden, illustriert. Die Teilnehmer der Tuchfeld-Studie nannten als Gründe für die Selbstheilung vor allem Krankheiten oder Unfälle, bessere Aufklärung über Alkoholprobleme, religiöse Erfahrungen, direkte Interventionen von Freunden oder Verwandten und finanzielle oder andere Alkoholfolgeprobleme. In der Regel wurden mehrere Gründe genannt. Ludwig verwendete andere Frageformulierungen und konnte zeigen, dass persönliche Krisen, Krankheiten, Änderungen der Lebensweise oder religiöse Erfahrungen zur Selbstheilung führten. Manche Untersuchungsteilnehmer gaben an, dass sie einfach das Interesse am Alkohol verloren. Spätere Untersuchungen führten zu ähnlichen Ergebnissen.

Nur vereinzelte Studien haben Selbstheilungsprozesse gleichzeitig bei Alkohol- und Drogenproblemen untersucht. Jedoch zeigen viele Untersuchungen zum Rauchen, dass zwischen 80 % und 90 % das Rauchen ohne die Inanspruchnahme von Behandlung wieder aufgeben (Fiore et al. 1990). Frühe Studien von Winick (1970) und Biernacki (1986) weisen Prozesse des Herausreifens (‚maturing out') bei Drogenabhängigen nach sowie Fälle von Selbstheilung bei Alkohol-, Opiat- und Tabakkonsum. Klingemann (1991) stützte sich auf Zeitungs- und Radioaufrufe, um in der Schweiz ehemalige Alkohol- und Heroinkonsumenten zu identifizieren. Etwa die Hälfte der 30 Alkoholselbstheiler fand zu sozialem Trinken zurück, während, von wenigen Ausnahmen abgesehen, die Heroinselbstheiler die Abstinenzlösung wählten. Beide Gruppen entschieden sich bewusst für eine Aufgabe der Suchtkarriere nach belastenden, Stress erzeugenden Lebensereignissen und weil sie sich mit gesundheitlichen, finanziellen und anderen Problemen ‚am Ende fühlten'. Gleichzeitig wurden als ausschlaggebende Gründe für die Veränderung nicht so sehr das Leiden, sondern positive Lebensziele betont. Klingemann konnte aufgrund der Befunde den Selbstheilungsprozess in verschiedene Phasen unterteilen: die Motivations-, die Umsetzungs- und die Stabilisierungsphase.

Eine der größten und umfassendsten Alkoholselbstheilungsstudien stammt von Sobell et al. (1993). Die Autoren interviewten 183 durch Medienaufrufe rekrutierte Ex-Alkoholabhängige, identifizierten die Untergruppen ‚Problem gelöst – abstinent', ‚Problem gelöst – nicht abstinent', ‚Problem nicht gelöst – abstinent', ‚Problem nicht gelöst – nicht abstinent' und befragten zusätzlich Drittpersonen wie Verwandte und Freunde. Die größte Gruppe entfiel auf Befragte, die ohne Behandlung abstinent geworden waren (n=71), gefolgt von den behandlungsfreien Fällen mit noch nicht erreichter Problemlösung (n=62). Lediglich 28 Personen hatten Behandlung in Anspruch genommen und waren abstinent. Tucker et al. (1994), die bei ihrer Untersuchungsgruppe ein Zeitfenster von zwei Jahren vor Erreichung der Abstinenz und das folgende Jahr analysierten, berichten ähnliche Ergebnisse.

Granfield & Cloud (1996) analysierten sowohl Alkohol- als auch Drogenabhängige bei einer Gruppe von 46 mittels Schneeballverfahren rekrutierten Mittelschichtsangehörigen aus stabilen Arbeits- und Familienverhältnissen. Dieser Personenkreis hatte im Falle einer Fortsetzung der Suchtkarriere viel zu verlieren, zögerte aber gleichwohl, sich behandeln zu lassen. Die meisten Untersuchungspersonen hatten keine Suchtidentität entwickelt und verfolgten auch keinen für Süchtige typischen Lebensstil, was ihren Ausstiegsprozess vermutlich begünstigte. Die Befunde konnten durch Burmans Untersuchung (1997) bei 38 über Medien gewonnenen Alkoholmissbrauchenden in New Jersey (USA) repliziert werden. Diese Selbstheiler waren schließlich zu der Erkenntnis gekommen, dass sie durch die Fortsetzung ihrer Suchtkarriere einfach zu viel aufs Spiel setzten.

Lediglich eine einzige Studie, Copeland (1998), thematisiert den Ausstiegsprozess bei Frauen. Copelands Analyse basiert auf 32 Fällen, die sich auf Anzeigen in Sydney, Australien, gemeldet hatten. Die meisten Frauen änderten ihr Verhalten, weil sie sich von aktuellen oder bevorstehenden psychischen, gesundheitlichen und existenziellen Krisen betroffen fühlten. Der Konflikt zwischen ihrem Selbstkonzept als intelligente Mittelschichtsfrauen und ihrem miserablen aktuellen Suchtleben führte zunehmend zu Konflikten. Es hat den Anschein, dass für Frauen der Wechsel des Wohnortes, veränderte soziale Aktivitäten und ein anderer Partner wichtiger für den Ausstiegsprozess waren als für Männer; allerdings nimmt die Studie keinen direkten Gruppenvergleich mit männlichen Selbstheilern vor.

Die deutsche Studie der Forschungsgruppe um Bischof und Rumpf zählt zu den umfassendsten aktuellen Selbstheilungsstudien, die auf Gelegenheitsstichproben oder Medienaufrufen beruhen. Bischof et al. (2003) haben 178 medienrekrutierte Fälle einer Clusteranalyse unterzogen. Hierbei zeichnete sich eine stark abhängige Gruppe ab, deren Mitglieder nur wenige alkoholbezogene Probleme und geringe soziale Unterstützung angaben, im Unterschied zu einer Gruppe mit schwach ausgeprägter Abhängigkeit, viel sozialer Unterstützung und einem späten Eintritt in eine Suchtkarriere. Die Autoren folgern, dass es sich bei Selbstheilern um eine heterogene Gruppe handelt und eine Erklärung des selbst organisierten Ausstiegs aus der Sucht diesem Umstand Rechnung tragen muss. Insbesondere sind die Erforschung und Charakterisierung diverser Untergruppen von Selbstheilern hinsichtlich Alter, Geschlecht, Ausmaß der alkoholbedingten Folgeprobleme und anderer Faktoren notwendig.

Bischof et al. konnten ebenfalls nachweisen, dass sich auf Medienaufrufe eher stärker abhängige Personen melden, die in den letzten Monaten bereits abstinent und mit ihrem Leben vor dem Ausstieg weniger zufrieden waren und die gleichzeitig bessere Bewältigungstechniken aufweisen, als dies vergleichsweise bei Untersuchungspersonen aus repräsentativen Umfragen der Fall war (Rumpf et al. 2001). Dieses Ergebnis ist interessant und von erheblicher Bedeutung, macht es doch deutlich, dass man beim Einsatz unterschiedlicher Auswahlmethoden auch zu unterschiedlichen Ergebnissen gelangen kann. Der Vergleich unterschiedlicher Auswahlmethoden, wie etwa der Rückgriff auf Gelegenheitsstichproben, Schneeballverfahren und die Befragung bekannter Fälle, wäre ebenfalls von großem Nutzen.

Die Forschungsgruppe um Bischof hat auch die Mechanismen untersucht, die natürliche Heilungen auslösen (Bischof et al. 2000b). Sie analysierte 93 Ex-Süchtige und 42 Selbsthilfegruppenmitglieder. Die Ähnlichkeiten zwischen den beiden Gruppen waren ausgeprägter als die Unterschiede. Gleichzeitig war jedoch zu beobachten, dass Personen, die an Selbsthilfegruppen teilnahmen, anderen Personen gegenüber mehr über ihren Ausstieg aus der Sucht sprachen und auch in stärkerem Maße soziale Unterstützung zur Bewältigung des Entzuges suchten, als dies bei den Selbstheilern der Fall war.

Es liegen darüber hinaus verschiedene Studien vor, die ihre Probanden spezifisch nach Alter rekrutiert haben. So untersuchten Finfgeld & Lewis (2002) fünf jüngere männliche und sieben weibliche Personen, wobei die Ergebnisse jedoch nur schwer interpretierbar sind. Vik et al. (2003) untersuchten 91 Universitätsstudenten und kamen zu dem Ergebnis, dass 22 % ihr starkes Trinkverhalten ohne jegliche Behandlung auch wieder reduzierten. Dabei spielten der Familienstand und die Häufigkeit des Kirchgangs eine wichtige Rolle.

Lediglich eine Studie hat sich bislang mit älteren Problemtrinkern befasst (Walton et al. 2000). Für diese Untersuchung wurden 78 ältere Erwachsene durch Anzeigenaufrufe gewonnen. 48 von ihnen wurden drei Jahre später erneut interviewt. Lediglich 11,4 % hatten ihre Suchtkarriere aufgegeben, wobei vor allem Gesundheitsprobleme den Ausschlag für die Verminderung des Alkoholkonsums gaben. Es wäre lohnend, diese Studie mit größeren Stichproben und einer erweiterten Liste von Faktoren durchzuführen, die bei der Aufrechterhaltung des Ausstiegs aus der Sucht eine Rolle spielen. Ebenso bieten sich Studien zum Vergleich des Selbstheilungsphänomens zwischen verschiedenen Altersgruppen an, wobei auf die Kontrolle des Ausmaßes der Alkoholprobleme geachtet werden müsste.

Sind Selbstheiler ebenso süchtig und krank wie behandelte Süchtige?

Es ist vielfach die Frage aufgeworfen worden, ob Selbstheiler nur deshalb erfolgreich sind, weil sie eben weniger Alkoholprobleme haben als behandelte Personengruppen. Saunders & Kershaw (1979) zählen zu den ersten, die darauf hinwiesen, dass Spontanremissionen in der Regel eher bei weniger schweren Fällen zu beobachten seien. Obgleich sie diese Behauptung nicht weiter untermauerten, liegen Hinweise für diese These aus Folgestudien vor, die in der Tat zeigen, dass Personen, die ohne Behandlung ihr Suchtverhalten aufgeben, in geringerem Ausmaße ‚Alkoholiker' sind bzw. weniger alkoholbezogene Probleme haben als diejenigen, die behandelt worden sind. So ergab die Studie von Hasin & Grant (1995), dass lediglich 27 % der Ex-Alkoholiker über zwanghaftes Trinken berichteten, 21 % eine DSM-IV-Diagnose aufwiesen und 42 % Alkoholmissbrauchende waren. Diese prozentualen Anteile sind deutlich niedriger als bei klinischen Populationen. In ähnlicher Weise ergaben die beiden von Sobell et al. (1996) beschriebenen Umfragen, dass behandelte abstinente Ex-Trinker mehr Alkoholprobleme hatten als abstinente oder kontrollierte/nicht-abstinente Selbstheiler. Die über die Medien gewonnenen behandelten abstinenten Ex-Alkoholiker hatten höhere Werte beim MAST-Test, wiesen eine höhere Tagestrinkhäufigkeit auf und hatten mehr alkoholbezogene Folgeprobleme als die abstinenten Selbstheiler (Sobell et al. 1993). Die Umfrageforschung deutet somit darauf hin, dass Selbstheilungen bei Alkoholikern oder Problemtrinkern am wahrscheinlichsten im Frühstadium einer Suchtkarriere sind, wenn alkoholbezogene Probleme noch nicht überhand genommen haben. Andererseits wiederum waren die medienrekrutierten Stichproben in der bereits früher erwähnten Untersuchung von Klingemann durchaus mit Umfrage- und Klinikpopulationen vergleichbar. Dieser Befund ist wenig überraschend, wenn man die Studie von Rumpf et al. (2000) berücksichtigt, in der nachgewiesen werden konnte, dass medienrekrutierte Selbstheiler stärker abhängig und weniger häufig abstinent waren als vergleichbare Gruppen aus Bevölkerungsumfragen. Insgesamt gesehen kann man somit festhalten, dass Personen, die ohne Inanspruchnahme professioneller Hilfe aus der Sucht aussteigen, durchaus beträchtliche Alkoholprobleme hatten.

Was wissen wir über Selbstheilungen?

In Gesamtschau der hier vorgestellten Umfragestudien und spezifischen zielgruppenorientierten Untersuchungen ergeben sich folgende Schlussfolgerungen:

- Die meisten Bevölkerungsumfragen zeigen, dass die überwiegende Zahl von Personen mit Alkoholproblemen diese ohne Inanspruchnahme von Behandlung oder den Besuch von Selbsthilfegruppen überwinden kann.
- Obgleich zu illegalem Drogenkonsum lediglich weniger einschlägige Studien vorliegen, so zeigt sich auch hier, dass die meisten Missbrauchenden illegaler Drogen ihren Drogenkonsum ohne professionelle Behandlung wieder aufgeben. Inwiefern dies auch für Medikamentensüchtige gilt, wurde bislang noch nicht erforscht.

- Bis anhin liegen nur wenige Gemeindestudien zum Selbstheilungsphänomen vor. Es werden von der Umfrageforschung abweichende Methoden eingesetzt. Während einige Studien Ergebnisse zeitigen, die mit den Umfrageuntersuchungen vergleichbar sind, ergeben andere wiederum geringere Selbstheilungsquoten.
- Größer angelegte Umfragestudien eignen sich insbesondere für die Schätzung von Selbstheilungsraten und der Prävalenz von Alkoholproblemen. Hingegen bieten sich spezielle Studien mit Gelegenheitsstichproben eher dazu an, Heilungsverläufe und Ausstiegsmotivationen zu untersuchen.
- Die Ursachen für den selbst organisierten Ausstieg aus der Sucht sind vielfältiger Natur. Vieles weist auf gesundheitliche Aspekte und kognitive Bilanzierungsprozesse als besonders wichtige Auslöser für Änderungsprozesse hin.
- Umfragestudien belegen zu einem gewissen Grade, dass Selbstheiler tendenziell weniger alkoholbezogene Probleme aufweisen (d. h. weniger abhängig sind) als behandelte Populationen.

Die Selbstheilungsforschung zeigt, dass viele Wege aus der Sucht führen. Gleichzeitig erweist sich jedoch, dass Selbstheilung für viele Alkohol- und Drogenmissbrauchende als wichtigste Strategie gelten kann.

Künftiger Forschungsbedarf auf diesem Gebiet betrifft vor allem

i. ethnische Untergruppen und den Nachweis, ob sich deren Ausstiegsraten von der Allgemeinbevölkerung unterscheiden;

ii. die Identifizierung gruppenspezifischer Unterschiede bei Selbstheilern mit Blick auf deren Merkmale vor dem Ausstieg;

iii. geschlechtsspezifische Unterschiede und deren Ursachen;

iv. den Einbezug von Hochrisikogruppen mit Alkohol- und Drogenproblemen, wie etwa Angehörige von Alkohol- und Drogenmissbrauchenden und Ureinwohner. Diese Gruppen haben möglicherweise größere Schwierigkeiten mit Spontanremissionen als Konsumentengruppen mit eher risikoarmen Verhaltensweisen;

v. ein besseres Verständnis, inwiefern unterschiedliche Rekrutierungsmethoden auch unterschiedliche Typen von Selbstheilern ansprechen.

Literatur

Bailey, M. B. & Jones, S. (1996). Normal drinking by persons reporting previous problem drinking. In: Quarterly Journal of Studies on Alcohol 27. 30-41.

Bezdik, M. et al. (2004). Documenting natural recovery in American Indian drinking: a coding scheme. In: Journal of Studies on Alcohol 65. 428-433.

Biernacki, P. (1986). Pathways from heroine addiction recovery without treatment. Philadelphia, PA: Temple University Press.

Bischof, G. et al. (2000a). Gender differences in normal recovery from alcohol dependence. In: Journal of Studies on Alcohol 61. 783-786.

Bischof, G. et al. (2000b). Maintenance factors of recovery from alcohol-dependence in treated and untreated individuals. In: Alcoholism: Clinical and Experimental Research 14. 1773-1777.

Bischof, G. et al. (2001). Factors influencing remission from alcohol dependence without formal help in a representative population. In: Addiction 96. 1327-1336.

Bischof, G. et al. (2003). Types of natural recovery from alcohol dependence. A cluster analysis. In: Addiction 98. 1737-1746.

Blomqvist, J. (2002). Recovery with and without treatment: a comparison of resolutions of alcohol and drug problems. In: Addiction Research and Theory 10. 119-158.

Burman, S. (1997). The challenge of sobriety, natural recovery without treatment and self-help groups. In: Journal of Substance Abuse 9. 41-61.

Cahalan, D. & Room, R. (1974). Problem drinking among American men. New Brunswick, NJ: Rutgers Centre of Alcohol Studies.

Cameron, D. et al. (2002). What may we be learning from so-called spontaneous remission in ethnic minorities? In: Addiction Research and Theory 10. 175-185.

Copeland, J. (1998). A qualitative study of self-managed change in substance dependence among women. In: Contemporary Drug Problems 25. 321-347.

Cunningham, J. A. (1999a). Resolving alcohol-related problems with and without treatment. The effects of different problem criteria. In: Journal of Studies on Alcohol 60. 453-466.

Cunningham, J. A. (1999b). Untreated remissions from drug use, the predominant pathway. In: Addictive Behaviors 24. 267-270.

Cunningham, J. A. et al. (2000). Factors associated with untreated remission from alcohol abuse or dependence. In: Addictive Behaviors 25. 317-321.

Drew, L. R. (1968). Alcoholism as a self-limiting disease. In: Quarterly Journal of Studies on Alcohol 29. 956-967.

Fillmore, K. M. (1987). Prevalence, incidence and chronicity of drinking patters and problems among men as a function of age. A longitudinal and cohort analysis. In: British Journal of Addiction 82. 77-83.

Finfgeld, D. L. & Lewis, I. M. (2002). Self-resolution of alcohol problems in young adulthood. A process of recurring solid ground. In: Quantitative Health Research 12. 581-592.

Fiore, M. C., Novotny, T. E., Pierce, J. P., Giovino, G. A., Hatziandreu, E. J., Newcomb, P. A., Surawicz, T. S. & Davis, R. M. (1990). Methods used to quit smoking in the United States. In: Journal of the American Medical Association 263. 2760-2765.

Glynn, R. J., Bouchard, G., LoCastro, J. & Laird, N. (1985). Aging and generational effects on drinking behavior in men. Results from the Normative Aging Study. In: American Journal of Public Health 15. 1413-1419.

Granfield, R. & Cloud, W. (1996). The elephant that no one sees: natural recovery among middle class addicts. In: Journal of Drug Issues 26. 45-61.

Harford, J. T. & Samorajski, T. (1987). Alcohol in the geriatric populations. In: Journal of American Geriatric Society 30. 18-24.

Hasin, D. S. & Grant, B. F. (1995). AA and other help seeking for alcohol problems. Former drinkers in the U.S. general population. In: Journal of Substance Abuse 7. 281-292.

Kendell, R. E. & Staton, M. C. (1966). The fate of untreated alcoholics. In: Quarterly Journal of Studies on Alcohol 27. 30-41.

Kissin, B., Rosenblatt, S. M. & Machover, S. (1968). Prognostic factors in alcoholism. In: American Psychiatric Research Reports 24. 22-43.

Klingemann, H. K. (1991). The motivation for change from problematic alcohol and heroin use. In: British Journal of Addiction 86. 727-744.

Latkin, C. A. et al. (1999). Drug network characteristics as a predictor of cessation of drug use among adults injection drug users. A perspective study. In: American Journal of Drug and Alcohol Abuse 25. 463-473.

Leung, P. K., Kinzie, J. D., Boehnlein, J. K. & Shore, J. H. (1992). A prospective study of the natural course of alcoholism in a native American village. In: Journal of Studies on Alcohol 54. 733-738.

Ludwig, A. M. (1985). Cognitive processes associated with 'spontaneous' recovery from alcoholism. In: Journal of Studies on Alcohol 46. 53-58.

Newman, A. R. (1965). Alcoholism in Frontenac County. Ph.D. Thesis, Queens University, Kingston.

Price, R. K. et al. (2001). Remission from drug abuse over a 25-year period. Pattern of remission and treatment use. In: American Journal of Public Health 91. 1107-1113.

Quintero, G. (2000). The lizard in the green bottle: „aging out" of problem drinking among Navajo men. In: Social Science and Medicine 51. 1031-1045.

Rumpf, H. J., Bischof, G., Hapke, U. & John, U. (2000). Studies on natural recovery from alcohol dependence. Sample selection bias by media solicitation? In: Addiction 95. 765-775.

Rumpf, H .J. et al. (2001). Studies on natural recovery from alcohol dependence. Sample selection bias by media solicitation? In: Addiction 96. 1678-1679.

Russell, M. et al. (2001). Natural recovery in a community based sample of alcoholics. Study design and descriptive data. In: Substance Use and Misuse 36. 1417-1441.

Saunders, W. M. & Kershaw, P. W. (1979). Spontaneous remission from alcoholism. A community study. In: British Journal of Addictions 74. 251-265.

Sobell, L. C. et al. (2001). Alcohol and drug abusers' perceived reasons for self change in Canada and Switzerland. Computer-assisted content analysis. In: Substance Use and Abuse 36. 1467-1500.

Sobell, L. C., Cunningham, J. A. & Sobell, M. B. (1996). Recovery from alcohol problems with and without treatment. Prevalence in two population surveys. In: American Journal of Public Health 7. 966-972.

Sobell, L. C., Sobell, M. B., Tomeatto, T. & Leo, G. (1993). What triggers the resolution of alcohol problems without treatment? In: Alcoholism: Clinical and Experimental Research 17. 217-224.

Stall, R. (1987). Research issues concerning alcohol consumption among aging populations. In: Drug and Alcohol Dependence 19. 195-213.

Temple, M. T. & Leino, V. (1989). Long term outcomes of drinking. A 20 year longitudinal study of men. In: British Journal of Addiction 84. 889-899.

Toneatto, T. (1999). Natural recovery from cocaine dependence. In: Psychology of Addictive Behaviours 13. 259-268.

Tuchfeld, B. S. (1981). Spontaneous remission in alcoholics. Empirical observations and theoretical implications. In: Journal of Studies on Alcohol 42. 626-641.

Tucker, J. A., Vuchinich, R. E. & Gladsjo, J. A. (1994). Environmental events surrounding natural recovery from alcohol-related problems. In: Journal of Studies on Alcohol 56. 401-411.

Vaillant, G. E. (1983). The natural history of alcoholism. Cambridge, MA: Harvard University Press.

Vik, P. et al. (2003). Natural reduction of binge drinking among college students. In: Addictive Behaviors 28. 643-655.

Walton, M. A. et al. (2000). Stability in the drinking habits of older problem drinkers recruited from non-treatment settings. In: Journal of Substance Abuse Treatment 18. 169-177.

Watkers, G. D. (2000). Spontaneous remission from alcohol, tobacco and other drug abuse seeking quantitative answers to qualitative questions. In: American Journal of Drug and Alcohol Abuse 26. 443-460.

Weisner, C. et al. (2003). How important is treatment? One year outcomes of treated and untreated alcohol-dependent individuals. In: Addiction 98. 901-911.

Winick, C. (1962). Maturing out of narcotic addiction. In: Bulletin on Narcotics 14. 1-19.

3.2 Forschung zur Remission von substanzbezogenen Störungen ohne formelle Hilfe im deutschsprachigen Raum

Hans-Jürgen Rumpf, Gallus Bischof, Christian Meyer, Ulfert Hapke und Ulrich John

Einleitung

Die Beschäftigung mit Remissionen von Suchterkrankungen, die unabhängig von der Inanspruchnahme suchtspezifischer Behandlung auftreten, hat im deutschsprachigen Raum erst spät eingesetzt: In Deutschland wurden die ersten Studien Ende der 1980er Jahre durchgeführt. Es handelt sich um Untersuchungen mit qualitativer Methodik und ohne Kontrollgruppenvergleiche (z. B. Happel 1994; Weber & Schneider 1990). Nahezu zeitgleich wurden in der Schweiz über Medien rekrutierte, ohne formelle Hilfe remittierte Abhängige (Alkohol und Heroin) hinsichtlich der Bedingungen des Ausstiegsprozesses untersucht (u. a. Klingemann 1991). Von 1995 bis 2000 wurden in Deutschland zwei Projekte zur Remission von Alkoholabhängigkeit ohne formelle Hilfe durchgeführt (Rumpf, Hapke, Dawedeit, Meyer & John 1998). In der ersten Studie wurden remittierte Alkoholabhängige durch Presseaufrufe in Norddeutschland rekrutiert. Die weiteren Daten stammen aus einer Allgemeinbevölkerungsstudie in Lübeck und angrenzenden Gemeinden (Hapke, Rumpf, Meyer, Dilling & John 1998). Erneut aus der Schweiz stammt eine 2004 durchgeführte Befragung zu Einstellungen der Allgemeinbevölkerung in Bezug auf unbehandelte Remissionen (Klingemann 2005).

Studien aus der Schweiz

In den Jahren 1988-89 wurden in der Schweiz per Anzeigen in Printmedien und über Radiointerviews Teilnehmer gesucht, die ihre Sucht (Alkohol oder Heroin) ohne Behandlung überwunden hatten (Klingemann 1991). Als retrospektive Kriterien für das Vorliegen einer bedeutsamen Problematik wurden Entzugssymptome, hohe Konsummengen und morgendlicher Konsum herangezogen. Die endgültige Stichprobe der „objektiven Selbstheiler" bestand aus jeweils 30 Probanden, die keine oder geringfügige formelle Hilfe erhalten hatten. Ergänzend wurden in einigen Analysen Personen hinzugenommen, die zwar Hilfen in Anspruch genommen, diese aber als nicht hilfreich bzw. nicht ausschlaggebend für die Remission erlebt hatten („subjektive Selbstheiler"; n=101). Die Datenerhebung erfolgte über ein detailliertes narratives Lebenslaufinterview und ergänzende Fragebögen zum Substanzkonsum und zur Lebenssituation. Zusätzlich wurde ein Interview mit den Angehörigen durchgeführt.

Motivation zur Verhaltensänderung bei problematischem Alkohol- und Heroingebrauch

Auf Basis der qualitativen Inhaltsanalysen konnten drei Hauptstufen des Remissionsprozesses unterschieden werden: Motivationsstadium, Handlungsstadium und Aufrechterhaltungsstadium. Das Motivationsstadium war charakterisiert durch heterogene Motive und das Fehlen eines einheitlich vorhandenen Tiefpunktes (‚hitting bottom'), der zur Verhaltensänderung führte. Zu den Motiven gehörten auch positive soziale Lebensperspektiven, ein Abnehmen der Funktionalität der Droge und ein zunehmend stressbelastetes Erleben der Sucht. Insgesamt konnten die der Remission vorausgehenden Lebensereignisse unterschieden werden in solche, die durch Verluste, und solche, die durch Gewinne charakterisiert waren. Zu den häufigsten Lebensereignissen aus der ersten Kategorie gehörten gesundheitliche, finanzielle und berufliche Probleme. Als positive Ereignisse wurden am häufigsten genannt: Umzug in eine bessere Wohnung, Zusammenziehen mit einem Partner und Wechsel oder Beförderung in eine verantwortlichere berufliche Tätigkeit.

Professionelle Hilfe wurde von den Befragten entweder stark abgelehnt oder als unwichtig für die eigene Entwicklung erachtet. 85 % der Teilnehmer konnten jedoch mindestens eine Behandlungseinrichtung nennen, die ihnen bekannt war. Die Hauptgründe, keine der Therapien in Anspruch zu nehmen, bestanden in dem Vertrauen auf die eigene Willenskraft, in dem Stolz, es alleine schaffen zu können, sowie in der Scheu, Hilfen aufzusuchen, in der Ablehnung von Behandlung und in fehlenden Informationen über Therapieangebote. Während Stigmatisierung für 17 % der Alkoholabhängigen ein Grund war, wurde dieser Punkt von den Heroinabhängigen nicht genannt.

In der Gesamtgruppe der befragten objektiven und subjektiven Selbstheiler wurden als Gründe für die Lösung des Suchtproblems am häufigsten genannt: Änderung in der Interaktion mit wichtigen Personen (25 %), Kollegen oder der Bezugsgruppe (20 %) und psychologische Gründe (18 %). Bedeutsame Ereignisse wurden lediglich von 7 % als Grund für die Überwindung der Suchtproblematik angegeben.

Copingstrategien in der Remission

Eine weitere Analyse zeigte, dass in der Handlungsphase Ablenkung, alltägliche Verhaltenskonzepte, naive Theorien über Substanzeffekte oder einen angemessenen Ersatz für die Drogenwirkung als Copingstrategien dienten (Klingemann

1992). Mehr als 50 % der Befragten konnten sich nicht vorstellen, in eine riskante Situation zu geraten, die zu einem Rückfall führen könnte. Als mögliche Gründe für Rückfälle wurden bei den Alkoholabhängigen am häufigsten Verluste, soziale Auslöser und Konflikte sowie Entzugserscheinungen oder die psychische Verfassung genannt. Bei den Heroinabhängigen standen im Vordergrund: Verluste und Entzugserscheinungen oder die psychische Verfassung, während soziale Auslöser und Konflikte keine Rolle spielten.

Kulturelle Vergleiche

In einer weiteren Studie unter Schweizer Beteiligung wurden die selbst eingeschätzten Gründe, die zur Remission ohne formelle Hilfe führten, auf kulturelle sowie substanzbezogene Konvergenz oder Divergenz geprüft (Sobell et al. 2001). Dazu wurden Interviews aus der Schweiz und Kanada miteinander verglichen. Die Stichprobe in Kanada bestand aus 120 Probanden mit früherer Alkohol- und 50 Teilnehmern mit früherer Heroinproblematik. Die Schweizer Stichprobe umfasste für beide Substanzen jeweils 30 Individuen. Alle Teilnehmer wurden über Presseaufrufe rekrutiert. Die über umfängliche narrative Interviews gewonnenen Daten wurden über eine neuartige computergestützte Methode der Inhaltsanalyse ausgewertet. Dabei werden Wörter über ein inhaltsanalytisches Lexikon automatisch im Text ermittelt. Insgesamt wurden elf inhaltliche Kategorien entwickelt. Es gab in den Daten von 216 auswertbaren Interviews relativ wenige Kategorien (vier von elf), in denen signifikante Unterschiede in Abhängigkeit von Substanz oder Land auftraten. Am häufigsten wurden in den sieben Kategorien ohne Subgruppenunterschiede Wörter aus dem Bereich „Kognitive Bewertung" genannt, gefolgt von der Kategorie „Verhaltensmonitoring". Unabhängig von Unterschieden zwischen den Stichproben war „Affektbezogene Aussagen" die zweithäufigste Kategorie. Zusammengefasst weisen die Befunde auf einen kulturell- und substanzunabhängigen kognitiven Bewertungsprozess hin, der der Remission vorausgeht.

Einstellung der Allgemeinbevölkerung

Im Jahr 2004 wurde mit dem Ziel, die öffentliche Einschätzung der Realisierbarkeit von Remissionen ohne formelle Hilfe zu erfassen, eine telefonische Befragung in der Schweizer Allgemeinbevölkerung (n=707) durchgeführt (Klingemann 2005). Weiterhin war Inhalt der Untersuchung, Maße der sozialen Distanz und der Einschätzung eigener Hilfeleistung gegenüber den Betroffenen abzubilden und in Subgruppen zu untersuchen.

Das Ergebnis zeigt, dass auf einer Skala von 0-100 % die Wahrscheinlichkeit von unbehandelten Remissionen im Mittel mit 25 % angegeben wird. Damit besteht – wie zu erwarten – eine Diskrepanz zwischen den epidemiologischen

Daten zur tatsächlichen Remissionsrate, die deutlich höher liegt, und der Einschätzung durch die Allgemeinheit. Die höchsten geschätzten Wahrscheinlichkeiten von Remissionen ohne formelle Hilfe betrafen die Substanzen Tabak (51,9 %) und Cannabis (47,7 %), eine deutlich geringere Einschätzung bestand im Hinblick auf Kokain (18,6 %) und Heroin (13,7 %). Alkohol (36,2 %), pathologisches Spielen (35,4 %) und Medikamente (32,5 %) rangierten im Mittelfeld. Interessanterweise gab es in der französischsprachigen im Vergleich zur deutschsprachigen Schweiz bedeutend zuversichtlichere Einschätzungen in Bezug auf mögliche unbehandelte Remission, was nach Einschätzung des Autors unter Umständen auf die unterschiedliche Drogenpolitik in den beiden Regionen zurückzuführen ist.

Studien aus Deutschland

Die ersten Studien in Deutschland zu unbehandelten Ausstiegen aus der Sucht nutzten vorwiegend qualitative Forschungsmethoden und fokussierten auf Drogenabhängige (Happel 1990, 1994; Weber & Schneider 1990). Herausgegriffen seien Befunde aus narrativen Interviews mit 102 Drogenabhängigen, die von 1987-1989 durchgeführt wurden (Happel 1994). Die Teilnehmer wurden per Schneeballsystem und über eine Medienkampagne rekrutiert. 44 % der Teilnehmer hatten Kontakte zur Drogenhilfe gehabt, hatten aber nach dem letzten Kontakt noch mindestens drei Monate Drogen konsumiert. Ein Zweitinterview nach 12-16 Monaten belegte eine Stabilisierung der sozialen Situation. Im Durchschnitt unternahmen die Teilnehmer vier selbst initiierte Ausstiegsversuche. Während als Gründe für die ersten Ausstiegsversuche bei den weiblichen Teilnehmern Druck von wichtigen Bezugspersonen und bei den Männern Probleme mit Polizei und Justiz im Vordergrund standen, wurde von beiden Geschlechtern „absolute Ausweglosigkeit" für spätere und letzte Ausstiegsversuche angegeben. Die inhaltlichen Analysen zeigten weiterhin eine Heterogenität in den Bedingungen des Ausstiegs, wobei dieser insgesamt vom Autor als Lern- und Entwicklungsprozess interpretiert wird, zu dem sowohl der Erwerb neuer Fähigkeiten als auch „schmerzhafte Einsichtsprozesse" (Happel 1994: 79) gehörten. Kritisch anzumerken ist bei den Befunden, dass ein hoher Anteil der befragten Teilnehmer Kontakte zur Drogenhilfe aufwies und folglich keine strikte Definition von Remission ohne formelle Hilfe vorliegt.

Mit Förderung des Bundesministeriums für Forschung und Technologie wurden umfangreichere Arbeiten zur Remission ohne formelle Hilfe bei Alkoholabhängigkeit im Rahmen des Projekts Transitions in Alcohol Consumption and Smoking (TACOS) durchgeführt. In diesem Projekt standen quantitative

Methoden im Vordergrund, mit deren Hilfe Daten aus den meist qualitativen Vorbefunden der internationalen Literatur überprüft wurden. Im Teilprojekt 1 wurden epidemiologische Daten aus der Allgemeinbevölkerung gesammelt (vgl. Meyer, Rumpf, Hapke, Dilling & John 2000). In der zweiten Teilstudie erfolgte die Rekrutierung von Probanden über Presseaufrufe (Rumpf, Bischof, Hapke, Meyer & John 2000a).

Als Kriterien für eine Remission ohne formelle Hilfe bei Alkoholabhängigkeit wurden in der Studie festgelegt: Vorliegen von Abhängigkeit nach DSM-IV oder ICD-10 im Lebensverlauf, jedoch nicht innerhalb der letzten sechs Monate, aktueller Alkoholkonsum innerhalb der risikoarmen Grenzen von 20 g Alkohol pro Tag für Frauen und 30 g Alkohol pro Tag für Männer (British Medical Association 1995), keine ambulante oder stationäre Therapie der Suchterkrankung, keine Psychotherapie komorbider psychischer Störungen innerhalb der letzten zwei Jahre vor der Remission und ein Jahr nach der Remission. In Bezug auf die Inanspruchnahme von suchtspezifischer Behandlung wurden zwei Gruppen unterschieden: (1) keine bzw. fast keine Hilfe (maximal zwei Besuche bei einer Selbsthilfegruppe oder eine Beratung von einem Arzt), (2) geringfügige formelle Hilfe (Teilnahme an maximal neun Selbsthilfegruppentreffen, drei Besuche in einer Beratungsstelle oder maximal fünf Beratungen durch einen Arzt). Die Definition wurde für einige Analysen enger gefasst, so dass auch die Anzahl der jeweiligen Stichproben variiert.

Neben der Rekrutierung über die Allgemeinbevölkerungsstudie (n=4.075) wurden Teilnehmer durch Medienaufrufe (n=230) gesucht. Als Kontrollgruppen dienten Alkoholabhängige aus der Allgemeinbevölkerungsstudie (n=26), Alkoholabhängige in stationärer Behandlung im Rahmen einer Motivationstherapie (n=230) und Selbsthilfegruppenteilnehmer (n=50), die mindestens 50 Treffen besucht hatten. Die Datenerhebung bestand aus standardisierten Erhebungsinstrumenten und bezog sich auf drei Zeitfenster: (1) zwei Jahre vor der Remission, (2) ein Jahr nach der Remission, (3) das Jahr vor dem Interview. In 90 % der Fälle konnten Interviews mit Angehörigen durchgeführt werden, um die Kriterien für das Vorliegen einer Remission ohne formelle Hilfe zu bestätigen.

Zu den erfassten Variablen gehörten u. a.: soziodemographische Daten, soziale Unterstützung, Gründe für die Nichtinanspruchnahme von Hilfen, Schwere der Alkoholabhängigkeit, negative Konsequenzen des Alkoholkonsums, sozialer Druck, Lebensereignisse im Zusammenhang mit der Remission, Lebenszufriedenheit, Copingstrategien und Selbstwirksamkeitserwartungen. Die Analysen und Zielsetzungen teilten sich auf in a) methodische Aspekte der Definition von unbehandelter Remission, b) den Rekrutierungsprozess von Probanden sowie c) auslösende und aufrechterhaltende Faktoren der Remission.

Häufigkeit von Remission ohne formelle Hilfe in Deutschland

In den Jahren 1995 und 1996 wurden in Lübeck und 46 angrenzenden Gemeinden 4.075 per Zufall aus den Einwohnermeldeamtsregistern ausgewählte Personen rekrutiert. Es erfolgte eine Diagnostik von DSM-IV-Achse-1-Störungen mit Hilfe einer deutschen Version des Composite International Diagnostic Interview (M-CIDI) (Wittchen et al. 1995). Für die Bestimmung der Remissionsrate der ohne formelle Hilfen Remittierten wurden drei Gruppen im Hinblick auf die Inanspruchnahme von Hilfen untersucht. Die erste Gruppe wies keine Kontakte zum Suchthilfesystem auf. In der zweiten Gruppe hatten die Remittierten maximal drei Kontakte zu einer Beratungsstelle, neun Selbsthilfegruppenbesuche oder fünf Beratungen beim Arzt absolviert. Die dritte Gruppe hatte darüber hinausgehende Hilfe einschließlich Entwöhnungsbehandlungen in Anspruch genommen. Von den Befragten hatten 53,1 % keinerlei Kontakt, 13,3 % wenige Kontakte und 33,7 % darüber hinausgehende Kontakte (Rumpf, Meyer, Hapke, Bischof & John 2000b). Verglichen mit Daten aus kanadischen Allgemeinbevölkerungsstichproben ist somit die Rate der unbehandelten Remission niedriger, dort wurden 78 % festgestellt (Sobell, Cunningham & Sobell 1996). Der Grund liegt wahrscheinlich weniger in kulturellen Unterschieden, sondern eher darin, dass in den dortigen Untersuchungen keine Definition auf Basis von DSM-IV-Kriterien, sondern über alkoholbezogene Probleme vorgenommen wurde. Diese Definition dürfte z. B. auch Alkoholmissbrauchende oder einige Risikokonsumenten einschließen und stellt somit ein weicheres Kriterium dar.

Repräsentativität von Medienaufrufen

Die Mehrzahl der Studien, die sich inhaltlich mit auslösenden Mechanismen der Remission ohne formelle Hilfe beschäftigt haben, fußt auf Probanden, die durch Presseaufrufe rekrutiert wurden. Die Frage, ob dieses Vorgehen zu einer verzerrten Stichprobenselektion führt, war Teil der Untersuchungen. Hierzu konnten die durch Presseaufrufe rekrutierten Teilnehmer (n=176) mit Personen verglichen werden, die die gleichen Kriterien erfüllten, aber aus einer repräsentativen Allgemeinbevölkerungsstichprobe stammten (n=32). Die Hauptergebnisse einer multivariaten Analyse zeigen, dass Teilnehmer, die sich auf Presseaufrufe meldeten, signifikant schwerer abhängig waren, vor der Remission eine geringere Lebenszufriedenheit in mehreren Bereichen aufwiesen und in größerem Umfang Copingstrategien nutzten (Rumpf et al. 2000a). Weiterhin zeigten diese Teilnehmer ein höheres Maß an Gesundheitsproblemen vor der Remission, erlebten mehr sozialen Druck und unterschieden sich in den Gründen, warum sie keine professionelle Hilfe aufgesucht hatten. Die Befunde bestätigen eine Verzerrung durch Medienrekrutierung und weisen auf die Notwendigkeit hin, repräsentative Bevölkerungsstudien zu dem Thema durchzuführen.

Definition von formeller Hilfe

Ein weiterer methodischer Aspekt ist die Definition von formeller Hilfe; diese differiert in Vorstudien stark. Ein Vergleich der beiden unterschiedlichen Gruppen hinsichtlich der Inanspruchnahme von formeller Hilfe (s. o.; nahezu keine Hilfe oder geringfügige formelle Hilfe) zeigte keine bedeutsamen Unterschiede (Bischof, Rumpf, Hapke, Meyer & John 2002). Beide wiederum unterschieden sich deutlich von Personen, die regelmäßig an Selbsthilfegruppen teilgenommen hatten. Daraus folgt, dass geringfügige formelle Hilfe keinen Ausschlussgrund in Studien zu unbehandelten Remissionen darstellen sollte, dass jedoch die Einbeziehung von regelmäßigen Selbsthilfegruppenteilnehmern nicht zu rechtfertigen ist.

Auslösende Faktoren

Auf Grundlage der Daten aus der Allgemeinbevölkerung wurden ohne formelle Hilfe remittierte Alkoholabhängige mit aktual Abhängigen verglichen. Dabei wurde der Zeitrahmen von zwei Jahren vor der Remission der ehemals Abhängigen dem vergangenen Jahr der aktual Abhängigen gegenübergestellt (Bischof, Rumpf, Hapke, Meyer & John 2001). Ohne Hilfe Remittierte zeigten ein höheres Ausmaß an nicht-physiologischer Abhängigkeit, weniger sozialen Druck, das Trinkverhalten zu ändern, und häufigeres Autofahren unter Alkoholeinfluss. Weiterhin gab es die Tendenz, dass sie zufriedener mit der Arbeitssituation und der finanziellen Situation waren und öfter in einer festen Partnerschaft lebten. Diese Daten weisen auf ein höheres Ausmaß psychosozialer Ressourcen als möglichen Einflussfaktor für die Remission ohne formelle Hilfe hin.
Beim Vergleich von 230 ohne formelle Hilfen remittierten Alkoholabhängigen mit 230 Patienten in einer stationären Motivationstherapie wies die erste Gruppe zum Zeitpunkt vor der Remission eine schwerere Abhängigkeit auf und hatte weniger sozialen Druck seitens der Familie und anderer Quellen erfahren (Bischof, Rumpf, Hapke, Meyer & John 2000c). Weiterhin waren sie signifikant seltener vor dem Zeitpunkt der Remission arbeitslos gemeldet gewesen. Die Therapiepatienten hatten hingegen häufiger und zeitlich näher am Therapiebeginn gescheiterte Abstinenzversuche erlebt.

Geschlechterunterschiede

Der Vergleich von 38 Frauen und 106 Männern, die seit mindestens zwölf Monaten eine remittierte Abhängigkeit aufwiesen, hat gezeigt, dass die weiblichen Teilnehmer vor der Remission weniger sozialen Druck erfahren hatten, das Trinkverhalten zu ändern, seltener unter Alkoholeinfluss im Straßenverkehr gefahren sind und weniger Zufriedenheit in mehreren Lebensbereichen aufwiesen (Bischof, Rumpf, Hapke, Meyer & John 2000a). Weiterhin maßen sie Gesundheitsproblemen eine größere Bedeutung bei der Remission bei und informierten weniger Personen über ihr früheres Trinkverhalten.

Aufrechterhaltende Faktoren der Remission
Die meisten Studien haben sich vornehmlich mit Auslösern der Remission beschäftigt, weniger Daten liegen dagegen zu aufrechterhaltenden Faktoren vor. Beim Vergleich von 93 ohne formelle Hilfe Remittierten mit 42 regelmäßigen Selbsthilfegruppenteilnehmern zeigten sich kaum Unterschiede (Bischof, Rumpf, Hapke, Meyer & John 2000b). Die Selbsthilfegruppenteilnehmer hatten (außerhalb der Gruppen) mehr Personen über ihr früheres Alkoholproblem informiert und suchten häufiger soziale Unterstützung, um mit der Bewältigung von Versuchungssituationen umzugehen. Die Daten legen nahe, dass mehr Gemeinsamkeiten als Unterschiede in der Aufrechterhaltung von Remissionen mit bzw. ohne formelle Hilfe bestehen.

Einfluss der Familie beim Remissionsprozess
Für diese Analyse wurden die Daten von 50 Selbsthilfegruppenteilnehmern mit 115 ohne formelle Hilfe Remittierten verglichen. In beiden Gruppen wurde bei einer retrospektiven Gegenüberstellung der Zeit vor der Remission mit dem Jahr danach ein Anstieg der sozialen Unterstützung berichtet (Rumpf, Bischof, Hapke, Meyer & John 2002). Die soziale Unterstützung wurde als ein bedeutsamer Faktor zur Aufrechterhaltung der Remission bewertet. Die Selbsthilfegruppenteilnehmer berichteten für den Zeitraum vor der Remission über mehr Partnerschaftsprobleme. Es zeigte sich ferner eine Tendenz, dass diese Gruppe ebenfalls einen stärkeren Druck von Seiten des Partners in Bezug auf das Alkoholproblem erlebte. Soziale Unterstützung und sozialer Druck durch Familie und Partner standen im Zusammenhang mit verstärkten kognitiven Copingstrategien in der Gruppe der ohne formelle Hilfe Remittierten. In der Gruppe der Selbsthilfegruppenteilnehmer war ein inverser Zusammenhang sichtbar, was bedeutet, dass ein hohes Maß an Unterstützung und Druck eher mit weniger ausgeprägtem kognitiven Coping verbunden war. Möglicherweise nutzten die ohne formelle Hilfe Remittierten Unterstützung und Druck stärker für sich, um auf das Trinken verzichten zu können, während für die Selbsthilfegruppenteilnehmer diese Strategien weniger effektiv waren, so dass formelle Unterstützung gesucht wurde.

Clusteranalytische Subgruppen
Die Rolle von sozialen Ressourcen (‚social capital') ist in der bisherigen Forschung zu unbehandelten Ausstiegsprozessen aus der Sucht immer wieder hervorgehoben worden (Granfield & Cloud 1996; Klingemann 1991), konnte aber

in Studien mit Kontrollgruppenvergleichen nicht immer bestätigt werden (Sobell, Sobell & Toneatto 1992; Tucker, Vuchinich & Pukish 1995). Es ist denkbar, dass andere Faktoren, wie z. B. die Schwere der Abhängigkeit oder negative Konsequenzen des Trinkens, den Einfluss sozialer Ressourcen moderieren. In einer Clusteranalyse auf Basis der Daten von 178 ohne formelle Hilfe remittierten Alkoholabhängigen wurden in der TACOS-Studie drei Personencluster gefunden (Bischof, Rumpf, Hapke, Meyer & John 2003). Cluster 1 (geringe Probleme – geringe Unterstützung) ist charakterisiert durch ein höheres Ausmaß der Schwere der Abhängigkeit, wenige alkoholbezogene Probleme und geringe soziale Unterstützung. Cluster 2 (viele Probleme – mittlere Unterstützung) wies eher eine schwere Abhängigkeit mit vielen Problemen bei mittlerer sozialer Unterstützung auf. Cluster 3 (geringe Probleme – hohe Unterstützung) war charakterisiert durch geringe Abhängigkeitsschwere, wenige alkoholbezogene Probleme, ein hohes Ausmaß an Unterstützung sowie einen späten Beginn der Abhängigkeit. Diese letzte Gruppe machte 43 % der Stichprobe aus und war (neben den Variablen, die zu den Clustern führten) des Weiteren durch eine niedrige Arbeitslosenquote gekennzeichnet. Dieses Cluster entspricht somit dem Muster vom ‚social capital', wohingegen die anderen Cluster eine Interaktion zwischen der Problemschwere und der sozialen Unterstützung aufweisen. Diese Untergruppen konnten auch im Längsschnitt validiert werden (unveröffentlichte Daten).

Rahmenbedingungen für die Remission ohne formelle Hilfe im deutschsprachigen Raum

Die Versorgung Suchtkranker ist im deutschsprachigen Raum derzeit fast ausschließlich auf die stationären und ambulanten Einrichtungen der Suchtkrankenhilfe konzentriert. Ergänzend leisten Selbsthilfegruppen einen wichtigen Beitrag. Möglichkeiten eines früheren Intervenierens bei problematischem Alkoholkonsum, das Remissionsprozesse fördern könnte, werden insbesondere im Hinblick auf die medizinische Grundversorgung diskutiert. Hierzu hat es in den vergangenen Jahren in Deutschland ein Reihe von Modellprojekten gegeben. Das Bundesministerium für Gesundheit und Soziale Sicherung der Bundesrepublik Deutschland hat das Ziel der Frühintervention in ihren Aktionsplan „Drogen und Sucht" aufgenommen (Die Drogenbeauftragte der Bundesregierung 2003). Auch in der Schweiz sind Kurzinterventionen durch Hausärzte Bestandteil des Präventionsprogramms „Alles im Griff" des Bundesamtes für Gesundheit (<http://www.alles-im-griff.ch>). Es gibt derzeit aber keine flächendeckenden Konzepte, die die Implementierung und Finanzierung solcher Frühinterventionsmaßnahmen in Hausarztpraxen oder Allgemeinkrankenhäusern vorsehen. Das gilt gleichermaßen für Deutschland, die Schweiz und Österreich.

Die politischen Steuerungsmöglichkeiten zur Reduzierung von Suchtproblemen sind im deutschsprachigen Raum bei weitem nicht ausgeschöpft. Eine jeweilige Übersicht am Beispiel des Alkoholkonsums findet sich für Deutschland in Kraus et al. (2005), für Österreich in Uhl et al. (2005) und für die Schweiz in Aberhalden et al. (2005). Insgesamt herrscht eher eine permissive Haltung gegenüber der Verbreitung von Alkohol, und der Preis ist niedrig. In der Schweiz hat die Vereinheitlichung inländischer und ausländischer Steuern auf Spirituosen sogar zu einer Preissenkung geführt. In der Folge sind der Konsum und die alkoholbedingten Probleme angestiegen (vgl. Aberhalden et al. 2005). Weiterführende Maßnahmen, wie die Reduzierung der Verfügbarkeit legaler Suchtstoffe, wären dringend notwendig, um für Individuen bessere Rahmenbedingungen zu schaffen, allein oder mit geringfügiger Hilfe die Abhängigkeit zu überwinden. Das gilt natürlich ebenso für den Bereich des Tabakkonsums.

Die Möglichkeiten der aktiven Unterstützung von Remissionsprozessen werden derzeit nicht oder kaum gefördert. Hierfür sind oft nur wenig aufwändige Maßnahmen ausreichend (vgl. zu Minimalinterventionen Kapitel 5 in diesem Band). Solche Hilfen können z. B. im Internet angeboten werden. Im deutschsprachigen Raum existiert ein Reihe von Internetangeboten, die in der Regel aber nicht auf ihre Wirksamkeit untersucht wurden. Eine Ausnahme im Alkoholbereich stellt der „Expertentest und -ratgeber Alkohol“ (ExtrA) dar (<http://www.expertentest-alkohol.de>), für den erste vorläufige Wirksamkeitshinweise bestehen (Bischof, Reinhardt, Grothues, John & Rumpf, im Druck) und der gegenwärtig in einem randomisierten Kontrollgruppenversuch evaluiert wird. Für den Bereich des Tabakkonsums gibt es ebenfalls wirksame Programme in der Schweiz (<http://www.stop-tabak.ch>).

Fazit

In der Erforschung von unbehandelten Remissionsprozessen sind in den vergangenen 15 Jahren in der Schweiz und in Deutschland wertvolle Befunde zusammengetragen worden, die sich auf wesentliche inhaltliche und methodische Fragen in diesem Forschungsgebiet beziehen. Gleichwohl stellt dieses Thema im Vergleich zur Erforschung von Ausstiegsbedingungen mit Hilfe von Behandlungsangeboten einen Bereich dar, der unterrepräsentiert ist und stärker gefördert werden muss. Dieses Verhältnis spiegelt sich auch in den gesellschaftlichen

Bedingungen wider, die bislang kein förderliches Terrain für Remissionen ohne oder mit geringfügiger formeller Hilfe darstellen.

Literatur

Aberhalden, I., Barth, A.-R., Daeppen, J.-B., Erard, L., Frick, U., Gmel, G., Graf, M., Meier, S., Rehm, J. & Rihs-Middel, M. (2005). Alkoholpolitische Maßnahmen in der Schweiz im Jahr 2004 – was ist realisiert und was bringt die Zukunft? In: T. Babor, R. Caetano, S. Casswell, G. Edwards, N. Giesbrecht, K. Graham, J. Grube, P. Gruenewald, L. Hill, H. Holder, R. Homel, E. Österberg, J. Rehm, R. Room & I. Rossow (Hrsg.): Alkohol, kein gewöhnliches Konsumgut. Forschung und politische Maßnahmen. Göttingen: Hogrefe. 334-344.

Bischof, G., Reinhardt, S., Grothues, J., John, U. & Rumpf, H.-J. (im Druck). The Expert Test and Report and Report on Alcohol (ExTRA). Development and evaluation of a computerized software program for problem drinkers. In: F. Columbus (Hrsg.): Progress in Alcoholism Research. New York: Nova.

Bischof, G., Rumpf, H. J., Hapke, U., Meyer, C. & John, U. (2000a). Gender differences in natural recovery from alcohol dependence. In: Journal of Studies on Alcohol 61. 783-786.

Bischof, G., Rumpf, H. J., Hapke, U., Meyer, C. & John, U. (2000b). Maintenance factors of recovery from alcohol dependence in treated and untreated individuals. In: Alcoholism: Clinical and Experimental Research 24. 1773-1777.

Bischof, G., Rumpf, H. J., Hapke, U., Meyer, C. & John, U. (2001). Factors influencing remission without formal help from alcohol dependence in a representative population sample. In: Addiction 96. 1327-1336.

Bischof, G., Rumpf, H. J., Hapke, U., Meyer, C. & John, U. (2003). Types of natural recovery from alcohol dependence. A cluster analytic approach. In: Addiction 98. 1737-1746.

Bischof, G., Rumpf, H.-J., Hapke, U., Meyer, C. & John, U. (2000c). Remission ohne formelle Hilfen und Inanspruchnahme stationärer Behandlungen bei Alkoholabhängigen. – Ein Vergleich auslösender Faktoren. In: Sucht 46. 54-61.

Bischof, G., Rumpf, H.-J., Hapke, U., Meyer, C. & John, U. (2002). Recovery from alcohol dependence without formal help: how restrictive should we define treatment? In: Journal of Studies on Alcohol 63. 229-236.

Bischof, G., Rumpf, H. J., Meyer, C., Hapke, U. & John, U. (2005). Influence of psychiatric comorbidity in alcohol-dependent subjects in a representative population survey on treatment utilization and natural recovery. In: Addiction 100. 405-413.

British Medical Association (1995). Guidelines on sensible drinking. London: British Medical Association.

Die Drogenbeauftragte der Bundesregierung (2003). Aktionsplan Drogen und Sucht. November 2003. Bonn: Bundesministerium für Gesundheit und Soziale Sicherung.

Granfield, R. & Cloud, W. (1996). The elephant that no one sees: natural recovery among middle-class addicts. In: Journal of Drug Issues 26. 45-61.

Hapke, U., Rumpf, H.-J., Meyer, C., Dilling, H. & John, U. (1998). Substance use, abuse and dependence among the adult population in a rural and urban region of Northern Germany. In: European Addiction Research 4. 208-209.

Happel, H. V. (1990). „Therapie ist doch brotlose Kunst." Was das ehemals drogenabhängige Subjekt hindert, sich zum Objekt der professionellen Begierde zu machen (bzw. machen zu lasen). In: Psychologie und Gesellschaftskritik 54/55. 93-108.

Happel, H. V. (1994). Keine Heilung ohne Experten? Zur Diskussion einer Studie über die Selbstheilung von Fixern ...weil nicht sein kann, was nicht sein darf. In: H. Neubeck-Fischer (Hrsg.): Sucht – ein Versuch zu (über-)leben. München: FH-Schriften. 61-84.

Klingemann, H. K. (1991). The motivation for change from problem alcohol and heroin use. In: British Journal of Addiction 86. 727-744.

Klingemann, H. K. (1992). Coping and maintenance strategies of spontaneous remitters from problem use of alcohol and heroin in Switzerland. In: International Journal of the Addictions 27. 1359-1388.

Klingemann, H. K. (2005). Stigma and the politics of natural recovery. Paper presented at the Annual Alcohol Epidemiology Symposium of the Kettil Bruun Society for Social and Epidemiological Research on the Social Aspects of Alcohol Use and Alcohol Problems, University of California, Riverside, USA, 27. Mai – 3. Juni 2005.

Kraus, L., Bloomfield, K., Bühringer, G., Demmel., R., John, U., Mann, K., Rist, F., Rumpf, H.-J. & Seitz, H. K. (2005). Alkoholpolitische Maßnahmen in Deutschland. Wirklichkeit und Möglichkeit. In: T. Babor, R. Caetano, S. Casswell, G. Edwards, N. Giesbrecht, K. Graham, J. Grube, P. Gruenewald, L. Hill, H. Holder, R. Homel, E. Österberg, J. Rehm, R. Room & I. Rossow (Hrsg.): Alkohol, kein gewöhnliches Konsumgut. Forschung und politische Maßnahmen. Göttingen: Hogrefe. 297-312.

Meyer, C., Rumpf, H.-J., Hapke, U., Dilling, H. & John, U. (2000). Prevalence of alcohol consumption, abuse and dependence in a country with high per capita consumption. Findings from the German TACOS study. In: Social Psychiatry and Psychiatric Epidemiology 35. 539-547.

Rumpf, H.-J., Bischof, G., Hapke, U., Meyer, C. & John, U. (2000a). Studies on natural recovery from alcohol dependence. Sample selection bias by media solicitation? In: Addiction 95. 765-775.

Rumpf, H.-J., Bischof, G., Hapke, U., Meyer, C. & John, U. (2002). The role of family and partnership in recovery from alcohol dependence. Comparison of individuals remitting without formal help and with and without formal help. In: European Addiction Research 8. 122-127.

Rumpf, H.-J., Hapke, U., Dawedeit, A., Meyer, C. & John, U. (1998). Triggering and maintenance factors of remitting from alcohol dependence without formal help. In: European Addiction Research 4. 209-210.

Rumpf, H.-J., Meyer, C., Hapke, U., Bischof, G. & John, U. (2000b). Inanspruchnahme suchtspezifischer Hilfen von Alkoholabhängigen und -mißbrauchern: Ergebnisse der TACOS Bevölkerungsstudie. In: Sucht 46. 9-17.

Sobell, L. C., Cunningham, J. A. & Sobell, M. B. (1996). Recovery from alcohol problems with and without treatment. Prevalence in two population surveys. In: American Journal of Public Health 7. 966-972.

Sobell, L. C., Klingemann, H. K., Toneatto, T., Sobell, M. B., Agrawal, S. & Leo, G. I. (2001). Alcohol and drug abusers' perceived reasons for self-change in Canada and Switzerland. In: Substance Use and Misuse 36. 1467-1500.

Sobell, L. C., Sobell, M. B. & Toneatto, T. (1992). Recovery from alcohol problems without treatment. In: N. Heather, W. R. Miller & J. Greeley (Hrsg.): Self-control and the addictive behaviours. New York: Maxwell MacMillan. 198-242.

Tucker, J. A., Vuchinich, R. E. & Pukish, M. M. (1995). Molar environmental contexts surrounding recovery from alcohol problems by treated and untreated problem drinkers. In: Experimental and Clinical Psychopharmacology 3. 195-204.

Uhl, A., Beiglböck, W., Fischer, F., Haller, B., Haller, R., Haring, C., Kobrna, U., Lagemann, C., Marx, B., Musalek, M., Scholz, H., Schopper, J. & Springer, A. (2005). Alkoholpolitik in Österreich – Status Quo und Perspektiven. In: T. Babor, R. Caetano, S. Casswell, G. Edwards, N. Giesbrecht, K. Graham, J. Grube, P. Gruenewald, L. Hill, H. Holder, R. Homel, E. Österberg, J. Rehm, R. Room & I. Rossow (Hrsg.): Alkohol, kein gewöhnliches Konsumgut. Forschung und politische Maßnahmen. Göttingen: Hogrefe. 313-333.

Weber, C. & Schneider, W. (1990). Herauswachsen aus der Sucht: Kontrollierter Gebrauch illegaler Drogen und Selbstheilung. In: Kriminologisches Journal 22. 50-55.

Wittchen, H.-U., Beloch, E., Garczynski, E., Holly, A., Lachner, G., Perkonigg, A., Vodermaier, A., Vossen, A., Wunderlich, U. & Zieglgänsberger, S. (1995). Münchener Composite International Diagnostic Interview (M-CIDI), Version 2.2. München: Max-Planck-Institut für Psychiatrie.

4 Selbstheilung im Spektrum devianter Verhaltensweisen

4.1 Selbstheilung ist bei Rauchern die Regel

Christoph Kröger und Stephanie Flöter

Etwa die Hälfte aller Raucher wird im Laufe des Lebens zu Nichtrauchern (Hughes et al. 2004). In Deutschland liegt der Anteil von Ex-Rauchern in der erwachsenen Bevölkerung bei 22,5 % (Kraus & Augustin 2001). Während man in der Gruppe der jungen Erwachsenen die höchste Prävalenzrate des Rauchens und nur wenige Ex-Raucher findet, sinkt die Anzahl der Raucher mit zunehmendem Alter zunächst langsam und später immer rascher. Gleichzeitig nimmt der Anteil der Ex-Raucher stetig zu (Kraus & Augustin 2001; Lampert & Burger 2004; Statistisches Bundesamt 2004). In der Altersgruppe der 50- bis 59-Jährigen sind 33 % Ex-Raucher und nur noch 24 % aktive Raucher (siehe Tabelle 1). Die sinkende Prävalenz des Rauchens ist einerseits durch die erhöhte Sterblichkeit der Raucher bedingt (vgl. Doll et al. 2004), andererseits durch die Zunahme der Raucher, die zu Ex-Rauchern werden. Die Aussteigerquote, also der Anteil der Ex-Raucher bezogen auf die Summe aller Personen, die jemals geraucht haben, steigt ebenfalls mit zunehmendem Alter stark an. In der Alterskohorte der über 65-Jährigen beträgt sie 73,8 % bei Frauen und 77 % bei Männern (Lampert & Burger 2004), d. h. von den noch lebenden Personen, die jemals geraucht haben, haben etwa drei Viertel mit dem Rauchen aufgehört.

		Geschlecht		Altersgruppen					
	Gesamt	Männer	Frauen	18-20	21-24	25-29	30-39	40-49	50-59
	8.055	3.647	4.408	394	571	763	2.265	2.024	2.038
Nichtraucher	42,7 % (3.476)	35,2	50,4	49,4	51,9	48,0	42,0	36,0	43,2
Ex-Raucher	22,5 % (1866)	25,8	19,0	5,6	7,4	14,4	20,1	29,0	32,6
Raucher	34,8 % (2713)	38,9	30,6	45,0	40,7	37,6	37,6	35,0	24,2

Quelle: Kraus & Augustin (2001)

Tab. 1: Raucher, Ex-Raucher und Nichtraucher

43 % der deutschen Raucher geben an, irgendwann einmal einen ernsthaften Aufhörversuch gemacht zu haben (Boyle et al. 2000). Etwa ein Drittel aller Raucher unternimmt im Verlauf eines Jahres einen Aufhörversuch (Junge & Nagel 1999; West et al. 2001).

Auch wenn die meisten Raucher sich selbst heilen, sind die einzelnen Selbstheilungsversuche meist erfolglos. Wie in prospektiven Studien gezeigt werden konnte, liegen die Langzeit-Abstinenzraten nach sechs Monaten bei 3-5 %. Nimmt man die Punkt-Prävalenz-Abstinenzrate als Maßstab, liegen die Erfolgsquoten nach sechs bis zwölf Monaten bei 6-12 % (Hughes et al. 2004). In einer britischen Studie (West et al. 2001) lag die Abstinenzrate von unbehandelten Aufhörwilligen nach zwölf Monaten bei nur 5 %. In einer deutschen Längsschnittstudie (Meyer et al. 2003) blieben von 290 Rauchern, die einen Aufhörversuch unternahmen, 37 (13 %) langfristig abstinent (12-30 Monate). Auch wenn in der Studie nicht gefragt wurde, wie aufgehört wurde, kann man ausgehend von den Bevölkerungsdaten zur Nutzung von Hilfsmaßnahmen darauf schließen, dass die meisten es ohne Behandlung geschafft haben.

Es gibt nur wenige systematisch erhobene Informationen, wie Ex-Raucher den Ausstieg schaffen (prospektive Studien) bzw. geschafft haben (retrospektive Studien). Es kann jedoch als gesichert gelten, dass die meisten erfolgreichen Aufhörer keine Hilfsmittel in Anspruch genommen haben. Drei deutsche retrospektive Studien berichten, dass bis zu 91 % der Ex-Raucher angeben, keine Hilfsmittel in Form von Selbsthilfematerialien, Medikation oder professioneller

Beratung bei ihrem erfolgreichen Aufhörversuch genutzt zu haben (Meyer et al. 2000; Kraus & Augustin 2001; Lampert & Burger 2004). Aus den USA wird berichtet, dass 72 % der Ex-Raucher ohne Behandlung aufhören (Hughes & Burns 2001). Nur etwa 1 % der deutschen Ex-Raucher gibt an, eine Hilfe in Form von Gruppen- oder Einzelbehandlung in Anspruch genommen zu haben (Meyer et al. 2000; Kraus & Augustin 2001). Der Einsatz von Nikotinsubstitutionspräparaten und die Verwendung von Selbsthilfematerialien (Bücher u. ä.) werden von jeweils 3-4 % berichtet (Meyer et al. 2000; Kraus & Augustin 2001). 13 % der Ex-Raucher geben an, dass die Unterstützung durch Partner, Freunde und/oder Familie beim erfolgreichen Ausstieg hilfreich war (Kraus & Augustin 2001).

Der erfolgreiche Ausstieg stellt in der Regel das Ende eines längeren Prozesses dar, in dessen Verlauf einige erfolglose Aufhörversuche unternommen wurden (Hughes et al. 2004). Bei erfolglosen Aufhörversuchen werden häufiger als bei erfolgreichen Aufhörbemühungen Hilfsmaßnahmen in Anspruch genommen (Meyer et al. 2000; Kraus & Augustin 2001). 3 % der erfolgreichen Aufhörer benutzen Bücher, Broschüren, Kassetten oder ähnliches, während bei den Erfolglosen dieser Anteil bei 11 % liegt (Kraus & Augustin 2001). Nikotinsubstitution wird in über 10 % der erfolglosen Versuche verwendet (Meyer et al. 2000; Kraus & Augustin 2001).

Versuche, den Zigarettenkonsum zu reduzieren, sind bei Rauchern mindestens ebenso häufig wie Aufhörversuche. Aufhör- und Reduktionsversuche überlappen sich stark: So unternahmen 22 % der Raucher einer deutschen Längsschnittstudie in einem Zeitraum von 30 Monaten sowohl Aufhör- als auch Reduktionsversuche, weitere 17 % ausschließlich Reduktionsversuche und 4 % ausschließlich Abstinenzversuche. 13 % aller noch rauchenden Teilnehmer konnten die erreichte Reduktion über einen Zeitraum von 12-30 Monaten aufrechterhalten (Meyer et al. 2003). Somit entspricht die Erfolgsquote für erfolgreiche Reduktion in etwa der Wahrscheinlichkeit der Aufrechterhaltung einer erlangten Abstinenz.

In einer amerikanischen Studie (Hughes, Cummings & Hyland 1999) konnten 21 % der untersuchten Raucher ihren Zigarettenkonsum reduzieren und diese Reduktion für mindestens zwei Jahre aufrechterhalten. Bedenken, dass Reduktionsversuche die Wahrscheinlichkeit späterer Abstinenzversuche untergraben, konnten in neueren Studien nicht bestätigt werden, allerdings tragen Reduktionsversuche auch nicht zur Erhöhung der Aufhörwahrscheinlichkeit bei (Hughes et al. 1999; Meyer et al. 2003).

Retrospektive Befragungen von Ex-Rauchern haben eine Reihe methodischer Schwächen. Sie untersuchen nicht den komplexen Prozess des Ausstiegs, sondern betrachten nur dessen Endpunkt. In den vorliegenden Studien wird zu wenig differenziert nach Auslösern gefragt, die den Selbstheilungsprozess in Bewegung gesetzt haben. Einen starken Einfluss übt das soziale Umfeld des Rauchers aus. 34 % der Raucher sind innerhalb der letzten zwölf Monate von ihrem (Ehe-)Partner aufgefordert worden, mit dem Rauchen aufzuhören (Kraus & Augustin 2001). Auch von den Eltern (32 %), den eigenen Kindern (24 %), Freunden und Bekannten (22 %) und am Arbeitsplatz (15 %) erhalten Raucher diese Aufforderung. 18 % der Raucher werden innerhalb von zwölf Monaten zum Aufhören durch ihren Arzt angehalten. Mit dem Lebensalter ändern sich die genannten Aufhörgründe: Während in jüngeren Jahren häufig ästhetische Gründe angeführt werden, nehmen mit dem Alter Druck von Familie und Freunden sowie ärztliche Ratschläge zu (Hyland, Li, Bauer, Giovino, Steger & Cummings 2004). Als konkrete Auslöser für den Ausstieg werden von den meisten (erfolglosen wie auch erfolgreichen) Aufhörern gesundheitliche Gründe genannt (West et al. 2001; Hyland et al. 2004). Häufiger als eine bestehende Krankheit sind es die Sorge um die Gesundheit und Leistungsbeeinträchtigungen, die den Ausstieg initiieren. Als weitere Auslöser bzw. Gründe für den Ausstieg werden genannt: Rücksichtnahme auf Partner oder Familie, Verlust der verstärkenden Wirkung des Rauchens, Ekelempfinden nach Überdosierung, fehlende Bereitschaft oder Möglichkeit, sich das Rauchen noch zu leisten. Eine Schwangerschaft stellt bei betroffenen Raucherinnen einen bedeutenden Aufhörgrund dar. Je nach sozialem Status der Frauen geben zwischen 20 % (niedriger sozialer Status) und 50 % (höherer sozialer Status) spontan das Rauchen auf, wenn sie von ihrer Schwangerschaft erfahren. Davon bleiben 65 % bis 81 % bis zu sechs Monate lang abstinent. Somit erreichen Schwangere mittelfristig die höchsten in der Literatur berichteten Abstinenzquoten. Nach der Geburt können die meisten die Abstinenz jedoch nicht aufrechterhalten: über 60 % der Frauen werden innerhalb der ersten sechs Monate nach der Schwangerschaft wieder rückfällig (Solomon & Quinn 2004).

Untersuchungen zu Prädiktoren für den erfolgreichen Ausstieg ergeben kein einheitliches Bild. In einer Längsschnittstudie mit 153 Rauchern, die ohne Behandlung aufzuhören versuchten, zeigte sich, dass Personen, die bei der 2-Jahres-Nacherhebung abstinent waren, durchschnittlich jünger waren, weniger Jahre geraucht hatten, mehr Strategien zum Aufhören genutzt hatten und eine höhere Aufhörmotivation berichteten. Variablen, die in Zusammenhang mit einem kurzfristigen Ausstieg standen (Untersuchung nach einem und vier Monaten), zeigten in den meisten Fällen keinen Zusammenhang mit dem langfristigen Erfolg (Marlatt et al. 1988). Bei Ockene et al. (2000) waren ein höheres Bildungsniveau, höheres Vertrauen in die Fähigkeit, abstinent zu bleiben, geringere Anzahl gerauchter Zigaretten, geringerer Alkoholkonsum, höhere Selbstwirksamkeit und geringerer sozialer Druck, zu rauchen, Prädiktoren für langfristige Abstinenz (d. h. sechs Monate). Auch in der Normative Aging Study von Garvey et al. (1992) erwiesen sich geringerer Alkoholkonsum und ein höheres Maß an Zuversicht, aufhören zu können, als prädiktiv für den Erfolg. Zusätzlich wirkten sich längere Abstinenzperioden bei früheren Aufhörversuchen und eine geringere Anzahl an Rauchern im näheren Umfeld der Teilnehmer positiv auf die Abstinenzrate aus. In einer Längsschnittanalyse der COMMIT-Studie, die Raucher über 13 Jahre hinweg begleitete, erwiesen sich die Nikotinabhängigkeit und das Alter der Raucher als stärkste Prädiktoren für den Ausstieg. Auch ein niedrigerer Alkoholkonsum wirkte sich positiv auf den Erfolg aus. Weniger prädiktiv als bisher angenommen war hingegen die Aufhörmotivation. Die Autoren schließen daraus, dass die Motivation wohl eine notwendige, aber nicht hinreichende Bedingung dafür ist, Abstinenz vorherzusagen (Hyland et al. 2004).

Literatur

Boyle, P., Gandini, S., Robertson, C., Zatonski, W., Fagerström, K., Slama, K., Kunze, M., Gray, N., and the International Smokers Survey Group (2000). Characteristics of smokers attitudes towards stopping. In: European Journal of Public Health 10 (Suppl. 3). 5-14.

Doll, R., Peto, R., Boreham, J. & Sutherland, I. (2004). Mortality in relation to smoking. 50 years' observations on male British doctors. In: British Medical Journal 328. 1519-1533.

Garvey, A. J., Bliss, R. E., Hitchcock, J. L., Heinold, J. W. & Rosner, B. (1992). Predictors of smoking relapse among self-quitters. A report from the Normative Aging Study. In: Addictive Behaviors 17. 367-377.

Hughes, J. R. & Burns, D. M. (2001). Impact of medications on smoking cessation. In: Population based smoking cessation. Proceedings of the conference „What Works to Influence Cessation in the General Population?" Bethesda, MD: National Cancer Institute (= Smoking and Tobacco Control Monograph 12). 155-164.

Hughes, J. R., Cummings, K. M. & Hyland, A. (1999). Ability of smokers to reduce their smoking and its association with future smoking cessation. In: Addiction 94. 109-114.

Hughes, J. R., Keely, J. & Naud, S. (2004). Shape of the relapse curve and long-term abstinence among untreated smokers. In: Addiction 99. 29-38.

Hyland, A., Li, Q., Bauer, J. E., Giovino, G. A., Steger, C. & Cummings, K. M. (2004). Predictors of cessation in a cohort of current and former smokers followed over 13 years. In: Nicotine & Tobacco Research 6 (Supl. 3). 363-369.

Junge, B. & Nagel, M. (1999). Das Rauchverhalten in Deutschland. In: Gesundheitswesen 61 (Sonderheft 2). 121-125.

Kraus, L. & Augustin, R. (2001). Repräsentativerhebung zum Gebrauch psychoaktiver Substanzen bei Erwachsenen in Deutschland 2000 (= Sucht 47, Sonderheft 1).

Kröger, C., Heppekausen, K. & Kraus, L. (2002). Epidemiologie des Tabakkonsums und die Situation der Raucherentwöhnung in Deutschland. In: Zeitschrift für Medizinische Psychologie 11. 149-155.

Lampert, T. & Burger, M. (2004). Rauchgewohnheiten in Deutschland – Ergebnisse des telefonischen Bundes-Gesundheitssurveys 2003. In: Gesundheitswesen 66. 511-517.

Marlatt, G. A., Curry, S. & Gordon, J. R. (1988). A longitudinal analysis of unaided smoking cessation. In: Journal of Consulting and Clinical Psychology 56. 715-720.

Meyer, C., Rumpf, H.-J., Hapke, U. & John, U. (2000). Inanspruchnahme von Hilfen zur Erlangung der Nikotin-Abstinenz. In: Sucht 46. 398-407.

Meyer, C., Rumpf, H.-J., Schumann, A., Hapke, U. & John, U. (2003). Intentionally reduced smoking among untreated general population smokers. Prevalence, stability, prediction of smoking behavior change and differences between subjects choosing either reduction or abstinence. In: Addiction 98. 1101-1110.

Ockene, J. K., Mermelstein, R. J., Bonollo, D. S., Emmons, K. M., Perkins, K. A., Voorhees, C. C. & Hollis, J. F. (2000). Relapse and maintenance issues for smoking cessation. In: Health Psychology 19 (Suppl. 1). 17-31.

Solomon, L. J. & Quinn, V. P. (2004). Spontaneous quitting. Self-initiated smoking cessation in early pregnancy. In: Nicotine & Tobacco Research 6 (Suppl. 2). 203-126.

Statistisches Bundesamt (2004). Gesundheitswesen Mikrozensus 2003 – Fragen zur Gesundheit. Rauchgewohnheiten der Bevölkerung im Mai 2003. Wiesbaden: Statistisches Bundesamt.

West, R., McEwen, A., Bolling, K. & Owen, L. (2001). Smoking cessation and smoking patterns in the general population. A 1-year follow-up. In: Addiction 96. 891-902.

4.2 Selbstheilung von problematischem Glücksspiel

Tony Toneatto und Jachen C. Nett

Mit der zunehmenden Zugänglichkeit und Verfügbarkeit der unterschiedlichsten Glücksspielvarianten und -aktivitäten ist auch die Besorgnis über die wachsende Zahl von Personen gestiegen, die Behandlung für problematisches Spielen suchen. Die meisten – und auch die frühesten – systematischen Untersuchungen zum Ausmaß der Glücksspielproblematik beziehen sich vor allem auf den nordamerikanischen Raum (Arseneault, Ladouceur & Vitaro 2001; Kallick, Suits, Dielman & Hybels 1979; Ladouceur 1996; Ladouceur, Jacques, Ferland & Giroux 1999; Moore 2001; R. A. Volberg & Steadman 1989; Welte, Barnes, Wieczorek, Tidwell & Parker 2001). Die Prävalenzraten bewegen sich im nordamerikanischen Kontext gemäß den vorliegenden Ergebnissen zwischen ein und zwei Prozent, wobei sich diese Werte vervielfachen, wenn man Personen einbezieht, die die klinischen Diagnosekriterien nicht erfüllen (Shaffer et al. 1999; Rush & Moxam 2001).

Das Problem der Glücksspielsucht ist auch außerhalb Nordamerikas in den letzten Jahren vermehrt in den Brennpunkt des öffentlichen Interesses gerückt. Dementsprechend stehen inzwischen für Australien (Dickerson & Hinchy 1988; Productivity Commission 1999), Neuseeland (Abbott, Volberg & In association with Statistics New Zealand 2000; Problem Gambling Foundation of New Zealand 2003; Sullivan, McCormick & Sellman 1997) und Südafrika (Collins & Barr 2003) sowie auch für einzelne Länder Europas aussagekräftige Prävalenzstudien zur Verfügung. Zu den europäischen Ländern, in denen einigermaßen zuverlässige Prävalenzerhebungen durchgeführt wurden, zählen Großbritannien (Fisher 1999; Orford, Sproston, Erens, White & Mitchell 2003; Sproston, Erens & Orford 2000), Norwegen (Götestam & Johansson 2003), Schweden (Rönnberg 2001; Volberg, Abbott, Rönnberg & Munck 2001), die Schweiz (Bondolfi, Osiek & Ferrero 2000; Molo Bettelini, Alippi & Wernli 2000) und Spanien (Becoña 1996; Legarda, Babio & Abreu 1992). Für Deutschland und Österreich liegen bisher keine Prävalenzschätzungen vor, die aufgrund international vergleichbarer Methoden ermittelt wurden (vgl. Meyer & Bachmann 2000).

Zwar legen die Ergebnisse der vorliegenden Studien nahe, dass die Prävalenzen für problematisches und pathologisches Glücksspiel in Europa insgesamt etwas kleiner sind als andernorts. Shaffer et al. (2004) weisen indessen zu Recht darauf hin, dass die jeweiligen Prävalenzraten in Anbetracht der verschiedenartigen Erhebungs- und Messmethoden, die bei den Studien eingesetzt wurden, eine bemerkenswerte Übereinstimmung dokumentieren.

Es gibt deutliche Hinweise dafür, dass spielsuchtbezogene Probleme nicht immer im Rahmen des formalen Behandlungssystems überwunden werden, sondern dass vielmehr Prozesse natürlicher Selbstheilungen eher die Regel als die Ausnahme bilden. Auch lassen sich Parallelen zu Ergebnissen von Spontanremissionen bei substanzbezogenen Süchten ziehen (vgl. z. B. Blomqvist 2002; Klingemann 1992; Klingemann et al. 2001; Stewart 1999; Toneatto et al. 1999). Im Rahmen epidemiologischer Untersuchungen zur Glücksspielprävalenz wird häufig eine beträchtliche Anzahl ‚ehemaliger Spieler' identifiziert. Beispielsweise legen Hodgins et al. (1999) dar, dass mehr als ein Drittel der Untersuchungspersonen, die in ihrem Leben einmal exzessiv spielten, im vorangegangenen Jahr über keinerlei einschlägige Probleme berichtet haben. In dieselbe Richtung weisen die von Bland et al. (1993) im Rahmen einer Bevölkerungsumfrage zu psychiatrischen Störungen erlangten Resultate, denen zufolge lediglich in etwa der Hälfte der Lebenszeitprävalenz-Fälle pathologisch Glücksspielende für den Zeitraum von sechs Monaten vor dem Befragungszeitpunkt angegeben haben, weiterhin ein Problem mit dem Spielen zu haben. Außerdem ist festzuhalten, dass die Zahl der Spieler, die eine Behandlung oder Beratung in Anspruch nehmen, weit unter den errechneten Punktprävalenzen liegt. Nach Schätzungen der National Gambling Impact Study Commission (1999) waren weniger als 3 % der pathologisch Spielenden in irgendeiner Form in Behandlung. In der kanadischen Provinz Ontario liegt beispielsweise die Zahl der behandelten Fälle (einige Tausend pro Jahr) deutlich unter der Anzahl, die man aufgrund der vorliegenden Daten zur Prävalenz erwarten müsste (etwa 340.000 Einwohner Ontarios praktizieren risikoreiches oder problematisches Glücksspiel; Rush & Moxam 2001). Die aus der Schweiz stammenden Prävalenzraten, die als einzige im deutschen Sprachraum nach international vergleichbaren Methoden ermittelt wurden, bestätigen ebenfalls diese Größenordnung: Eine im Auftrag der Eidgenössischen Spielbankenkommission (ESBK) in der Schweiz durchgeführte Untersuchung (Künzi, Fritschi & Egger 2004) gelangt für das Jahr 2003 zu einer geschätzten Anzahl von 1.000 bis 1.500 Personen, die wegen Glücksspielproblemen in Beratung oder Behandlung waren. Setzt man diese Zahlen ins Verhältnis zu der in derselben Studie publizierten Prävalenzschätzung, die im von Bondolfi, Osiek & Ferrero (2000) und Molo Bettelini, Alippi & Wernli (2000) für pathologisches Glücksspiel festgestellten Wertebereich liegt und von 35.000 bis 48.000 betroffenen Personen ausgeht (Prävalenzrate zwischen 0,62 % und 0,84 %), so ergibt sich gleichfalls nur ein Anteil zwischen 2,8 % und 3,1 % aktuell pathologischer Spieler, die professionelle Hilfe suchen.

Die referierten Studienergebnisse legen somit die Annahme nahe, dass alternativen Heilungsmöglichkeiten eine gewichtige Bedeutung zukommt. Indes liegen bis anhin nur wenige Untersuchungen zu natürlichen Selbstheilungen von der Spielsucht vor. Hodgins & el-Guebaly (2000) kommen zu dem Schluss, dass die Inanspruchnahme von Behandlung von der Schwere des Problems abhängt und Spielende mit einer weniger ausgeprägten Glücksspielproblematik eher Selbstheilungsstrategien bevorzugen. Dass ein derartiger Zusammenhang besteht, geht auch aus Ergebnissen hervor, die in den Untersuchungen von Toneatto et al. (im Druck) und von Nett et al. (2003) präsentiert werden. Demnach weisen behandelte Glücksspielsüchtige längere Spielkarrieren, schwerere und zahlreichere Spielsuchtsymptome (beispielsweise Gefühle der Verzweiflung, Panikgefühle, Suizidgedanken) auf und haben mehr spielsuchtbezogene Folgeprobleme (z. B. insgesamt höhere finanzielle Spielverluste) als ohne Behandlung geheilte Spielsüchtige. Auch gibt es Anhaltspunkte dafür, dass bei behandelten Spielsüchtigen die Tendenz zur Komorbidität mit problematischem Substanzgebrauch relativ stärker ausgeprägt ist (Nett, Schatzmann, Klingemann & Gerber 2003). Gemäß Turner (2000) besteht schließlich ein Zusammenhang zwischen Selbstheilung von der Glücksspielsucht und einem größeren Verständnis hinsichtlich der Grundsätze von Zufalls- und Wahrscheinlichkeitsprozessen. Eine entsprechende Schulung könnte ihm zufolge deshalb sowohl für die Präventionsarbeit als auch für die Behandlung der Glücksspielsucht ein wichtiges Element darstellen.

Ganz ähnlich wie bei behandlungsfreien Heilungen bei anderen Süchten scheint auch beim Glücksspiel ein kognitiver Evaluationsprozess beteiligt zu sein, der auf die negativen Auswirkungen des Spielens und dabei insbesondere auf die zentralen Werte der betroffenen Person, aber auch auf die ständige Zunahme spielsuchtbezogener Probleme abstellt (Hodgins et al. 2002; Hodgins 2001; Toneatto et al., im Druck). So wurden etwa in der Studie von Hodgins et al. (2002) negative emotionale Zustände, finanzielle Krisen sowie zwischenmenschliche Spannungen und Konflikte häufig als Gründe für die Überwindung der Spielsuchtproblematik angegeben. Die Untersuchung von Nett et al. (2003) macht darüber hinaus deutlich, dass bei Personen, die einen Versuch unternehmen, ihr Spielverhalten grundlegend zu verändern, am Anfang häufig ein unvermittelt gefasster Entschluss steht. Nur bei einer Minderheit ist ein solcher Versuch das Ergebnis eines allmählichen Entscheidungsprozesses. Damit konsistent ist der Befund, wonach die Personen, die mit dem Ausstiegsversuch erfolgreich gewesen sind, mehrheitlich glauben, dass ein plötzliches Ereignis die Verhaltensänderung ausgelöst habe (ebd.).

Hodgins (2001) und Hodgins & el-Guebaly (2000) zeigen auf, dass die Selbstheilungsstrategien der Glücksspielenden zur Bewältigung des Problems im Allgemeinen sehr praktisch und verhaltensorientiert ausgerichtet sind. Sie umfassen Methoden zur Anreizkontrolle, Vermeidungsverhalten, Übergang zu erstrebenswerten Veränderungen des Lebensstils und eine anhaltende Wachsamkeit und Sensibilisierung hinsichtlich negativer Glücksspielfolgeprobleme (siehe auch Nett, Schatzmann, Klingemann & Gerber 2003). Als häufigste Veränderungsstrategien in den ersten zwölf Monaten nach der Selbstheilung identifizieren Toneatto et al. (im Druck) die Anreizkontrolle, den Übergang zu einem Lebensstil, der mit dem Glücksspiel unvereinbar ist, die Einschränkung des Zugangs zu Geld, die öffentliche Festlegung, dass man entschlossen sei, mit dem Spielen Schluss zu machen, und die akute Vergegenwärtigung negativer Spielsuchtkonsequenzen. Nett et al. erachten aufgrund ihrer Untersuchungsergebnisse außerdem eine „aktive Freizeitgestaltung als wichtige[n] Faktor bei der Planung und Durchführung des Ausstiegsversuchs bzw. des Ausstiegs" (2003: 49).

In der Studie von Toneatto et al. (im Druck) wurden ehemalige Spielsüchtige aufgefordert, mögliche Wege vorzuschlagen, die andere beim Ausstieg aus ihrer Sucht befolgen könnten, sofern sich letztere gegen eine professionelle Behandlung entscheiden sollten. Während etwa die Hälfte der Stichprobe sich „nichts" vorstellen kann, was den Ausstiegsprozess in Gang bringen könnte, unterstreichen die übrigen Befragten mit ihren Vorschlägen die Bedeutung einer verstärkten Sensibilisierung gegenüber den Spielsuchtfolgeproblemen und dass Einsicht in die Widersprüchlichkeit persönlicher Werthaltungen und der Konsequenzen fortgesetzten Spielens erlangt wird. Ungefähr die Hälfte der Befragten spricht sich gegen ein kontrolliertes Spielen als Ziel der Verhaltensänderung aus; davon haben sich 80 % selbst für Abstinenz vom Glücksspiel entschieden. Personen, die sich gegen eine völlige Abstinenz entscheiden, empfehlen den ehemaligen Spielern, die Spielzeit und -ausgaben zu limitieren und einen Lebensstil anzunehmen, der sich mit Glücksspiel nicht vereinbaren lässt.

Zusammenfassend folgern Hodgins & el-Guebaly (2000) sowie Toneatto et al. (im Druck), dass vermutlich die Schwere der Spielsucht die hauptsächlich zwischen Selbstheilern und behandelten Glücksspielsüchtigen diskriminierende Variable ist. Die meisten Studien zu Selbstheilungen bei Spielsucht (z. B. Hodgins et al. 2002) weisen – ähnlich wie im Fall von substanzbezogenen Abhängigkeiten – darauf hin, dass eine Krise des Selbstbildes oder der individuellen Überzeugungen, die mit einer Reihe negativer Folgen der Spielsucht einhergeht, einen Prozess der Neubewertung der Rolle des Glücksspiels im Leben der Betroffenen einleitet. Hodgins (2001), Hodgins & el-Guebaly (2000), Toneatto et al. (im Druck) sowie Nett et al. (2003) berichten übereinstimmend über ähnliche Änderungsstrategien bei geheilten Spielsüchtigen, wobei diese in erster Linie auf die Begrenzung von Einsätzen, Anreizkontrolle und die Annahme einer mit dem Glücksspiel nicht verträglichen Lebensführung abstellen. Auf die allenfalls manchmal aufkeimende Versuchung, die Spielabstinenz aufzugeben, reagieren ehemalige Spielsüchtige gemäß Nett et al. (2003) vor allem mit der Aufnahme anderer Aktivitäten, die vom Spieldrang abzulenken vermögen (z. B. sportliche Betätigung), oder indem eine kognitive Strategie gewählt wird, bei der man sich die Situation vor Beginn der Spielabstinenz in Erinnerung ruft.

Gerade zu den letztgenannten Aspekten besteht aber weiterhin Forschungsbedarf: Das Augenmerk sollte verstärkt die verschiedenen Wege fokussieren, wie Selbstheilungsprozesse als wichtige alternative Ausstiegsoption für Spielsüchtige initiiert und aufrechterhalten werden können. Entsprechende Erkenntnisse dürften Auswirkungen auf die Gestaltung von Erziehungs- und Präventionsstrategien haben, gleichzeitig aber auch von Interesse sein für Konzepte, die auf den therapeutischen Umgang mit problematischem Glücksspielverhalten gerichtet sind.

Literatur

Abbott, M. W., Volberg, R. A. and in association with Statistics New Zealand. (2000). Taking the pulse on gambling and problem gambling in New Zealand. A report on the phase one of the 1999 National Prevalence Survey. Wellington: The Department of Internal Affairs, New Zealand.

Arseneault, L., Ladouceur, R. & Vitaro, F. (2001). Gambling and psychotropic substance consumption; prevalence, coexistence and consequences. In: Canadian Psychology – Psychologie Canadienne 42. 173-184.

Becoña, E. (1996). Prevalence surveys of problem and pathological gambling in Europe. The cases of Germany, Holland and Spain. In: Journal of Gambling Studies 12. 179-192.

Bland, R. C.; Newman, S. C.; Orn, H. & Stebelsky, G. (1993). Epidemiology of pathological gambling in Edmonton. In: Canadian Journal of Psychiatry 38. 108-112.

Blomqvist, J. (2002). Recovery with and without treatment: A comparison of resolutions of alcohol and drug problems. In: Addiction Research and Theory 10. 119-158.

Bondolfi, G., Osiek, C. & Ferrero, F. (2000). Prevalence estimates of pathological gambling in Switzerland. In: Acta Psychiatrica Scandinavica 101. 473-475.

Collins, P. & Barr, G. (2003). Gambling and problem gambling in South Africa. A national study. Cape Town: National Centre for the Study of Gambling at the University of Cape Town.

Dickerson, M. & Hinchy, J. (1988). The prevalence of excessive and pathological gambling in Australia. In: Journal of Gambling Behavior 4. 135-151.

Fisher, S. (1999). A prevalence study of gambling and problem gambling in British adolescents. In: Addiction Research 7. 509-538.

Götestam, K. G. & Johansson, A. (2003). Characteristics of gambling in the Norwegian context. A DSM-IV based telephone interview. In: Addictive Behaviors 28. 189-197.

Hodgins, D. & el-Guebaly, N. (2000). Natural and treatment-assisted recovery from gambling problems. A comparison of resolved and active gamblers. In: Addiction 95. 777-789.

Hodgins, D., Makarchuk, K., el-Guebaly, N. & Peden, N. (2002). Why problem gamblers quit gambling. A comparison of methods and samples. In: Addiction Research and Theory 10. 203-218.

Hodgins, D., Wynne, H. & Makarchuk, K. (1999). Pathways to recovery from gambling problems. Follow-up from a general population survey. In: Journal of Gambling Studies 15. 93-104.

Hodgins, D. C. (2001). Process of changing gambling behavior. In: Addictive Behaviors 26. 121-128.

Kallick, M., Suits, D., Dielman, T. & Hybels, J. A. (1979). A survey of American gambling attitudes and behavior. Ann Arbor, MI: Institute for Social Research, University of Michigan.

Klingemann, H. K.-H. (1992). Coping and maintenance strategies of spontaneous remitters from problem use of alcohol and heroin in Switzerland. In: International Journal of the Addictions 27. 1359-1388.

Künzi, K., Fritschi, T. & Egger, T. (2004). Glücksspiel und Spielsucht in der Schweiz. Bern: Büro für Arbeits- und sozialpolitische Studien.

Ladouceur, R. (1996). The prevalence of pathological gambling in Canada. In: Journal of Gambling Studies 12. 129-142.

Ladouceur, R., Jacques, C., Ferland, F. & Giroux, I. (1999). Prevalence of problem gambling. A replication study 7 years later. In: Canadian Journal of Psychiatry – Revue Canadienne De Psychiatrie 44. 802-804.

Legarda, J. J., Babio, R. & Abreu, J. M. (1992). Prevalence estimates of pathological gambling in Seville (Spain). In: British Journal of Addiction 87. 767-770.

Meyer, G. & Bachmann, M. (2000). Spielsucht. Ursachen und Therapie. Berlin, Heidelberg: Springer.

Molo Bettelini, C., Alippi, M. & Wernli, B. (2000). An investigation into pathological gambling. Mendrisio: Centre for Documentation and Research, OSC, Accento.

Moore, T. L. (2001). The prevalence of disordered gambling among adults in Oregon. A secondary analysis of data. Wilsonwille: Oregon Gambling Addiction Treatment Foundation.

National Council of Welfare (1996). Gambling in Canada. Ottawa: National Council of Welfare.

National Gambling Impact Study Commission (1999). Final report. Washington, D.C.: Government Printing Office.

Nett, J. C., Schatzmann, S., Klingemann, H. & Gerber, M. (2003). Forschungsbericht – Spielbankengesetzgebung und ‚Selbstheilung' von der Spielsucht. Bern: Institut für Sozialplanung und Sozialmanagement ISS, Hochschule für Sozialarbeit HSA Bern.

Orford, J., Sproston, K., Erens, B., White, C. & Mitchell, L. (2003). Gambling and problem gambling in Britain. New York: Brunner-Routledge.

Problem Gambling Foundation of New Zealand (2003). Supporting the wellbeing of young people in relation to gambling in New Zealand. Final report and recommendations. Epsom: Problem Gambling Foundation of New Zealand.

Productivity Commission (1999). Australia's gambling industries. Report No. 10. Chapter 6 What is problem gambling & Appendix F, National Gambling Survey (No. 10). Canberra: AusInfo.

Rönnberg, S. (2001). Die schwedische Prävalenzstudie zum pathologischen Glücksspielen. In: I. Füchtenschnieder & K. Hurrelmann (Hrsg.): Glücksspiel in Europa – Vom Nutzen und Schaden des Glücksspiels im europäischen Vergleich. Geesthacht: Neuland. 1-144.

Rush, B., Moxam, R. S. (2001). Treatment of problem gambling in Ontario. Service utilization and client characteristics. DATIS.

Shaffer, H. J., LaBrie, R. A., LaPlante, D. A., Nelson, S. E. & Stantom, M. V. (2004). The road less travelled. Moving from distribution to determinants in the study of gambling epidemiology. In: Canadian Journal of Psychiatry 49. 504-516.

Shaffer, H., Hall, M. N., Bilt, J. V. (1999). Estimating the prevalence of disordered gambling behavior in the United States and Canada. A Research Synthesis. American Journal of Public Health 89. 1369-1376.

Sobell, L. C., Klingemann, H. K.-H., Toneatto, T., Sobell, M. B., Agrawal, S. & Leo, G. I. (2001). Alcohol and drug abusers' perceived reasons for self-change in Canada and Switzerland. Computer-assisted content analysis. In: Substance Use and Misuse 36. 1467-1500.

Sproston, K., Erens, B. & Orford, J. (2000). Gambling behaviour in Britain. Results from the British Gambling Prevalence Survey. London: National Centre for Social Research (NatCen).

Stewart, C. (1999). Investigation of cigarette smokers who quit without treatment. In: Journal of Drug Issues 29. 167-186.

Sullivan, S. G., McCormick, R. & Sellman, J. D. (1997). Increased requests for help by problem gamblers. Data from a gambling crisis hotline. In: New Zealand Medical Journal 110. 380-383.

Toneatto, T., Hodgins, D., Cunningham, J., Turner, N., Adams, M. & Koski-Jännes, A. (im Druck). Untreated recovery from problem gambling. In: Substance Use and Misuse.

Toneatto, T., Sobell, L. C., Sobell, M. B. & Rubel, E. (1999). Natural recovery from cocaine dependence. In: Psychology of Addictive Behaviors 13. 259-268.

Turner, N. E. (2000). Randomness, does it matter? In: Electronic Journal of Gambling Issues 2 [Online].

Volberg, R. A. & Steadman, H. J. (1989). Prevalence estimates of pathological gambling in New Jersey and Maryland. In: American Journal of Psychiatry 146. 1618-1619.

Volberg, R., Abbott, M., Rönnberg, S. & Munck, I. (2001). Prevalence and risks of pathological gambling in Sweden. In: Acta Psychiatrica Scandinavica 104. 250-256.

Welte, J., Barnes, G., Wieczorek, W., Tidwell, M. C. & Parker, J. (2001). Alcohol and gambling pathology among US adults. Prevalence, demographic patterns and comorbidity. In: Journal of Studies on Alcohol 62. 706-712.

4.3 Selbstheilung von Essstörungen

Janet Polivy

Natürliche Heilungsverläufe bei Essstörungen und Fettleibigkeit sind bislang auf wenig Interesse gestoßen, teilweise wohl deshalb, weil beim Vorliegen einer medizinisch oder psychologisch diagnostizierbaren Störung die betroffene Person in der Regel zur Behandlung überwiesen wird. Daher beruhen die Analysen der Verläufe und Ergebnisse solcher Störungen auf behandelten Populationen und nicht so sehr auf ‚natürlichen Verläufen bei fehlender Behandlung'. Somit ist schwer zu entscheiden, ob denn nun Behandlung tatsächlich hilfreich ist bei der Besserung von Essstörungen oder Fettleibigkeit. Ist die Symptomverbesserung bei manchen Betroffenen als Behandlungserfolg zu werten oder aber einfach Teil des natürlichen Verlaufes der Krankheit? Sind Behandlungspopulationen repräsentativ für die Gesamtheit der Betroffenen oder stellen sie lediglich eine verzerrte Auswahl dar? Steigert Therapie die Zahl der Personen, die Heilungsfortschritte machen oder ist sie wirkungslos bzw. zeitigt sie sogar negative Auswirkungen auf das Ergebnis des Krankheitsverlaufes? Diese Fragen müssen mit Blick auf die Problematik der Essstörungen einer Klärung zugeführt werden. Vereinzelt liegen Befunde über das Ausmaß der Heilung von dieser Krankheit (mit oder ohne Behandlung) vor, während Studien zur Progression der Störung noch seltener sind, zumindest wenn man Essstörungen berücksichtigt und das Thema ‚Fettleibigkeit' außer Acht lässt.

Pike (1998) stellt in ihrer Literaturübersicht zu den Folgen von Essstörungen fest, „dass bezüglich *anorexia nervosa* keine prognostizierbaren oder standardisierten Langzeitverläufe festgestellt werden können. Manche Betroffene werden wieder völlig gesund, während andere schwer an einer chronischen Störung zu tragen haben und andere daran sterben" (Pike 1998: 447). Die Autorin regt an, dass künftige Forschungsbemühungen sowohl Befunde von Behandlungsergebnisstudien als auch Erkenntnisse über natürliche Verläufe im Rahmen von Nachuntersuchungen berücksichtigen sollten. Eine aktuelle Übersichtsarbeit (Steinhausen 2002) kommt zu dem Schluss, dass im Falle von *anorexia nervosa* eine hohe Sterblichkeitsrate festzustellen ist und weniger als die Hälfte derjenigen, die die Krankheit überleben, wieder vollumfänglich genesen. Auch wenn man nicht notwendigerweise davon ausgehen kann, dass alle Essstörungspatienten auch unter *anorexia nervosa* oder Mehrfachstörungen leiden oder gelitten haben, so legen doch die vorliegenden Daten die Annahme nahe, dass es eine Art natürlichen Verlauf bei Essstörungen von der *anorexia nervosa* (AN) zur *bulimia nervosa* (BN) oder anderen nicht weiter spezifizierten Essstörungen

(ESNWS) gibt. So wurden etwa 51 PatientInnen im Teenager-Alter, bei denen im Rahmen einer Gemeindevorsorgeuntersuchung *anorexia nervosa* diagnostiziert worden war, mit einer gleich großen Kontrollgruppe verglichen und sechs Jahre später erneut untersucht (Råstam, Gillberg & Gillberg 1995). Obgleich die meisten der *anorexia-nervosa*-PatientInnen die Diagnosekriterien für AN bei der Nachuntersuchung nicht mehr erfüllten, so waren doch viele nicht frei von Essstörungen und entsprachen den Diagnosekriterien für BN und ESNWS. In einer weiteren Studie litten zwei Jahre nach stationärer Behandlung immer noch 27 % unter *anorexia nervosa*, 10 % hatten BN und 2 % ESNWS entwickelt (Fichter & Quadflieg 1999). Ganz ähnlich hatten acht von 43 AN-PatientInnen sechs Jahre nach Diagnosestellung und Behandlung ESNWS entwickelt, in fünf Fällen kam es zu BN und drei Fälle wiesen sowohl AN als auch BN auf; lediglich 4 % litten weiterhin ausschließlich an AN (Schulze, Neudorfl, Krühl et al. 1997). Nachdem fünf Jahre seit der Behandlung wegen AN vergangen waren, hatten 30 % der Betroffenen BN entwickelt (Strober, Freeman & Morell 1997), obwohl nach sieben Jahren drei Viertel der PatientInnen als vollumfänglich von AN geheilt betrachtet wurden. Eine weitere 7-Jahres-Katamnesestudie weist darauf hin, dass von 34 Fällen sieben weiterhin unter AN litten, vier BN entwickelt hatten und zehn als ESNWS diagnostiziert wurden. Zehn Jahre nach Behandlung zeigte schließlich ein Fall (von insgesamt 39) weiterhin AN und zwei litten unter BN (Herpertz-Dahlmann, Müller et al. 2001). Daraus kann geschlossen werden, dass, obwohl drei Viertel der AN-Fälle im Verlaufe mehrerer Jahre genesen, dennoch eine gewisse Anzahl andere Essstörungen entwickelt oder anorexisch bleibt.

Betrachten wir im weiteren Sinne das Auftreten von Essstörungen nach Behandlungsmaßnahmen, so wird aus Studien ersichtlich, dass die Mehrheit der Fälle zwar die diagnostischen Kriterien für Essstörungen nicht mehr erfüllt, aber dennoch weiterhin unter schweren Problemen leidet. So zeigt eine prospektive Studie bei 225 Frauen mit *anorexia nervosa*, *bulimia nervosa* und kombinierten Krankheitsbildern, dass sich bei fast der Hälfte der ursprünglich anorektischen und gemischten Diagnosen der Zustand so verbessert hatte, dass diese ein Jahr nach der Behandlung keine entsprechenden Diagnosemerkmale mehr aufwiesen. Die Heilungsrate fiel bei den Bulemikern sogar vergleichsweise höher aus (Herzog, Sacks, Keller, Lavori, von Ranson & Gray, 1993). Herzog (1993) führte mit 33 Frauen, die die Diagnosekriterien für *anorexia nervosa* oder *bulimia nervosa* nicht in ganzem Umfang erfüllten und sich wegen Essstörungen in Behandlung begaben, eine Studie durch und ließ zwei Jahre später sowie nach 52 Monaten eine Nachuntersuchung folgen. 15 Frauen der Untersuchungsgruppe entwickelten eine klar diagnostizierbare Essstörung zum Zeitpunkt der ersten Nachuntersuchung; bei der zweiten Nachuntersuchung zeigte sich, dass vier

Frauen weiterhin eine diagnostizierte Störung hatten, 22 nicht alle Diagnosekriterien erfüllten und sechs die Störung überwunden hatten. In einer anderen Studiengruppe entsprach hingegen zwei Jahre nach Behandlung die Hälfte der BN-Patientinnen weiterhin vollumfänglich den Kriterien eines BN-Syndroms, 3,1 % erfüllten die Kriterien für AN und 46,9 % lagen unterhalb der kritischen Diagnoseschwelle für AN oder BN (Fichter & Quadflieg 1996). In ebendieser Untersuchung litten 30 % der AN-Patientinnen weiterhin unter AN und 22 % hatten BN entwickelt; hingegen wiesen die verbleibenden 48 % keinerlei Essstörungen mehr auf. Von den ursprünglichen BN-Patientinenn waren nach sechs Jahren weiterhin 22 % bulimisch, 3,7 % hatten AN und 2 % eine nicht weiter spezifizierte Essstörung (ESNWS); 6 % waren fettleibig geworden und zwei Patientinnen verstorben. Die Mehrzahl dieser Fälle (72 %) wies keine Essstörungsdiagnose auf (Fichter & Quadflieg 1997). Wie bereits erwähnt, erwiesen sich die Entwicklungsverläufe der AN-Patientinnen im 6-Jahresverlauf als nicht sehr günstig, hatten doch 39 % weiterhin eine irgendwie geartete Essstörung und sechs Patientinnen waren verstorben. Gleichzeitig jedoch hatte die Mehrheit der Fälle (55 %) die Essstörung überwunden (Fichter & Quadflieg 1999). Patientinnen, die über periodische Essattacken (PES) berichteten (‚binge eating'), wiesen insgesamt drei beziehungsweise sechs Jahre nach der Behandlung eine günstige Entwicklung auf: Nur eine von 68 Patientinnen war verstorben, vier litten weiterhin unter PES, fünf wechselten zu BN und fünf entwickelten ESNWS, so dass gesamthaft 77 % die Störung überwunden hatten (Fichter, Quadflieg & Gnutzmann 1998). Bei einer 7-Jahres-Katamnese an einem anderen Behandlungszentrum erfüllten 15 von 34 Patientinnen weiterhin die Kriterien für eine Essstörungsdiagnose und 21 für eine andere psychiatrische Diagnose (Herpertz-Dahlmann, Wewetzer, Hennighausen & Remschmid 1996). Eine aktuelle Nachuntersuchung bei einer größeren Anzahl (n=246) von AN- und BN-Patientinnen (Herzog, Dorer, Keel et al. 1999) machte deutlich, dass bei BN-Fällen nach sieben Jahren die Heilungsquote mit 74 % signifikant höher ausfällt als bei AN-Patientinnen mit nur 33 %.

Progressionsverläufe von Essstörungssymptomen bei behandelten Populationen sind aufschlussreich; gleichzeitig spiegeln sie jedoch nicht notwendigerweise den wahren Störungsverlauf wider. Um entscheiden zu können, ob es bei Essstörungen zu Spontanheilungen kommt oder ob diese nur durch Behandlung gelöst werden können, müssen wir den Symptomverlauf bei nicht behandelten Populationen, die diese Störung bereits aufweisen oder bereits erste Anzeichen hierfür zeigen, untersuchen. Mit dieser Zielsetzung wurden verschiedene Gemeindefrüherkennungsuntersuchungen bei Frauen (hin und wieder auch bei Männern) durchgeführt und diese Gruppen dann weiter verfolgt. Joiner, Heatherton & Keel (1997) untersuchten 400 Harvard-Studentinnen während ihrer Studienzeit und zehn Jahre später. Es zeigte sich, dass Bulimie-Symptome im Beobachtungszeitraum relativ stabil blieben und dass die Einstufungswerte auf Symptom-Indizes durchaus spätere pathologische Verläufe prognostizierten. Hingegen zeigte eine weitere Untersuchung, dass über einen Zeitraum von sechs Monaten die Symptome bei einer Gruppe von BED-diagnostizierten Frauen so weit rückläufig waren, dass man bei zehn von 21 Probandinnen zumindest von einer teilweisen Remission sprechen konnte (Cachelin, Striegel-Moore, Elder et al. 1999). Im Rahmen einer Wiederholungserhebung bei erwachsenen Frauen zu Einstellungen zum Essen und pathologischem Essverhalten gaben diese nach sechs Jahren Verbesserungen hinsichtlich des Verhaltens an, wohingegen sich die essbezogenen Einstellungen verschlechtert hatten (Rizvi, Stice & Agras 1999).

Als Teil einer Gemeindeuntersuchung wurden zwei Gruppen von Frauen mit BN und PES während fünf Jahren alle 15 Monate untersucht (Fairburn, Cooper, Doll et al. 2000). In beiden Stichproben wurden im Zeitverlauf, insbesondere bei der PES-Gruppe, Symptomverbesserungen berichtet. Im Vergleich zu den BN-Patientinnen, von denen etwa die Hälfte bis zwei Drittel weiterhin eine Störungsdiagnose aufwiesen, litten in dieser Gruppe nach fünf Jahren lediglich noch 18 % weiterhin unter irgendeiner Form von Essstörung (39 % wurden hingegen fettleibig). Aus einem Anschlussbericht zur untersuchten BN-Gruppe geht hervor, dass nach fünf Jahren 44 % als geheilt betrachtet werden konnten, 51 % weiterhin periodische Essattacken hatten (‚binge eating') und 56 % kompensatorische Verhaltensweisen angaben (Fairburn, Stice, Cooper et al. 2003). Schließlich wurde der natürliche Verlauf von BN und ESNWS über einen Zeitraum von zwei Jahren verfolgt. In Übereinstimmung mit anderen Studien zeigte sich, dass die Remissionswahrscheinlichkeit bei ESNWS-Patientinnen mit 59 % höher ausfiel als bei BN-Patientinnen mit 40 % und dass BN-Fälle mehr Zeit für die Symptombewältigung benötigten (Grilo, Sanislow, Shea et al. 2003).

Da Essstörungen oft während des ersten Studienjahres an der Universität auftreten (vgl. etwa Striegel-Moore, Silberstein, Frensch & Rodin 1989), sind vorzugsweise Studierende im Zeitverlauf untersucht worden, um zu bestimmen, ob bei vorliegenden Anzeichen für eine Essstörung diese im weiteren Verlauf wieder verschwinden oder ob sich eine Störung im klinischen Sinne entwickelt. Weibliche und männliche Anfangssemester der Harvard-Universität wurden nach einer Ersteinschätzung zehn Jahre später erneut untersucht (Heatherton, Nichols, Mahamedi & Keel 1995). Über fast alle Problem-Indizes ergaben sich im Zehnjahresverlauf sowohl bei essbezogenen Einstellungen als auch bei Verhaltensweisen Verbesserungen; ein Drittel der Befragten, die zu Beginn Anzeichen für BN aufwiesen, war bei der Nachuntersuchung unauffällig. Essattacken

(‚binge eating') und diesbezügliche pathologische Verhaltensweisen waren rückläufig, Fasten war rückläufig und das Körperselbstbild hatte sich verbessert.

In einer aktuellen Studie wurden Studienanfänger befragt und Untergruppen, die bezüglich Essstörungen auffallend hohe oder niedrige Werte zeigten, während zweier Jahre in Sechsmonatsintervallen erneut befragt (Mills, Polivy & McFarlane, in Vorbereitung). Es zeigte sich, dass im Beobachtungszeitraum pathologische Essstörungen rückläufig waren, wohingegen das Einhalten von Diäten und Unzufriedenheit mit dem eigenen Körper unverändert fortbestanden. Untersuchungsteilnehmer, bei denen zu Beginn potentielle Essstörungen vermutet worden waren, zeigten einen positiven Verlauf, d. h. sie zeigten sich bei der Nachbefragung weniger durch Episoden mit vorübergehendem Kontrollverlust und zu viel Essen beunruhigt. Allerdings waren Verbesserungen im Zeitverlauf bei den Fällen, die zum ersten Messzeitpunkt die höchsten pathologischen Werte aufgewiesen hatten, am wenigsten wahrscheinlich; Gewicht und Körperprofil spielten weiterhin eine bedeutende Rolle bei der Selbsteinschätzung und beeinträchtigten das Selbstwertgefühl.

Die vorliegenden Forschungsbefunde weisen darauf hin, dass Essstörungen unterschiedliche Verläufe nehmen können, wobei AN sich am hartnäckigsten hält und die höchste Mortalitätsrate aufweist. Bei BN ist die Situation positiver als bei AN, aber immer noch schlechter als bei ESNWS oder PES; die beiden letzteren Formen von Essstörungen weisen die positivsten Entwicklungsverläufe auf. Pathologische essbezogene Einstellungen und Verhaltensweisen, die jedoch nicht als Essstörungen im klinisch-diagnostischen Sinne zu klassifizieren sind, wie sie häufig bei UniversitätsstudentInnen auftreten, bessern sich im Zeitverlauf auf natürliche Weise, wobei in schwereren Fällen zumindest die Wahrscheinlichkeit besteht, dass es zu einer voll entwickelten Pathologie kommt.

Vergleicht man die Heilungsverläufe bei Essstörungen bei behandelten und nicht behandelten Populationen, so sind die Chancen für eine vollumfängliche Problemlösung bei ersteren höher als bei den nicht behandelten Fällen. Zumindest nach den vorliegenden Befunden zeigt die Mehrheit der behandelten Fälle günstige Verläufe, wohingegen nur weniger als die Hälfte der behandlungsfreien Betroffenen bei Nachuntersuchungen unauffällig sind. Die Schlussfolgerung, dass Behandlung wirksamer und relevanter ist als Spontanremissionen, wäre jedoch voreilig, solange nicht geklärt ist, inwieweit Selbstselektionsprozesse am Werke sind (etwa hinsichtlich der Behandlungsmotivation und Besserungsintention), die die Gruppenunterschiede zwischen behandelten und nicht behandelten Personen möglicherweise erklären.

Der natürliche Verlauf von Fettleibigkeit ist schwer zu untersuchen, da in westlichen Gesellschaften die Auffassung vorherrscht, dass man, falls man nicht trendgerecht schlank ist, zumindest den Versuch unternehmen sollte, Gewicht zu verlieren, d. h. den Zustand der Fettleibigkeit behandeln zu lassen (vgl. Polivy & Herman 1987). In einer Leserumfrage der Zeitschrift „Consumer Reports", an der mehr als 32.000 LeserInnen teilnahmen, zeigte sich, dass 25 % der Befragten 10 % ihres Ausgangsgewichts verloren hatten und diese Gewichtsreduktion über ein Jahr lang auch aufrechterhalten konnten (Anonymus 2002). Die Hälfte der Antwortenden schaffte eine durchschnittliche Gewichtsreduktion um 37 Pfund (amerikanische ‚pounds'), d. h. um mehr als 10 % ihres Gewichts über einen Zeitraum von fünf Jahren und mehr. Mehr als 80 % derjenigen, die über Gewichtsreduktionen berichteten, gaben an, dies ohne Behandlung geschafft zu haben.

Tinker & Tucker (1997a,b) untersuchten in ihrer Interviewstudie 21 Erwachsene, die signifikante Gewichtsreduktionen ohne Inanspruchnahme von Behandlung erzielt hatten und diese während eines Beobachtungszeitraums von viereinhalb Jahren aufrechterhielten. Die Untersuchungsteilnehmer hatten eine negative Einstellung zu Schlankheitsbehandlungen und griffen ihrerseits auf Methoden wie bewusstere Ernährung und mehr Sport zurück, um Gewicht zu verlieren. In gleicher Weise gab die Hälfte der im ‚National Weight Control Registry (NWCR)' (vgl. Klem, Wing, McGuire et al. 1997, 1998; Wing & Hill 2001) erfassten Personen an, ihr Gewicht ohne Behandlungsmaßnahmen im eigentlichen Sinne verringert zu haben (Klein et al. 1997), und berichtete über den Einsatz ähnlicher Techniken, um (mindestens) 10 % ihres Körperausgangsgewichts zu verlieren und diese Reduktion während eines Jahres zu stabilisieren (was Bedingung für die Aufnahme in dieses Register ist). Bei 35 % der Personen, die nach Aufnahme in das Register wieder Gewicht zulegten, war festzustellen, dass sie ihre Fettzufuhr erhöhten und körperliche Fitnessaktivitäten verminderten (McGuire, Wing, Klein et al. 1999).

Damit wird die Frage aufgeworfen, inwiefern man von ‚Behandlung' sprechen kann, wenn Gewichtsabnahmeversuche durch verändertes Essverhalten oder körperliche Ertüchtigung gewissermaßen im Sinne einer Selbstbehandlung erzielt werden – im Gegensatz zum natürlichen Prozessverlauf, in dem Essstörungen ‚natürlich', d. h. gänzlich ohne Behandlung wieder abklingen. Dementsprechend bestehen möglicherweise Unterschiede zwischen einem ‚natürlichen Störungsverlauf' (in dem Spontanheilungen auftreten können) und so genannten ‚Selbstheilungen' von Fettleibigkeit (z. B. Tinker & Tucker 1997a,b) oder problematischem Alkoholkonsum (vgl. Sobell, Klingemann, Toneatto et al. 2001), die eine individuelle Entscheidung zugunsten einer Verhaltensänderung voraussetzen, die in der Folge zu selbst initiierten Bemühungen zur Modifikation derjenigen inadäquaten Verhaltensweisen führt, die den unerwünschten Zustand manifestieren. Entsprechend kann man annehmen, dass Bemühungen zur Förderung des Selbstheilungspotentials vorzugsweise von letzteren Annahmen ausgehen und sich nicht an der Idee der Spontanremission orientieren, die weder eine individuelle Änderungsmotivation noch vorsätzliche Verhaltensänderungen voraussetzt.

Literatur

Anonymus (2002). The truth about dieting: You can win for losing. In: Consumer Reports, June. 26-31.

Cachelin, F. M., Striegel-Moore, R. H., Elder, K. A., Pike, K. M., Wilfley, D. E. & Fairburn, C. G. (1999). Natural course of a community sample of women with binge eating disorder. In: International Journal of Eating Disorders 25. 45-54.

Fairburn, C. G., Cooper, Z., Doll, H. A., Norman, P. A. & O'Connor, M. E. (2000). The natural course of bulimia nervosa and binge eating disorder in young women. In: Archives of General Psychiatry 57. 659-665.

Fairburn, C. G., Stice, E., Cooper, Z., Doll, H. A., Norman, P. A. & O'Connor, M. E. (2003). Understanding persistence in bulimia nervosa. A 5-year naturalistic study. In: Journal of Consulting and Clinical Psychology 71. 103-109.

Fichter, M. M. & Quadflieg, N. (1996). Course and two-year outcome in anorexic and bulimic adolescents. In: Journal of Youth and Adolescence 25. 545-562.

Fichter, M. M. & Quadflieg, N. (1997). Six-year course of bulimia nervosa. In: International Journal of Eating Disorders 22. 361-384.

Fichter, M. M. & Quadflieg, N. (1999). Six-year course and outcome of anorexia nervosa. In: International Journal of Eating Disorders 26. 359-385.

Fichter, M. M., Quadflieg, N. & Gnutzmann, A. (1998). Binge eating disorder. Treatment outcome over a 6-year course. In: Journal of Psychosomatic Research 44. 385-405.

Grilo, C. M., Sanislow, C. A., Shea, M. T., Skodol, A. E., Stout, R. L., Pagano, M. E., Yen, S. & McGlashan, T. H. (2003). The natural course of bulimia nervosa and eating disorder, not otherwise specified is not influenced by personality disorders. In: International Journal of Eating Disorders 34. 319-330.

Heatherton, T. F., Nichols, P., Mahamedi, F., Keel, P. (1995). Body weight, dieting, and eating disorder symptoms among college students, 1982 to 1992. In: American Journal of Psychiatry 152. 1623-1629.

Herpertz-Dahlmann, B., Müller, B. et al. (2001). Prospective 10-year follow-up in adolescent anorexia nervosa – Course, outcome, psychiatric comorbidity, and psychosocial adaptation. In: Journal of Child Psychology and Psychiatry and Allied Disciplines 42. 603-612.

Herpertz-Dahlmann, B., Wewetzer, C., Hennighausen, K. & Remschmidt, H. (1996). Outcome, psychosocial functioning, and prognostic factors in adolescent anorexia nervosa as determined by prospective follow-up assessment. In: Journal of Youth and Adolescence 25. 455-471.

Herpertz-Dahlmann, B. M., Wewetzer, C., Schulz, E. & Remschmidt, H. (1996). Course and outcome in adolescent anorexia nervosa. In: International Journal of Eating Disorders 19. 335-345.

Herzog, D. B. (1993). A follow-up study of 33 subdiagnostic eating disordered women. In: International Journal of Eating Disorders 14. 261-267.

Herzog, D. B., Dorer, D. J., Keel, P. K., Selwyn, S. E., Ekeblad, E. R., Flores, A. T., Greenwood, D. N., Burwell, R. A. & Keller, M. B. (1999). Recovery and relapse in anorexia and bulimia nervosa. A 7.5-year follow-up study. In: Journal of the American Academy of Child and Adolescent Psychiatry 38. 829-837.

Herzog, D. B., Sacks, N. R., Keller, M. B., Lavori, P. W., von Ranson, K. B., Gray, H. M. (1993). Patterns and predictors of recovery in anorexia nervosa and bulimia nervosa. In: Journal of the American Academy of Child and Adolescent Psychiatry 32. 835-842.

Joiner, T. E., Heatherton, T. F. & Keel, P. K. (1997). Ten-year stability and predictive validity of five bulimia-related indicators. In: American Journal of Psychiatry 154. 1133-1138.

Klem, M. L., Wing, R. R., McGuire, M. T., Seagle, H. M. & Hill, J. O. (1997). A descriptive study of individuals successful at long-term maintenance of substantial weight loss. In: American Journal of Clinical Nutrition 66. 239-246.

Klem, M. L., Wing, R. R., McGuire, M. T., Seagle, H. M. & Hill, J. O. (1998). Psychological symptoms in individuals successful at long-term maintenance of weight loss. In: Health Psychology 17. 336-345.

McGuire, M. T., Wing, R. R., Klem, M. L., Lang, W. & Hill, J. O. (1999). What predicts weight regain in a group of successful weight losers? In: Journal of Consulting and Clinical Psychology 67. 177-185.

Mills, J., Polivy, J. & McFarlane, T. (in Vorber.). The natural course of eating pathology in female college students. A prospective study.

Pike, K. M. (1998). Long-term course of anorexia nervosa: Response, relapse, remission, and recovery. In: Clinical Psychology Review 18. 447-475.

Polivy, J. & Herman, C. P. (1987). The diagnosis and treatment of normal eating. In: Journal of Consulting and Clinical Psychology 55. 635-644.

Råstam, M., Gillberg, I. C., Gillberg, C. (1995). Anorexia Nervosa 6 years after onset. Part II. Comorbid psychiatric problems. In: Comprehensive Psychiatry 36. 70-76.

Rizvi, S. L., Stice, E. & Agras, W. S. (1999). Natural history of disordered eating attitudes and behaviors over a 6-year period. In: International Journal of Eating Disorders 26. 406-413.

Schulze, U., Neudorfl, A., Krill, A., Warnke, A., Remschmidt, H. & Herpertz-Dahlmann, B. (1997). Early-onset anorexia nervosa. Course and outcome. In: Zeitschrift für Kinder- und Jugendpsychiatrie und Psychotherapie 25. 5-16.

Steinhausen, H. C. (2002). The outcome of anorexia nervosa in the 20th century. In: American Journal of Psychiatry 159. 1284-1293.

Striegel-Moore, R. Silberstein, Frensch, P. & Rodin, J. (1989). A prospective study of disordered eating among college students. In: International Journal of Eating Disorders 8. 499-509.

Strober, M., Freeman, R. & Morrell, W. (1997). The long-term course of severe anorexia nervosa in adolescents. Survival analysis of recovery, relapse, and outcome predictors over 10-15 years in a prospective study. In: International Journal of Eating Disorders 22. 339-360.

Tinker, J. E. & Tucker, J. A. (1997a). Environmental events surrounding natural recovery from obesity. In: Addictive Behaviors 22. 571-575.

Tinker, J. E. & Tucker, J. A. (1997b). Motivations for weight loss and behavior change strategies associated with natural recovery from obesity. In: Psychology of Addictive Behaviors 11. 98-106.

Wing, R. R. & Hill, J. O. (2001). Successful weight loss maintenance. In: Annual Review of Nutrition 21. 323-341.

4.4 Zur spontanen Aufgabe krimineller Verhaltensweisen

Jukka-Pekka Takala

> In einem aktuellen Film werden zwei jugendliche Diebe gezeigt. Als sie erwischt werden, schafft es der eine, schnell wegzurennen, und wird später ein Priester, während aus dem langsameren, der geschnappt wird und in eine Besserungsanstalt kommt, ein Gangster wird. Unter anderen Umständen wäre der schnellere jugendliche Dieb der Gangster und der langsamere der Priester geworden.
> (Sutherland 1939: 4)

Sutherland präzisiert nicht, um welchen Film es sich genau handelt, aber es muss wohl „Angels with dirty faces" („Engel mit schmutzigen Gesichtern") aus dem Jahre 1939 mit Michael Curtiz als Regisseur und James Gagney in der Rolle des Gangsters sowie Pat O'Brian als sein gesetzestreuer Bruder gewesen sein. Edwin Sutherlands kurzer Hinweis auf diese persönlichen Entwicklungsszenarien in der dritten Ausgabe seines klassischen Lehrbuches der Kriminologie bringt die Problematik krimineller Karrieren und das individuelle Ablassen von Verbrechen prägnant auf den Punkt.

Das Filmskript greift auf Einsichten und Empfehlungen des kriminologischen Etikettierungsansatzes (‚labeling theory') zurück, die in den 1950er und 60er Jahren weiterentwickelt wurde und an Einfluss gewinnen sollte. Aus dem verhafteten Dieb wurde demgemäß vor allem oder zumindest teilweise deswegen ein Schwerverbrecher, weil er als Krimineller etikettiert worden war und damit andere Karrieren für ihn versperrt oder zumindest schwer zugänglich wurden. Der entkommene Dieb hingegen gab seine kriminelle Karriere zugunsten anderer Karrieremöglichkeiten, die ihm nach wie vor zur Verfügung standen, auf. Der Etikettierungsansatz rückt gerade diese individuellen Entwicklungslinien in den Vordergrund. Aus dieser Perspektive wäre der Verzicht auf Verbrechenssanktionen die am besten geeignete Intervention und die individuelle spontane Aufgabe verbrecherischer Verhaltensweisen erwiese sich als der zuverlässigste und vielversprechendste Weg hin zu einem gesetzeskonformen Leben.

Gleichzeitig wäre aber ein andersartiger Verlauf der Geschichte ebenso plausibel gewesen, wie Sutherland im oben angeführten Zitat andeutet. Die jeweiligen Zukunftsszenarien der Brüder sind umkehrbar. In manchen Fällen kann eine frühe Warnung oder Strafe dem Gesetzesbrecher eine Hilfe sein, um auf den rechten Weg zu finden. Auch wird von Ex-Verbrechern oft bedauert, dass sie nicht früh und entschieden genug mit ihrem Verhalten konfrontiert worden seien, um sie von kriminellen Taten abzuhalten, bevor sie in eine Schwerverbrecherkarriere geraten sind. Rex (1999) berichtet aus einer englischen Untersuchung zur Frage der Entwicklung und des Ausstiegs aus kriminellen Karrieren bei Bewährungsprobanden und ihren Bewährungshelfern, dass die Delinquenten bereit waren, mehr Vorgaben und Weisungen zu akzeptieren, als die Bewährungshelfer tatsächlich bereit waren zu geben.

Was heißt ‚spontane Aufgabe' von Verbrechen?

Im Film „Angels with dirty faces" gab der von O'Brian verkörperte Darsteller das Verbrechen auf, ohne dass er gefasst oder bestraft worden wäre. War das ein spontaner Ausstieg aus dem Verbrechen?

Das Strafverfolgungssystem basiert auf der Annahme, dass Individuen ihre Handlungen – zumindest bis zu einem gewissen Grade – selbst frei bestimmen und daher Strafandrohung oder Strafzumessung geeignete Maßnahmen sind, um sie wieder auf den rechten Weg zu bringen. Prinzipiell wird nicht gefordert oder erwartet, dass sich der Delinquent einer Therapie oder Behandlung unterzieht, die ihn von künftigen Gesetzesverstößen abhalten würde. Gleichzeitig bestehen jedoch fließende Übergänge: In vielen Strafrechtssystemen wird der Versuch unternommen, Strafe mit Verhaltenstherapien zu kombinieren. Das klingt gut, in der Realität werden diese Therapien jedoch gewöhnlich als eine Extrazugabe angesehen. Es wird weiter von der Grundannahme ausgegangen, dass Individuen durch Schuldzuweisung und Strafandrohung, spätestens jedoch durch die auferlegte Strafsanktion dazulernen sollten. Selbstverständlich läuft das nicht immer wie vorgesehen so ab. Aufgrund verschiedener natürlicher ‚Experimente', bei denen die Polizei oder das Strafverfolgungssystem ganz allgemein außer Funktion gesetzt wurden (z. B. wegen eines Streiks der Polizei), sind die meisten Beobachter jedoch davon überzeugt, dass das System zumindest teilweise seine Aufgaben erfüllt. Natürlich wird – meiner Meinung nach allerdings von einer klaren Minderheit – auch die Auffassung vertreten, dass man auf Strafen ganz verzichten sollte und diese völlig wirkungslos seien.

In der Forschung sind unterschiedliche Definitionen des Ausstiegs aus dem Verbrechen anzutreffen, die letztlich von der Beantwortung von Fragen abhängen wie ‚Was zählt als Verbrechen?', ‚Wird Kriminalität durch Rückgriff auf offizielle Verbrechensstatistiken, selbst berichtetes kriminelles Verhalten oder andere Methoden erfasst?', ‚Wie lange muss eine Person verbrechensfrei sein, um als Aussteiger zu gelten?', ‚Soll ein Rückgang der Häufigkeit und Verbrechensschwere berücksichtigt werden?'. Bei der Verwendung des Begriffs ‚Spontanausstieg' sind zusätzliche definitorische Fragen zu berücksichtigen: Soll von der Voraussetzung ausgegangen werden, dass die betreffende Person keinerlei spezifische verhaltensmodifizierende Therapie erhalten hat, um den Sachverhalt des Spontanausstiegs aus dem Verbrechen annehmen zu können? Geht man von dieser Definition aus, so dürften die meisten offiziell erfassten Delinquenten zu einem späteren Zeitpunkt spontan von kriminellem Verhalten abgelassen haben, da solche Behandlungen relativ selten sind. Oder sollte man von einer engeren Definition ausgehen, die besagen würde, dass die betreffenden Personen während ihres bisherigen Lebens noch nie für kriminelle Taten verhaftet oder bestraft worden sind? Und falls ja, sollen dann nur polizeiliche Sanktionen und Maßnahmen anderer Einrichtungen des Strafverfolgungssystems berücksichtigt werden oder ebenfalls Handlungen anderer Amtsstellen oder gar informelle Sanktionen? Eine besonders strenge Definition könnte schließlich sogar völlige lebenslange Freiheit von informellen Sanktionen fordern.

Bezüglich all dieser verschiedenen Definitionen sind interessante inhaltliche Implikationen zu vermerken. So wird hinsichtlich spezifischer Delikte allgemein angenommen, dass sie nur schwerlich ohne jegliche Therapie oder Behandlung aufgegeben werden können; man denke nur an bestimmten Typen von Sexualrückfalltätern. Aktuell wird auch behauptet, dass die Beendigung häuslicher Gewalt oder des Schlagens von Frauen ohne professionelle Intervention – gemeinhin Therapien zum Umgang mit und der Aufgabe von Gewalt für männliche Täter – nicht möglich sei.

Geht man von der anderen Definition aus, die die Aufgabe des Delinquierens ohne (offizielle) Strafe als Kriterium annimmt, so scheinen die meisten Fälle eher trivialer Natur: Aus Umfragen zur selbst berichteten Kriminalität wissen wir etwa, dass die meisten Jugendlichen Gesetzesverstöße begehen und dass fast alle damit praktisch wieder aufhören, unabhängig davon, ob sie gefasst oder bestraft wurden (vgl. etwa Mulvey et al. 2004). Männliche Jugendliche begehen mehr Delikte als weibliche, und bei beiden Geschlechtern erreicht das Delinquieren den Höhepunkt zwischen 16 und 17 Jahren; danach nimmt die Häufigkeit krimineller Akte nach und nach ab. Aus Bevölkerungsumfragen ergibt sich auch, dass die Zahl der Befragten, die irgendwann in ihrem Leben eine kriminelle Handlung begangen haben, jedoch für einen beträchtlichen Zeitraum vor dem Interview Deliktfreiheit angaben, eine wesentlich größere Gruppe darstellt als jene, die von der Polizei gefasst wurden (vgl. etwa Budd, Sharp & Mayhew 2005).

Wir kommen also zu dem Schluss, dass die meisten Menschen, die Verbrechen begehen, ihre kriminellen Aktivitäten ohne Eingreifen des Strafverfolgungssystems oder verhaltensmodifizierende Behandlungsmaßnahmen früher oder später auch wieder aufgeben.

Diese Schlussfolgerung könnte nun als nicht sehr interessant angesehen werden, da wir es hauptsächlich mit eher leichten Delikten wie Ladendiebstahl und anderem leichten Diebstahl, mit geringfügigen kriminellen Sachbeschädigungen, leichten Körperverletzungen oder Gelegenheitskonsum illegaler Substanzen zu tun haben. Gleichzeitig ist aber festzuhalten, dass die Ausstiegsprozesse bei diesen leichten Delikten eine sehr große Täterpopulation betreffen und daher ein besseres Verständnis des spontanen Ablassens von solchen kriminellen Aktivitäten von nicht zu vernachlässigendem Nutzen wäre. Dennoch erscheint die Analyse des Phänomens bei schwereren Verbrechen relevanter zu sein. Während ihrer Delinquenzphase zeichnen nämlich die aktivsten Täter auch für den größten Anteil an den schwereren Verbrechen in der Gesellschaft verantwortlich.

Doch auch wenn man die Gruppe derjenigen männlichen Jugendlichen näher betrachtet, die schwerere Verbrechen begehen, wie Einbruch oder Körperverletzung, so tun sie dies nicht häufig und selten über einen längeren Zeitraum hinweg. Mit Erreichen eines Alters von Mitte zwanzig erhöhen bis dahin aktive junge Straftäter ihre Deliktbelastung nicht weiter (Shover 1996: 120). Sogar in diesen Fällen stellt das Ablassen von kriminellen Aktivitäten gewöhnlich kein dramatisches oder einen starken Eindruck hinterlassendes Ereignis dar, Begründungen und Ursachen sind kein Thema.

Leider wissen wir nicht viel über die Spontanaufgabe schwerer und anhaltender verbrecherischer Handlungen. Es existieren lediglich unzuverlässige Schätzungen, wie viele chronische Schwerverbrecher nie gefasst werden, jedoch von einem bestimmten Zeitpunkt an keine Delikte mehr begehen. Nur diese Gruppe wäre einer strikten Definition des Spontanausstiegs zufolge von Interesse. Mehr ist über diejenigen Täter bekannt, die gefasst und bestraft wurden und daraufhin später keine Delikte mehr begehen. Man könnte die Ergebnisse dieser Studien daraufhin analysieren, inwieweit sie Rückschlüsse auf die Spontanaussteiger gemäß der strikten Definition zulassen. Zusätzlich könnte eine analoge Extrapolation anhand der vorliegenden Studien zu Selbstheilungen bei verschiedenen Arten des Abhängigkeitsverhaltens (Alkohol- und Drogenabhängigkeit) vorgenommen werden; Ähnlichkeiten zwischen Ausstiegsprozessen bei kriminellem Verhalten und Suchtkarrieren können plausibel angenommen werden. Laub & Sampson (2001: 38) erwähnen in diesem Zusammenhang gemeinsame Elemente, wie „Entscheidung für eine Verhaltensänderung oder Änderungsmotivation, kognitive Restrukturierungsprozesse, Bewältigungsfähigkeiten, anhaltende Verhaltensbeobachtung, soziale Unterstützung und eine allgemeine Veränderung der Lebensweise, insbesondere hinsichtlich der Entwicklung neuer sozialer Netzwerke".

Ausstiegsbedingungen, Ausstiegsprozess

Aus der Literatur zum Ausstieg aus dem Verbrechen ergeben sich einige deutliche Begleitumstände, wie eine intakte Partnerschaft und Familie, veränderte Verkehrskreise weg vom devianten Umgang hin zu Kontakten mit gesetzeskonformen Personen, eine Verringerung des Alkohol- oder Drogenkonsums, ein festes Anstellungsverhältnis und eine Veränderung der Identität bzw. ein persönlicher Reifungsprozess (vgl. etwa Laub & Sampson 2001; Mulvey et al. 2004). Von ‚Begleitumständen' wird deshalb gesprochen, weil die ursächliche Rolle dieser Umstände bei der Aufgabe krimineller Aktivitäten durchaus als fraglich angesehen werden kann; die meisten Untersuchungen erlauben es nämlich nicht, hier von anderen kausalen Erklärungen zu trennen, genauer: zwischen Auswahleffekten und den beschriebenen Ausstiegskorrelaten zu unterscheiden (so dürften etwa diejenigen, die aus dem Verbrechen aussteigen, auch mehr Chancen haben, eine gute Beziehung einzugehen). Dennoch deuten einige Studien (aufgeführt in Laub & Sampson 2001) darauf hin, dass die oben genannten Begleitumstände des Ausstiegs, zumindest teilweise, als echte Kausalfaktoren des Ausstiegs angesehen werden können.

Gemäß eingehender Studien krimineller Karrieren können wir beim Ausstiegsprozess verschiedene Stufen unterscheiden. Zwar variieren die Bezeichnungen dieser Stufen je nach AutorIn, aber letztlich scheinen sich doch alle Prozessmodelle in ihren Kernelementen mehr oder minder zu ähneln. Erstens wird eine Phase der wachsenden Sensibilität gegenüber den Folgeproblemen kriminellen Handelns oder aber eine sich verstärkende Motivation, ein anderes Leben zu führen, beobachtet. Zweitens kommt es an einem bestimmten Punkt zu einer bewussten Entscheidung aufzuhören; diese Entscheidung und Absicht kann noch stärker ‚fixiert' werden, wenn sie öffentlich vor Freunden oder einem größeren Kreis bekannt gemacht wird. Diese Stufe kann ebenfalls dramatische Persönlichkeitsveränderungen, beispielsweise in Form einer religiösen Bekehrung, mit sich bringen. In der dritten Phase geht es um die Aufrechterhaltung des verbrechensfreien Lebens; dabei können alle möglichen bewussten oder unbewussten Strategien eingesetzt werden, wie etwa die Aufgabe alter und die Aufnahme neuer sozialer Beziehungen und die Entwicklung alltäglicher Gewohnheiten, die Situationen, in denen man versucht wäre, wieder kriminell zu werden, möglichst reduziert. Viertens schließlich kann es zu Ausrutschern oder regelrechten Rückfällen in das kriminelle Verhalten kommen, die aber als Teil eines positiven erfolgreichen Ausstiegsprozesses zeitlich limitiert und eher leichterer Natur sind (Gadd & Farrall 2004; Laub & Sampson 2001; Shover 1996).

Frauen begehen weit seltener schwere Delikte als Männer, und es ist daher nicht verwunderlich, dass Verbrechensausstiegsprozesse bei Frauen noch weniger untersucht sind als bei Männern. Quantitative Studien (Uggen & Krutschnitt 1998) stützen die Annahme, dass die Bedingungsfaktoren des Ausstiegs nicht geschlechtsspezifisch sind: Alter, Heirat und Familie sowie stabile Beschäftigungsverhältnisse begünstigen den Ausstieg aus dem Verbrechen. Hingegen weisen qualitative Studien durchaus auf Geschlechtsunterschiede hin: Zum Beispiel ist die Übernahme der Mutterrolle bedeutsamer beim Ausstiegsprozess als die Übernahme der Vaterrolle.

In der Untersuchung von Farrall (2003) bei englischen Bewährungsklienten wurde deutlich, dass der Ausstieg mit der Zahl der von den Bewährungshelfern wahrgenommenen Probleme verknüpft war, d. h. je mehr Probleme, umso geringer der Ausstiegserfolg. Des Weiteren beeinflusste die Einschätzung der Bewährungshelfer, inwieweit ihre Probanden fähig sein würden, gesetzeskonform zu leben, deren tatsächlichen Ausstiegserfolg.

Reifung und Moral

Wie bereits erwähnt wurde, erreichen die meisten Personen den Höhepunkt ihres kriminellen Verhaltens in der Adoleszenz. Somit wird der Ausstieg mit zunehmendem Alter wahrscheinlicher. Die Diskussion darüber, welche Mechanismen dieser Veränderung zugrunde liegen, ist durchaus offen und umstritten. Eine mögliche Interpretation ist, dass im Zuge der Persönlichkeitsentwicklung in der späten Adoleszenz und als Jungerwachsene eine Übernahme oder Perfektionierung von Fähigkeiten und Werten erfolgt, die kriminelles Verhalten weniger attraktiv oder aber persönlich inakzeptabel machen. Die meisten Personen werden mit dem Alter reifer. Sie können ihre Impulse besser unter Kontrolle halten und entwickeln eine Wertschätzung für Dinge, die durch kriminelles Verhalten aufs Spiel gesetzt würden. Die persönlichen Werte und Ziele verändern sich so, dass Verbrechen für sie weniger in Frage kommt. Dies geht auch mit einer emotionalen, geistigen und moralischen Entwicklung einher. Mit zunehmendem Alter neigen Menschen dazu, sich verstärkt an langfristigen, sozial akzeptierten Zielen auszurichten. Hinzu kommt der mögliche Zugewinn an Kompetenzen, die konventionelle Alternativen zum kriminellen Verhalten interessanter machen, da diese mehr Geld, Zufriedenheit und Zustimmung bei wichtigen Bezugspersonen einbringen.

In der britischen Delinquenzstudie (Budd, Sharp & Mayhew 2005: 50) waren die beiden am häufigsten angegebenen Gründe für den Ausstieg aus der Kriminalität „Ich wusste, dass ich was Unrechtes tat" und „Ich wurde erwachsen (und/oder) bin einfach bodenständig geworden". Diese Gründe werden häufiger von ‚traditionellen' Straftätern mit Delikten wie Diebstahl und Sachbeschädigung angegeben als von Drogenhändlern. Lediglich ein Viertel der ehemaligen Drogenhändler gab an, dass sie mit dem Dealen aufgehört hätten, weil sie wussten, „dass das Unrecht war", während dies auf 42-59 % der übrigen Delinquenten zutraf. Umgekehrt gab ein Drittel der Drogenhändler an, mit dem Dealen aufgehört zu haben, weil sie selbst keine Drogen mehr nahmen, während dies nur für eine kleine Minderheit der Eigentums- und Gewaltdelikte gilt (Budd, Sharp & Mayhem 2005: 51).

Wenn die meisten Individuen einen Reifeprozess durchmachen und dann nach der Adoleszenz mehr oder minder gesetzestreu leben, dann bedeutet das auch, dass ihre Altersgenossen weniger delinquent sind, als sie es vorher waren. Daraus folgt – wenn letztlich alle Personen gesetzestreu werden –, dass es schwierig ist, zwischen dem Einfluss der Gleichaltrigen und dem übergeordneten Alterungseinfluss, dem alle unterliegen, zu unterscheiden. Trotz dieser Schwierigkeit ergibt sich aus dem Forschungsstand, dass von der Gruppe der Gleichaltrigen ein vom Alterungseffekt unabhängiger Einfluss ausgeht. Erstens steigen nicht alle tatsächlich aus dem Verbrechen aus, sondern manche Personen halten einen aktiven kriminellen Lebensstil aufrecht. Zweitens legen qualitative Studien den Schluss nahe, dass der Abbruch der Beziehungen mit delinquenten Freunden und die Gewinnung gesetzeskonformer Freunde für den Ausstieg oft wichtig ist und individuellen Einsatz erfordert.

Wachsende Risikoabneigung

Für die meisten Personen nimmt die Lust auf Risiko nach der Adoleszenz und weiter mit steigendem Alter ab. Das gilt ebenfalls für den Reiz des kriminellen Handeln, insofern als schwere Verbrechen auch ein erhöhtes Risiko unerwarteter Konsequenzen mit sich bringen.

Nach dem Jungerwachsenenalter nimmt zudem die körperliche Fitness ab. Man ist weniger in der Lage, physische Belastungen zu ertragen oder mit wenig Schlaf zu funktionieren. Solche Gründe werden in Interviews mit älteren Straftätern, die eine lange kriminelle Karriere aufweisen, zitiert. Diese Langzeitstraftäter sind der körperlichen und psychischen Anforderungen krimineller Aktivitäten einfach müde geworden.

Manche nehmen eine andere Einstellung hinsichtlich der Möglichkeit, gefasst zu werden, ein und möchten dieses Risiko reduzieren (Shover 1996: 122). Sie verlegen sich im Zuge dessen auch auf risikoärmere Vorgehensweisen bei der Ausübung von Verbrechen. Das höchste Risiko besteht dort, wo gleichzeitig die gesellschaftliche Verurteilung bestimmter Straftaten sowie die Wahrscheinlichkeit, verhaftet zu werden, am höchsten ausfallen. Agiert man eher im Hintergrund und nicht als Frontakteur, ist man sicherer. Auf diese Weise gehen einige Straftäter zunächst dazu über, den größten Risiken aus dem Wege zu gehen, und können im Verlauf des weiteren Prozesses dann Positionen einnehmen und Qualifikationen erwerben, die es schließlich erleichtern, ganz aus dem kriminellen Leben auszusteigen, selbst wenn dann dieser Übergang nicht mehr als so dramatisch erscheint. Manche Personen lernen in der Verbrechenswelt Geschäftspartner kennen, von denen sich einige später möglicherweise als geeignet für eine legale, gewinnträchtige Zusammenarbeit erweisen, obgleich nicht bekannt ist, wie häufig so etwas vorkommt.

Veränderungen im Erwachsenenleben

Einige Straftäter können sich möglicherweise, ohne sich bewusst und ernsthaft dafür zu entscheiden, wieder dem normalen Leben schrittweise annähern, wenn ihre Lebensumstände, ihre Bekanntschaften oder Verkehrskreise sich verändern oder wenn sich neue Handlungsmöglichkeiten eröffnen. Es kann sich eine Alltagsroutine einspielen, die einfach wenig Zeit für kriminelle Aktivitäten lässt. Die Lebensumstände können sich dergestalt ändern, dass man leichter auf konforme Mittel zur Erreichung individueller Ziele zurückgreifen kann. Damit ist die Übernahme von Erwachsenenrollen in Arbeit und Familie (bezüglich der Kinder und des Partners) angesprochen. Diese Rollen machen es weniger wahrscheinlich und opportun, sich kriminell zu betätigen. Natürlich sind dies keine absoluten protektiven Faktoren. Viel hängt von der qualitativen Ausgestaltung dieser Bedingungen ab. Auch wenn Heirat oder Sich-Verlieben oft zur Reduzierung kriminellen Verhaltens führen (Horney, Osgood & Marshal 1995; Farrington & West 1995), so ist dies keineswegs in allen Fällen so. Ehepartner oder Liebhaber können durchaus auch Verbrechenspartner sein – wie bei „Bonny und Clyde“ – oder aber es wird – weniger spektakulär – schwierig sein, sich aus dem Verbrechen herauszuhalten, wenn der Partner zur Kriminalität ermutigt oder kriminelles Verhalten gutheißt. Gemäß US-amerikanischen Studien geht Verheiratetsein mit weniger Kriminalität oder dem Ausstieg aus dem Verbrechen einher, während dies bei sonstigen Partnerschaften nicht der Fall ist (Horney, Osgood & Marshall 1995: 665). Es wäre interessant zu erforschen, inwieweit dies auch für jene europäischen Länder gilt, wo nichteheliche Lebenspartnerschaften stärker akzeptiert sind als in den Vereinigten Staaten.

Der alltägliche Rahmen kann ebenfalls einen großen Einfluss auf den Ausstiegsprozess ausüben. Wenn man bei der Arbeit überwacht oder kontrolliert wird und die Abende und Wochenenden mit dem Ehepartner und den Kindern verbringt, bleibt einfach wenig Zeit, um kriminellen Aktivitäten nachzugehen. Dies wiederum wirkt sich auch darauf aus, welche Art von Leuten man kennen lernen kann, und reduziert die Möglichkeit des Umgangs mit aktiven Straftätern.

Nicht in starkem Ausmaß und lediglich tendenziell kann antisoziales Verhalten in der Kindheit als Prognosefaktor für Delinquenz in der Adoleszenz und im Erwachsenenalter angesehen werden. Je nach konkreter Studie und darin angesetzter Verbrechens- und Ausstiegsdefinition sind es sehr viele Personen bis hin zu einer ausgeprägten Mehrheit, die wieder aufhören, schwere Verbrechen zu begehen. Außerdem ist ein beträchtlicher Anteil der erwachsenen Straftäter (laut mancher Studien bis zu 50 %) während der Jugend nicht strafrechtlich registriert oder anderweitig in Erscheinung getreten.

Laub & Sampson (2001: 44, 48-53) kommen zu dem Schluss, dass Veränderungen im Erwachsenenleben bedeutsam für den Verlauf krimineller Karrieren sind, und zwar unabhängig sowohl von Faktoren in der Kindheit und der Adoleszenz als auch davon, dass die Delinquenten älter werden. So begünstigen etwa Heirat und ein festes Beschäftigungsverhältnis die Chancen des Ausstiegs aus dem Verbrechen.

Wendepunkte, Innen- und Außenansichten

Viele resozialisierte Straftäter führen denkwürdige Lebensereignisse als Wendepunkte an. Dabei kann es sich um einschneidende Veränderungen im engeren sozialen Umfeld handeln, wie etwa eine Geburt in der Familie, den Tod eines Freundes, Scheidung, Sich-Verlieben oder ein religiöses Erlebnis (Mulvay et al. 2004; Gadd & Farrall 2004). In ihren Berichten betonen ehemalige Straftäter tendenziell eigene, bewusste Entscheidungen, während Sozialarbeiter und Bewährungshelfer häufiger Veränderungen der äußeren Umstände hervorheben oder die Möglichkeit der Straftäter, ihre persönlichen Fähigkeiten und starken Seiten zum Tragen zu bringen.

Offen bleibt allerdings, inwieweit es sich dabei um einigermaßen willkürliche Rekonstruktionen der Vergangenheit handelt und inwiefern dies tatsächlich die Gründe waren, die die Hinwendung zu konformen Verhaltensweisen befördert haben.

Eine Möglichkeit des Verbrechensausstiegs besteht darin, eine abweichende Karriere so umzufunktionieren, dass sie zur teilweisen Erfüllung bestimmter Berufsqualifikationen herangezogen werden kann (Klingemann 1999). Diese beruflichen Positionen haben typischerweise mit der gesellschaftlichen Resozialisierung von Straftätern in die Gesellschaft zu tun oder aber sie dienen als Informationsquelle für Schadensreduktionsmaßnahmen. In praktisch allen Ländern gibt es Beispiele für prominente ehemalige Kriminelle, die ihr Leben geändert und Erfolgskarrieren eingeschlagen haben in der Nächstenhilfe, in der Rehabilitation oder im Betreiben von Übergangseinrichtungen für Menschen, die mit Alkohol- oder anderen Drogenproblemen zu kämpfen haben. Die Liste könnte fortgesetzt werden. In vielen Fällen haben diese Personen starke religiöse Überzeugungen entwickelt.[1]

Obwohl es sicherlich zutrifft, dass sich im Prinzip jeder ehemalige Straftäter der Gesellschaft gegenüber durch altruistisches Verhalten nützlich machen kann, so dürften doch die Möglichkeiten, kriminelle Karrieren in konforme Karrieren umzufunktionieren, zahlenmäßig eher begrenzt sein. Nur wenige Personen können daraus eine Vollzeitkarriere machen. Klingemann weist weiter darauf hin, dass ein bestimmter Personenkreis Doppelkarrieren, d. h. Karrieren, die gleichzeitig devianter und konformer Natur sind, verfolgen können: Das anhaltende deviante Engagement verschafft ihnen die notwendigen Insiderkenntnisse, die die Gesellschaft nutzen kann, um Maßnahmen zur Schadensbegrenzung zu entwickeln.

Allen Widrigkeiten zum Trotz

Eine schwedische Forschungsgruppe (Haggård, Gumbert & Grann 2001) hat vier ehemalige Gewaltschwerverbrecher untersucht, die ganz offensichtlich rückfallgefährdet waren, aber ‚allen Widrigkeiten zum Trotz' dennoch nicht wieder kriminell wurden. Sie waren wegen Gewaltverbrechen und anderen Delikten mehrfach zu Gefängnisstrafen verurteilt worden, wiesen sehr hohe Werte bei Gewaltprognosetests auf (Revidierte psychopathologische Prüfliste – PCL-R und Unterskalen H.10 des HCR-20 ‚Historical-Clinical-Risk-Management Model'). Dennoch waren die Untersuchungspersonen über zehn Jahre hinweg für keinerlei Straftaten mehr verurteilt worden. Alle vier betonten ein spezifisches Ereignis, das es ihnen ermöglicht habe, ihre kriminelle Karriere aufzugeben und ein gesetzestreues Leben zu führen. Bei drei der vier untersuchten Täter war eine bewusste Entscheidung im Spiel. Eine der Personen nannte eine negative Erfahrung im forensischen Psychiatriespital, in das er eingewiesen worden war. Der zweite führte an, dass er inhaftiert worden war und so Zeit zum Nachdenken hatte. Des Weiteren wurde als Ausstiegsgrund die Beziehung zu einer Frau, mit der der Täter lebte, angegeben – zweifellos ein sozialer Unterstützungsfaktor –, wobei dieselbe Person aber gleichzeitig auch von einem

[1] Obgleich der Autor diese Annahme nicht durch Forschungsbefunde stützen kann, so scheint dies aufgrund zahlreicher Eindrücke aus der finnischen Presseberichterstattung doch plausibel.

negativen Erlebnis in der forensischen Klinik sprach. Der vierte der Täter, ein ehemaliger Sexualtäter, erklärte seinen Ausstieg aus der kriminellen Karriere mit einem verständnisvollen Psychiater, der ihm hormonal dämpfende Medikamente verschrieben hatte. Der Umstand, dass zwei der Untersuchungspersonen physisch behindert waren, hat möglicherweise zu ihrer Aufgabe krimineller Aktivitäten beigetragen. Alle vier Personen gaben an, dass sie ihren Drogen- und Alkoholkonsum vermindert oder aber ganz aufgegeben hatten. Bei zwei der Täter kam es noch zu gelegentlichem Drogenkonsum, aber sie zogen sich dabei von ihrer Umwelt zurück, um Schwierigkeiten zu vermeiden. Diese Beobachtungen sind insofern von weiterführendem Interesse, als keiner dieser Männer – entgegen den sonst anzutreffenden Ausstiegsgeschichten – sich in die konventionelle Gesellschaft reintegriert hatten (abgesehen von vereinzelten Familienbindungen). „Die gewalttätigen und höchst antisozialen Männer, die in dieser Studie befragt wurden, mussten sich isolieren, um ein kriminalitätsfreies Leben führen zu können. Der Grund dafür lag darin, dass sie sich in Gegenwart anderer nicht entspannt oder sicher fühlten; sie waren sich ihrer eigenen Reaktionen in verschiedenen Situationen und der Reaktionen der Umwelt nicht sicher" (Haggård, Gumbert & Grann 2001: 1061).

Gewalt in der Familie und behandlungsunabhängige Veränderung

In jüngster Vergangenheit hat die Annahme zunehmend an Boden gewonnen, dass häuslicher Gewalt nur dadurch Einhalt geboten werden kann, dass der (männliche) Täter sich einer Behandlung oder einem Programm zur Gewaltvermeidung unterzieht. Als vielversprechendste oder sogar einzig sinnvolle Interventionsform, um Gewalt zu verhindern, wird die Konfrontation dieser Männer mit ihrer angenommenen männlichen Dominanzideologie sowie deren Infragestellung angesehen. Ohne geeignete Behandlungsmaßnahmen wird gemäß einer weit verbreiteten Experteneinschätzung die Spirale des gewalttätigen Verhaltens beständig fortgesetzt.

Es spricht alles dafür, dass sich häusliche Gewalt häufig wiederholt, sich über längere Zeiträume erstreckt und nur schwer völlig unterbunden werden kann. Viele solcher Fälle entsprechen dem bekannten „Duluth-Rad des Missbrauchs" („Duluth Wheel of Abuse"), das von zyklisch alternierenden Perioden gewalttätigen und ruhigen Verhaltens ausgeht (Pence & Paymar 1993). Es ist jedoch eine offene Frage, wie groß der Anteil familiärer Gewalt (je nach Definition) ist, den diese Fälle repräsentieren (Johnson 1995). Vielfach ist kein zyklischer Verlauf erkennbar; vermutlich entspricht der Hauptanteil der häuslichen Gewalt, über die in Umfragen zu Gewalt gegen Frauen berichtet wird, nicht dem

„Duluth Wheel". So gaben im Rahmen der postalischen „Finnischen Nationalen Umfrage zu Gewalt gegen Frauen" lediglich 26 % der Befragten, deren erste Gewaltopfererfahrung in einer langjährigen Beziehung mehr als zehn Jahre zurücklag, auch Gewaltepisoden für das vergangene Jahr an (Heiskanen & Piispa 1998: 19). Berücksichtigt man zusätzlich die zahlreichen fehlenden Angaben, so kommt man zu dem Schluss, dass gewalttätiges Verhalten in 40-74 % dieser ‚gewalttätigen Beziehungen' nicht mehr vorkam. Man kann weiter davon ausgehen, dass die allerwenigsten dieser Männer Gewaltanwendung deswegen unterlassen hätten, weil sie sich wegen ihrer Gewalttätigkeit einer Behandlung unterzogen hätten. Ähnliche Schlüsse ergeben sich aus der US-amerikanischen Nationalen Jugendumfrage; Wofford, Eilliot & Menard stellten auf der Grundlage dieser Umfrage fest, dass die Hälfte (genau: 48 %) der Täter nach drei Jahren in ihren ehelichen Beziehungen nicht mehr gewalttätig wurden (zitiert nach Laub & Sampson 2001: 31). Laut einer Gemeindestudie von Quigley & Leonard (zitiert nach Laub & Sampson 2001: 31) verhielten sich 24 % der während des ersten Ehejahres gewalttätigen Männer in den folgenden beiden Jahren wieder gewaltfrei. Diese Entwicklung war weniger wahrscheinlich bei denjenigen Männern, die schwerwiegende Gewalttaten begingen; von ihnen ließen lediglich 14 % im zweiten und dritten Ehejahr von Gewalt ab.

Neuere Forschungsergebnisse aus verschiedenen industrialisierten Ländern deuten darauf hin, dass Muster gewalttätigen Partnerverhaltens keineswegs homogen sind. Zum einen geht es um klassische Formen schwerer und eskalierender Gewalt, bei der es zu den verschiedensten physischen und psychischen Misshandlungen und Drohungen kommt, die mit zunehmendem Besitz- und Kontrollanspruch des Gewalttäters verbunden sind. Zum anderen können aber auch gemäßigtere Formen der Gewalt in der Partnerschaft beobachtet werden, bei denen anhaltende Frustration und Ärger punktuell in physische Aggression umschlagen (Krug et al. 2002: 93; Johnson 1995).

Diese Befunde machen einerseits klar, dass in einem gewissen Maße Gewaltausübung gegen Frauen auch ohne Therapieeinfluss oder erzieherische Programme für den Täter zum Umgang mit der eigenen Gewalt auch wieder eingestellt wird; in bestimmten Fällen auch ohne Einwirkung des Strafverfolgungssystems. Andererseits verfügen wir erstaunlicherweise über wenig gesichertes Wissen über den Einfluss unterschiedlicher Behandlungsmaßnahmen und Erziehungsprogramme auf die Rückfallquote. Es gibt nur wenige randomisierte Kontrollstudien; sie lassen keine signifikanten Unterschiede zwischen behandelten und nicht behandelten Fällen erkennen. Sie sind jedoch aufgrund unterschiedlicher Probleme innerhalb der Studien als Argument gegen eine Behandlung nur bedingt brauchbar (vgl. u. a. Wathen & MacMillan 2003). In Quasikontrollexperimenten schneiden solche Erziehungsprogramme tendenziell besser ab (Babcock et al. 2003), aber es bleibt natürlich Interpretationsspielraum hinsichtlich der möglichen Auswirkungen von Rekrutierungseffekten, die dabei nicht berücksichtigt worden sind. So könnte man annehmen, dass es sich um eine Positivauswahl handelt und gerade diejenigen Fälle, die sowieso eine gute Ausstiegsprognose haben, auch eher dazu neigen, Antigewaltprogramme zu besuchen und auch vollständig zu absolvieren.

Schlussfolgerungen

Wie bereits an früherer Stelle erwähnt, könnte man aus dem Film „Angels with dirty faces" die vereinfachte Lehre ziehen, dass ganz allgemein keine Intervention die beste Verbrechensintervention ist. Eine solche Schlussfolgerung ginge allerdings zu weit. Die Aussage ist nämlich letztlich nicht ganz korrekt, dass der schlussendlich gesetzestreue Bruder nicht von Strafverfolgung betroffen gewesen ist; er wurde nämlich beinahe gefasst und Zeuge, wie sein Bruder verhaftet wurde. In manchen Fällen erweisen sich solche Erfahrungen, wie knapp vermiedene negative Konsequenzen und Auswirkungen bei nahe stehenden Drittpersonen, als wirksame Wendepunkte von der kriminellen zu einer gesetzeskonformen Lebensweise.

Bei der britischen Straftäterbefragung gab eine beträchtliche Anzahl von Befragten, die im Vorjahr keinerlei Gesetzesverstöße begangen hatten, an, dass sie von weiteren kriminellen Handlungen Abstand genommen hatten, weil sie eine Verhaftung durch die Polizei antizipierten oder befürchteten sowie angesichts der wahrscheinlich zu erwartenden Strafe. Dieser Befragtenanteil variierte nach Art des Verbrechens und fiel bei Einbrechern, Auto- und Ladendieben und Drogenhändlern am höchsten aus (Budd, Sharp & Mayhew 2005: 50-51). Die Autoren folgern aus diesen Befunden, dass der Einfluss offizieller Abschreckungssanktionen „zwar relativ stark, aber keineswegs ausschlaggebend ist".

Strafe und Strafandrohung scheinen also auch Wirkungen auf den Ausstieg aus dem Verbrechen zu haben. Die Anwendung dieser Mittel sollte jedoch wohlüberlegt und in Maßen erfolgen. Mit ihnen soll gesellschaftliche Missbilligung zum Ausdruck gebracht, gleichzeitig aber auch die Rückkehr des Täters zu einem gesetzeskonformen Leben und die spontane Aufgabe kriminellen Verhaltens nicht erschwert werden.

Literatur

Babcock, J. C., Green, C. E. & Robie, C. (2004). Does batterers' treatment work? A meta-analytic review of domestic violence treatment. In: Clinical Psychology Review 23. 1023-1153.

Budd, T., Sharp, C. & Mayhew, P. (2005). Offending in England and Wales. First results from the 2003 Crime and Justice Survey. Home Office Research Study 275. London: Home Office.

Farrington, D. P. & West, D. J. (1995). Effects of marriage, separation, and children on offending by adult males. In: Z. Blau & J. Hagan (Hrsg.): Current perspectives on aging and the life cycle. Band 4. Greenwich, CT: JAI Press.

Gadd, D. & Farrall, S. (2004). Criminal careers, desistance and subjectivity. In: Theoretical Criminology 8. 123-156.

Haggård, U., Gumpert, C. H. & Grann, M. (2001). Against all odds. A qualitative follow-up study of high-risk violent offenders who were not reconvicted. In: Journal of Interpersonal Violence 16. 1048-1065.

Heiskanen, M. & Piispa, M. (1998). Faith, hope, battering. Helsinki: Statistics Finland.

Horney, J. D., Osgood, W. & Marshall, I. H. (1995). Criminal careers in the short-term. Intraindividual variability in crime and its relation to local life circumstances. In: American Sociological Review 60. 655-673.

Johnson, M. P. (1995). Patriarchal terrorism and common couple violence. Two forms of violence against women. In: Journal of Marriage & the Family 57. 283-295.

Klingemann, H. K.-H. (1999). Addiction careers and careers in addiction. In: Substance Use and Misuse 34. 1505-1526.

Krug, E. G., Dahlberg, L. L., Mercy, J. A., Zwi, A. B. & Lozano, R. (Hrsg.) (2002). World report on violence and health. Geneva: World Health Organization.

Laub, J. H. & Sampson, R. J. (2001). Understanding desistance from crime. In: M. Tonry (Hrsg.): Crime and justice. A review of research. Band 28. Chicago, London: University of Chicago Press. 1-69.

Mulvey, E. P., Steinberg, L., Fagan, J., Cauffman, E., Piquero, A. R., Chassin, L., Knight, G. P., Brame, R., Schubert, C. A., Hecker, T. & Losoya, S. H. (2004). Theory and research on desistance from antisocial activity among serious adolescent offenders. In: Youth Violence and Juvenile Justice 2. 213-236.

Rex, S. (1999). Desistance from offending. Experiences of probation. In: The Howard Journal of Criminal Justice 38. 366-383.

Shover, N. (1996). Great pretenders. Pursuits and careers of persistent thieves. Boulder, CO: Westview Press.

Sutherland, E. H. (1939). Criminology. 3. Aufl. Philadelphia: Lippincott.

Pence, E. & Paymar, M. (1993). Education groups for men who batter. The Duluth Model. New York: Springer.

Uggen, C. & Kruttschnitt, C. (1998). Crime in the breaking. Gender differences in desistance. In: Law and Society Review 32. 339-366.

Wathen, C. N. & MacMillan, H. L. (2003). Interventions for violence against women. Scientific review. In: Journal of the American Medical Association 289. 589-600.

4.5 Selbstheilung vom Stottern

Patrick Finn

Stottern ist eine variable Störung, die durch unfreiwillige Unterbrechungen im Sprachfluss charakterisiert werden kann, die sich gewöhnlich als Lautwiederholungen, Dehnungen und Blockierungen manifestieren und beim Betroffenen körperliche Anstrengung und Spannungszustände provozieren. In der Folge ergeben sich oft Hemmungen zu kommunizieren und ein Gehemmtsein bezüglich der eigenen Person ebenso wie Vermeidungsverhalten beim Sprechen. Solche Störungen setzen üblicherweise im Vorschulalter ein, wobei Jungen öfter als Mädchen längerfristige Symptome aufweisen. Aktuelle theoretische Erklärungsansätze und Forschungsbefunde postulieren, dass es sich beim Stottern um eine genetische Veranlagung, um ein neurophysiologisches Problem handelt.

Die meisten Stotterer im Vorschul- und frühen Primarschulalter überwinden diese Störung ohne jegliche Behandlung meist wenige Jahre nach dem ersten Auftreten der Störung; die Besserungsraten betragen zwischen 50 % und 74 % (vgl. etwa Brosch, Haege, Kalehne & Johannsen 1999; Mansson 2000; Yairi & Ambrose 1999). Die Heilung ist meist so durchgreifend, dass das Sprachverhalten der Kinder, die die Störung überwunden haben, sich praktisch nicht mehr von normal flüssig sprechenden Kindern unterscheidet (Finn, Ingham, Ambrose & Yairi 1997). Im Gegensatz hierzu herrscht weithin die Auffassung, dass die Störung bei Kindern, die nach dem Primarschulalter weiterhin stottern, im weiteren Verlauf des Lebens zunehmend schwer abbaubar, komplex und chronisch wird (Guitar 1998). In diesen Fällen wird therapiefreie Heilung zunehmend unwahrscheinlich, während die Therapiebedürftigkeit zunimmt.

Allerdings liegen mittlerweile auch Forschungsergebnisse vor, die die Vermutung nahe legen, dass hartnäckiges Stottern nicht immer so unlösbar ist, wie allgemein angenommen wird. Eine Übersicht über die Forschungsliteratur zu Spätheilungen vom Stottern zeigt, dass durchschnittlich 70,7 % (zwischen 56,9 % und 90 %) der Befragten angaben, dass sie die Störung während der Adoleszenz oder im Erwachsenenalter überwunden hatten (Finn 2004). Empirische Befunde stützen auch die Annahme, dass Stottern in einem Maße veränderbar ist, dass spät geheilte Stotternde in der Lage sind, so weit Fortschritte zu erzielen, dass sie sich nicht länger durch das Stottern behindert fühlen (Anderson & Felsenfeld 2003) und in manchen Fällen sogar grundsätzlich wieder als normal flüssig Sprechende betrachtet werden können (Finn 1997). Diese Verbesserung wird in vielen Fällen ohne Rückgriff auf professionelle Hilfe erzielt und es hat den Anschein, dass die meisten Betroffenen lernen, ihre Störung selbst zu bewältigen (Anderson & Felsenfeld 2003; Finn 1998, 2004).

Es wird zunehmend deutlich, dass eine umfassendere Sicht des Verlaufs von hartnäckigem Stottern nach der Kindheit nicht von einem, sondern von zwei möglichen Entwicklungsverläufen ausgehen muss, nämlich einerseits von einer Verfestigung dieses Verhaltens, aber andererseits auch von der Möglichkeit der Heilung. Was folgt aus diesem Ansatz, insbesondere wenn man ihn in Beziehung zu dem Phänomen der Störungsauflösung in früher Kindheit setzt?

Erstens ist ungeklärt, ob Faktoren, die Heilungs- und Verfestigungsverläufe nach der Kindheit bestimmen, den Wirkfaktoren während der frühen Kindheit ähnlich sind. Untersuchungen zur frühen Kindheit postulieren, dass sowohl den Genesungs- als auch den chronifizierenden Verläufen möglicherweise genetische Faktoren, wie Geschlechtszugehörigkeit und die Familiengeschichte, zugrunde liegen (Yairi & Ambrose 1999). Was die Heilung im späteren Lebensalter angeht, so ist die empirische Bestätigungslage schlicht unzureichend, um zu klären, ob diese Determinanten mit denen bei frühen Heilungsverläufen vergleichbar sind. Vor allem hier besteht weiterer Forschungsbedarf.

Zweitens zeichnen sich deutliche Unterschiede hinsichtlich der spezifischen Veränderungsmechanismen bei frühen und späten Heilungen ab. Forschungsergebnisse stützen die Annahme, dass Umweltfaktoren, wie etwa elterliche Ratschläge für das Kind, ‚nochmals anzufangen' oder ‚langsamer zu sprechen', den therapiefreien Heilungsprozess begünstigen (Ingham 1983). Auf jeden Fall ist klar, dass sich unter diesen Bedingungen das Stottern des Kindes nicht verschlimmert (Wingate 1976). Bei spät eintretenden Heilungen stehen allerdings Selbstheilungsmechanismen im Vordergrund. Häufig handelt es sich um bewusste Veränderungen des Sprechverhaltens (langsamer sprechen), Einstellungsänderungen (bezüglich des Selbstvertrauens etwa) und den Abbau von Vermeidungsverhalten (etwa das Sprechen in unterschiedlichen Situationen). Gleichwohl fehlt es vorläufig weiterhin an wissenschaftlich glaubwürdiger Evidenz zum Phänomen der Selbstheilung vom Stottern; vorliegende Befunde sind bis jetzt eher situationsgebunden. Sowohl komparative Studien als auch Langzeituntersuchungen sind notwendig, um mögliche Unterschiede in den Selbstregulierungsstrategien bei chronischen und geheilten Sprechern zu identifizieren. Zusätzlich wären systematisch angelegte experimentelle Untersuchungen von Nutzen, um die Angemessenheit von Selbstregulierungsstrategien zur Veränderung hartnäckigen Stotterns näher zu bestimmen.

Schließlich bestehen klare Unterschiede zwischen behandlungsfreien Früh- und Spätheilungen hinsichtlich des Ausmaßes der Störungsreduktion. Frühheilungen münden nach vorliegenden Befunden in eine völlige Eliminierung von Sprechunterbrechungen (Yairi & Ambrose 1999); Zuhörer werden kaum noch

Unterschiede zu Kindern mit normal flüssigem Sprechverhalten bemerken (Finn et al. 1997). Spätheilungen hingegen führen zwar zu einem verbesserten Sprechverhalten, bei dem es aber immer noch zu gelegentlichem Stottern kommt. Gleichzeitig wird das Sprechen nicht immer als flüssig empfunden, obwohl es ganz offensichtlich den alltäglichen Kommunikationsbedürfnissen in zufriedenstellender Weise genügt (Finn 2004). Der Unterschied zwischen früh und spät eintretenden Heilungen führt uns auf den entscheidenden Punkt der theoretischen und klinischen Relevanz des Stotterns hin, da damit die Grundprinzipien der Heilung einer chronischen Störung angesprochen werden.

Heilungsprozesse können beim Stottern auf verschiedenen Ebenen, wie dem Sprechverhalten, der subjektiven Erfahrung und sogar hinsichtlich der neurobiologischen Grundlagen, untersucht werden (Finn 1996). Leider ist es bislang nicht zu einer umfassenden Festlegung der Parameter gekommen, die die Heilung von hartnäckigem Stottern definieren könnten. Ein zunehmend wichtig werdender Parameter ist die klinische Bedeutung bezüglich des Bedeutungsgehalts und der Akzeptanz der Verhaltensänderung (Kazdin 1999). Der Bedeutungsgehalt des Veränderungsprozesses hängt davon ab, ob die Perspektive des Klienten, des Therapeuten oder des Forschers als am wichtigsten angenommen wird und wer von diesen Akteuren die Kriterien für eine Verhaltensveränderung festlegt. Im Fall der behandlungsfreien Spätheilungen erweist sich die Perspektive des geheilten Stotternden als ausschlaggebend und legt standardisiert gleichzeitig Kriterien der Verhaltensveränderung fest. In der Konsequenz könnte vermutet werden, dass Stotternde, die sich selbst als weniger schwere Fälle einschätzen, eher die Initiative zum Selbstmanagement ihres Heilungsprozesses übernehmen und in der Folge auch positivere Langzeitverläufe zeigen als schwerere Fälle von Stottern – ein Befund, der sich analog auch bei natürlichen Heilungen im Suchtbereich zeigen lässt (Klingemann et al. 2001).

Vermutlich wird auf dem Gebiet der Erforschung des Stotterns noch lange Uneinigkeit hinsichtlich der Heilungskriterien beim hartnäckigen, chronischen Stottern herrschen. Möglicherweise wird künftig die Erforschung der neurobiologischen Grundlagen der Genesung vom Stottern richtungsweisend werden. Forschungsberichte jüngeren Datums, die vor allem auf der Untersuchung behandlungsfreier Sprecher basieren, vermuten, dass sich die neurologischen Systeme dieser Untersuchungspersonen nicht vollständig normalisiert haben (Forster & Webster 2001; Ingham, Finn & Fox 2004; Mouradian, Paslawski & Shuaib 2000). Noch ist es verfrüht, die Konsequenzen dieser Forschungsergebnisse vollumfänglich abzuschätzen. Künftige Forschungsanstrengungen sollten jedoch den möglichen Einfluss von Verhaltensänderungen auf die neurophysiologische Kontrolle des Stotterns und des Sprachflusses berücksichtigen.

Literatur

Anderson, T. K. & Felsenfeld, S. (2003). A thematic analysis of late recovery from stuttering. In: American Journal of Speech-Language Pathology 12. 243-253.

Brosch, S., Haege, A., Kalehne, P. & Johannsen, H. S. (1999). Stuttering children and the probability of remission – the role of cerebral dominance and speech production. In: International Journal of Pediatric Otorhinolaryngology 47. 71-76.

Finn, P. (1996). Establishing the validity of recovery from stuttering without treatment. In: Journal of Speech and Hearing Research 39. 1171-1181.

Finn, P. (1997). Adults recovered from stuttering without formal treatment. Perceptual assessment of speech normalcy. In: Journal of Speech, Language, and Hearing Research 40. 821-831.

Finn, P. (1998). Recovery without treatment. A review of conceptual and methodological considerations across disciplines. In: A. K. Cordes & R. J. Ingham (Hrsg.): Treatment efficacy for stuttering. A search for empirical bases. San Diego, CA: Singular. 3-28.

Finn, P. (2004). Self-change from stuttering during adolescence and adulthood. In: A. K. Bothe (Hrsg.): Evidence-based treatment of stuttering. Empirical bases and applications. Mahwah, NJ: Lawrence Erlbaum. 117-136.

Finn, P., Ingham, R. J., Ambrose, N. & Yairi, E. (1997). Children recovered from stuttering without formal treatment. Perceptual assessment of speech normalcy. In: Journal of Speech, Language, and Hearing Research 40. 867-876.

Forster, D. C. & Webster, W. G. (2001). Speech-motor control and interhemispheric relations in recovered and persistent stuttering. In: Developmental Psychology 19. 125-145.

Guitar, B. (1998). Stuttering. An integrated approach to its nature and treatment. 2. Aufl. Baltimore, MD: Williams & Wilkins.

Ingham, R. J. (1983). Spontaneous remission of stuttering. When will the emperor realize he has no clothes on? In: D. Prins & R. J. Ingham (Hrsg.): Treatment of stuttering in early childhood. San Diego: College-Hill Press. 113-140.

Ingham, R. J., Ingham, J. C., Finn, P. & Fox, P. (2003). Towards a functional neural systems model of developmental stuttering. In: Journal of Fluency Disorders 28. 297-318.

Kazdin, A. E. (1999). The meanings and measurement of clinical significance. In: Journal of Consulting and Clinical Psychology 67. 332-339.

Klingemann, H., Sobell, L., Barker, J., Blomqvist, J., Cloud, W., Ellinstad, D., Finfgeld, D., Granfield, R., Hodgings, D., Hunt, G., Junker, C., Moggi, F., Peele, S., Smart, R., Sobell, M. & Tucker, J. A. (2001). Promoting self-change from problem substance use. Practical implications for policy, prevention, and treatment. Dordrecht: Kluwer.

Mansson, H. (2000). Childhood stuttering: Incidence and development. In: Journal of Fluency Disorders 25. 47-57.

Mouradian, M. S., Paslawski, T. & Shuaib, A. (2000). Return of stuttering after stroke. In: Brain and Language 73. 120-123.

Wingate, M. E. (1976). Stuttering. Theory and treatment. New York: Irvington.

Yairi, E. & Ambrose, N. G. (1999). Early childhood stuttering I: Persistency and recovery rates. In: Journal of Speech, Language, and Hearing Research 42. 1097-1112.

5 „*Eine* Möglichkeit, mit dem Lover Schluss zu machen": Die Rolle der Behandlung bei der Veränderung des Abhängigkeitsverhaltens

Mark B. Sobell

Das Problem ist in deinem Kopf, sagte sie zu mir.
Die Antwort ist einfach, wenn du sie nur logisch angehst...
Es muss 50 Möglichkeiten geben, mit dem Lover Schluss zu machen.
(Paul Simon „50 Ways to Leave your Lover", 1975)

Um was es auch immer geht, Abhängigkeitsverhalten, Infektionen oder Knochenbrüche, die klassische Sicht des medizinischen Behandlungsmodells ist auf die Ursache der Störung gerichtet und zielt darauf ab, der betroffenen Person zu helfen, zum Normalzustand zurückzukehren, oder aber die betreffende Behinderung auf vernünftige Weise zu mildern. Auf die Behandlung von Entzugssymptomen ist das medizinische Modell durchaus anwendbar – die Störung hat eine bekannte physiologische Basis, die Behandlung ist auf diese Ursachen abgestimmt und die Behandlung ist zuverlässig wirksam. Was andere Aspekte des Abhängigkeitsverhaltens anbetrifft, insbesondere den zwanghaften Konsum, so ist es fraglich, ob das Modell adäquat ist. Die Ausgangsbasis für das Verhalten ist in diesem Fall weder bekannt noch notwendigerweise physiologischer Natur (auch wenn die Effekte psychotroper Substanzen physiologisch bedingt sind, so heißt das noch lange nicht, dass die Gründe für den Substanzkonsum auch physiologisch sind).

Ansätze zur Erklärung von Veränderungen im Abhängigkeitsverhalten

Tucker & King (1999) haben betont, dass Behandlungswirkungen und die Effekte anderer Interventionen bei Abhängigkeitsverhalten typischerweise nur kurz anhalten und damit gerechnet werden muss, dass die Probleme wieder auftreten – und dies, obwohl solche Interventionen auf höchst unterschiedlichen Annahmen basieren (auf lerntheoretischen Annahmen oder dem Krankheitsmodell) und unterschiedliche Eigenschaften, etwa hinsichtlich der Interventionsdauer, aufweisen. Darüber hinaus kann konstatiert werden, dass die Behandlungsergebnisse mit den Hilfsmitteln, die dem Individuum zur Verfügung stehen, und Umgebungseinflüssen nach der Behandlung in einem positiven Zusammenhang stehen. Zieht man diese Überlegungen in Betracht und berücksichtigt zusätzlich, dass viele Menschen ohne jegliche Interventionen ihre suchtbezogenen Probleme lösen (Sobell, Ellingstad & Sobell 2000), so erscheint die Nützlichkeit der traditionellen Behandlungsperspektive als sehr fraglich. Selbstheilungen sind oft nicht als Reaktionen auf spezifische vorangegangene Ereignisse zu verstehen, sondern ergeben sich aus kognitiven Wiedereinschätzungs- und Abwägungsprozessen (die betroffene Person wägt die Pro- und Kontra-Argumente ab und leitet daraus eine Verhaltensänderung ab; Sobell, Sobell, Toneatto & Leo 1993; vgl. auch die Übersicht bei Sobell & Sobell 2000). Dies wiederum legt nahe, dass das kritische Element, das der Verhaltensänderung vorangeht, im persönlichen Engagement (der Motivation) des Individuums für eine Verhaltensänderung besteht. Damit soll nicht behauptet werden, dass psychoaktive Substanzen nicht auch physiologische Wirkungen haben. Diese Feststellung hat jedoch nichts mit der Erklärung der Aufrechterhaltung des Konsums trotz negativer Folgen – ein zentrales Merkmal süchtigen Verhaltens – zu tun. Wir gehen in diesem Kapitel davon aus, dass ein aussagekräftiges Erklärungsmodell der Veränderung von Suchtverhalten (etwa Heilung) in der Lage sein sollte, alle Spielarten der Verhaltensänderung zu erklären, d. h. Veränderungen, die von Ereignissen in der Umwelt begünstigt wurden, ebenso wie Veränderungen, die als Ergebnis eines Prozesses des Herausreifens beschrieben worden sind, sowie andere Formen von Spontanremissionen.

50 Möglichkeiten, mit dem Lover Schluss zu machen

> **Geheilter Alkoholmissbrauchender**
> „Ich war kein Mensch, wie ich es eigentlich beabsichtigt hatte. Ich war zu einem Punkt gekommen, an dem ich vom Alkohol gefangen war. Er war meine Geliebte…"

Die Anziehung eines Menschen zu einer süchtig machenden Substanz seiner Wahl kann als eine Art Liebesbeziehung aufgefasst werden (Saunders & Allsop 1985; Steward 1987). Gehen wir in dieser Analogie noch einen Schritt weiter, so ist anzunehmen, dass die Auflösung einer Liebesbeziehung auf vielerlei Weise vorstellbar ist. Die Vorstellung, dass es auch zahlreiche Wege zur Bewältigung von suchtbezogenen Problemen gibt, fällt leichter, wenn man sich die ganze Bandbreite von Suchtproblemen und nicht nur die schweren Fälle vor

Augen führt (Institute of Medicine 1990). Am gründlichsten ist die Problematik im Bereich der Alkoholprobleme behandelt worden, hier weisen epidemiologische Daten darauf hin, dass es bei weitem mehr Personen mit leichteren als mit schweren Alkoholproblemen gibt. Nach Schätzungen des Institute of Medicine in seinem Bericht aus dem Jahre 1990 an das National Institute on Alcohol Abuse and Alcoholism (NIAAA) liegt das Verhältnis leicht abhängiger Alkoholmissbrauchender zu schwer abhängigen Fällen bei vier zu eins (Institute of Medicine 1990). Es wird allgemein nicht als überraschend empfunden, dass Personen mit leichteren Alkoholproblemen diese ohne fremde Hilfe überwinden. Ebenso ist es ein Allgemeinplatz, dass Rauchen meistens aus eigener Kraft aufgegeben wird (Fiore et al. 1990; Orleans et al. 1991). Es kann außerdem beobachtet werden, dass ähnlich wie bei Alkoholkonsumenten auch Raucher in Behandlung abhängiger sind als der Durchschnittsraucher und dass Ex-Raucher vor ihrem Ausstieg weniger stark nikotinabhängig waren, als es akute Raucher sind (Fagerström et al. 1996). Es kann nur erneut unterstrichen werden, dass die leistungsfähigste Interpretation des Veränderungsprozesses darin liegt, dass dieser unterschiedliche Formen annehmen kann und dass der persönliche Entscheid für eine Änderung die wichtigste Vorbedingung für den Wandel ist. Kurz gesagt, wenn jemand stark motiviert ist, sich zu verändern, dann wird diese Person auch Wege dazu finden.

Geheilte Alkoholmissbrauchende

Beispiel 1:

„Na ja, im Grunde musst du aufhören wollen. Man muss sich eingestehen, dass man wirklich ein Problem hat, und dann muss man echt aufhören wollen. Für mich gibt es sowas wie Selbstwert und wenn du den nicht hast, dann bist du verloren. Das Ganze ist ein Hindernis und da musst du eben spüren, dass du selbst OK bist und dann schaffst du es auch."

Beispiel 2:

Ja, also ich meine, ich hatte einfach das Gefühl, dass ich da gewinnen muss und dass es von mir abhängt; niemand sonst wird mir helfen mit dem Trinken aufzuhören. Es ist einfach mein Problem, das ich auch selbst lösen muss. Wieso sollte ich andere Leute um Hilfe angehen und denen das Problem aufhalsen, wenn es doch wirklich mein eigenes ist."

Beispiel 3:

„Ich sollte sie eigentlich am Nachmittag zu diesem Kirchenpicknick bringen und da war ich am Samstagmorgen besoffen und nicht in der Lage, sie da hinzubringen. Am nächsten Tag war ich voll mit Schuld und Reue und vielleicht habe ich auch noch ein oder zwei Bier zur Brust genommen und sagte mir dann, jetzt ist Schluss damit. Mit diesem Unsinn ist jetzt Schluss, sagte ich mir, und seit diesem Zeitpunkt habe ich keinen Alkohol mehr angerührt. Na ja, ich glaube, was da passierte, dass das eben einfach der letzte Strohhalm war. Ich hatte mich entschlossen, die Sache in den Griff zu kriegen und das war es dann auch. Auf Wiedersehen! Ich wusste, ich würde damit fertig. Ich habe so sehr darunter gelitten."

Tucker (1999) hat überzeugend dafür plädiert, dass der Genesungsprozess im sich verändernden Lebenskontext des Individuums verstanden werden muss. Aus dieser Perspektive stellt eine Verhaltensänderung kein vereinzeltes Ereignis dar, sondern kann auch als Endpunkt eines Entwicklungsprozesses verstanden werden. Das fluktuierende Auftreten suchtbezogener Probleme kann individuellen Lebensphasen zugeordnet werden. Im folgenden Teil dieses Kapitels soll der Frage nachgegangen werden, warum manche Personen bei ihren Versuchen, ihr Verhalten zu ändern, auf Behandlungsangebote zurückgreifen, während andere dies nicht tun.

Abbildung 1 bietet eine hypothetische Gesamtübersicht über den Prozess der Verhaltensänderung. Obwohl diese Abbildung im vorliegenden Falle mit Blick auf abhängige Verhaltensweisen erläutert wird, so stünde einer Anwendung auf andere Arten von Verhaltensveränderungen nichts im Wege. Die Einleitungsphase von Veränderungsprozessen (d. h. der Aufbau einer Veränderungsbereitschaft) ist aktuell zu einem wichtigen Forschungsthema in der Suchtforschung geworden. Die Motivationsforschung erhielt Auftrieb durch die Übertragung des transtheoretischen Modells der Verhaltensveränderung aus der Psychotherapie auf das Gebiet der Suchtforschung (DiClemente, Prochaska & Gibertini 1985; Prochaska & DiClemente 1986).

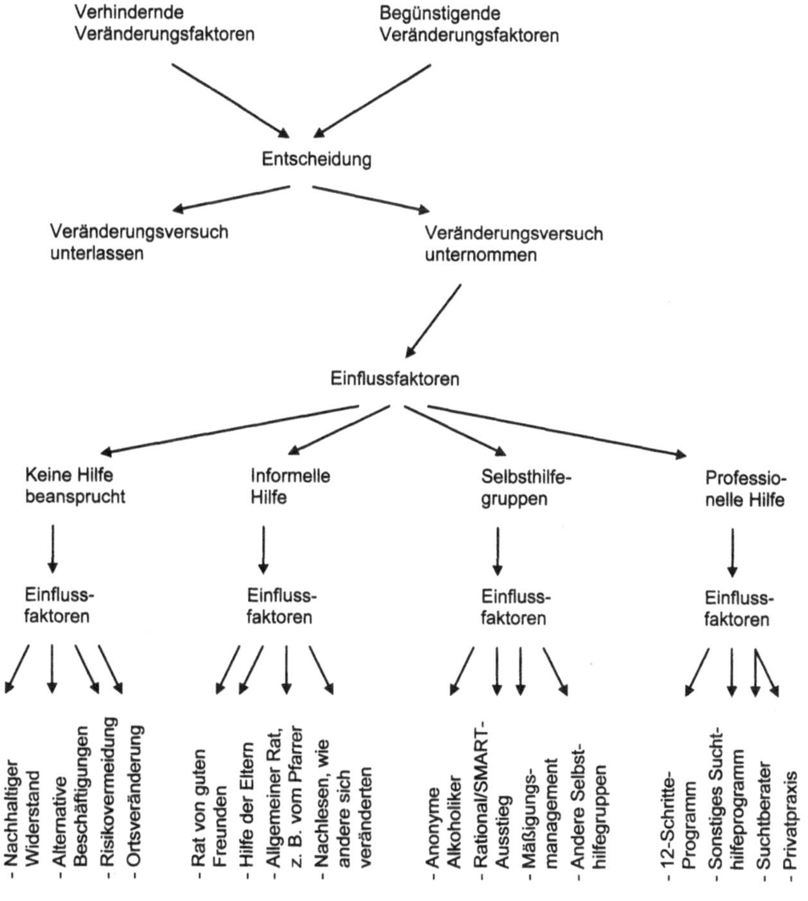

Abb. 1: Übersicht über den Verhaltensveränderungsprozess

Das Modell unterscheidet im Verlaufe des Veränderungsprozesses verschiedene hypothetische Stufen. Es war in jüngster Vergangenheit Gegenstand zahlreicher Kritiken und Kontroversen (Bandura 1997; Bud & Rollnick 1996; Carey, Purnine, Maisto & Carey 1999; Davidson 1998; Sutton 1996), auf die an dieser Stelle jedoch nicht näher eingegangen werden kann. Im vorliegenden Zusammenhang sind folgende Modelleigenschaften von Bedeutung: (1) Motivation ist eine Einstellungsvariable und daher veränderbar und sollte Gegenstand von Behandlung sein; (2) es ist sinnvoll, einem Individuum beim Veränderungsprozess auch dann zu helfen, wenn die Person zunächst nicht änderungsbereit ist.

Obgleich das transtheoretische Modell der stufenweisen Veränderung einerseits zahllose Forschungsprojekte und Kommentare auslöste und Vorbote der motivationsfördernden Gesprächsführung als Alternative in der Suchtbehandlung war (Miller & Rollnick 1991; Substance Abuse and Mental Health Administration 1999), blieben andererseits Untersuchungen zur Herbeiführung von Verhaltensveränderungen, zur Hilfebeanspruchung und der Rolle von Behandlungsmethoden im Veränderungsprozess eher die Ausnahme und waren nicht gut organisiert. Abbildung 1 zeigt diesen hypothetischen Veränderungsprozess über zwei Phasen: (1) die Entscheidung, in welche allgemeine Richtung der Veränderungsprozess verlaufen soll; (2) die Entscheidung für eine spezifische Änderungsstrategie. Obwohl Forschungsergebnisse, aber auch schon der gesunde Menschenverstand nahe legen, dass verschiedene Alternativen bei Heilungsprozessen gegeben sind und auch gewählt werden, bestehen erhebliche Forschungslücken bei den ‚Einflussfaktoren' in Abbildung 1. Die Abbildung spiegelt den Behandlungsprozess aus Sicht des Individuums und nicht des professionellen Behandlungsexperten. Aus dieser Perspektive zielt die notwendige Forschung nicht auf die Frage ab, welche Patienten am besten zu welcher Behandlung passen (‚Matching-These') (vgl. etwa Allen et al. 1997), sondern sie versucht vielmehr zu klären, wovon es abhängt, wenn Menschen sich zu einer Veränderung entschließen und Hilfe suchen, welche Art von Hilfe sie in Anspruch nehmen und warum gerade diese.

Da der Schwerpunkt dieses Kapitels auf Behandlungsfragen liegt, soll an dieser Stelle auf eine Literaturübersicht zum Hilfesucheverhalten verzichtet werden. Überdies liegen solche Übersichtsarbeiten bereits vor (Aday & Andersen 1974; Becker & Maiman 1975; Thom 1986; Thom, Brown, Drummond, Edwards & Mullan 1992). Stattdessen soll eine konzeptuelle Diskussion geführt werden, wobei insbesondere auf Forschungsbereiche abgestellt werden soll, die Aufschluss über das individuelle Entscheidungsverhalten versprechen.

Bestimmungsgründe individueller Strategien der Verhaltensänderung

Obwohl kaum Forschungsergebnisse zu der Frage vorliegen, wie Individuen Selbstheilungsversuche angehen und welche Wege sie wählen, so heißt das gleichzeitig doch nicht, dass die Einflussfaktoren in Abbildung 1 völlig im

Dunkeln lägen. Vereinzelte relevante Studien liegen vor und weisen auf verschiedene Faktoren hin, die sich logisch in die obige Darstellung einordnen lassen. Tabelle 1 zeigt eine Auflistung von Faktoren, die individuelle Entscheidungen beeinflussen, wenn es darum geht, welcher Weg zur Selbstheilung verfolgt werden soll. Persönliche Überzeugungen und Erfahrungen, praktische Erwägungen, der Gemeindekontext und Einstellungen zählen zu den Kriterien, die die individuelle Entscheidung über die generelle Richtung des Veränderungsprozesses und die zu wählenden spezifischen Methoden im Rahmen dieses Prozesses bestimmen.

Information / Wissen ... über Behandlungsprogramme; ... wie andere ihr Leben verändert haben; Kenntnis über regionale Selbsthilfegruppenangebote; Möglichkeit, den Rat vertrauter Personen einzuholen; Möglichkeit, auf professionellen Rat zurückgreifen zu können; Wissen darüber, wie andere Personen ihr Suchtproblem überwunden haben.
Umweltbedingungen Verfügbarkeit von Selbsthilfegruppen, Behandlungsprogrammen und Spezialistenrat; Geregelter Zugang zu Behandlungsleistungen (Wartelisten, geographische Erreichbarkeit); Einstellung der Mitmenschen / der Gemeinde zu Suchtproblemen.
Persönliche Situation; pragmatische Erwägungen Kostenlast bei der Inanspruchnahme von professioneller Behandlung; Rollenkonflikte bei Annahme von Behandlung (z. B. im Arbeits- und Familienbereich).
Psychische Bedingungen Einstellung zu persönlicher Unabhängigkeit; Vertrauen in die Hilfswilligkeit anderer; Vorstellungen darüber, wie man aus der Sucht aussteigen kann; Erfahrungen mit Ausstiegsversuchen in der Vergangenheit.

Tab. 1: Einflussfaktoren der individuellen Strategien zur Verhaltensveränderung

Ist der individuelle Entscheid zugunsten eines Versuchs zur Verhaltensänderung einmal gefallen, so muss die spezifische Art und Weise, wie das Individuum dieses Ziel angehen kann, vom Wissen dieser Person darüber, wie man eine Veränderung herbeiführen kann und welche Hilfe eventuell in Anspruch genommen werden kann, ausgehen. Dieses Wissen wird nicht allein aus allgemeinen Informationsquellen abgeleitet und beruht nicht nur auf Kenntnissen über verfügbare Hilfsangebote, sondern hängt ganz entscheidend auch von Erfahrungen anderer Personen ab, von denen man gehört hat. In den Kategorien der Gemeindegesundheitsplanung ausgedrückt liegt es klar auf der Hand, dass eine effiziente Inanspruchnahme von Angeboten voraussetzt, dass die Bevölkerung kosteneffiziente Angebote wahrnimmt und – ganz wichtig – weiß, dass viele Menschen in der Lage sind, eine Selbstheilung zu bewerkstelligen, und zwar ohne professionelle Hilfe. Traditionelle Suchtbehandlungsprogramme sind in der Regel teuer und bieten intensive Behandlungsprogramme an (Institute of Medicine 1990; Klingemann & Hunt 1998). Zumindest in den Vereinigten Staaten wäre es höchst wünschenswert, Öffentlichkeitskampagnen zu starten, die die Bevölkerung auf die verschiedenen Möglichkeiten des Ausstiegs aus der Sucht hinweisen. Informationsangebote haben schließlich eine Doppelfunktion, wenn es um die Gestaltung des Selbstheilungsprozesses geht. Zum Ersten führt ein Informationsmangel zur Einschränkung der Wahlmöglichkeiten. Man kann nicht erwarten, dass die Betroffenen Alternativen berücksichtigen, von denen sie gar keine Kenntnis haben. Zweitens, und dies ist vielleicht noch wichtiger als die Kenntnis alternativer Möglichkeiten, wird der Einzelne in die Lage versetzt, gut informiert zwischen diesen Alternativen entscheiden zu können. Trotz gegenteiliger empirischer Befunde (Miller et al. 1995) herrscht in Nordamerika beispielsweise der Glaube, dass die Anonymen Alkoholiker und 12-Schritte-Programme die wirksamsten Therapieangebote seien. So gesehen ist die Verbreitung zutreffender Informationen über die Gesamtheit der Wege zum Ausstieg aus der Alkoholabhängigkeit eine zusätzliche Bedingung, um die wirksame Nutzung von Gemeindeangeboten zu erreichen. Die Auswahl der spezifischen Heilungsstrategie wird auch durch Umweltfaktoren beeinflusst. Bereits an den Unterschieden zwischen Stadt und Land wird deutlich, dass das Umfeld (‚setting') die Handlungsoptionen der Suchtmittelmissbrauchenden deutlich einschränkt. Umweltrelevante Aspekte können durch die Verfügbarkeit sowohl von Behandlungsprogrammen als auch von bestimmten helfenden Berufen außerordentlich beeinflusst werden, da es selbst in kleineren Gemeinden Selbsthilfegruppen gibt. Gleichzeitig können Anonymitätsprobleme gerade in sehr kleinen Gemeinden als Hemmschwelle für die Inanspruchnahme dieser Gruppen fungieren.

> **Geheilter Alkoholmissbrauchender**
> „Er sagte, du bist doch ein ortsbekannter Säufer. Na ja, andere Sachen spielten auch mit... Aber das war einfach der Hammer. Da ist mir einfach was aufgegangen, als der sowas sagte. Sowas zu sagen, dass ich ja als Stadtsäufer bekannt wäre, also das will ich keinem meiner Söhne oder der Familie zumuten."

Ein weiterer Umweltaspekt, der die Wahl einer Veränderungsstrategie beeinflusst, sind die Zugangsmöglichkeiten zu Behandlungsprogrammen (Kavanagh, Sitharthan, Spilsbury & Vignaedra 1999; Tucker & Davison 2002). Verschiedene Bedingungen, wie ein bequemer oder schwieriger Zugang zu Behandlungsprogrammen oder die Zeitspanne, bis man tatsächlich behandelt wird (Wartelisten), sind in unterschiedlichem Maße tolerierbar und beeinflussen schlussendlich den individuellen Entscheid zugunsten einer Verhaltensänderung. Das Umfeld der Betroffenen übt ebenfalls einen kollektiven sozialen Einfluss aus (Pescosolido 1991; Tucker & Davison 2002). Das soziale Netzwerk des Einzelnen ist nicht nur eine potentielle Quelle für Rat und soziale Unterstützung, sondern bestimmt mit den vorherrschenden Werten, Einstellungen und informellen Alltagsmethoden zur Verhaltensänderung darüber hinaus die Rahmenbedingungen des individuellen Änderungsprozesses. Wenn der Betroffene auf die soziale Billigung seines Verhaltens Wert legt, so wird der soziale Kontext konsequenterweise seine Entscheidung über den für eine Verhaltensänderung zu wählenden Weg beeinflussen.

> **Geheilter Alkoholmissbrauchender**
> „Wissen Sie, die tollste Sache, die mir passiert ist, war, dass [Name] nie sehr viel getrunken hat, dann aber damit aufhörte und mich unterstützte... Da hat sie einfach beschlossen, hör mal, weißt Du, ich trinke einfach auch nichts mehr. Und von da ab haben wir beide keinen Alkohol mehr getrunken; ist eben eine gesellige Sache."

Individuelle Umstände beeinflussen ebenfalls die Auswahl bei Verhaltensalternativen. Viele der Änderungsmöglichkeiten verursachen dem Einzelnen Kosten im weiteren Sinne, die dieser als gerechtfertigt oder aber ungerechtfertigt einstuft. Diese Kosten reichen von monetären Kosten für Behandlungsprogramme oder professionelle Dienstleistungen bis hin zum Zeitaufwand, der betrieben werden muss (etwa für eine stationäre Behandlung oder den wöchentlichen Besuch von Selbsthilfegruppen), den Opportunitätskosten mit Blick auf andere Verantwortlichkeiten (etwa zu Hause oder am Arbeitsplatz) und konkurrierenden Aktivitäten (z. B. persönliche Hobbys oder Gartenarbeit). Psychologische Faktoren werden letztlich ausschlaggebend für die Wahl von Änderungsstrategien sein. Die bis hierhin erörterten Faktoren tragen dazu bei, den Einzelnen auf die Bandbreite der Wahlmöglichkeiten und die damit jeweils verbundenen Kosten und Nutzen aufmerksam zu machen. Die letztlich getroffene Entscheidung wird jedoch aufgrund psychologischer Faktoren gefällt. Individuell unterschiedliche Persönlichkeitsmerkmale, Einstellungen, Hintergründe, Vorlieben, Werte und andere persönlichkeitsstiftende Faktoren dienen als Filtermechanismen für das individuelle Entscheidungsverhalten. Einige dieser Faktoren tangieren möglicherweise auch eine Stigmatisierung im Zusammenhang mit Suchtmittelmissbrauch ebenso wie die allgemeine Angst vor Behandlung oder die fehlende Bereitschaft, sich behandeln zu lassen. Letztere spielt auch bei vielen Gesundheitsproblemen, die nicht mit Stigma behaftet sind, eine Rolle, so etwa bei Herzkrankheiten (Tucker & Davison 2002). Die hier beschriebenen Umstände sind lange Zeit ignoriert worden, obwohl ihre Bedeutung für ein besseres Verständnis der Wahl individueller Veränderungsmethoden auf der Hand liegt. Für die Gesundheitsplanung ist es ebenfalls äußerst bedeutsam, Einblick in diese individuellen Entscheidungsprozesse zu gewinnen. Es liegt auf der Hand, dass das Versorgungsangebot in schmerzlicher Weise unzureichend wäre, falls alle Suchtmittelmissbrauchenden sich dafür entscheiden würden, sich behandeln zu lassen. Obwohl dieses Forschungsthema bislang erst in Form von Beobachtungsbefunden und beschreibenden Ansätzen in Angriff genommen worden ist, sind die anzustrebenden Ziele dennoch klar, nämlich (1) diejenigen Personen, die Selbstveränderungen oder Selbstheilung durch Selbsthilfeprogramme erreichen können, auf diesem Wege zu ermutigen, und (2) eine Palette evidenzbasierter Interventionen anzubieten, unter denen Suchtmittelmissbrauchende diejenigen identifizieren und auswählen können, die sie für ihre Problemlösung benötigen.

Die Rolle der Behandlung bei der Veränderung des Suchtverhaltens

Dieser Abschnitt stellt die Rolle von Behandlungsmaßnahmen bei der Veränderung des Suchtverhaltens in den Mittelpunkt und vertritt die Annahme, dass andere Interventionen auf Gemeindeebene nötig sind, um einer zweifachen Zielsetzung gerecht zu werden: (a) die Förderung der Inanspruchnahme von Behandlung da, wo es angezeigt ist, und (b) die Reduzierung unnötiger Behandlung. Welche Rolle soll Behandlung bei der Veränderung süchtigen Verhaltens spielen eingedenk des skizzierten Kontexts, in dessen Rahmen Hilfe suchendes Verhalten stattfindet? Ein Aspekt ist sicherlich das Zur-Verfügung-Stehen, das

‚Einfach-da-Sein'. Damit Behandlung verhaltensändernd wirksam werden kann, müssen entsprechende Behandlungsmöglichkeiten bestehen. Idealerweise würde es ausreichen, unterschiedliche Behandlungsangebote zur Verfügung zu stellen, die dann bedürfnisabhängig auch genutzt werden. Nun ist es allerdings so, dass das Bedürfnis nach Unterstützung im individuellen Verhaltensänderungsprozess nur einen unter vielen Gründen darstellt, weshalb klinische Versorgungsangebote in Anspruch genommen werden. So stellte Breslin fest (persönliche Mitteilung vom November 1999), dass Personen, die mit Erfolg an einem Pilot-Kurzinterventionsprogramm teilgenommen hatten, dennoch weiterhin zusätzliche Angebote in der Gemeinde in Anspruch nahmen. Eine Erklärung mag darin liegen, dass die Behandlungsergebnisse aus Forschungssicht und mit Blick auf den Suchtmittelkonsum zwar positiv waren, die Betroffenen andererseits aber weiterhin unter Folgeproblemen litten, Hilfe bei der Stabilisierung der von ihnen erreichten Verhaltensänderung benötigten oder aus anderen Gründen diese Programme konsultierten. Ähnlich vermuten Aasland et al. (1987), dass Suchtbehandlungsprogramme nach Erreichung einer Verhaltensänderung aufgesucht werden, damit die erreichte Änderung durch die Behandlung gefestigt wird. Wo auch immer der Grund für die Beanspruchung von Behandlung liegen mag, man kann doch festhalten, dass sich die Vorstellungen der Betroffenen, weshalb sie Behandlung nötig haben, ganz erheblich von denen der professionellen Behandler unterscheiden können. Dies ist unproblematisch, solange diese Behandlungsdienstleistungen von den Betroffenen selbst bezahlt werden; die Situation stellt sich hingegen anders dar, wenn diese Behandlungsangebote von der Öffentlichen Hand oder von Krankenversicherungen finanziert werden. Somit ist nicht nur die Bereitstellung eines breit gefächerten Behandlungsangebotes notwendig, sondern ebenso die Einrichtung von Abklärungsprogrammen, die sicherstellen, dass finanzielle Mittel für wirklich notwendige Behandlungen eingesetzt werden.

Der Ansatz der abgestuften Behandlung

Die Einführung des Modells der abgestuften Behandlung (‚Stepped Care Model') würde eine mögliche Strategie zur Realisierung eines effizient arbeitenden Behandlungsangebots in der Suchtkrankenhilfe darstellen (Sobell & Sobell 2000). Dieser Ansatz wird in Abbildung 2 veranschaulicht und zeigt, wie die Gesundheitsversorgung bei zahlreichen Gesundheitsproblemen arbeitet. Das Modell geht von der Annahme aus, dass die Behandlungsanbieter sich bei ihren Behandlungsempfehlungen an Richtlinien halten und sich an empirischen Befunden und klinischen Einschätzungen orientieren. Diese Richtlinien besagen, dass die Behandlung der Wahl (1) individuell gestaltet sein sollte; (2) mit den aktuellen Forschungsbefunden in Einklang steht; (3) möglichst wenig einschränkend, aber gleichzeitig noch wirksam ist und (4) für den Behandlungskonsumenten auch annehmbar ausfällt. Entscheidungen im weiteren Verlauf des Behandlungsprozesses sind am Behandlungsfortschritt ausgerichtet, d. h. sie hängen davon ab, wie gut der Klient / die Klientin auf die Behandlung anspricht. Ist die Wirkung der Behandlung nicht zufriedenstellend, dann ist eine Intensivierung der Behandlung oder ein Wechsel der Behandlungsmethode zu erwägen. Nehmen wir das Beispiel des Bluthochdrucks, bei dessen Vorliegen der Familienarzt zunächst einmal typischerweise Veränderungen im Lebensstil, etwa mehr Sport und bewusste Ernährung, empfehlen wird, bevor er dann möglicherweise Medikamente verschreibt und erst, wenn all diese Maßnahmen keinen Erfolg zeitigen, die Überweisung an einen Spezialisten in Betracht zieht.

Mehr und mehr Studien stützen die Annahme, dass Personen, die gut auf kognitiv-verhaltensorientierte Kurzinterventionen ansprechen, bereits während der ersten Sitzungen deutliche Fortschritte zeigen (Wilson 1999).

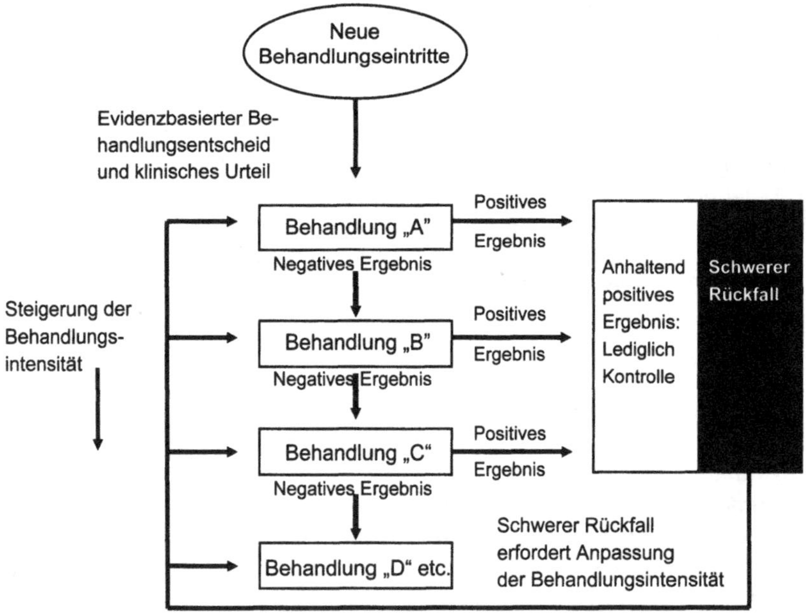

Quelle: Sobell & Sobell (2000)

Abb. 2: Abgestuftes Behandlungsmodell

Die vielfältigen Funktionen von Behandlung

Was schließlich die Funktionen anbelangt, die eine Behandlung erfüllen kann, so liegen mehrere Leitmotive nahe: Behandlung kann Individuen einen Rahmen bieten, der es ihnen erlaubt, ihre Gedanken zur Problematik zu ordnen und begründete Prioritäten zu setzen. Dies dürfte ein Grund für den Einbezug von Übungen in motivationsfördernde Behandlungsmaßnahmen sein, die den Einzelnen dazu bewegen, das Für und Wider einer Verhaltensänderung im Vergleich zum Status quo abzuwägen (Substance Abuse and Mental Health Administration 1999). Eine weitere Funktion von Behandlung kann sein, Individuen das Verständnis ihrer Problemlage zu erleichtern, z. B. wie sie in diese Situation hineingeraten sind, und ihnen gleichzeitig Hoffnung auf die Möglichkeit einer Verhaltensänderung zu vermitteln. In einigen Fällen wird schon die Einsicht in den Zusammenhang zwischen auslösenden Faktoren und Folgeproblemen des Suchtmittelkonsums genügen, um Verhaltensänderungen zu initiieren. In anderen Fällen sind Verhaltensänderungen, ohne dass die notwendigen Fähigkeiten und Hilfsmittel gegeben sind, schwierig oder gar unmöglich. Soziale Unterstützung und Bekräftigung im Zuge der Verhaltensänderung können durch Behandlung gewährleistet werden, insbesondere, wenn die Klienten in ihrem alltäglichen Umfeld auf soziale Unterstützung nicht zurückgreifen können. Schließlich kann man mit Behandlung vorläufig ‚Zeit gewinnen'. So könnten etwa Personen, die unter sozialem Druck stehen, ihr Verhalten zu ändern, sich einer Behandlung unterziehen und Behandlungsgruppen besuchen, ganz einfach, um anderen einen Gefallen zu tun, ohne dass sie jedoch selbst wirklich die Absicht hätten, an ihrem Suchtmittelkonsum etwas zu ändern.

Zusammenfassung: Viele Wege, mit dem Lover Schluss zu machen

Es ist deutlich geworden, dass Suchtmittelkonsum auf unterschiedliche Weisen verändert werden kann und die Inanspruchnahme von Behandlung nur eine unter vielen Möglichkeiten ist. Im Rahmen dieses Kapitels sollte ein organisatorischer Rahmen für die Konzeptualisierung von Variablen geboten werden, die Verhaltensveränderungen vorgeschaltet sind. Obgleich die verschiedenen Elemente des Änderungsprozesses nicht so sehr beschrieben, sondern eher konzeptuell gefasst worden sind, kann doch als wichtige Erkenntnis dieses Kapitels festgehalten werden, dass wir wenig darüber wissen, welche Faktoren (1) persönliches Entscheidungsverhalten beeinflussen; (2) Gründe und Zeitpunkt der Hilfebeanspruchung steuern und (3) die Wahl zwischen Verhaltensalternativen, einschließlich der Beanspruchung von Behandlung, bestimmen. Forschungsbemühungen zur Abstimmung von Klient und Behandlung sind so lange von eher beschränktem Wert, wie noch weitgehend unerforscht ist, (a) wie Klienten dazu bewegt werden können, Behandlungsleistungen in Anspruch zu nehmen, die kaum Einschränkungen zur Folge haben, aber dennoch erfolgreich sind, und (b) wie die Versorgungsanbieter dazu gebracht werden können, ihre einseitige Ausrichtung auf schwere Fälle aufzugeben (da ihre Angebote sonst für leichtere Fälle ungeeignet sind) und stattdessen eine abgestufte Vorgehensweise (‚stepped care') zu verfolgen (Institute of Medicine 1990; Tucker 1999).

Literatur

Aasland, O. G., Bruusgaard, D. & Rutle, O. (1987). Alcohol problems in general practice. In: British Journal of Addiction 82. 197-201.

Aday, L. A. & Andersen, R. M. (1974). A framework for the study of access to medical care. In: Health Sciences Research 9. 208-220.

Allen, J. P., Mattson, M. E., Miller, W. R. et al. (1997). Matching alcoholism treatments to client heterogeneity. Project MATCH posttreatment drinking outcomes. In: Journal of Studies on Alcohol 58. 7-29.

Bandura, A. (1997). The anatomy of stages of change. In: American Journal of Health Promotion 12. 8-10.

Becker, C. H. & Maiman, L. A. (1975). Sociobehavioral determinants of compliance with health and medical care recommendations. In: Medical Care 13. 10-14.

Budd, R. J. & Rollnick, S. (1996). The structure of the Readiness to Change Questionnaire. A test of Prochaska & DiClemente's transtheoretical model. In: British Journal of Health Psychology 1, 365-376.

Carey, K. B., Purnine, D. M., Maisto, S. A. & Carey, M. P. (1999). Assessing readiness to change substance abuse. A critical review of instruments. In: Clinical Psychology – Science and Practice, 6, 245-266.

Davidson, R. (1998). The transtheoretical model. A critical overview. In: W. R. Miller & N. Heather (Hrsg.): Treating addictive behaviors. 2.Aufl. New York: Plenum. 25-38.

DiClemente, C. C., Prochaska, J. O. & Gibertini, M. (1985). Self-efficacy and the stages of self-change of smoking. In: Cognitive Therapy and Research 9. 181-200.

Fagerström, K. O., Kunze, M., Schoberberger, R. et al. (1996). Nicotine dependence versus smoking prevalence. Comparisons among countries and categories of smokers. In: Tobacco Control 5. 52-56.

Fiore, M. C., Novotny, T. E., Pierce, J. P. et al. (1990). Methods used to quit smoking in the United States. In: Journal of the American Medical Association 263. 2760-2765.

Institute of Medicine (1990). Broadening the base of treatment for alcohol problems. Washington, D.C.: National Academy Press.

Kavanagh, D. J., Sitharthan, T., Spilsbury, G. & Vignaedra, S. (1999). An evaluation of brief correspondence programs for problem drinkers. In: Behavior Therapy 30. 641-656.

Klingemann, H. & Hunt, G. (1998). Drug treatment systems in an international persepctive. Thousand Oaks, CA: Sage.

Marlatt, G. A. (1999). From hindsight to foresight. A commentary on Project Match. In: J. A. Tucker, D. A. Donovan & G. A. Marlatt (Hrsg.): Changing addictive behavior. Bridging clinical and public health strategies. New York: Guilford. 45-66.

Miller, W. R., Brown, J. M., Simpson, T. L. et al. (Hrsg.) (1995). What works? A methodological analysis of the alcohol treatment outcome literature. Boston: Allyn and Bacon.

Miller, W. R. & Rollnick, S. (1991). Motivational interviewing. Preparing people to change addictive behavior. New York: Guilford.

Orleans, C. T., Schoenbach, V. J., Wagner, E. H. et al. (1991). Self-help quit smoking interventions. Effects of self-help materials, social support instructions, and telephone counseling. In: Journal of Consulting and Clinical Psychology 59. 439-448.

Pescosolido, B. (1991). Illness careers and network ties. A conceptual model of utilization and compliance. In: Advances in Medical Sociology 2. 161-184.

Prochaska, J. O. & DiClemente, C. C. (Hrsg.) (1986). Toward a comprehensive model of change. New York: Plenum.

Saunders, B. & Allsop, S. (1985). Giving up addictions. In: F. N. Watts (Hrsg.): New developments in clinical psychology. New York: John Wiley. 203-220.

Sobell, L. C., Ellingstad, T. P. & Sobell, M. B. (2000). Natural recovery from alcohol and drug problems. Methodological review of the research with suggestions for future directions. In: Addiction 95. 749-764.

Sobell, L. C., Sobell, M. B., Toneatto, T. & Leo, G. I. (1993). What triggers the resolution of alcohol problems without treatment? In: Alcoholism: Clinical and Experimental Research 17. 217-224.

Sobell, M. B. & Sobell, L. C. (2000). Stepped care as a heuristic approach to the treatment of alcohol problems. In: Journal of Consulting and Clinical Psychology 68. 573-579.

Stewart, T. (1987). The heroin users. London: Pandora.

Substance Abuse and Mental Health Administration (1999). Enhancing motivation for change in substance abuse treatment (Treatment Improvement Protocol Series). Rockville, MD: U.S. Department of Health and Human Services.

Sutton, S. (1996). Can stages of change provide guidelines in the treatment of addictions? In: G. Edwards & C. Dare (Hrsg.): Psychotherapy, psychological treatments and the addictions. Cambridge, MA: Cambridge University Press. 189-205.

Thom, B. (1986). Sex differences in help-seeking for alcohol problems. – 1. The barriers to help-seeking. In: British Journal of Addiction 81. 777-788.

Thom, B., Brown, C., Drummond, C., Edwards, G. & Mullan, M. (1992). The use of services for alcohol problems. General practitioner and specialist alcohol clinic. In: British Journal of Addiction 87. 613-624.

Tucker, J. A. (1999). Changing addictive behavior. Historical and contemporary persepctives. In: J. A. Tucker, D. A. Donovan & G. A. Marlatt (Hrsg.): Changing addictive behavior. Bridging clinical and public health strategies. New York: Guilford. 3-44.

Tucker, J. A. & Davison, J. W. (2002). Waiting to see the doctor. The role of time constraints in the utilization of health and behavioral health services. In: W. Bickel & R. Vuchinich (Hrsg.): Reframing health behavior change with behavior economics. New York: Lawrence Erlbaum. 219-264.

Tucker, J. A. & King, M. P. (1999). Resolving alcohol and drug-related problems. Influences on behavior change and help-seeking processes. In: J. A. Tucker, D. A. Donovan & G. A. Marlatt (Hrsg.): Changing addictive behavior. Bridging clinical and public health strategies. New York: Guilford. 97-126.

Wilson, G. T. (1999). Rapid response to cognitive behavior therapy. In: Clinical Psychology. Science and Practice 6. 289-292.

6 Förderung der Selbstheilung in der Gemeinde

Linda C. Sobell

Wie in den ersten Kapiteln dieses Bandes bereits deutlich geworden ist, sind die meisten Personen, die Suchtmittel missbrauchen, kaum bereit, herkömmliche Behandlungsangebote anzunehmen. Daher kann von einem dringenden Bedürfnis nach der Entwicklung und Evaluation alternativer Interventionen ausgegangen werden, die möglichst wenig in das Leben der Betroffenen eingreifen und dementsprechend gerade für Menschen mit Suchtproblemen attraktiv sind. *Wenn Suchtmittelkonsumenten nicht bereit sind, sich behandeln zu lassen, was können wir dann unternehmen, um sie zu motivieren, ihr Verhalten zu ändern?*

In den vergangenen zehn Jahren sind motivationsfördernde Vorgehensweisen ein üblicher Bestandteil vieler kognitiv-verhaltensorientierter Behandlungsmethoden bei Alkohol- und Drogenmissbrauchenden geworden (Substance Abuse and Mental Health Administration 1999). Der Begriff ‚Motivation' ist als veränderbarer Zustand konzeptualisiert worden, der unterschiedlichste Facetten der persönlichen Vergangenheit sowie aktuelle Situationscharakteristika widerspiegelt (Miller & Rollnick 1991; Substance Abuse and Mental Health Administration 1999). Im Rahmen seiner allgemeinen Verhaltenstheorie vom kognitiven sozialen Lernen erörtert Bandura auch motivationsrelevante Variablen (Bandura 1986). Demnach kann Motivationsförderung auf unterschiedliche Weise erfolgen, nämlich durch (a) die Erteilung von Rat und Verhaltensrückmeldungen; (b) die Beseitigung von Hindernissen, die einer Verhaltensänderung im Wege stehen; (c) das Angebot möglichst vieler Wahlmöglichkeiten zwischen Behandlungsinterventionen; (d) die Verringerung der Anziehungskraft von Suchtmitteln über die Beeinflussung von Rahmenbedingungen, die zur Änderung ermutigen und diese unterstützen; (e) persönliche Rückmeldungen zu den Auswirkungen problematischer Verhaltensweisen (z. B. Alkohol- und Drogenkonsum, Rauchen, Glücksspiel), um Änderungsverhalten zu bekräftigen; (f) die klare Ausformulierung erreichbarer Ziele und (g) die Demonstration einer zugewandten, helfenden Einstellung gegenüber dem Betroffenen (Miller & Rollnick 1991; Substance Abuse and Mental Health Administration 1999).

Wenn die Betroffenen es nicht schaffen, die Schwelle zu Behandlungseinrichtungen zu überschreiten, so muss die Behandlung eben zu den Betroffenen kommen (Sobell, Cunningham, Sobell, Agrawal et al. 1996; Sobell, Sobell, Leo et al. 2002). Daraus folgt, dass therapeutische Interventionen nicht so sehr über traditionelle Suchtbehandlungseinrichtungen, sondern vielmehr über alternative Kanäle wie das Internet oder den Postweg erfolgen sollten. Würde es nämlich gelingen, wirksame Methoden zur Förderung der Selbstheilung im Gemeindekontext zu entwickeln, so wäre dadurch – zu weit geringeren Kosten als bei den herkömmlichen ambulanten Suchtberatungsstellen – eine umfassende Wirkung auf suchtbezogene Probleme auf kommunaler Ebene zu erwarten.

Ansätze zur Selbstheilung

Ansätze zur Selbstheilung sind seit langem Bestandteil vieler therapeutischer Kurzinterventionen, die den Patienten mit Substanzmissbrauch in die Lage versetzen, seinen eigenen Verhaltensänderungsprozess zu bewerten und zu steuern (vgl. etwa Feling & Manwell 1999; Heather 1994; Heather, Rollnick, Bell & Richmond 1996; Sitharthan, Kavanagh & Sayer 1996; Sobell & Sobell 1993a, 1999). Der Entwicklung von Selbstheilungsansätzen lagen folgende Prinzipien und Befunde zugrunde: (1) die Notwendigkeit, dass auch Personen mit weniger schwerwiegenden Suchtproblemen, insbesondere bei Alkoholmissbrauch, auf geeignete therapeutische Interventionen zurückgreifen können; (2) der Nachweis, dass bei vielen Betroffenen Kurzinterventionen ebenso wirksam sind wie intensivere Interventionen (Bien, Miller & Tonigan 1993; Miller et al. 1995; Project MATCH Research Group 1998a, 1998b; Sobell, Breslin & Sobell 1998), und (3) die Betonung von Selbstkontrollprozessen in der Weiterentwicklung der kognitiven Verhaltenstherapie (siehe etwa Mahoney & Lyddon 1988; Thoresen & Mahoney 1974).

Der Erfolg der Unterstützung von Selbstheilungen bei Substanzmittelmissbrauch durch Kurzinterventionen zeigt, dass die Betroffenen bereits vor der Aufnahme in die Behandlung ausreichend befähigt sind, wirksam zu agieren (Sobell & Sobell 1998). Dies wiederum deutet darauf hin, dass die Hauptfunktion solcher Kurzinterventionen in der Förderung der individuellen Motivation zu sehen ist oder, anders ausgedrückt, die eines Katalysator ist für den Einsatz der Eigenressourcen des Einzelnen, um Verhaltensänderungen herbeizuführen. Die Studie von Werch (1990) stützt die Annahme, dass Selbstheilungsansätze und Minimalinterventionen für erwachsene Alkoholkonsumenten attraktiv sein können, äußerten doch mehr als ein Viertel der untersuchten Trinker Interesse an Hilfe bei dem Versuch, gemäßigt Alkohol zu trinken. Darüber hinaus wünschten gerade Alkoholtrinker mit einem hohen Konsumniveau eine oder mehrere Selbsthilfeanleitungen und zeichneten sich auch durch eine relativ hohe Motivation aus, ihren Alkoholkonsum zu begrenzen. Diese Untersuchung legt nahe, dass eine beträchtliche Anzahl chronischer Alkoholkonsumenten gegenüber Selbsthilfeanleitungen offen ist, die sie bei der Verminderung des Konsums unterstützen können.

Die Anwendung von äußerst kurzen Interventionen durch Allgemeinpraktiker im primären Versorgungsbereich kann als innovativer Weg zur Förderung der Selbstheilung vom exzessiven Alkoholkonsum angesehen werden. Diese therapeutischen Interventionen umfassen üblicherweise eine Kurzabklärung und – falls angezeigt – eine kurze Ratgebung. Der Umstand, dass der primäre Grund der ärztlichen Konsultation überhaupt nichts mit dem Thema Alkoholkonsum zu tun hat, ist typisch für diese Interventionen. Gleichwohl nutzt der Arzt den Besuch des Patienten, um im Rahmen der allgemeinen Untersuchung auch die Alkoholkonsumgewohnheiten zur Sprache zu bringen, und falls der Konsum des Patienten die empfohlenen Konsumrichtlinien überschreiten sollte (vgl. National Institute on Alcohol Abuse and Alcoholism 1995), so weist der Arzt den Patienten darauf hin und rät, den Konsum auf das empfohlene Niveau zu senken. Solche ärztlichen Interventionen haben nachweislich größere Wirkung auf die Reduktion des Alkoholkonsums und erreichen viel breitere Personenkreise, als dies bei herkömmlichen Suchtberatungsprogrammen der Fall ist (Flemming & Manwell 1999).

Eine weitere Strategie, die im Sinne des Zeitaufwandes und des Einsatzes kostenträchtiger Ressourcen als Minimalintervention eingestuft werden kann und gleichzeitig in der Lage ist, den Zugang zu geographisch schwer erreichbaren Populationen zu ermöglichen, sind Interventionen per Telefon oder schriftlich auf dem Postweg (Breslin, Sobell, Sobell & Kwan 1996; Jeffrey, Hellerstedt & Schmid 1990; Lando et al. 1997; Ramelson, Friedman & Ockene 1999; Sitharthan et al. 1996; Zhu et al. 1996).

In einer neueren Untersuchung konnte die Nützlichkeit der postalischen Diffusion einer Selbstheilungskurzintervention in ländlichen Gemeinden demonstriert werden (Sitharthan et al. 1996). Im Rahmen dieser Studie wurde eine postalisch administrierte Intervention über vier Monate hinweg bei 121 Problemtrinkern evaluiert, die über Medienaufrufe für die Untersuchung rekrutiert worden waren. Im Einzelnen wurde eine kognitiv-verhaltenstherapeutische Intervention mit einer Minimalintervention (Lernmaterial und Vorschläge zur Verfolgung des eigenen Konsumverhaltens) verglichen. Wie angenommen worden war, erwies sich die kognitiv-verhaltenstherapeutische Intervention als erfolgreicher als die Minimalintervention im Verlauf der viermonatigen Interventionsphase. Erstere bewirkte den Rückgang des Alkoholkonsums um die Hälfte, womit das durchschnittliche Konsumniveau noch unter die empfohlenen Richtwerte fiel. Die nach sechs Monaten erreichten besseren Behandlungsfortschritte bestanden auch nach zwölf Monaten fort, obgleich die Untersuchungsgruppe mit ‚Minimalinterventionen' nach vier Monaten ebenfalls kognitiv-verhaltenstherapeutisches Material erhalten hatte. Die Machbarkeit der Anwendung solcher Programme auf dem Postweg als Behandlungsalternative wurde durch hohe Benutzerzufriedenheit, einen beachtlichen Frauenanteil und die Teilnahmebereitschaft auch in isolierten ländlichen Gebieten unterstrichen. Die Untersuchungsergebnisse sprechen für die Nutzung postalischer Kontakte, um auf diese Weise einem frühen Engagement der Zielgruppen und einem Ausgleich von Stadt-Land-Unterschieden bei der therapeutischen Versorgung näher zu kommen.

Medienkampagnen können als weitere Strategie zur Förderung von Selbstheilungsprozessen auf Gemeindeebene angesehen werden. Es liegen mehrere Studien vor, die den positiven Einfluss von Medienkampagnen auf die Prävalenz von Raucherraten evaluiert haben (Campion, Owen, Menell & Meguire 1994; Giffen 1991; Hughes, Cummings & Hyland 1999; Killen, Fortmann, Newman & Varady 1990; Lihtenstein, Lando & Nothwehr 1994; Pirie, Rooney, Pechacek, Lando & Schmid 1997; Utz, Shuster, Merwin & Williams 1994; Warner 1981, 1989). Solche Öffentlichkeitskampagnen setzen aufwändige Werbemittel ein, die auf die Gesundheitsrisiken des Rauchens abstellen oder aber die positiven symbolischen Besetzungen des Rauchens aufheben wollen (z. B. „es ist einfach nicht cool zu rauchen"). Interessanterweise waren groß angelegte sekundärpräventive Gemeindeinterventionen bislang fast ausschließlich auf das Rauchen ausgerichtet. Von einer Ausnahme abgesehen (Sobell, Cunningham, Sobell, Agrawal et al. 1996) gibt es zumindest in den Vereinigten Staaten bislang keine Kampagnen, die auf andere Bereiche des Suchtverhaltens, wie Glücksspiel, Alkohol- und Drogenmissbrauch, abzielen. Schließlich kann das Internet als vielversprechendes Medium angesehen werden, das den Zugang zu breiteren Bevölkerungskreisen ermöglicht (Alemi et al. 1996; Wright, Williams & Partridge 1999). Näheres zu dieser Strategie findet sich auch in Kapitel 7.

Kurzinterventionen sind während der vergangenen 20 Jahre ausführlich erforscht worden. Heather fasst in seiner Übersichtsarbeit (Heather 1989) zusammen: „Die vorliegenden Ergebnisse zeigen, dass Kurzinterventionen wirksam sind und bei Personen zur Anwendung kommen sollten, die selbst keine Hilfe bei spezialisierten Einrichtungen suchen. Dieser Schluss ist ungeachtet der Problemschwere gültig, wenngleich die meisten Zielgruppen gemeindeorientierter Interventionen offensichtlich eher leichtere Probleme aufweisen werden" (Heather 1989: 366). Zwei aktuelle Übersichts-Metaanalysen bestätigen ebenfalls deutlich die Wirksamkeit von Kurzinterventionen bei Problemtrinkern: Die erste Studie (Apodace & Miller 2003) kommt zu dem Schluss, dass Bibliotherapie eine kosteneffiziente Strategie für Problemtrinker darstellt, die ihren Alkoholkonsum verringern möchten, wohingegen die Wirkung bei Probanden, die durch Früherkennungsmaßnahmen als gefährdet eingestuft worden waren, eher gering ausfiel. Die zweite Metaanalyse (Meyer, Finney, Sweearingen & Vergun 2002) stützt ältere Übersichtsarbeiten, die lediglich geringe Unterschiede zwischen Kurzinterventionen und intensiveren, länger andauernden Interventionen feststellten.

Ein exemplarisches Gemeindeinterventionsprojekt: Hintergrund und Begründung

Das Selbstheilungsförderungsprojekt „Promoting Self-Change, PSC" wurde als Gemeindeinterventionsprojekt in Kanada durchgeführt und vom National Institute of Alcohol Abuse and Alcoholism (NIAAA) unterstützt (Sobell, Cunningham, Sobell, Agrawal et al. 1996). Diese breit angelegte Intervention war konzipiert worden, um Selbstheilung bei Personen zu fördern, die nicht oder noch nicht bereit bzw. motiviert waren, Gesundheitsversorgungsangebote in Anspruch zu nehmen, um ihr Trinkverhalten zu ändern. Wie später noch näher ausgeführt werden wird, war das PSC-Interventionsprojekt zwar einerseits auf Problemtrinker ausgerichtet, andererseits erwiesen sich jedoch zahlreiche Teilaspekte des Projekts ebenfalls als relevant für Schadensbegrenzungs- und Präventionsansätze. Solche für die Bevölkerung attraktive Optionen und Methoden, das Trinkverhalten in eigener Regie oder mit nur geringfügiger Unterstützung zu verändern, unterscheiden sich grundsätzlich von den im Alkoholbehandlungssektor praktizierten traditionellen Vorgehensweisen. Überdies spricht nichts dagegen, das PCS-Gemeindeinterventionsprojekt, das auf Problemtrinker ausgerichtet war – basierend auf den positiven Erfahrungen mit erfolgreichen Gemeindeinterventionen beim Tabakkonsum –, auch auf Individuen mit anderen Suchtproblemen auszuweiten und zu evaluieren. Im PCS-Interventionsprojekt vereinen sich zwei Forschungsstränge, nämlich zum einen Studien zum Selbstheilungsprozess bei Alkoholmissbrauch (Sobell, Sobell & Toneatto 1992; Sobell, Sobell, Toneatto & Leo 1993) und zum anderen klinische Studien mit Problemtrinkern, die sich am Modell der gestützten Selbstheilung orientieren (‚Guided Self-Change Model') (Sobell & Sobell 1993a, 1998). Das hier vorgestellte Gemeindeinterventionsprojekt bezog aufgrund vorliegender Forschungsergebnisse drei Faktoren ein, die chronische Trinker davon abhalten, professionelle Hilfe oder Behandlung in Anspruch zu nehmen (eine detaillierte Übersicht findet sich bei Sobell, Cunningham, Sobell, Agrawal et al. 1996): (a) Stigmatisierung oder Scham, wenn man sich wegen Alkoholproblemen behandeln lässt; (b) der Wunsch, sein Problem selbst lösen zu wollen, sowie (c) die in der Bevölkerung dominierenden Zweifel, dass Selbstheilung ein gangbarer Weg zur Problemlösung und Heilung ist. Das PCS-

Problemlösung und Heilung ist. Das PCS-Gemeindeinterventionsprojekt entlehnte Module aus verschiedenen Methoden zur gestützten Selbstheilung (‚Guided Self Change treatment procedures'), wie beispielsweise die Übung zur Entscheidungsabwägung, den Kurzfragebogen zum situationsbezogenen Vertrauen sowie Rat und Rückmeldungen zur individuellen Trinkgeschichte (Sobell & Sobell 1993a; Sobell & Sobell 1998), und stellte sie Personen in der Gemeinde zur Verfügung, die ihr Trinkverhalten selbst verändern wollten. Damit war beabsichtigt, die Prävalenz der Heilungen im Gemeindekontext ohne Rückgriff auf formelle Hilfe und Behandlung zu steigern.

Im Folgenden wird der konzeptuelle Rahmen der PCS-Gemeindeintervention kurz erörtert. Selbstheilungsansätze, zu denen die vorliegende Intervention gerechnet werden kann, sind darauf angelegt, Problemtrinkern dabei zu helfen, ihre eigenen Probleme zu erkennen und den Veränderungsprozess selbst zu steuern. Die Bedingungen, die die PCS-Intervention beeinflussen, sind somit letztlich identisch mit Faktoren, die Bestandteil von Selbstheilungsansätzen sind.

Kurze Übersicht über das PSC-Gemeindeinterventionsprojekt

Über Medienaufrufe angesprochen, meldeten sich interessierte Personen, denen, insofern sie als geeignet eingestuft worden waren, entsprechende Materialien zugeschickt wurden. UntersuchungsteilnehmerInnen, die die Unterlagen ausgefüllt zurückschickten, erhielten persönliche schriftliche Rückmeldungen zu den Trinkmengen, Risikosituationen und zur Veränderungsmotivation (siehe Sobell, Cunningham, Sobell, Agrawal et al. 1996: Appendix A). Die der Kontrollgruppe zugeteilten Interessenten erhielten hingegen statt der persönlichen, individuell angepassten Rückmeldung zwei Informationsbroschüren. Die Stichprobe bestand aus 825 Antwortenden, die in erster Linie über Zeitungsaufrufe mit folgendem Wortlaut rekrutiert wurden: „Schon mal dran gedacht, an Ihrem Alkoholkonsum etwas zu ändern? Wussten Sie, dass drei Viertel ihren Konsum selbst verändern? Fordern Sie kostenlose Unterlagen an!" Sollte der wenig intensive Interventionsversand erfolgreich sein, so wäre der Nachweis erbracht, dass breiten Bevölkerungsgruppen kostengünstig Hilfe geboten werden kann. Die Zeitungsanzeigen riefen ein unerwartet starkes Echo hervor – fast 2.500 Interessenten meldeten sich daraufhin.

Gemäß den Kriterien der Studie kamen nur Personen in Frage, die das Mindestalter für legalen Alkoholkonsum besaßen (19 Jahre in der kanadischen Provinz Ontario). Weiterhin wurden die Anrufer darauf überprüft, ob sie bereits früher Alkoholbehandlung oder -hilfe in Anspruch genommen hatten. Durch den Ausschluss von Personen mit Behandlungserfahrung wurden schwer abhängige chronische Alkoholiker nicht in die Kurzintervention einbezogen. Interessenten wurden berücksichtigt, wenn sie im vergangenen Jahr mehr als zwölf Gläser wöchentlich oder aber fünf oder mehr Gläser an mindestens fünf Tagen konsumiert hatten.

Von den insgesamt 2.434 Personen, die auf die Medienaufrufe zur Teilnahme am PSC-Interventionsprojekt reagierten, erfüllten fast drei Viertel (72 %) die Eingangsauswahlkriterien. Sie erhielten ein Einverständnisformular und Selbsteinschätzungsfragebögen. Die wichtigsten Gründe für den Ausschluss aus der Untersuchung waren (a) bei 90 % der verbleibenden Interessenten die Angabe von Behandlungserfahrungen und (b) bei 7 % die unzureichende Erfüllung der Konsumkriterien (beispielsweise ein im Vergleich zu den Auswahlkriterien zu geringer Alkoholkonsum). Von den Interessenten, die alle Kriterien erfüllten und die Selbsteinschätzungsunterlagen per Post erhalten hatten, sandten 47 % (825) Personen ihre Fragebögen zurück und wurden nach dem Zufallsprinzip einer der beiden Untersuchungsgruppen zugeteilt. Ein Drittel der Untersuchungsteilnehmer waren Frauen, wobei sich bezüglich der Auswahlkriterien keine geschlechtsspezifischen Unterschiede zeigten.

Maßgeschneiderte unkonventionelle Botschaften im Rahmen des PSC-Gemeindeinterventionsprojekts

Zahlreiche Studien konnten nachweisen, dass der bei weitem wichtigste Grund, warum Behandlung nicht oder nur zögerlich in Anspruch genommen wird, in der damit verbundenen Stigmatisierung und Etikettierung liegt (Chiauzzi & Liljegren 1993; Cunningham, Sobell & Chow 1993; Cunningham, Sobell, Sobell, Agrawal & Toneatto 1993; Grant 1997).

> **Ex-Alkoholmissbrauchender**
> „Die Leute haben mir immer gesagt, du bist ein Alkoholiker – aber ich habe wirklich nie – ich meine, ich habe diese Vorstellung oder Anschuldigung mit aller Kraft abgelehnt."

Wenn wir im Suchtbereich Behandlungsprogramme und -botschaften entwickeln wollen, die wahrgenommen werden, attraktiv sind und denen man Gehör schenkt, dann müssen wir zunächst besser verstehen, warum viele Menschen auch mit geringen Alkohol- und Drogenproblemen Behandlung meiden. Wir können daraus lernen, dass Etikette wie ‚Alkoholiker' und ‚Drogenabhängiger' oder ‚Alkoholmissbraucher' vermieden werden sollten. In der Tat werden solche Negativbotschaften von Hochrisikotrinkern in der Allgemeinbevölkerung als unzutreffend eingestuft. Hingegen verzichten – wie der Stand der Forschung zeigt – hochwirksame Botschaften auf Stigmatisierung und Etikettierung. Drittens sollte die Botschaft Informationen beinhalten, wie man bessere und fundiertere Entscheidungen treffen kann und wie viel man trinken soll.

Im Verlauf der letzten Jahre konnte man beobachten, wie Studien, sei es in Kanada, Australien, den Vereinigten Staaten, Schweden oder Mexiko, versucht haben, Alkohol- und Drogenmissbrauchende mit sorgfältig formulierten Slogans für Behandlungsprogramme zu rekrutieren. Diese Anzeigen lesen sich typischerweise wie folgt: „Machen Sie sich Sorgen über Ihren Alkohol- oder Drogenkonsum?" oder „Haben Sie schon einmal daran gedacht, Ihren Alkoholkonsum zu ändern?" (Klingemann 1991; Miller & Hester 1980; Miller, Taylor & West 1980; Pearlman, Zweben & Li 1989; Sobell & Sobell 1998).

Beispielhafte Antworten von Alkoholmissbrauchenden auf die Frage: „Welche Formulierung würden Sie für eine Anzeige in der Zeitung oder in einer Werbenachricht im Fernsehen vorschlagen, die Ihrer Ansicht nach Personen motivieren könnten, für ihr Alkoholproblem Hilfe in Anspruch zu nehmen?"

Antwortender 1: „Wenn man dazu was sagen könnte, dann wahrscheinlich sowas wie ‚Du kannst es schaffen!' oder ‚Hilf Dir selbst, Du bringst es fertig!'. Man müsste sie bekräftigen, dass nicht alles verloren ist."

Antwortender 2: „Tja, das ist eine interessante Frage. Ich würde sagen, man müsste dem Empfänger Trost bieten und seine Würde respektieren. Konkret geht mir die Formulierung durch den Sinn: ‚Sind Sie sicher?'"

Antwortender 3: „Leuten, die zu viel trinken, tut man keinen Gefallen, wenn man das Wort ‚Alkoholiker' benutzt."

Antwortender 4: „Ich würde sagen, es müsste was sein, damit sich die Leute bewusst werden, dass sie ein Problem haben. Etwa so: ‚Konsumieren Sie jeden Tag Alkohol? Dann haben Sie ein Problem.' Es dürfte nicht bedrohlich ausfallen, damit jemand sich frei fühlt zu sagen: ‚Doch, weißt du, ich trinke tatsächlich jeden Tag' und dass man dann gemeinsam sich bemüht, nicht mehr jeden Tag zu trinken. Es müsste eine ganz, ganz einfache Botschaft sein. Keine Schauermärchen und nicht bedrohlich. Einfach ‚Trinken Sie jeden Tag?'. Keine Drohtaktiken verwenden, sondern Sensibilisierung und Bewusstmachen."

Der Versuch, Hochrisikotrinker davon zu überzeugen, dass sie ihr Trinkverhalten ändern sollten, kann in vieler Hinsicht als ein Prozess zur Einstellungsveränderung verstanden werden. Wir wissen aus der kognitiven Sozialpsychologie, dass Menschen, wenn sie eine Botschaft erhalten, mit der sie nicht einverstanden sind, Abwehrmechanismen entwickeln, wie die Aufstellung von Gegenargumenten (Perloff 1993). Wenn beispielsweise Hochrisikokonsumenten gesagt bekommen ‚Du bist ein Alkoholiker' oder ‚Du hast ein Alkoholproblem', dann kann man davon ausgehen, dass sie Gründe aufführen, warum sie eben keine Alkoholiker sind oder kein Alkoholproblem haben. Sie können diese Botschaften nicht verstehen. Um nun solche Gegenargumente gar nicht erst zu provozieren, sollte die Botschaft nicht auf Konfrontation oder Bedrohung ausgerichtet sein, ganz wie es der Fall ist bei der Technik der motivierenden Gesprächsführung im klinischen Rahmen (Substance Abuse and Mental Health Administration 1999). Der Inhalt der Botschaft ist also ganz entscheidend dafür, ob Zielgruppen darauf auch ansprechen. Diese Lehre kann aus den bisherigen Erfahrungen sowohl mit der Gewinnung von Problemtrinkern für Behandlungsprogramme als auch mit der Antwortbereitschaft auf Anzeigen zur Alkoholselbstheilung gezogen werden.

Ein Alkoholmissbrauchender, der es geschafft hat
„Das Verlangen nach Alkohol ist weg und in diesem Punkt habe ich nichts mehr gemeinsam mit den Anonymen Alkoholikern oder Leuten, die wie sie denken. Ihr Denken ist nämlich naturalistisch verzerrt. Das ist nicht notwendigerweise typisch für die AA, weil sie ja als christliche Organisation ihren Ursprung hatten. Gleichwohl sagen sie, dass du immer ein Alkoholiker bleibst."

Da sich der Suchtbereich lange Zeit durch eine fast exklusive Ausrichtung auf Personen, die schwer alkoholabhängig sind, auszeichnete, wurden in der öffentlichen Meinung, vor allem in Nordamerika, alle, die eine Verringerung des Alkoholkonsums in Betracht ziehen, mit Vorurteilen und Stigmatisierung bedacht. Man betrachtete sie durchweg als Alkoholiker oder ging zumindest davon aus, dass sie ein Alkoholproblem haben. Angesichts dieser Bedingungen ist es dann wenig überraschend, dass Versuche, Personen, die Suchtmittel potentiell risikohaft missbrauchen, von der Möglichkeit einer Verhaltensänderung zu überzeugen, entweder schwierig oder gar unmöglich sind.

Bei Präventionsbemühungen und Ansätzen zur Schadensreduktion in der Bevölkerung kommt dieselbe Logik wie bei den diskutierten motivationsstiftenden Interventionen zum Tragen (Nadeau 1997; Rehm 1997). Es spricht vieles dafür, dass die Art und Weise, wie Botschaften präsentiert und formuliert sind, für Suchtmittelkonsumenten in der Allgemeinbevölkerung noch wichtiger ist als für Konsumenten, die ihr Problem erkannt haben und daran etwas ändern möchten. Der Grund hierfür liegt darin, dass Suchtmittelmissbrauchende in der Allgemeinbevölkerung gar nicht davon ausgehen, dass sie an ihrem Verhalten etwas ändern sollten. Daher könnte man annehmen, dass sie auch für Botschaften, die Verhaltensänderungen nahe legen, weniger empfänglich sind als Suchtmittelmissbrauchende, die gegenüber ihrem Alkohol- oder Drogenkonsum bereits eher ambivalent eingestellt sind.

Wenn die angesprochene Person eine Botschaft registrieren und in Betracht ziehen soll, dann darf diese keine Abwehrreaktion provozieren. Beispielsweise könnte eine proaktive Präventionsbotschaft den Befund aufgreifen, dass geringe Alkoholmengen protektive Wirkungen bei Herzkrankheiten entfalten (Hanna, Chou & Grant 1997; Svärdsudd 1998) und somit kontrolliertes Trinken durchaus positive Effekte haben kann. Gleichzeitig wäre aber zu vermitteln, dass es, wie bei so vielen Dingen im Leben, auf ein gesundes Gleichgewicht ankommt zwischen dem, was man am Alkoholkonsum schätzt, und den Risiken, die man damit eingeht. Eine solche proaktive Botschaft wird auf weniger Widerstand treffen als eine kritische einseitige Kommunikation.

In einer Gesamtschau betonen frühere Interventionsstudien explizit, dass es bei der Entwicklung von Präventions- und Schadensbegrenzungsmaßnahmen vor allem darauf ankommt, Botschaften zu formulieren und Vermittlungskanäle zu wählen, die von Suchtmittelkonsumenten und -missbrauchenden positiv bewertet werden. Die Botschaft wird nicht wahrgenommen werden bzw. keine Wirkung zeitigen, wenn sie Widerstand hervorruft. Bei einer effizienten Vorgehensweise wird eine Botschaft vermittelt, die als persönlich bedeutsam und überzeugend angesehen wird. Studien legen nahe, dass solche maßgeschneiderten Botschaften vor allem gruppenspezifisch in ihrer Wirksamkeit variieren (Dijkstra, De Vries, Roijackers & van Breukelen 1998; Kreuter & Strecher 1996; Sinner, Strecher & Hospers 1994). Zu guter Letzt müssen Kliniker und Forscher sensibler werden, wenn es um Fragen der Stigmatisierung und um das soziale Umfeld im Leben der Suchtmittelkonsumenten geht.

Die Anzeigen im PSC-Projekt enthielten drei Botschaften, bei deren Formulierung die Schwierigkeiten und Anliegen antizipiert wurden, die bei einer Gruppe schwerer Trinker zu erwarten waren, die bislang keinerlei Hilfe im Gesundheitsversorgungssystem für ihre Alkoholproblematik in Anspruch genommen hatten (zur Formulierung vgl. den Kasten weiter unten). Die erste Zeile der Anzeige „Schon mal dran gedacht, an Ihrem Alkoholkonsum etwas zu ändern?" wurde gewählt, weil eine solche Botschaft keinen Widerstand provoziert, den Empfänger zum Nachdenken über sein Trinkverhalten anregt und bei Personen, die bereits eine Verhaltensänderung erwogen haben, zu einer Motivationssteigerung führt. Die zweite Zeile war so formuliert: „Wussten Sie, das 75 % ihren Alkoholkonsum selbst ändern?" Diese Botschaft wurde deshalb gewählt, weil in der Allgemeinbevölkerung die Möglichkeit zur Selbstheilung sehr skeptisch beurteilt oder für unmöglich gehalten wird, obwohl bereits einige kanadische Studien (Cunningham 1999; Sobell, Cunningham & Sobell 1996) gezeigt haben, dass tatsächlich über 75 % der befragten Personen, die ein Alkoholproblem angaben, ihren Konsum ohne formale Behandlung oder AA-Gruppen-Besuche verändert hatten (Cunningham, Sobell & Chow 1993; Cunningham, Sobell & Freedman 1994; Rush & Allen 1997). Diese Formulierung vermittelt darüber hinaus die Idee der individuellen Befähigung (‚empowerment'). Die dritte Botschaft lautete: „Rufen Sie uns an, damit wir Ihnen kostenlose Unterlagen zusenden können, die Sie selbst bei sich zu Hause ausfüllen können." Diese Formulierung wurde deshalb gewählt, weil wir wissen, dass eine Vielzahl von Personen angegeben hat, dass sie Behandlung deshalb nicht in Anspruch nahmen, weil sie ihr Trinkverhalten selbst verändern wollten (Hingson, Mangione, Meyers & Scotch 1982; Sobell et al. 1993). Alles in allem war mit dem Hinweis, dass drei Viertel der Betroffenen es schaffen, ihr Trinkverhalten selbst zu beeinflussen, die zugrunde liegende Botschaft intendiert, dass Selbstheilung möglich ist.

Nach Ablauf von etwa zwei Dritteln der Studie wurde entschieden, den verbleibenden 605 Anrufern die offene Frage zu stellen, was die Anzeigen interessant gemacht habe. Die Befragten äußerten sich folgendermaßen (Mehrfachantworten waren möglich): 29,4 % (n=178) nannten den Titel der Anzeige („Schon mal dran gedacht, an Ihrem Alkoholkonsum ewas zu ändern?"); 27,4 % (n=166) bezogen sich auf die Formulierung „75 % schaffen die Selbstheilung"; 12,9 % (n=78) gaben an, dass sie bei sich zu Hause an einer Veränderung arbeiten wollten und nicht im Rahmen einer Behandlung; 12,1 % (n=73) sagten, dass sie die Anzeige gesehen und einfach angerufen haben; 3,8 % (n=23) erwähnten die Unterstützung der Studie durch die Universität Toronto bzw. die Addiction Research Foundation (ARF); für 1,7 % (n=10) war es attraktiv, dass die Unterlagen kostenlos waren, und schließlich führten 1,7 % (n=10) an, dass die zugesicherte Vertraulichkeit für sie wichtig war. Aus diesen Antworten wird deutlich, dass sowohl die Formulierung „Schon mal dran gedacht, an Ihrem Alkoholkonsum etwas zu ändern?" als auch der Hinweis, dass die meisten Personen mit Alkoholproblemen selbst eine Veränderung herbeiführen können, Botschaften sind, die geeignet waren, die Aufmerksamkeit der Betroffenen zu wecken und Problemtrinker in wirksamer Weise dazu zu bewegen, anzurufen, um sich weitere Informationen zu verschaffen.

„Schon mal dran gedacht, an Ihrem Alkoholkonsum etwas zu ändern?
Wussten Sie, dass 75 % ihren Alkoholkonsum selbst ändern? Rufen Sie uns an und wir senden Ihnen kostenlose Unterlagen, die Sie bei sich zu Hause ausfüllen können (416) 595-6071. Alle Anrufe werden vertraulich behandelt. Die Universität Toronto und die Addiction Research Foundation unterstützen diese Aktion."

Ein Alkoholmissbrauchender, der es geschafft hat
„Na ja, wie ich vorhin schon sagte, ich hab schon mehrmals versucht, mit dem Alkohol aufzuhören und habe es auch für eine kürzere, manchmal auch längere Zeitdauer geschafft. Dann bin ich aber einfach wieder in den alten Trott zurückgefallen. Dann aber, es war Ende 1960, fasste ich den ganz festen Entschluss, dass ich mich davon nicht unterkriegen lassen, sondern dass ich die Oberhand behalten würde, weil sonst die Beziehung zu meiner Familie ruiniert wäre. Und außerdem hätte das Trinken früher oder später auch Auswirkungen auf meine Arbeit. Gott sei Dank kam es nie so weit – ich wurde an meinem Arbeitsplatz nie darauf angesprochen, aber es hatte tiefgreifende Konsequenzen für meine Familie."

In der kognitiven Sozialpsychologie folgt aus dem „Elaboration Likelihood"-Modell (Perloff 1993), dass Einstellungsveränderungen und die Nachhaltigkeit der Einstellungsveränderung wahrscheinlicher werden, wenn Individuen dazu gebracht werden können, die für den Wandel relevanten Informationen in tiefer persönlicher Betroffenheit zu verarbeiten. Im Idealfall entdecken und entwickeln die Betroffenen Argumente, die für eine Veränderung sprechen. Dieser Prozess der Erwägung begünstigt die Verknüpfung zwischen verschiedenen änderungspositiven Ideen. Solch eine Verknüpfung ist vermutlich einer der Effekte der ‚Decisional Balance'-Übung (Pro-und-Kontra-Abwägungsübung).

Die Untersuchungsteilnehmer, die die Auswahlkriterien erfüllten, wurden nach dem Zufallsprinzip einer der beiden Interventionsgruppen zugeteilt: (a) 414 Personen in der ersten Gruppe erhielten Motivationsförderungsmaterial und individuelle Rückmeldungen (MEPF), wobei sich die persönliche Rückmeldung auf die Angaben der StudienteilnehmerInnen zu ihrem Trinkverhalten und damit einhergehenden Verhaltensweisen stützte; (b) in der zweiten Gruppe erhielten 411 Personen zwei Informationsbroschüren über die Auswirkungen des Alkoholkonsums sowie eine Handreichung und Richtlinien für risikoarmes Trinkverhalten und die Selbstbeobachtung der eigenen Trinkmuster. Unter der ersten Versuchsbedingung der motivationalen Intervention erhielten die Interessenten persönliche Rückmeldungen zu den von ihnen gemachten Angaben und eine Vorlage für die Entscheidungsabwägungsübung (,decisional balance exercise'), wodurch eine motivationfördernde Wirkung erzielt werden sollte (Sobell, Cunningham, Sobell, Agrawal et al. 1996). Die Kontrollgruppe (BDG) beantwortete die gleichen Fragebögen, erhielt jedoch bis zum Zeitpunkt der Nachbefragung zwölf Monate später keinerlei persönliche Rückmeldungen. Ähnlich wie bei Studien zum Rauchen (Becoña & Vazquez 2001; Brandon, Collins, Juliano & Lazev 2000; Curry, McBride, Grothaus, Louie & Wagner 1995; Ershoff, Quinn & Mullen 1995) bekamen die Gruppenmitglieder Selbsthilfebroschüren, die Informationen zum Thema ,Alkoholmissbrauch' enthielten sowie allgemeine Ratschläge, wie man mit Alkoholproblemen umgehen kann.

Ergebnisse der Gemeindeinterventionsstudie

Von den ursprünglich 825 Teilnehmern der PSC-Gemeindeinterventionsstudie konnten 79,6 % (n=657, davon n=321 aus der MEPF-Gruppe und n=336 aus der BDG-Gruppe) bei der Nachbefragung wieder erreicht werden, eine Quote, die vergleichbar ist mit anderen breit angelegten Kurzinterventionsstudien und klinischen Versuchen (Babor et al. 1996; Edwards & Rollnick 1997; Fleming et al. 2002; Grant, Areiniega, Tonigan, Miller & Meyers 1997; Project MATCH Research Group 1998c). Bei dem Vergleich einer Zufallsauswahl der TeilnehmerInnen und befragten Drittpersonen unterschieden sich deren Angaben bezüglich des Trinkverhaltens und anderer relevanter Verhaltensweisen (Konsumdaten und Trinkfolgen) nach der Intervention nicht signifikant voneinander ($p>.05$), sondern korrelierten signifikant ($p<.01$). Dadurch wird die Validität der Angaben der Untersuchungsteilnehmer bei der Nachbefragung gestützt. Wie bereits eingangs erwähnt, verzeichneten beide Gruppen mit Bezug auf das Jahr vor und das Jahr nach der Intervention eine signifikante Reduktion des Alkoholkonsums, wobei jedoch keine signifikanten Gruppenunterschiede festgestellt werden konnten (Sobell, Sobell, Leo et al. 2002). Ungeachtet dessen, ob die versandten Unterlagen personalisiert waren oder nicht, förderten sie in beiden Fällen die Reduzierung des Alkoholkonsums.

Was löst den Änderungsprozess aus?

Die Ergebnisse dieser Gemeindeinterventionsstudie waren unerwartet und es stellt sich die Frage, warum beide Interventionen gleichermaßen gut wirkten. Eine erste Vermutung ist, dass Personen, die auf die Anzeigen reagierten, bereits eine Änderungsbereitschaft aufwiesen und daher die Art der zur Verfügung gestellten Broschüren und Hilfsmittel keine weitere Rolle spielte. Die BDG-Teilnehmer hatten zwei Selbsthilfe-Informationsbroschüren erhalten. Eine dieser Broschüren leitete nicht nur zur Selbstbeobachtung des Trinkverhaltens an, sondern enthielt auch spezifische Richtlinien für risikoarmes Trinkverhalten. In der Folge, so kann vermutet werden, passten die Teilnehmer im Verlauf der Selbstbeobachtung ihr Trinkverhalten an, sobald sie feststellten, dass dieses den Richtlinien nicht entsprach. Im Gegensatz hierzu hatte die MEPF-Gruppe keine Zielvorgaben für risikoarmes Trinken bekommen. Hingegen verfügte sie über implizite Angaben zum Vergleich ihrer Trinkmenge mit nationalen Trinknormen und wurde mit der Frage konfrontiert, wie sie ihr Trinkverhalten verändern wollten. Es ist klar, dass diese Vermutungen nicht erschöpfend sind; vielmehr können durchaus auch andere Erklärungen für die Veränderung des Trinkverhaltens der Untersuchungsteilnehmer in Betracht kommen.

Die Antwort auf Anzeigen – ein kritisches Ereignis bei der Förderung von Selbstheilungen

Um besser zu verstehen, welches kritische Ereignis hinter der Reduktion des Alkoholkonsums in dieser Gemeindestichprobe gestanden haben könnte, wurden drei Erklärungen für die beobachteten Veränderungen im Zeitverlauf vor und nach der Intervention überprüft: (1) bereits der Effekt des Ausfüllens einer detaillierten Selbsteinschätzung fiel dergestalt aus, dass keine der Interventionen weitere nennenswerte Wirkungen auf das Trinkverhalten hatte; in der Tat weisen zwei Studien (Chang, Wilkins-Haug, Berman & Goetz 1999; Connors, Tarbox & Faillace 1992) darauf hin, dass bereits Selbsteinschätzungen für sich genommen Effekte hervorrufen, die durchaus vergleichbar sind mit Kurzinterventionen; (2) die Entscheidung, auf die Anzeige zu reagieren, leitete die Veränderung des Trinkverhaltens bereits ein oder aber (3) der Alkoholkonsum war bereits kurz bevor die Untersuchungsteilnehmer auf die Anzeige reagierten in Veränderung begriffen (z. B. im Monat vor dem Projektaufruf). Da bei dieser Studie die ‚Timeline-Followback-Methode' (etwa ‚Zeitrückverfolgungsmethode') zum Einsatz kam, war es möglich, diese Annahmen näher zu überprüfen. Für die weiteren Analysen wurden beide Untersuchungsgruppen zusammengefasst, da weder geschlechtsspezifische noch sonstige signifikante Unterschiede festgestellt worden waren.

Die Ergebnisse zeigen, das die bedeutendste Konsumverringerung zwischen der Wahrnehmung der Anzeige und der telefonischen Meldung für die Studie, jedoch noch vor dem Versand der Unterlagen zur Selbsteinschätzung stattfand.

Folgende Interpretationen dieser Befunde bieten sich an: (a) die Zeit, während der die Interessenten auf die Unterlagen warten mussten, nachdem sie auf die Anzeige reagiert hatten, erhöhte möglicherweise ihre Änderungsmotivation und führte zu einer Verhaltensänderung; (b) bereits das kurze Telefonauswahlinterview mit den Personen, die auf die Anzeige reagiert hatten, könnte einen Prozess der Selbstevaluation ausgelöst haben, der zu Verhaltensänderungen führte (überdies war die erste Zeile der Anzeige „Schon mal dran gedacht, an Ihrem Alkoholkonsum etwas zu ändern?" darauf angelegt, die angesprochenen Personen zum Nachdenken über ihr Trinkverhalten anzuregen). Die Kombination beider Einflussmöglichkeiten kann zur Reduktion des Trinkverhaltens beigetragen haben.

Insgesamt gesehen legen diese Ergebnisse nahe, dass letztlich dem Änderungsprozess eine in eine Anzeige gekleidete Botschaft zugrunde lag, die (bei geringem Kostenaufwand: zwischen 46 und 97 US-Dollar) die angesprochenen Personen motivierte, ihren problematischen Alkoholkonsum zu ändern (Sobell, Sobell & Agrawal 2002). Hier besteht ferner die Möglichkeit, die Kosten weiter zu senken, da sich ja die personalisierte Rückmeldung als unnötig für die Veränderung des Trinkverhaltens erwiesen hat.

Zur Bedeutung von Gemeindeinterventionen für die öffentliche Gesundheit

Unabhängig davon, welche Mechanismen der Veränderung des Trinkverhaltens im Einzelnen zugrunde liegen mögen, ist doch deutlich geworden, dass eine breit angelegte Intervention von substantiellem Nutzen sein kann – bei geringem Kostenaufwand. Die hier vorgestellte postalische Intervention auf Gemeindeebene steht im Einklang mit Bemühungen, die öffentliche Gesundheit effizient über Interventionen zu steigern, die möglichst wenig in das Leben der Betroffenen eingreifen und dennoch Aussicht auf Erfolg haben (Sobell & Sobell 2000). Die vorgelegten Ergebnisse zeigen, dass ein kostengünstiger Ansatz auf Bevölkerungsebene es erlaubt, eine beträchtliche Anzahl von Personen zu erreichen und anzusprechen, die ansonsten nicht die Absicht hätten, nicht bereit oder motiviert wären, das Gesundheitsversorgungssystem in Anspruch zu nehmen. Dies impliziert ein Abrücken vom traditionellen klinischen Schwerpunkt im Alkoholsektor zugunsten einer Perspektive der öffentlichen Gesundheit. Die Untersuchung weist ebenfalls darauf hin, dass die Interventionsmaterialien nicht personalisiert oder individuell angepasst sein müssen – ein Umstand der beträchtlichen Spielraum für Kostensenkungen lässt.

Angesichts der positiven Resultate bei beiden Gruppen kann man zumindest spekulieren, dass die Verhaltensänderungen der Untersuchungsteilnehmer aufgrund der Intervention früher einsetzten, als dies ohne das Interventionsprogramm der Fall gewesen wäre. Das bedeutet eine Senkung der potentiellen gesamtgesellschaftlichen Folgekosten für alkoholbezogene Probleme. Andererseits besteht die Möglichkeit, für Personen, bei denen keine Verhaltensänderung bewirkt werden konnte, die Therapieintensität zu steigern (etwa intensivere oder alternative Behandlung). Unter diesem Gesichtspunkt ist von Interesse, dass fast ein Viertel der Teilnehmer der Nachbefragung angaben, dass sie sich während des Jahres nach der Intervention erstmals um Behandlung bemüht hatten (Sobell, Sobell & Agrawal 2002). Dieser Befund zeigt, dass Individuen, deren Probleme durch die postalische Selbsthilfeintervention nicht gelöst werden konnten und die ein Bedürfnis nach mehr Hilfe hatten, selbst Anstrengungen unternahmen, nach intensiveren Behandlungsangeboten zu suchen, statt einer weiteren Verschlimmerung ihrer Probleme tatenlos zuzusehen.

Die Bedeutung von Interventionen, wie sie hier vorgestellt wurden, für die öffentliche Gesundheit ist in der Arbeit von Humphreys & Tucker (2002) treffend charakterisiert worden. Die Autoren fordern sensiblere und wirksamere Interventionssysteme bei alkoholbezogenen Problemen, indem sie argumentieren: „Alkoholinterventionssysteme gehen oft wenig auf das ganze Problemspektrum ein und lassen die Möglichkeiten, Behandlungspräferenzen, Ziele, Motivationen und Verhaltensänderungsstrategien der betroffenen Gruppen außer Acht" (Humphreys & Tucker 2002: 127). Die Verfasser halten weiter fest, dass „Interventionssysteme die Zugänglichkeit, Attraktivität und Vielfalt der Angebote erhöhen" (ebd.: 128). Schließlich skizzieren die Autoren vier Stoßrichtungen zur Erreichung dieser Ziele: (1) Interventionen sollten nicht allein auf Alkoholkonsumenten mit weniger gravierenden Alkoholproblemen ausgerichtet sein, sondern weitere Kreise einbeziehen, wie die gesundheitliche Primärversorgung und den Gemeindekontext; (2) obgleich hierzu keine Untersuchungen vorliegen, besteht Anlass zu der Annahme, dass Fernsehgesundheitssendungen einen hohen Prozentsatz von Problemtrinkern ansprechen könnten, die bislang vom offiziellen Versorgungssystem nicht erreicht worden sind (American Psychological Assocation 2000; Jerome et al. 2000); (3) statt passiv darauf zu warten, dass die Patienten die Klinikschwelle überschreiten, sind breit angelegte, proaktive und innovative Strategien notwendig, um die Zielgruppen dazu zu bringen, ihren eigenen Alkoholkonsum kritisch zu betrachten, und (4) Behandlungsmaßnahmen müssen schneller zur Verfügung stehen, den persönlichen Sorgen Rechnung tragen, flexibler gestaltet sein (z. B. bei der Wahl des Behandlungsziels) und die Interessenten da abholen, wo sie sich auf dem Kontinuum der Behandlungsbereitschaft (‚readiness to change continuum') gerade befinden. Obgleich dieser radikale Perspektivenwechsel, Alkoholprobleme als Problem der öffentlichen Gesundheit zu betrachten, für viele auf dem Alkoholgebiet Neuland bedeutet, wurde diese Sichtweise vom Institute of Medicine bereits vor einem Jahrzehnt propagiert (Institute of Medicine 1990). Die hier vorgestellten Ergebnisse unterstreichen die Machbarkeit dieses Ansatzes.

Einbezug und Befähigung des Konsumenten

In den letzten Jahren hat der Begriff ‚empowerment' (Befähigung, Stärkenorientierung) an Popularität gewonnen (Dickerson 1998; Rosenbaum & Ronen 1998; Sobel 1995). Mit dem Begriff ist gemeint, dass Individuen ihr Leben selbst in die Hand nehmen, eigenverantwortlich handeln und sich weniger auf die Hilfe anderer verlassen. Dickerson (1998: 255) hält in diesem Zusammenhang fest, dass der Begriff Empowerment „als Reaktion auf die Unzulänglichkeiten des Versorgungssystems für Menschen mit schweren psychischen Erkrankungen entstanden ist".

Mit Blick auf Drogenerziehungsstrategien, die auf Nulltoleranz, Schreckbotschaften, Konsumverbote wie „Just say no" und einseitige Belehrungen (z. B. der mangelnde Einbezug von Jugendlichen in die Programme, da diese angeblich nichts anzubieten haben) abstellen, meint Rosenbaum (1998), dass solche Botschaften und Programme nicht nur wirkungslos seien, sondern darüber hinaus den Dialog mit jungen Leuten abschneiden und Ablehnungsgefühle provozieren. Wenn Jugendliche den Eindruck gewinnen, dass man ihnen sagt, was sie tun sollen, statt ihnen begründete Entscheidungen zuzutrauen, so fühlen sie sich verraten und verärgert. Dagegen vertritt Rosenbaum (1998) eine neue Drogenerziehungsstrategie, die „eine pragmatische Sicht voraussetzt, die die Fähigkeit der Jugendlichen akzeptiert, vernünftige Entscheidungen zu treffen, wenn nicht zugunsten von Abstinenz, dann eben für moderaten, kontrollierten und risikoarmen Konsum, nachdem sie offen und in vertrauenerweckender Weise informiert worden sind" (Rosenbaum 1998: 167). Sobel (1995: 237) zieht insgesamt das Fazit: „Es liegen zunehmend Befunde vor, nach denen die Befähigung der Klientenschaft und das Ernstnehmen deren psychosozialer Bedürfnisse gesundheits- und kosteneffizient sind." Obgleich Empowerment noch ein neues, in Diskussion befindliches Gebiet ist, hat Dickerson (1998: 255) bereits verschiedene Strategien und Programme identifiziert, die die Befähigung der Klienten stützen können, und zwar „das Rehabilitation-Clubhouse-Modell, Selbsthilfegruppen, Konsumenten als Behandler, partizipatorische Aktionsforschung und Lobbying-Aktivitäten". Die Autorin kommt zu dem Schluss, dass traditionelle Behandlungsangebote durchaus zum Empowerment des Klienten führen können, vorausgesetzt „dass die klinischen Therapeuten sensibler auf die Problematik der Stigmatisierung und Entmündigung der Patientinnen und Patienten sowie auf das soziale Umfeld der Konsumenten eingehen" (Dickerson 1998: 255). Schließlich können motivationsstiftende Interventionen das Empowerment bestärken, indem sie die Stärken der Betroffenen und deren zur Verfügung stehenden Mittel betonen (Substance Abuse and Mental Health Administration 1999). Abschließend kann aus Sicht der Diffusionsforschung angenommen werden, dass unsere Behandlungsangebote, -interventionen und -botschaften weit besser aufgenommen, akzeptiert und wirksam werden, wenn wir Konsumenten, und zwar die, die Probleme haben, in die Planung und Ausführung von Behandlungsdienstleistungen aktiv einbeziehen (Martin, Herie, Turner & Cunningham 1998; Rogers 1995; Sobell 1996).

Schlussfolgerungen und Zukunftsperspektiven

Präventions- und Frühinterventionsprogramme müssen so gestaltet werden, dass sie als attraktiv eingeschätzt und angenommen werden, statt sie zu meiden. Der Alkoholkonsum und alkoholbezogene Probleme verursachen der Gesellschaft beachtliche Kosten, während gleichzeitig viele Menschen, deren Substanzgebrauch potentiell risikobehaftet ist, keinerlei Folgen des Alkoholkonsums konstatieren und ihren Konsum als problemlos betrachten. Die in diesem Kapitel beschriebene Methode der Selbstheilungsförderung ist gerade für solche Personen konzipiert worden. Diese Intervention fügt sich in einen wirksamen Ansatz zur öffentlichen Gesundheit ein, der vorsieht, dass die Individuen zunächst mit einer Intervention bedacht werden, die möglichst wenig in ihr Leben eingreift und dennoch durchaus erfolgversprechend ist (Sobell & Sobell 1999, 2000). Insgesamt gesehen eröffnen diese und verwandte Ansätze Möglichkeiten, viele Personen zu erreichen, die ansonsten nicht die Absicht haben oder nicht bereit bzw. motiviert sind, das traditionelle Gesundheitsversorgungssystem in Anspruch zu nehmen. Im Erfolgsfall kann man vernünftigerweise spekulieren, dass die Verhaltensänderung bei den Betroffenen früher eingetreten ist, als es sonst zu erwarten gewesen wäre, und dass die zu erwartenden gesellschaftlichen Kosten der suchtbezogenen Folgeprobleme reduziert worden sind. Sollte diese Erstintervention keine Erfolge zeitigen, so kann die Behandlungsintensität gesteigert werden (z. B. durch umfangreichere oder alternative Behandlung). Wenn sich solche Gemeindeinterventionen als erfolgreich erweisen, können diese auch in anderen institutionellen Umfeldern eingesetzt werden, wie etwa in Gesundheitskliniken, Schulen und Universitäten sowie in Militärstützpunkten und Gefängnissen.

Literatur

Alemi, F., Mosavel, M., Stephens, R. C., Ghadiri, A., Krishnaswamy, J. & Thakkar, H. (1996). Electronic self-help and support groups. In: Medical Care 34, OS32-OS44.

American Psychological Association (2000). Psychology and the Internet. In: Monitor on Psychology 31. 1-136.

Apodaca, T. R. & Miller, W. R. (2003). A meta-analysis of the effectiveness of bibliotherapy for alcohol problems. In: Journal of Consulting and Clinical Psychology 59. 289-304.

Babor, T. F., Acuda, W., Campillo, C., Del Boca, F. K., Grant, M., Hodgson, R. et al. (1996). A cross-national trial of brief interventions with heavy drinkers. In: American Journal of Public Health 86. 948-955.

Bandura, A. (1986). Social foundations of thought and action. A social cognitive theory. Englewood Cliffs, NJ: Prentice-Hall.

Becoña, E. & Vazquez, F. L. (2001). Effectiveness of personalized written feedback through a mail intervention for smoking cessation. A randomized-controlled trial in Spanish smokers. In: Journal of Consulting and Clinical Psychology 69. 33-40.

Bien, T. H., Miller, W. R. & Tonigan, J. S. (1993). Brief interventions for alcohol problems. A review. In: Addiction 88. 315-336.

Brandon, T. H., Collins, B. N., Juliano, L. M. & Lazev, A. B. (2000). Preventing relapse among former smokers. A comparison of minimal interventions through telephone and mail. In: Journal of Consulting and Clinical Psychology 68. 103-113.

Breslin, C., Sobell, L. C., Sobell, M. B., Buchan, G. & Kwan, E. (1996). Aftercare telephone contacts with problem drinkers can serve a clinical and research function. In: Addiction 91. 1359-1364.

Campion, P., Owen, L., McNeill, A. & McGuire, C. (1994). Evaluation of a mass media campaign on smoking and pregnancy. In: Addiction 89. 1245-1254.

Chang, G., Wilkins-Haug, L., Berman, S. & Goetz, M. A. (1999). Brief intervention for alcohol use in pregnancy. A randomized trial. In: Addiction 94. 1499-1508.

Chiauzzi, E. J. & Liljegren, S. (1993). Taboo topics in addiction treatment. An empirical review of clinical folklore. In: Journal of Substance Abuse Treatment 10. 303-316.

Connors, G. J., Tarbox, A. R. & Faillace, L. A. (1992). Achieving and maintaining gains among problem drinkers. Process and outcome results. In: Behavior Therapy 23. 449-474.

Cunningham, J. A. (1999). Resolving alcohol-related problems with and without treatment. The effects of different problem criteria. In: Journal of Studies on Alcohol 60. 463-466.

Cunningham, J. A., Sobell, L. C. & Chow, V. M. C. (1993). What's in a label? The effects of substance types and labels on treatment considerations and stigma. In: Journal of Studies on Alcohol 54. 693-699.

Cunningham, J. A., Sobell, L. C. & Freedman, J. L. (1994). Beliefs about the cause of substance abuse. A comparison of three drugs. In: Journal of Substance Abuse 6. 219-226.

Cunningham, J. A., Sobell, L. C., Sobell, M. B., Agrawal, S. & Toneatto, T. (1993). Barriers to treatment. Why alcohol and drug abusers delay or never seek treatment. In: Addictive Behaviors 18. 347-353.

Curry, S. J., McBride, C., Grothaus, L. C., Louie, D. & Wagner, E. H. (1995). A randomized trial of self-help materials, personalized feedback, and telephone counseling with nonvolunteer smokers. In: Journal of Consulting and Clinical Psychology 63. 1005-1014.

Dickerson, F. B. (1998). Strategies that foster empowerment. In: Cognitive and Behavioral Practice 5. 255-275.

Dijkstra, A., De Vries, H., Roijackers, J. & van Breukelen, G. (1998). Tailoring information to enhance quitting in smokers with low motivation to quit. Three basic efficacy questions. In: Health Psychology 17. 513-519.

Edwards, A. G. K. & Rollnick, S. (1997). Outcome studies of brief alcohol intervention in general practice. The problem of lost subjects. In: Addiction 92. 1699-1704.

Ershoff, D. H., Quinn, V. P. & Mullen, P. D. (1995). Relapse prevention among women who stop smoking early in pregnancy. A randomized clinical trial of a self-help intervention. In: American Journal of Preventive Medicine 11. 178-184.

Fleming, M. & Manwell, L. B. (1999). Brief intervention in primary care settings. A primary treatment method for at-risk, problem, and dependent drinkers. In: Alcohol Health and Research World 23. 128-137.

Fleming, M. F., Mundt, M. P., French, M. T., Manwell, L. B., Stauffacher, E. A. & Barry, K. L. (2002). Brief physician advice for problem alcohol drinkers: Long-term efficacy and benefit-cost analysis. In: Alcoholism: Clinical and Experimental Research 26. 36-43.

Giffen, C. A. (1991). Community intervention trial for smoking cessation (COMMIT). Summary of design and intervention. In: Journal of the National Cancer Institute 83. 1620-1628.

Grant, B. F. (1997). Barriers to alcoholism treatment. Reasons for not seeking treatment in a general population sample. In: Journal of Studies on Alcohol 58. 365-371.

Grant, K. A., Arciniega, L. T., Tonigan, J. S., Miller, W. R. & Meyers, R. J. (1997). Are reconstructed self-reports of drinking reliable? In: Addiction 92. 601-606.

Hanna, E. Z., Chou, S. P. & Grant, B. F. (1997). Relationship between drinking and heart disease morbidity in the United States. Results from the National Health Interview Survey. In: Alcoholism: Clinical and Experimental Research 21. 111-118.

Heather, N. (1989). Psychology and brief interventions. In: British Journal of Addiction 84. 357-370.

Heather, N. (1994). Brief interventions on the world map. In: Addiction 89. 665-667.

Heather, N., Rollnick, S., Bell, A. & Richmond, R. (1996). Effects of brief counselling among male heavy drinkers identified on general hospital wards. In: Drug and Alcohol Review 15. 29-38.

Hingson, R., Mangione, T., Meyers, A. & Scotch, N. (1982). Seeking help for drinking problems. A study in the Boston metropolitan area. In: Journal of Studies on Alcohol 43. 273-288.

Hughes, J. R., Cummings, K. M. & Hyland, A. (1999). Ability of smokers to reduce their smoking and its association with future smoking cessation. In: Addiction 94. 109-114.

Humphreys, K. & Tucker, J. A. (2002). Toward more responsive and effective intervention systems for alcohol-related problems. Introduction. In: Addiction 97. 126-132.

Institute of Medicine (1990). Broadening the base of treatment for alcohol problems. Washington, D.C.: National Academy Press.

Jeffery, R. W., Hellerstedt, W. L. & Schmid, T. L. (1990). Correspondence programs for smoking cessation and weight control. A comparison of two strategies in the Minnesota Heart Health Program. In: Health Psychology 9. 585-598.

Jerome, L. W., DeLeon, P. H., James, L. C., Folen, R., Earles, J. & Gedney, J. J. (2000). The coming of age of telecommunications in psychological research and practice. In: American Psychologist 55. 407-421.

Killen, J. D., Fortmann, S. P., Newman, B. & Varady, A. (1990). Evaluation of a treatment approach combining nicotine gum with self-guided behavioral treatments for smoking relapse prevention. In: Journal of Consulting and Clinical Psychology 58. 85-92.

Klingemann, H. K.-H. (1991). The motivation for change from problem alcohol and heroin use. In: British Journal of Addiction 86. 727-744.

Kreuter, M. W. & Strecher, V. J. (1996). Do tailored behavior change messages enhance the effectiveness of health risk appraisal? Results from a randomized trial. In: Health Education Research 11. 97-105.

Lando, H. A., Rolnick, S., Klevan, D., Roski, J., Cherney, L. & Lauger, G. (1997). Telephone support as an adjunct to transdermal nicotine in smoking cessation. In: American Journal of Public Health 87. 1670-1674.

Lichtenstein, E., Lando, H. A. & Nothwehr, F. (1994). Readiness to quit as a predictor of smoking changes in the Minnesota Heart Health Program. In: Health Psychology 13. 393-396.

Mahoney, M. J. & Lyddon, W. J. (1988). Recent developments in cognitive approaches to counseling and psychotherapy. In: The Counseling Psychologist 16. 190-234.

Martin, G. W., Herie, M. A., Turner, B. J. & Cunningham, J. A. (1998). A social marketing model for disseminating research-based treatments to addictions treatment providers. In: Addiction 93. 1703-1715.

Miller, W. R., Brown, J. M., Simpson, T. L., Handmaker, N. S., Bien, T. H., Luckie, L. F. et al. (1995). What works? A methodological analysis of the alcohol treatment outcome literature. In: R. K. Hester & W. R. Miller (Hrsg.): Handbook of alcoholism treatment approaches. Effective alternatives. 2. Aufl. Boston: Allyn and Bacon. 12-44.

Miller, W. R. & Hester, R. K. (1980). Treating the problem drinker. Modern approaches. In: W. R. Miller (Hrsg.): The addictive behaviors. Treatment of alcoholism, drug abuse, smoking, and obesity. New York: Pergamon. 11-141.

Miller, W. R. & Rollnick, S. (1991). Motivational interviewing. Preparing people to change addictive behavior. New York: Guilford.

Miller, W. R., Taylor, C. A. & West, J. C. (1980). Focused versus broad-spectrum behavior therapy for problem drinkers. In: Journal of Consulting and Clinical Psychology 48. 590-601.

Nadeau, L. (1997, Oktober). The promotion of low-risk drinking styles: Sensitizing the public. A critical overview. Paper presented at the symposium on „The Promotion of low-risk drinking patterns in the general public: Strategies and messages", Zürich.

National Institute on Alcohol Abuse and Alcoholism (1995). The physician's guide to helping patients with alcohol problems. Washington, D.C.: U.S. Government Printing Office.

Pearlman, S., Zweben, A. & Li, S. (1989). The comparability of solicited versus clinic subjects in alcohol treatment research. In: British Journal of Addiction 84. 523-532.

Perloff, R. M. (1993). The dynamics of persuasion. Hillsdale, NJ: Lawrence Erlbaum.

Pirie, P. L., Rooney, B. L., Pechacek, T. F., Lando, H. A. & Schmid, L. A. (1997). Incorporating social support into a community-wide smoking cessation contest. In: Addictive Behaviors 2. 131-137.

Project MATCH Research Group (1998a). Matching alcoholism treatments to client heterogeneity. Project MATCH three-year drinking outcomes. In: Alcoholism: Clinical and Experimental Research 22. 1300-1311.

Project MATCH Research Group (1998b). Matching alcoholism treatments to client heterogeneity. Treatment main effects and matching effects on drinking during treatment. In: Journal of Studies on Alcohol 59. 631-639.

Project MATCH Research Group (1998c). Therapist effects in three treatments for alcohol problems. In: Psychotherapy Research 8. 455-474.

Ramelson, H. Z., Friedman, R. H. & Ockene, J. K. (1999). An automated telephone-based smoking cessation education and counseling system. In: Patient Education and Counseling 36. 131-144.

Rehm, J. (1997, Oktober). Campaigns and core messages. An up-to-date and state of the art from a research perspective? Paper presented at the symposium on „The Promotion of low-risk drinking patterns in the general public: Strategies and messages", Zürich.

Rogers, E. M. (1995). Diffusion of innovations. 4. Aufl. New York: Free Press.

Rosenbaum, M. (1998). „Just say know" to teenagers and marijuana. In: Journal of Psychoactive Drugs 30. 197-203.

Rosenbaum, M. & Ronen, T. (1998). Clinical supervision from the standpoint of cognitive-behavior therapy. In: Psychotherapy 35. 220-230.

Rush, B. & Allen, B. A. (1997). Attitudes and beliefs of the general public about treatment for alcohol problems. In: Canadian Journal of Public Health 88. 41-43.

Sitharthan, T., Kavanagh, D. J. & Sayer, G. (1996). Moderating drinking by correspondence. An evaluation of a new method of intervention. In: Addiction 91. 345-355.

Skinner, C. S., Strecher, V. J. & Hospers, H. (1994). Physicians' recommendations for mammography. Do tailored messages make a difference? In: American Journal of Public Health 84. 43-49.

Sobel, D. S. (1995). Rethinking medicine. Improving health outcomes with cost-effective psychosocial interventions. In: Psychosomatic Medicine 57. 234-244.

Sobell, L. C. (1996). Bridging the gap between scientists and practitioners. The challenge before us. In: Behavior Therapy 27. 297-320.

Sobell, L. C., Cunningham, J. A. & Sobell, M. B. (1996). Recovery from alcohol problems with and without treatment. Prevalence in two population surveys. In: American Journal of Public Health 86. 966-972.

Sobell, L. C., Cunningham, J. A., Sobell, M. B., Agrawal, S., Gavin, D. R., Leo, G. I. et al. (1996). Fostering self-change among problem drinkers. A proactive community intervention. In: Addictive Behaviors 21. 817-833.

Sobell, L. C. & Sobell, M. B. (1992). Timeline Followback. A technique for assessing self-reported alcohol consumption. In: R. Z. Litten & J. Allen (Hrsg.): Measuring alcohol consumption. Psychosocial and biological methods. Towota, NJ: Humana Press. 41-72.

Sobell, L. C. & Sobell, M. B. (2003). Alcohol consumption measures. In: J. P. Allen & V. Wilson (Hrsg.): Assessing alcohol problems. 2. Aufl. Rockville, MD: National Institute on Alcohol Abuse and Alcoholism. 78-99.

Sobell, L. C., Sobell, M. B. & Agrawal, S. (2002). Self-change and dual recoveries among individuals with alcohol and tobacco problems. Current knowledge and future directions. In: Alcoholism: Clinical and Experimental Research 26. 1936-1938.

Sobell, L. C., Sobell, M. B., Leo, G. I., Agrawal, S., Johnson-Young, L. & Cunningham, J. A. (2002). Promoting self-change with alcohol abusers. A community-level mail intervention based on natural recovery studies. In: Alcoholism: Clinical and Experimental Research 26. 936-948.

Sobell, L. C., Sobell, M. B. & Toneatto, T. (1992). Recovery from alcohol problems without treatment. In: N. Heather, W. R. Miller & J. Greeley (Hrsg.): Self-control and the addictive behaviours. New York: Maxwell MacMillan. 198-242.

Sobell, L. C., Sobell, M. B., Toneatto, T. & Leo, G. I. (1993). What triggers the resolution of alcohol problems without treatment? In: Alcoholism: Clinical and Experimental Research 17. 217-224.

Sobell, M. B., Breslin, F. C. & Sobell, L. C. (1998). Project MATCH. The time has come... to talk of many things. In: Journal of Studies on Alcohol 59. 124-125.

Sobell, M. B. & Sobell, L. C. (1993a). Problem drinkers. Guided self-change treatment. New York: Guilford.

Sobell, M. B. & Sobell, L. C. (1993b). Treatment for problem drinkers. A public health priority. In: J. S. Baer, G. A. Marlatt & R. J. McMahon (Hrsg.): Addictive behaviors across the lifespan. Prevention, treatment, and policy issues. Beverly Hills, CA: Sage. 138-157.

Sobell, M. B. & Sobell, L. C. (1998). Guiding self-change. In: W. R. Miller & N. Heather (Hrsg.): Treating addictive behaviors. 2. Aufl. New York: Plenum. 189-202.

Sobell, M. B. & Sobell, L. C. (1999). Stepped care for alcohol problems. An efficient method for planning and delivering clinical services. In: J. A. Tucker, D. A. Donovan & G. A. Marlatt (Hrsg.): Changing addictive behavior. Bridging clinical and public health strategies. New York: Guilford. 331-343.

Sobell, M. B. & Sobell, L. C. (2000). Stepped care as a heuristic approach to the treatment of alcohol problems. In: Journal of Consulting and Clinical Psychology 68. 573-579.

Sobell, M. B. & Sobell, L. C. (2005). Guided Self-Change treatment for substance abusers. In: Journal of Cognitive Psychotherapy 19. 199-210.

Substance Abuse and Mental Health Administration (1999). Enhancing motivation for change in substance abuse treatment. Rockville, MD: U.S. Department of Health and Human Services (= Treatment Improvement Protocol Series).

Svärdsudd, K. (1998). Moderate alcohol consumption and cardiovascular disease. Is there evidence for a preventive effect? In: Alcoholism: Clinical and Experimental Research 22. 307-314.

Thoresen, C. E. & Mahoney, M. J. (1974). Behavioral self-control. New York: Rinehart and Winston.

Utz, S. W., Shuster, G. F., Merwin, E. & Williams, B. (1994). A community-based smoking-cessation program. Self-care behaviors and success. In: Public Health Nursing 11. 291-299.

Warner, K. E. (1981). Cigarette smoking in the 1970's. The impact of the antismoking campaign on consumption. In: Science 211. 729-730.

Warner, K. E. (1989). Effects of the antismoking campaign. An update. In: American Journal of Public Health 79. 144-151.

Werch, C. E. (1990). Are drinkers interested in inexpensive approaches to reduce their alcohol use? In: Journal of Drug Education 20. 67-75.

Wright, B., Williams, C. & Partridge, I. (1999). Management advice for children with chronic fatigue syndrome. A systematic study of information from the internet. In: Irish Journal of Psychological Medicine 16. 67-71.

Zhu, S. H., Stretch, V., Balabanis, M., Rosbrook, B., Sadler, G. & Pierce, J. P. (1996). Telephone counseling for smoking cessation. Effects of single-session and multiple-session interventions. In: Journal of Consulting and Clinical Psychology 64. 202-211.

7 Selbstheilungsfreundliches und selbstheilungsfeindliches Gesellschaftsklima – Konsequenzen für die Suchtpolitik

Harald Klingemann und Justyna Zulewska

Einleitung

> „Könnte was mit den Einstellungen in der Gesellschaft zu tun haben. Ich meine gegen die, die Probleme haben. Auch wenn man sagt, das ist eine Krankheit – die meisten Leute sehen das eben doch anders und sagen, es ist dein eigener Fehler, oder mindestens so ähnlich (...). Also würde ich sagen, mehr Verständnis für Leute, die diese Probleme haben, würde es ihnen leichter machen. Da würde man es wagen, den ersten Schritt zu machen." (Ladenbesitzer, SINR-Interview, Stockholm)

Wenn wir Politiker wählen, Modetrends folgen, unsere Essgewohnheiten reflektieren, Fitness treiben oder Kosmetikprodukte auswählen, so tun wir das nicht in einem gesellschaftlichen Vakuum, sondern sind in unserem Handeln von gesellschaftlichen Strömungen, Werten und gezielten Werbe- und Aufklärungskampagnen beeinflusst. Bereits aufgrund unserer Alltagserfahrung ist plausibel, dass kognitive und soziale Prozesse einander beeinflussen. Diese Erkenntnis wurde jedoch im Bereich der Selbstheilungsforschung lange Zeit ignoriert; Ausstiegsprozesse wurden eher einseitig als intrapsychische Abläufe verstanden, die höchstens durch Interaktionen im unmittelbaren sozialen Nahraum beeinflusst werden. Angesichts der Dominanz der klinischen Psychologie und Psychiatrie in diesem Forschungsfeld vermag die Ausblendung gesellschaftlicher Rahmenbedingungen bei der Erklärung des Selbstheilungsphänomens kaum überraschen. Hinzu kommen methodische Probleme hinsichtlich einer adäquaten Messung des Einflusses, den gesellschaftliche Faktoren und Rahmenbedingungen auf den individuellen Ausstiegsprozess haben. Aus soziologischer Sicht sind wichtige Bedingungen des selbst organisierten Ausstiegs aus der Sucht, wie die Rolle von Primär- und Sekundärgruppen, der Einfluss von Organisationen, denen der Selbstheiler angehört, sowie gesellschaftliche Wert- und Gelegenheitsstrukturen, in der Selbstheilungsforschung bislang kaum oder gar nicht berücksichtigt worden. Zwei der wenigen Ausnahmen bilden der Einbezug des Konzepts vom Sozialen Kapital, das einen theoretischen Rahmen für die Mobilisierung unterschiedlicher Ressourcen für den Ausstieg aus der Sucht bietet (vgl. Granfield & Cloud 1999), sowie die Bemühungen, Phasenmodelle auf Veränderungen des Gesundheitsverhaltens und des Lebensstils in organisatorischen und Alltagsumgebungen anzuwenden (Oldenburg et al. 1999). Insgesamt gesehen muss also eine einseitige, individualistische Ausrichtung der Selbstheilungsforschung konstatiert werden, die der Entwicklung aussagekräftiger Modelle der Verhaltensveränderung und des Ausstiegs aus devianten Karrieren wenig dienlich ist. Hier setzt das vorliegende Kapitel an. Im Folgenden sollen Schnittstellen zwischen der individuellen klinischen Sicht des Selbstveränderungsprozesses und gesellschaftlichen Faktoren aufgezeigt werden. Zu letzteren zählen die öffentliche Meinung zu Suchtproblemen, gesellschaftliche Reaktionen auf Suchtprobleme, wie Behandlung, Kontrolle und Versorgung, der Einfluss der Medien und suchtpolitische präventive Bemühungen.

Bilder über Alkoholismus und Drogenabhängigkeit in der Bevölkerung – Stigma, soziale Unterstützung und Veränderungsoptimismus

Gesellschaftliche Vorstellungen über ‚das Wesen der Sucht' werden auch die Reaktion auf Selbstheilungsprozesse mit beeinflussen. Wie sichtbar sind Suchtprobleme in einer Gesellschaft? Trauen wir es Süchtigen überhaupt zu, dass sie ihren Drogen- und Alkoholkonsum oder ihre Essstörungen und Spielsuchtprobleme möglicherweise selbst in den Griff bekommen? Die Antwort hängt von den Suchtbildern und -konzepten ab, die in der Gesellschaft zirkulieren und geteilt werden: Wird Suchtverhalten als ein medizinisches, soziales oder verwerfliches strafrechtliches Problem angesehen? In diesem Zusammenhang sind die informellen sozialen Reaktionen auf das Selbstheilungsphänomen von besonderem Interesse. Es kann angenommen werden, dass das Ausmaß sozialer Unterstützung und Toleranz, dem potentielle SelbstheilerInnen bei ihrem Änderungsbemühen begegnen, stark von den jeweiligen Alltagskonzepten von ‚Sucht' abhängt, die in den Bezugsgruppen der Süchtigen vertreten werden. So illustriert eine kanadische Studie, wie potentielle SelbstheilerInnen in der Vorerwägungsphase und bei der Wahl von Umsetzungsstrategien stark von der öffentlichen Sichtbarkeit von Selbstheilungen und der Bewertung unterschiedlicher Süchte beeinflusst werden: Während bei dieser Umfrage 53 % der betroffenen SelbstheilerInnen ähnliche Fälle kannten, hatten in der Allgemeinbevölkerung lediglich 14 % der Befragten schon einmal von Selbstheilungen gehört. Die verbleibende Untersuchungsgruppe (Bezugspersonen der Selbstheiler, behandelte Süchtige und erfolglose Selbstheiler) nahmen eine Mittelposition bezüglich der Informiertheit ein. Aufgrund dieser Befunde kann angenommen werden, dass SelbstheilerInnen durch die Stigmatisierung von Suchtverhalten in der Gesellschaft davon abgehalten werden, ‚ihre Erfolgsgeschichte' publik zu machen. Diese Interpretation wird auch durch den Vergleich verschiedener Süchte gestützt: Während lediglich 5 % der befragten ehemaligen Raucher anderen nichts davon erzählten, dass sie mit dem Rauchen aufgehört hatten, lag der Anteil derjenigen, die es vorzogen, ihre Alkoholkarriere zu verschweigen, bereits bei 24 % (Cunningham et al. 1998: 401). SelbstheilerInnen antizipierten möglicherweise unterschiedlich stark negativ gefärbte Reaktionen, falls sie über die Aufgabe ihrer Suchtkarriere sprechen würden. Obwohl es eine unübersehbare Literatur zur Vorurteilsforschung auch mit Bezug auf Süchtige gibt, stehen Untersuchungen, die spezifisch die Einschätzung möglicher Selbstheilungen von süchtigem Verhalten in der Öffentlichkeit thematisieren, bislang aus. Erst in jüngster Vergangenheit wurden Versuche unternommen, diese Forschungslücke zu schließen: Die Studie zu „Gesellschaftlichen Vorstellungen über Selbstheilungen von der Sucht" („Societal Images of Natural Recovery from Addiction", SINR) ist eine internationale Städtevergleichsstudie, die vorläufig in Bern und Fribourg (Schweiz), Frankfurt (Deutschland), Santa Marta und Bogota (Kolumbien), Stockholm (Schweden), Toronto (Kanada) und Warschau (Polen) durchgeführt wurde. Ziel dieser internationalen Kooperationsstudie war es, soziologische Aspekte des individuellen Selbstheilungsprozesses exemplarisch unter verschiedenen kulturellen Bedingungen auszuloten (Zulewska-Sak & Dabrowska 2004). Ziel war es, die Dimensionalität der sozialen Randbedingungen individueller Selbstheilungsprozesse aus einer soziologischen Perspektive näher zu analysieren. Dazu wurden in den ausgewählten Städten je 15 Schlüsselpersonen mit unterschiedlichem professionellen Hintergrund ausgewählt; es handelte sich um Medienvertreter, Ordnungskräfte, Vertreter des Versorgungssystems und so genannte ‚Alltagstherapeuten', die häufig mit anderen Personen interagieren und als neutrale Projektionspartner dienen (z. B. Barkeeper, Taxifahrer). Sie nahmen Stellung dazu, für wie wahrscheinlich sie Selbstheilung allgemein und bei verschiedenen Süchten im Einzelnen halten, welche Hindernisse in der Gesellschaft Selbstheilung vermutlich schwieriger machen (Zulewska-Sak 2004, 2005; Zulewska-Sak & Dabrowska 2005) und schließlich welche Maßnahmen nach Meinung der Befragten ergriffen werden müssten, um Selbstheilungen zu erleichtern und zu fördern. Die Ergebnisse zeigen unter anderem, wie differenziert vielfach die entsprechenden gesellschaftlichen Vorstellungen doch sind und dass kein Anlass zu Expertendünkel besteht. Auch ohne die professionelle Terminologie zu verwenden, erweisen sich die Befragten durchaus als kompetente „BarfußsuchtpolitikerInnen" (Klingemann 2003: 14). Es wurde des Weiteren deutlich, dass die Alltagskonzepte nicht nur zwischen den verschiedenen Ländern, sondern auch innerhalb ein und desselben gesellschaftlichen Kontexts unterschiedlich ausfallen können (Klingemann 2003: 8) (im weiteren Verlauf dieses Kapitels werden Interviewauszüge zur Illustration repräsentativer Befunde sowie der weiteren Argumentation herangezogen, die jeweils mit SINR gekennzeichnet sind).

Die erste Repräsentativumfrage zur Bevölkerungsmeinung gegenüber dem Selbstheilungsphänomen wurde in der Schweiz durchgeführt. Die Ergebnisse der SINR-Städtestudie dienten dabei als Ausgangspunkt. Bei dieser Umfrage wurden als hypothetische selbstheilungsrelevante Faktoren ‚Änderungsoptimismus und -pessimismus', ‚soziale Distanz zu Süchtigen' und ‚selbst berichtetes Hilfsverhalten' erfasst. Dem liegt die – empirisch noch zu überprüfende – Annahme zugrunde, dass Zweifel an der Möglichkeit zum selbst organisierten Ausstieg aus der Sucht potentielle Selbstheiler demotivieren und Drittpersonen davon abhalten, den Betroffenen soziale Unterstützung zu gewähren, scheint diese doch ‚schlecht investiert'. Wie steht nun die Bevölkerung zum Selbstheilungsgedanken, wenn wir die Ergebnisse dieser Studie näher betrachten? Wenn es um die Selbstheilung von Suchtverhalten ganz allgemein geht, so räumen die Befragten dem Ausstieg aus der Sucht ohne professionelle Hilfe eine durchschnittliche Erfolgschance von 24 % ein (0 % = ‚unmöglich'; 100 % = ‚ganz sicher'), was auf eine große Skepsis gegenüber der Selbstheilungsidee innerhalb der Schweizer Bevölkerung hindeutet. Bei genauerem Hinsehen zeigt sich, dass bei einer insgesamt linksschiefen Verteilung der Einschätzung der Selbstheilungsmöglichkeiten 26 % der Befragten überhaupt keine Chance sehen.

> „Sehr schwierig. Ich hab ein paar kennen gelernt, aus dem Freundeskreis, die hoch und heilig versprochen haben, dass sie es schaffen würden und pi pa po, aber das war nur Geschwätz. Es ist sehr schwierig, wenn man da erst mal reingefallen ist, dass man wieder aus dem Kreis rauskommt. Das ist total schwierig, was ich so beobachtet hab'. Und mit Therapie haben sie es wirklich geschafft, so ein paar, und ein paar sind gestorben, die es nicht gemacht haben halt. Da gibt es total krasse Unterschiede." (Frisör, SINR-Interview, Frankfurt)

12 % sehen gleiche Chancen für professionell gestützte und selbst organisierte Heilung.

> „(…) weil ich glaube, das ist einfach wie Lotto; Fity-fifty – das kann so oder so rauskommen (…)" (Taxifahrer, SINR-Interview, Warschau)

Gerade einmal 3 % der Befragten, deren Antworten sich für eine weitergehende qualitative Analyse anbieten, meinen, dass völlig sichere Chancen (100 %) der Selbstheilung gegeben sind und dass keinerlei Notwendigkeit besteht, dass Süchtige die Hilfe ‚bezahlter Heiler' in Anspruch nehmen müssten (vgl. Abbildung 1).

> „(...) für mich scheint am wichtigsten, dass der Süchtige eine innere Entscheidung trifft, dass er sich von der Sucht befreien möchte. (...) Bei manchen Süchten ist das sicher schwerer oder leichter. Bei manchen dauert es einfach lange... Aber insgesamt meine ich, dass es schwierigere Probleme gibt als Sucht, bei denen man auf Spezialisten angewiesen ist."
> (Rechtsanwalt, SINR-Interview, Warschau)

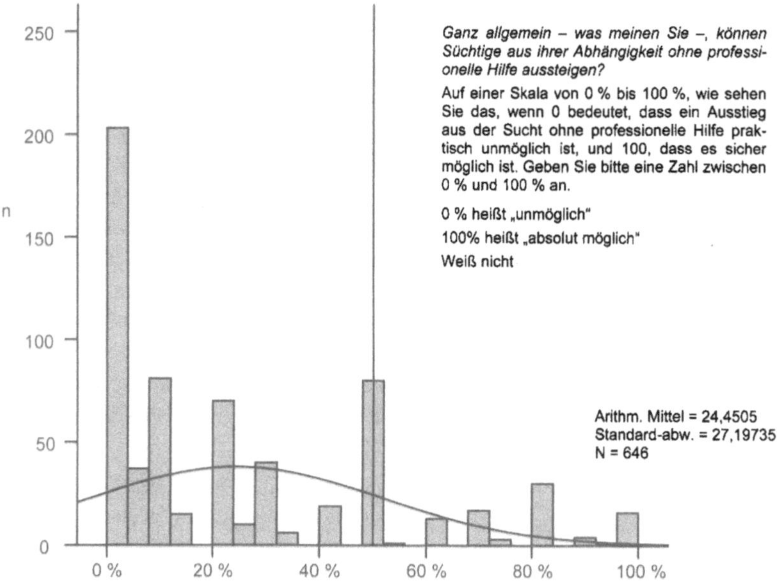

Abb. 1: Verteilung des Änderungsoptimismus

Wie bereits die Interviewauszüge der SINR illustrieren, fallen die suchtbezogenen Alltagstheorien keineswegs undifferenziert aus. Das zeigt sich auch daran, dass zwei Drittel der Befragten die Ansicht vertreten, dass die Selbstheilungschancen je nach spezifischem Suchtproblem unterschiedlich ausfallen können. Dieser Befund mag nicht unbedingt überraschen, wenn man etwa an die sehr unterschiedlichen Medienbilder zu legalen und illegalen Drogen denkt, die die öffentliche Meinung beeinflussen. Bei Vorgabe einer Liste verschiedener Süchte räumen die Befragten der Selbstheilung vom Rauchen (Tabak und Cannabis) etwa eine 50 %ige Chance ein, wohingegen sie Spontanremissionen von harten Drogen wie Heroin und Kokain mit durchschnittlich 13 % Veränderungschance für sehr unwahrscheinlich halten. Im Mittelbereich mit einer geschätzten Veränderungschance von einem Drittel rangieren Spielsucht, Alkoholismus und Medikamentenabhängigkeit. Männliche Befragte als stärker belastete Gruppe neigen bei der Einschätzung der verschiedenen Süchte zu mehr Optimismus, mit Ausnahme eines Konsensus bei harten Drogen und Medikamentensucht, bei denen keine signifikanten Unterschiede zwischen Männern und Frauen festgestellt werden können. Die Rangfolge der wahrgenommenen Veränderbarkeit süchtiger Verhaltensweisen ohne professionelle Hilfe spiegelt möglicherweise zum einen die unterschiedliche Zugänglichkeit professioneller Behandlungsoptionen (kaum vorhanden etwa im Bereich Rauchen und Cannabismissbrauch, aber auch bei pathologischem Spielen) sowie zum anderen Unterschiede bei der wahrgenommenen ‚Gefährlichkeit' spezifischer Süchte wider. Es bietet sich an, die perzipierten Unterschiede in der Veränderungsmöglichkeit von Süchten suchtpolitisch stärker zu nutzen. Angesichts des hohen Nichtraucheranteils an der Gesamtbevölkerung, der in der Schweiz bei 70 % liegt, und vermehrten politischen Anstrengungen, Rauchen in öffentlichen Räumen einzuschränken (siehe auch den Abschnitt „Strukturelle Prävention und Chancen der Suchtveränderung" in diesem Kapitel), gewinnt die Frage der Beeinflussung von Selbstheilungsprozessen und der Rolle von sozialem Druck und Änderungsoptimismus verstärkt an Bedeutung. Weitere wichtige Ergebnisse aus dieser ersten Studie zur Beurteilung des Selbstheilungskonzeptes in der Schweizer Bevölkerung sind:

- Der Selbstheilungsoptimismus erweist sich als stark kulturabhängig und ist im minoritären französischsprachigen Landesteil der Schweiz (mit einer tendenziell eher repressiven Drogenpolitik) über alle Süchte hinweg signifikant stärker ausgeprägt als in der deutschsprachigen Schweiz (mit einer stärkeren Akzeptanz des Schadensbegrenzungsansatzes). Hier besteht offensichtlich ein Gegensatz zwischen dem Vertrauen in der Bevölkerung, dass auch Süchtige wohlinformierte Entscheidungen treffen können, und dem Diskurs der offiziellen Drogenpolitik.

- Politische Einstellungen haben nur dann einen Einfluss auf das ‚Selbstheilungsklima', wenn diese aktuelle Debatten mit einem hohen Sensibilisierungsgrad in der Bevölkerung betreffen. So sehen die Anhänger der politischen Rechten häufiger Chancen zur Spontanremission von Spielsucht als politisch eher links orientierte Befragte (Kontext: Casinoabstimmung und Debatte um Lotteriegesetzgebung); Anhänger der Cannabislegalisierung (Kernfrage von Gesetzesrevisionen und Gegenstand einer Volksinitiative) vertreten eher als die Revisionsgegner die Meinung, dass Selbstheilung von Cannabisabhängigkeit möglich sei.
- Befragte, die selbst Suchtprobleme haben, zeigen sich bei den betreffenden Süchten stärker optimistisch als nicht Betroffene; ein Befund, der damit zusammenhängen könnte, dass freiwillig eingegangene Risiken tendenziell unterschätzt werden.

Behandlungssystem und Selbstheilung

Selbstheilung oder ‚natürliche Heilung' kann als die erfolgreiche Bewältigung eines als problematisch betrachteten Verhaltens angesehen werden; ein Prozess, der durch individuelle Motivation und soziale Einflussfaktoren bestimmt ist, ohne dass dabei auf Behandlung und sonstige Expertenunterstützung oder Selbsthilfegruppen zurückgegriffen wird. Die relative Bedeutung expertengestützter Strategien im Vergleich zur selbst organisierten Problembewältigung wird unter anderem auch davon abhängen, inwieweit professionelle Hilfe überhaupt zur Verfügung steht und wie diese zugänglich ist (Kavanaugh et al. 1999). Es kann davon ausgegangen werden, dass die Verfügbarkeit von Behandlungsangeboten je nach Art des Problems schon regional stark variiert.

> „Es gibt auch sehr wenig professionelle Hilfe bei dem [Kaufsucht] und bei dem [Spielsucht] (...) ja, das kann man natürlich auch sagen, je weniger dass es das Hilfsangebot gibt, desto eher sind die Leute vielleicht auch darauf angewiesen, sich selbst zu heilen." (Psychologe, SINR-Interview, Bern)

Am Beispiel der Nikotinabhängigkeit kann dieser Punkt gut illustriert werden. Hughes (1999) argumentiert, dass die Annahme, derzufolge zwischen 90 % und 95 % der RaucherInnen das Rauchen ohne professionelle Hilfe aufgeben, so nicht mehr zutrifft. Wenn man den verstärkten Einsatz pharmazeutischer Mittel berücksichtigt (z. B. Bupropion), so kann man davon ausgehen, dass 1998 in den Vereinigten Staaten 37 % derjenigen, die mit dem Rauchen aufhörten, dies mit medikamentöser Unterstützung taten. Bestenfalls könnte man also von ‚gestützter Selbstheilung' sprechen. Der Autor zieht weiter eine interessante Parallele zum Ausbau der Behandlungsindustrie bei psychiatrischen Störungen: Historisch gesehen betrachteten nur wenige Kliniker Depressionen als eine psychiatrische Störung. Allgemeine Auffassung war, dass diese durch einfache Motivationsförderung mittelfristig behoben werden könne. Dementsprechend wurden auch kaum Behandlungsangebote entwickelt. Die Auffassungen von der Nikotinsucht in den 1990er Jahren ähneln somit in gewissem Maße dem Verständnis von Depression zu Beginn des 20. Jahrhunderts (Hughes 1999: 324). In den letzten Jahrzehnten konnte außerdem ein starkes Wachstum der Drogenbehandlungssysteme auf Kosten der Alkoholbehandlung festgestellt werden. In der Schweiz ist beispielsweise das Behandlungsangebot für 30.000 Drogenabhängige ungleich stärker ausgebaut und entwickelt als die Angebote, die der etwa achtmal so großen Anzahl von Personen mit Alkoholproblemen zur Verfügung stehen (Klingemann 1998: 100).

Die Behandlungsmodalitäten und -modelle werden ebenfalls von gesellschaftlichen Vorstellungen zu Suchtproblemen und deren politischer Einstufung abhängen. Prominente Beispiele, die gerade mit Blick auf die Idee ‚gestützter Selbstheilungen' besonders relevant sind, sind Schadensbegrenzungsmaßnahmen, heroingestützte Behandlung und andere groß angelegte Substitutionsprogramme sowie Ansätze zum kontrollierten Trinken. Die Diffusion und Akzeptanz solcher Elemente in den verschiedenen nationalen Versorgungssystemen hängt von endogenen und exogenen Einflüssen, wie der moralischen Wertung von Suchtproblemen in der jeweiligen Bevölkerung und der Implementierung internationaler Drogenkontrollvereinbarungen, ab (vgl. Klingemann & Klingemann 1999: 115; Klingemann & Hunt 1998; Klingemann & Schatzmann 2004).

> „(...) ich nehme schon an, dass niederschwellige Angebote im Drogenbereich, sagen wir, wenn man Heroin abgibt oder ähnliche Programme, die haben eine gewisse positive Funktion für den möglichen Einstieg in einen Selbstheilungsprozess, weil man dort die Leute eben wieder auf eine Art aufnimmt und die soziale Reintegration sozusagen ihnen Ressourcen stärkt und dank diesen Ressourcen haben sie genug Möglichkeiten." (Psychologe, SINR-Interview, Bern)

Ungeachtet der zeitlich und räumlich objektiv ungleichen Verteilung und Zugänglichkeit von Behandlungsoptionen spielt auch die subjektive Wahrnehmung und Bewertung von Behandlungsangeboten eine große Rolle, wenn man schwankt, ob man seinen eigenen Weg gehen möchte oder aber Expertenrat suchen sollte.

> „Wenn ich ein Problem habe, da vertraue ich Fremden nicht und verlasse mich lieber auf enge Freunde.“ (Frisör, SINR-Interview, Warschau)

Behandlungshindernisse und -ablehnung ergeben sich zumindest teilweise aus einer unzureichenden Kundenorientierung der Behandlungsanbieter, wenn es darum geht, Behandlungsprogramme den Bedürfnissen potentieller Klienten und Klientinnen anzupassen. Dieser Aspekt wird auch in den SINR-Interviews deutlich, die auf die Bedeutung individualisierter Behandlung hinweisen.

> „Wichtig wäre es, Behandlung zu finden, die genau auf die Person zugeschnitten ist. Sehen Sie, die Menschen sind verschieden und brauchen auch unterschiedliche Behandlung für jeweils spezielle Bedürfnisse.“ (Journalist bei einer liberalen Tageszeitung, SINR-Interview, Stockholm)
>
> „Also da müsste noch ein Ausbau des Selbsthilfegedankens kommen... also das wäre für mich so 'ne adäquate Möglichkeit, wenn man sich scheut, erst mal sein Leben bearbeiten zu lassen mit fremden Personen, ja. Das ist ja 'ne große Scheu, selbst wenn wir meinen, wir hätten noch 'ne einigermaßen einfache Schwelle, aber die ist im Prinzip sehr, sehr hoch." (Leiter einer ambulanten Alkoholberatungsstelle, SINR-Interview, Frankfurt)

Auch die Selbstheilungsforschung liefert wichtige Informationen aus Sicht der Betroffenen, warum *keine* Hilfe in Anspruch genommen wurde. Zu den wichtigsten Gründen zählen mangelnde Information über bestehende Angebote, vermutete Stigmatisierung der Hilfesuchenden und die Ansicht, dass die Behandlung nicht den eigenen Bedürfnissen entspricht (Klingemann 1991, 1992). Weitere relevante Ursachen der Nichtinanspruchnahme professioneller Hilfe können kulturell bedingt sein: Westliche Ethik und Werthaltungen betonen tendenziell individualistische Menschenbilder und die Wertschätzung von Problemlösungen ‚aus eigener Kraft' (Willenskraft und Stärke), wohingegen in eher kollektiv ausgerichteten Gesellschaften der ‚Selbstheilungsgedanke' weniger Rückhalt finden könnte. Schließlich implizieren Geschlechterrollen in unterschiedlichem Ausmaß Erwartungen an Macht und Kontrolle. Männer nehmen die Gesundheitsversorgung weit weniger in Anspruch als Frauen. Es wäre empirisch noch zu prüfen, ob die Orientierung an traditionellen maskulinen Rollen sich selbstheilungsfördernd auswirkt (vgl. Klingemann 2004).

Aus der Systemperspektive kann aus dem geringen Erreichungsgrad der Behandlungsangebote bei den relevanten Zielgruppen zumindest indirekt auf die zunehmende Bedeutung von informeller Laienhilfe und damit von Selbstheilungsprozessen geschlossen werden. Dem liegen gesamtgesellschaftliche Veränderungsprozesse zugrunde: Postmoderne Gesellschaften sind durch ein Schwinden der Autorität von Expertenwissen und sozialer, politischer und wissenschaftlicher Eliten gekennzeichnet. Die Kluft, die sich zwischen professionellen Behandlern und ihren potentiellen Kunden auftut, zeigt auch die Grenzen der Medikalisierung und Professionalisierung der Suchtbehandlung auf. Damit eröffnet sich ein Problemzugang, der bislang in der Diskussion vernachlässigt worden ist, und zwar die Frage nach der Konsumentenperspektive. Traditionell werden Personen, die Behandlungsleistungen nachfragen, sowohl individuell als auch auf Ebene des Behandlungssystems als Kranke im Sinne der Parsons'schen Krankenrolle behandelt, d. h. als passive, folgsame Empfänger einer gesundmachenden Behandlung, die von einer Behandlungsautorität definiert und zugeteilt wird (Parsons 1951). Auf Systemebene entspricht diese Haltung der Top-down-Behandlung (‚von oben nach unten'), die sich einzig auf wissenschaftliche Suchtkonzepte, Expertenevidenz, professionelle Erfahrung und Sozialisierung sowie auf Annahmen über den Einfluss der Schwere von Suchtproblemen stützt. Dem steht die Auffassung von Suchtbehandlung als Interaktionsprozess zwischen dem Therapeuten und dem Behandlungskonsumenten gegenüber. Auch Experten werden nämlich von ihren Laienkunden kontrolliert und können nur dann erfolgreich praktizieren, wenn sie Akzeptanz und Konsensus stiften können. Ein besseres Verständnis der Änderungsdynamik von Behandlungssystemen und der Rolle von Selbstheilung oder gestützter Selbstheilung kann daher nur durch eine Analyse der Schnittstellen zwischen professionellen und Laienkulturen (vgl. Freidson 1960) bzw. Verweissystemen erzielt werden (siehe auch den Überblick bei Klingemann & Bergmark, im Druck, zur Legitimationskrise der Suchtbehandlung).

Genauer geht es um:

- einen Vergleich von Suchtbildern und -konzepten, die Wahrnehmung suchtbezogener Probleme und Risikoeinschätzungen und die Bewertung formeller und informeller sozialer Unterstützung bei Experten und Laien;
- die Untersuchung individueller und organisatorischer Strategien zur Anpassung von Behandlungsangeboten an die Bedürfnisse der Zielgruppen;

- die Beschreibung von Laienstrategien zur Kontrolle und Überprüfung von therapeutischem Expertenhandeln (Internet, ‚zweite Meinung' u. ä.);
- eine genauere Analyse der Determinanten der Nichtinanspruchnahme professioneller Behandlung.

Trotz dieser Forschungslücken gibt es Anzeichen dafür, dass sich Suchtbehandlungssysteme zumindest teilweise der Nachfrage angenähert haben und vermehrt von aufgeklärten Kunden ausgehen, die auch im Suchtbereich fundierte Entscheidungen über die Akzeptanz oder Ablehnung spezifischer Angebote treffen können. Erste Indikatoren für diese Entwicklung sind:

- die zumindest teilweise Annahme des Gedankens der ‚abgestuften Behandlung' (‚stepped care'), die eine evidenzgeleitete graduelle Steigerung der Behandlungsintensität, einsetzend mit Minimalinterventionen, vorsieht; mit der Reduzierung des Behandlungseingriffes auf das Notwendigste wird der Kunde in seinem aktuellen Lebenskontext respektiert;
- die bereits seit geraumer Zeit zu beobachtende Zunahme ambulanter Angebote, die ebenfalls wenig invasiv sind und den Kunden möglichst in seinen Rollen belassen;
- eine neue Offenheit gegenüber Klientenwünschen nach alternativen, unkonventionellen Behandlungen, etwa die Berücksichtigung affektiver, spiritueller Aspekte im therapeutischen Handeln; dies kann als Korrektur zur Verabsolutierung einseitig evidenzgestützter Vorgehensweisen gesehen werden.

Aus Sicht der Selbstheilungsforschung kann daher die gegenwärtige Krise in der Suchtbehandlung letztlich als Vertrauenskrise eingestuft werden. Nur solche Behandlungsexperten, die gleichermaßen an fachlichen Standards und den Patientenbedürfnissen orientiert sind, können Menschen wirksam dabei helfen, ihr Suchtverhalten zu verändern.

Selbstheilung im ‚globalen Dorf' – Medienwirkung und Gesundheitsinformationen als soziales Kapital

Medienbilder von Alkohol- und Drogenkonsumenten

Auf welche Art und Weise soziale Probleme in den Printmedien, elektronischen Medien und anderen Öffentlichkeitsplattformen vermittelt werden, dürfte erheblichen Einfluss auf die in der Gesellschaft kursierenden Vorurteile und die soziale Unterstützungsbereitschaft haben.

> „Ja, eine Möglichkeit ist sicher Information, dass man… weiß ich nicht, was… in Zeitungen, in Büchern, in Radio- und Fernsehsendungen Wege aufzeigt, wie man da selber davon auch loskommen könnte. Oder vielleicht auch in den Schulen, dass man die Leute darüber aufklärt, ohne dass man eben individuelle Therapien macht…" (Journalist bei einer konservativen Zeitung, SINR-Interview, Bern)

In zahlreichen Ländern sind Tabak- und Alkoholwerbung unterschiedlichen Einschränkungen unterworfen und es wird allgemein angenommen, dass Werbung vor allem zu einer Verschiebung der Marktanteile führt (Godfrey 1986). Auch wenn bislang keine Studien vorliegen, die den Einfluss von Werbebotschaften auf Suchtheilungsprozesse zum Gegenstand haben, kann doch plausibel angenommen werden, dass der selbst organisierte Ausstieg aus der Nikotinsucht und der Alkoholabhängigkeit leichter bewerkstelligt werden kann, wenn die betroffenen Personen nicht ständig einschlägigen Anreizen ausgesetzt sind. Die Darstellung von Rauchen, Trinken und dem Gebrauch illegaler Drogen in Funk und Fernsehen sowie in der Presse kann einerseits als Spiegel der öffentlichen Meinung, andererseits aber auch als wichtige meinungsbildende Kraft bei der Einstellung der Bevölkerung zur Sucht gelten: Lemmens et al. (1999) haben für den Zeitraum von 1985 bis 1991 eine Inhaltsanalyse von fünf nationalen amerikanischen Zeitungen durchgeführt, um festzustellen, wie im Untersuchungszeitraum 1985-1991 das Thema Alkohol in diesen Printmedien dargestellt und abgehandelt wurde. Die meisten Artikel berichteten über Alkoholfragen eher neutral oder negativ. Im Rückblick auf die Situation in den sechziger Jahren signalisierten diese Ergebnisse einen Umschwung hin zur Betonung von Schlüsselfragen der öffentlichen Gesundheit und der Betonung von Umweltfaktoren und weg von klinischen Aspekten, rein intrapsychischen Ansätzen und biopsychologischen Definitionen von Alkoholsuchtverhalten. Solche Medienbotschaften könnten natürliche Heilungen befördern, indem Trinken nicht glorifiziert wird und Umwelteinflüsse stärker hervorgehoben werden als innerpsychische Vorgänge und Charakteristika. Aktuelle Medienuntersuchungen zeigen zudem ein differenzierteres Bild in Abhängigkeit vom Drogentyp, wie die umfassende Literaturübersicht „'Here's Looking at You, Kid'. Alcohol, Drugs and Tobacco in Entertainment Media" (2000) zeigt. Roberts und Christenson von der Columbia University berücksichtigen in dieser Studie Untersuchungen, die jeweils die Häufigkeit und die Art der Darstellung von legalen und illegalen Drogen in

Medien thematisieren. Die Ergebnisse zeigen, dass im Fernsehen Alkohol nach wie vor die am meisten erwähnte Droge ist; jüngste Untersuchungen haben ergeben, dass drei von vier Folgen einer sehr beliebten Fernsehsendung in den USA Alkoholszenen zeigen (Roberts & Christenson 2000). Dabei wird Alkoholkonsum als problemlose Routinehandlung portraitiert. Alles in allem sind die Botschaften positiv eingefärbt: Alkohol konsumierende Akteure werden am Bildschirm weitgehend positiv dargestellt, im Einzelnen sind sie im Fernsehprogramm eher Schlüsselpersonen der Handlung, von angenehmerem Aussehen und in höherer sozioökonomischer Position (Matthios et al. 1998). Ältere Studien, wie etwa die Analyse von 48 deutschsprachigen und amerikanischen Seifenopern und Krimis, belegen ferner die verstärkte positive Besetzung des Alkoholkonsums z. B. durch die Verbindung von ‚Bier' und ‚Freundschaft' (Weiderer 1997: 258). – Das Rauchen ist im Fernsehen zwischen den fünfziger und achtziger Jahren merklich zurückgegangen, kam dann aber während der neunziger Jahre wieder häufiger vor. Neueren Daten zufolge thematisieren 22 % beliebter Fernsehserien den Tabakkonsum (Roberts & Christenson 2000). Negative Bemerkungen zum Rauchen wurden bei insgesamt 23 % der untersuchten Fernsehshows gemacht; die ausdrückliche Zurückweisung von Rauchangeboten kam in keiner der 31 Episoden vor (Christenson, Henriksen & Roberts 2000). Gemäß dem Synthesebericht von Roberts & Christenson (2000) kann festgestellt werden, dass die Darstellung illegalen Drogenkonsums aktuell häufiger beobachtet werden kann als in den siebziger Jahren, und zwar bei einem Fünftel der Shows mit hohen Einschaltquoten. Aufgrund ihrer eigenen Untersuchung gelangen die Autoren zu dem Schluss, dass Drogenkonsum im Fernsehen oft negativ dargestellt wird: 67 % der analysierten Fernsehfolgen führten negative Konsumkonsequenzen vor, wohingegen lediglich 3 % als konsumunterstützende Darstellungen eingestuft werden konnten (Christenson, Henriksen & Roberts 2000). Bedauerlicherweise bleibt die Einschätzung des Einflusses solcher Medienbotschaften auf den Zuschauer und gefährdete Gruppen methodisch schwierig, jedoch kann angenommen werden, dass Modellierungsansätze, die auf sozialen Lerntheorien basieren und sich der Form des Melodramas bedienen, vermutlich recht wirksam sind und wohl auch von Betroffenen rezipiert werden, die sich in fortgeschrittenen Phasen der Verhaltensveränderung befinden (Slater 1997; Rogers et al. 1995). An dieser Stelle sei angemerkt, dass die im Vergleich zu illegalen Drogen doch positiveren Mediendarstellungen von Alkohol und Rauchen sich mit den bereits erörterten suchtspezifischen Abstufungen des Selbstheilungsoptimismus decken.

Proaktive Informationsgewinnung und Mediennutzung als Selbstheilungsstrategien

Selbstheiler mit unterschiedlich ausgeprägter Änderungsbereitschaft und ihre Bezugspersonen sind jedoch keineswegs den Suchtbildern in den Medien passiv ausgeliefert, sondern können zur Realisierung fortgeschrittener Stadien der Suchtveränderung aktiv Informationsgewinnung betreiben, die bei der Einübung neuer Verhaltenskontrollen nützlich sein kann. Granfield & Cloud (1999) definieren Information als Teil des Humankapitals, das für erfolgreiche Selbstheilungen benötigt wird. Es umfasst Wissen/Informationen, Bewältigungsfähigkeiten und persönliche Eigenschaften, die mobilisiert werden können, um persönliche Ziele zu erreichen. In den folgenden Abschnitten werden im weitesten Sinne informationsbezogene Selbstheilungstechniken näher vorgestellt (Granfield & Cloud 1999: 181).

„Wie helfe ich mir selbst"-Bücher

Selbstheiler können während des Selbstheilungsprozesses auch manualgestützte Strategien verfolgen. Menschen greifen zur ‚Bibliotherapie', wenn sie Essstörungen haben, mit dem Alkohol oder dem Arbeitsstress nicht zurechtkommen oder ihre sexuellen Probleme bewältigen wollen. Solche schriftlichen Selbsthilfeunterlagen können (1) ausdrücklich auf den Prinzipien phasenorientierter Selbstveränderung beruhen, (2) im Sinne eines Tagebuches Hilfe bieten, persönliche Beobachtungen (etwa von Trinksituationen und konsumierten Trinkmengen) zu dokumentieren, oder (3) ganz einfach allgemeine Suchtinformationen liefern, ohne dass damit ein schrittweises, didaktisches Lernprogramm verbunden sein muss. Selbsthilfemanuale sind sowohl für Problemtrinker als auch für deren Angehörige verfügbar (Barber & Gilbertson 1998). Eine große Stärke dieser ‚Lebensratgeberliteratur' (vgl. z. B. auch Carlson 1998 zum Umgang mit Stress am Arbeitsplatz als Bestseller in den USA) ist sicherlich die Möglichkeit, auf dieses Hilfsmittel jederzeit und vertraulich zurückgreifen zu können. Selbsthilferatgeber nehmen eine Mittelposition ein zwischen strukturierten Manualen, die zumindest einen Minimalkontakt mit dem Therapeuten voraussetzen (vgl. Heather 2001), und persönlichen Tagebüchern zur Verfolgung der Veränderung von individuellen Suchtproblemen.

> „Donnerstag der 3. August; (...) Alkoholeinheiten: Null, Zigaretten: 25 (eigentlich nicht schlecht, wenn man sich das vorstellt); negative Gedanken: ungefähr 445 pro Stunde; positive Gedanken: Null." (Helen Fielding: Bridget Jones Diary, S. 184)

Internetgebrauch und Cyberumarmungen

Für Internetprovider erweist sich die Nachfrage nach Gesundheitsinformationen (vgl. z. B. McCartney 1999; Moran 1999), entsprechenden Chat-Räumen und virtuellen Selbsthilfegruppen als zunehmend wichtig (Maxwell 1998). Diese Informationsquellen können auch von Menschen genutzt werden, die ihr Suchtproblem in den Griff bekommen möchten. Für viele Selbstheiler sind gerade die Anonymität und die Möglichkeit, alternative Informationsangebote zu vergleichen, besonders attraktiv.

Insbesondere Jugendliche und Personen, die in abgelegeneren Gegenden wohnen, greifen vermutlich besonders häufig auf Internetinformationen zurück, um ihren Gesundheitsstatus zu verbessern und/oder eine Suchtproblematik selbst anzugehen. Gerade im Suchtbereich gibt es zahlreiche Webseiten mit Informationen und Beratungsangeboten bei Suchtproblemen, wie etwa ‚Smart Recovery', Web of Addiction, Moderation Management und NHS Direct Online (vgl. Alcohol Alert 2000a: 8, 9). Programme zum Verhaltenskontrolltraining und das Drinker's Check-Up (DCU), eine motivationsfördernde Kurzintervention, die darauf abzielt, kontrolliertes Trinken oder Abstinenz zu fördern, sind ebenfalls im Netz zugänglich (vgl. den guten Überblick bei Saladin & Santa Ana 2004: 182-183).

Allerdings muss auch auf die Grenzen und Probleme dieser Mittel zur gestützten Selbstheilung aufmerksam gemacht werden: Die Nutzung von Selbsthilfeliteratur geschieht wahrscheinlich schichtspezifisch und ist bildungsabhängig. In noch stärkerem Maße dürfte dies bei der Internetnutzung der Fall sein, die unter anderem von Alter, Einkommen und Geschlecht abhängt (Korgaonkar & Wolin 1999). Die Möglichkeiten, gesundheits- und suchtrelevante Informationen schnell und problemlos im Internet abzurufen, sind daher in der Gesellschaft keineswegs gleich verteilt. Dies spiegelt sich auch auf übergeordneter Ebene wider: In den USA, die 4,7 % der Weltbevölkerung repräsentieren, haben 26 % der Bevölkerung Internetzugang. In den übrigen OECD-Ländern mit einem Anteil an der Weltbevölkerung von 14,7 % können 6,9 % das Internet nutzen. In Osteuropa (5,8 % der Weltbevölkerung) liegt die Zahl der Internetuser bei gerade einmal 0,4 % (Uimonen 2000: 65). Wir können also folgern, dass die Zugangsmöglichkeiten zu selbstheilungsrelevanten Informationen sich umgekehrt zu den Bedürfnissen und dem Entwicklungsstand der Suchtbehandlungssysteme in diesen verschiedenen Regionen verhalten.

Im Vergleich zum Internet haben verhältnismäßig viele Personen jedoch Zugang zu einem Telefon und damit zu Telefonberatungen, wie etwa der „Dargebotenen Hand" in der Schweiz. Angesichts der nach wie vor großen Stigmatisierung süchtiger Verhaltensweisen in der Bevölkerung bieten telefonische Beratungsstellen die Möglichkeit, in völliger Anonymität von einem Therapeuten oder Ratgeber eine erste Unterstützung zu erhalten, was für viele annehmbarer und niedrigschwelliger ist als eine Beratungssituation von Angesicht zu Angesicht. TelefonberaterInnen können mit der anrufenden Person unmittelbar ein kurzes motivationsförderndes Interview durchführen, Informationen über andere Hilfsangebote geben und Kontaktmöglichkeiten aufzeigen. Die Metaanalyse von Lichtenstein et al. (1996), die 13 Telefonberatungen für Raucher berücksichtigt, zeigt im Gesamtergebnis, dass solche Angebote durchaus effiziente Interventionen auf Bevölkerungsebene sind; es konnte ein signifikanter nachhaltiger Anstieg der Abstinenzraten beobachtet werden. Die amerikanische Studie von Hughes et al. (2001) hat 30 ‚helplines' für süchtige Personen (Alkohol, Kokain, Heroin, Marihuana und Nikotin) untersucht und zielte auf eine Erfassung der Qualität der Angebote ab; es wurde dabei mit verdeckten Anrufen/ Hilfsanfragen vorgegangen. Die erhaltenen Reaktionen wurden als „hilfreich" (z. B. Vermittlung an ein ambulantes Behandlungsprogramm), „neutral" (z. B. Verweis an ein anderes nationales Ratgebertelefon) oder „wenig hilfreich" (z. B. ausbleibender Rückruf, Fehlinformationen) eingestuft. Es erwies sich, dass keine der amerikanischen Telefonhilfsangebote konkreten therapeutischen Rat erteilte, wie es etwa in Europa durchaus der Fall ist; die Unterstützung beschränkte sich ausschließlich auf Weiterverweise oder die Zustellung schriftlichen Informationsmaterials. Wenn es um illegale Drogen ging, erhielten lediglich 25 % der Antworten die Einstufung „hilfreich", wohingegen telefonische Alkoholberatungsstellen mit 31 % deutlich besser abschnitten.

In der Gesamtschau zeigt sich, dass die angeführten unterschiedlichen Formen niedrigschwelliger Hilfen je nach Selbstheilerprofil unterschiedlich gut akzeptiert und genutzt werden dürften. So könnten der leichte Zugang und der direkte anonyme ‚Kontakt mit einer Stimme' am Telefon für die einen und der zwar schwierigere, aber neutralere Kontakt über das Internet wiederum für andere noch näher zu bestimmende Gruppen attraktiv sein. Das telefonische Hilfsangebot entspricht vorrangig Personen, die eine eher passive Annahme von Beratung bevorzugen, während das Internet stärker auf den Selbstheiler zugeschnitten ist, der es bevorzugt, in einer aktiven Rolle Informationen kritisch miteinander zu vergleichen. Schließlich ist noch näher zu untersuchen werden, inwiefern Informationsstrategien und Medienpräferenzen jeweils spezifischen Ausprägungen der Änderungsbereitschaft entsprechen.

Schaffen Medienkampagnen Voraussetzungen für Verhaltensveränderungen?

Drogen-, Tabak- und Alkoholpräventionskampagnen sollen die öffentliche Meinung sowie die Verhaltensmuster der angesprochenen Risikozielgruppen beeinflussen. Analog zu der Frage „Wie beeinflusst der Werbeaufwand den Suchtmittelkonsum?“ können wir auch fragen „Wie werden Änderungsmotivation und Selbstheilungschancen durch solche Sensibilisierungskampagnen beeinflusst?“ Leider gilt die Feststellung von Wilde aus den neunziger Jahren, dass breit angelegte Gesundheitsförderungskampagnen in der Regel kaum stringent evaluiert werden, auch heute noch (Wilde 1991). Abgesehen davon greifen Kampagnenmacher auch selten auf evidenzbasierte inhaltliche Konzepte zurück. Slater (1999) argumentiert, dass sich phasenbezogene Verhaltensänderungsmodelle als nützlicher theoretischer Rahmen für die Integration von Teilbefunden zu Medienwirkungen auf Risikozielgruppen und deren Umfeld anbieten. So könnte man sich auf Ansätze zum ‚agenda setting', auf situationstheoretische Überlegungen und auf Befunde zum abgestuften Informationsfluss stützen, wenn es um die Auslösung einer themenbezogenen Diskussion in der Öffentlichkeit geht. Diese beeinflusst ihrerseits bei direkt Betroffenen potentiell den Übergang von der Vorerwägungsphase zur Erwägungsphase. Um in der Öffentlichkeit ein erstes Themenbewusstsein zu schaffen, könnte man zunächst auf dramatische Botschaften in einfacher Form zurückgreifen. Ein Übergang vom Erwägungsstadium zur Verhaltensvorbereitungsphase basiert prinzipiell auf der Akzeptanz der Medienkampagne und der positiven Aufnahme von Verhaltens- und Problemlösungsmodellen, die gemäß der Sozialen Lerntheorie vermutlich am besten über Unterhaltungsprogramme und -serien kommuniziert werden. Der Einstieg in die Handlungsphase schließlich macht Botschaften erforderlich, die geeignet sind, Motivation und konkretes Veränderungsverhalten aufrechtzuerhalten. Die Vermittlung ‚härterer Fakten', eine kräftigere, intensivere Sprache und die Kommunikation vermehrt handlungsleitender Inhalte haben sich gemäß Slater hierbei bewährt. Gleichzeitig muss auf die ‚Dosierung' der Botschaften insbesondere bei SelbstheilerInnen geachtet werden, die noch nicht änderungsbereit sind, um durch die Kampagnen keinen Widerstand zu provozieren (Slater 1999: 344-347). Die Formulierung von Kampagnenzielen und die Segmentierung der Zielgruppen unter Bezug auf die verschiedenen Phasen der Verhaltensänderung sowie eine entsprechende Anpassung der kommunizierten Inhalte erscheinen als vielversprechender Weg, um günstige Bedingungen für Selbstheilungen zu schaffen. Leider finden sich kaum entsprechende Kampagnen im Bereich der Suchtprävention. Zu den Ausnahmen zählen drei Schweizer Kampagnen aus den neunziger Jahren, die im Folgenden kurz vorgestellt werden sollen. Es handelt sich um (a) die im Jahr 1997 gestartete Drogenkampagne „Drogen, nüchtern betrachtet“, die zumindest implizit an die Idee der Selbstwirksamkeit anknüpfte; (b) die Alkoholkampagne „Alles im Griff“ mit phasenorientierten Kampagnenzielen, die seit 1999 als Teil der Nationalen Alkoholaktionspläne in der Schweiz durchgeführt wird, und (c) die Internet-Raucherkampagne „Meilenstein“ (1999/2000), die davon ausging, dass signifikante Lebensereignisse als Wendepunkte für Suchtverhalten genutzt werden könnten. Die drei Kampagnen zeigen einen Wechsel von einem eher traditionellen, substanzbezogenen Präventionsansatz zu einer stärkenbezogenen Gesundheitsförderung, die das Individuum zur ‚Selbstheilung' im weitesten Sinne befähigen soll. Statt einer Risikoorientierung werden aus diesem Blickwinkel eher protektive Faktoren betont, wie der Glaube, dass man sein Leben beeinflussen kann, Vertrauen in Mitmenschen, Zuversicht, dass man auch Rückschläge wieder überwinden kann, die Annahme von Schwierigkeiten im Leben als positive Herausforderung und individuelle Sinnstiftung. Hieraus wird deutlich, dass so verstandene Gesundheitsförderung, die sich nicht auf Prävention beschränkt, ein Anliegen der ganzen Gesellschaft und direkt relevant für den Erfolg von Selbstheilungsprozessen im Suchtbereich ist.

„Drogen, nüchtern betrachtet“

Diese gesamtschweizerische Kampagne, die 1991 gestartet wurde, ging von dem Ziel aus, in der Öffentlichkeit ein besseres Verständnis der Suchtproblematik zu schaffen und soziale Unterstützung für Drogenabhängige zu mobilisieren. Sie basierte auf verschiedenen empirischen Studien: (a) die 7-Jahreskatamnese bei Heroinkonsumenten, durchgeführt vom Institut für Suchtforschung Zürich (ISF) (Dobler-Mikola et al. 1991); (b) Studien zur Selbstheilung bei Alkohol- und Heroinabhängigen der Schweizerischen Fachstelle für Alkohol- und andere Drogenprobleme (SFA) (Klingemann 1992) und (c) eine Umfrage der Universität Bern bei Kokain- und Heroinkonsumenten (Estermann 1996). Die Kampagnenplanung berücksichtigte Kernbefunde aus diesen Studien: Die nationale Plakatkampagne im Jahre 1997 griff das zentrale Vorurteil ‚einmal ein Drögler, immer ein Drögler' auf, vermittelte Informationen über die Möglichkeiten, Hilfe in Anspruch zu nehmen, und unternahm vor allem den Versuch, Hoffnung und Änderungsoptimismus zu stärken mit dem Slogan „Wer einmal hineingerät, muss nicht drinbleiben. *Die meisten Drogenabhängigen schaffen den Ausstieg.*“

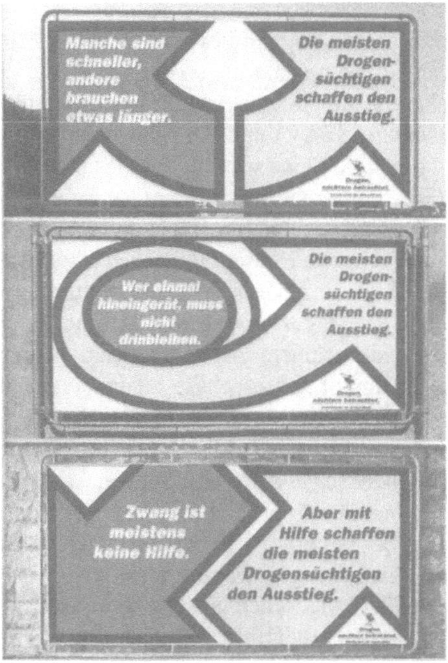

Abb. 2: Poster-Kampagne „Drogen, nüchtern betrachtet“

Trotz eines im Vergleich zu kommerziellen Werbekampagnen eher bescheidenem Budgets von etwa zwei Millionen US-Dollar, zeigte diese Kampagne positive Wirkungen: Eine Repräsentativumfrage 1997 ergab insgesamt eine positive Aufnahme und eine zufriedenstellende Wiedererinnerungsquote von 31 %; 52 % der Befragten gaben überdies an, jemanden mit Drogenproblemen zu kennen, was insbesondere auf die Wirksamkeit im direkten sozialen Umfeld von Abhängigen hindeutet. Eine zunehmende Sensibilisierung für die Drogenproblematik zeigte die Zunahme der geschätzten Prävalenz von Drogenproblemen von 18 % im Jahr 1996 auf 29 % im Jahr 1997 (Moeri 1997: 4). Die direkt Betroffenen bevorzugten die spezifischeren und direkteren Kampagnenbotschaften, wie „Zwang ist meistens keine Hilfe. Aber mit unserer Hilfe schaffen die meisten Drogensüchtigen den Ausstieg.“ Der Befund deckt sich mit den bereits vorgestellten Annahmen von Slater bezüglich kommunikationstheoretischer Empfehlungen für phasenorientierte Medienkampagnen.

„Alles im Griff“
Nachdem lange Zeit illegale Drogen im Mittelpunkt der öffentlichen Aufmerksamkeit standen, war die Kampagne „Alles im Griff“ die erste groß angelegte Alkoholpräventionskampagne in der Schweiz. Mit Unterstützung der Eidgenössischen Alkoholverwaltung (EAV) und der Schweizerischen Fachstelle für Alkohol- und andere Drogenprobleme war sie Teil des ersten Nationalen Alkoholprogramms 1998-2002. Konzeptuell ging sie einen Schritt weiter als die bereits beschriebene Drogenkampagne „Drogen, nüchtern betrachtet“. Sie ging nämlich ausdrücklich vom theoretischen Phasenmodell nach Prochaska & DiClemente aus und stützte sich auf die Ergebnisse einer 1998 durchgeführten Repräsentativumfrage (n=1.600). Die Kampagne verfolgte eine zweifache Zielsetzung: erstens Personen mit risikoreichem Alkoholkonsum beim Übergang von der Vorerwägungsphase in die Entschlussphase zu unterstützen und zweitens die bereits motivierten RisikokonsumentInnen in die Handlungsphase zu führen. Der repräsentativen Ausgangsstudie zufolge kann (bei einer Gesamtbevölkerung von etwa sieben Millionen Schweizern und Schweizerinnen) geschätzt werden, dass etwa die Hälfte einen kaum problematischen Alkoholkonsum pflegt (eine Einheit pro Tag), dass bei ungefähr 100.000 Personen von einem chronischen, risikoreichen Konsum ausgegangen werden muss (zwei bis drei Einheiten pro Tag), dass fast eine Million Menschen episodisch konsumieren (Rauschtrinken, d. h. mehr als fünf Einheiten pro Trinkgelegenheit im vergangenen Monat) und schließlich dass etwa 200.000 KonsumentInnen Rauschtrinken und starken chronischen Konsum kombinieren. Von der Gesamtheit der Befragten befanden sich 84 % in der Vorerwägungsphase, 6,5 % in der Entschlussphase und bemerkenswerte 9,5 % in der Umsetzungsphase. Männliche Alkoholkonsumenten beschäftigten sich mehr mit dem Thema Alkohol als Frauen, während Alter und Sprachregion in keinem Zusammenhang zur Änderungsbereitschaft standen. – Als Logo der Kampagne fungiert ein Flaschenöffner. 1999 wurde eine Plakatkampagne zeitgleich mit der Einschaltung von Botschaften in den Printmedien und der Ausstrahlung von Fernsehspots gestartet.

Ab März 1999 wurden fünf verschiedene 18-Sekunden-Fernsehspots ausgestrahlt, die ‚kleine Missgeschicke' im Zusammenhang mit Alkoholkonsum thematisierten. Die Spots zeigten jeweils einen sehr selbstsicheren Alkoholkonsumenten in einer ganz alltäglichen Situation, dem dann jedoch unter Alkoholeinfluss unerwartet eben ein ‚kleines Missgeschick' widerfährt:

Der ‚Nasse-Socken'-Clip zeigt einen Mann, der beim Bowling ein Glas Wein einschenken will und nicht darauf achtet, dass er daneben gießt; beim ‚Rülps-Clip' kann nach einem fortgeschrittenen Kaffeeklatsch mit Likör eine Frau einen Rülpser nicht unterdrücken; ein Mann lässt unachtsam seine Zigarrenasche in das Glas seines Nachbarn fallen (Aschenclip); ein Mann fällt plötzlich während einer Party vom Stuhl (Sturzclip) und eine Frau hält die Herren- für die Damentoilette (‚Falsche-Tür'-Clip). Immer handelt es sich um völlig undramatische Freizeitsituationen, und der Spot endet mit der eingeblendeten Frage: „Alles im Griff?", womit eine Verunsicherung beim Zuschauer bezüglich seines Alkoholkonsums bezweckt wird, die möglicherweise zu einer weitergehenden Bilanzierung des eigenen Verhaltens führen kann (Details und Evaluationsaspekte in spectra, Nr. 15 (1999), S. 8, und spectra, Nr. 16 (1999), S. 4).

Bei „Alles im Griff" wurde auch Material zur Selbstbeobachtung verteilt, was den Prinzipien gestützter Selbstheilung und minimaler Intervention entspricht. So wurde in Arztpraxen und Beratungsstellen ein „handlicher Alkoholschieber" verteilt, der eine Grobeinschätzung der Fahrtüchtigkeit und der Alkoholauswirkung erlaubt.

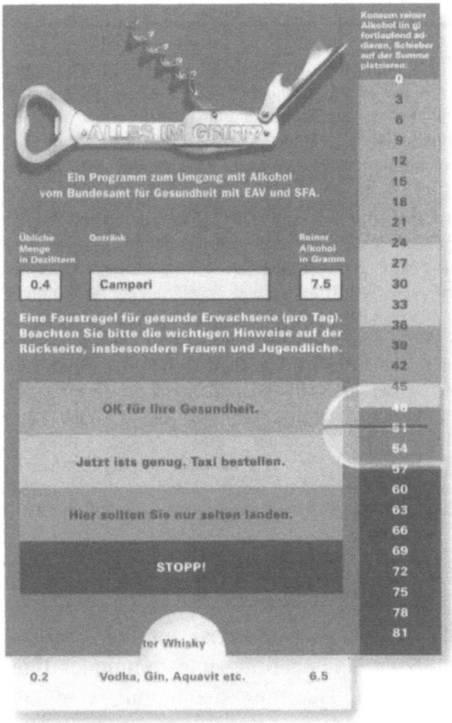

Abb. 3: Hilfsmittel zur Stützung von Selbstheilungen: Alkoholschieber der „Alles-im-Griff"-Kampagne

Zusammen mit einem Gemeindepräventionsprogramm ist diese Kampagne bis 2006 weitergeführt und um neue Elemente, wie das Internet-Spiel „Cyber Bar" und Informationen im Kreditkartenformat, erweitert worden (<http://www.alles-im-griff.ch>). Allerdings ist festzustellen, dass die Inhalte der Kampagne wieder stärker negative Konsequenzen des Alkoholkonsums kommunizieren. Es bleibt abzuwarten, inwieweit frühere Ansätze des Empowerments von Betroffenen und Erkenntnisse der Selbstheilungsforschung im Rahmen des neuen Nationalen Alkoholprogramms, das für 2007-2011 geplant ist, erneut aufgegriffen werden.

Die „Meilenstein"-Raucherkampagne

Unter dem Motto „Ein neuer Lebensstil ist da – *Meilenstein*, die lustvollste Nichtraucherkampagne, seit es Zigaretten gibt" eröffneten die Schweizerische

Krebsliga und das Bundesamt für Gesundheit (BAG) im Oktober 1999 diese Kampagne. Das Konzept von „Meilenstein" basiert ausdrücklich auf Befunden aus der Selbstheilungsforschung, wonach signifikante Lebensereignisse gewissermaßen Wendepunkte darstellen und Selbstheilungen einleiten können. Schlüsselelemente, an die die Kampagne anknüpfen will, sind spezielle Augenblicke, die das Leben lebenswert machen und die alltägliche Routine durchbrechen, wie das erste Kind, die große Hochzeit, das neue Sportauto, die Reise um die Welt, der Traumjob, der runde Geburtstag, die neue Wohnung mit Blick auf den See... „Meilenstein" symbolisiert das Ende eines Lebensabschnitts und einen neuen Anfang (Pressemitteilung, 21. Oktober 1999, Bern; Schweizerische Krebsliga, Bundesamt für Gesundheit).

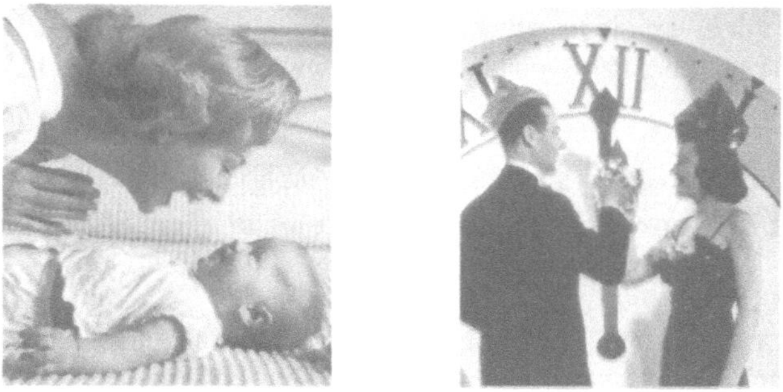

Abb. 4: Lebensereignisse als ‚persönliche Meilensteine', um mit dem Rauchen aufzuhören

Die Kampagne zielte vor allem auf dissonante Raucher und Raucherinnen ab, die sich in der Entscheidungsphase befinden, und nahm sich vor, chronischen Rauchern Schwung zu vermitteln, mit dem Rauchen aufzuhören. Es war die erste Kampagne in der Schweiz, die sich schwerpunktmäßig im Internet präsentierte und gleichzeitig mit einer Telefonberatung und der Verbreitung von Informationsmaterial kombiniert wurde. Im Einzelnen wurde wie folgt vorgegangen: In einem ersten Schritt schrieben sich interessierte Raucher auf der Internetseite ein und definierten ihren persönlichen Meilenstein, d. h. ein besonderes Ereignis mit genauem Datum, ab dem mit dem Rauchen aufgehört werden sollte; zweitens erhielten die „Meilenstein"-Interessenten an ihrem persönlichen Lebensereignisdatum ein Erinnerungs-E-Mail. Schließlich und drittens bekamen die Programmteilnehmerinnen und -teilnehmer nach weiteren drei Monaten ein weiteres E-Mail, in dem sie gebeten wurden, über Erfolge und Misserfolge zu berichten. Darüber hinaus wurden Erfolgsfälle in die Rubrik ‚Glückwünsche' aufgenommen und erhielten ein Geschenk. Wer einen Fehlschlag berichtete, wurde ermutigt, sich erneut mit einem anderen Meilenstein einzuschreiben. Während der Ausstiegsmonate bot die Internetseite Hilfen, um den Selbstheilungsversuch zu stützen. Hierzu zählten Informationsmaterial, Nikotinersatz, Selbsthilfegruppen und Materialien zur Selbstbeobachtung. Während der ersten einhundert Tage des Programms hatten sich bereits 300 Personen mit einem persönlichen Meilenstein eingeschrieben. Die Webseite wurde während der ersten drei Monate von 25.000 interessierten Personen besucht, die durchschnittlich vier Minuten verweilten. 18.000 Nutzer luden den Nichtraucherfragebogen herunter (Schweizerische Krebsliga, Faktenblatt, Pressemitteilung vom 29. Februar 2000; siehe auch Siegenthaler 2000). Die aktuelle Raucherkampagne im Rahmen des Nationalen Schweizer Tabakpräventionsprogramms 2001-2005 betont allerdings vor allem die negativen Konsequenzen des Rauchens mit besonderem Augenmerk auf dem Passivrauchen (<http://www.rauchenschadet.ch>).

Strukturelle Prävention und Chancen der Suchtveränderung – „Wie weit ist es zur nächsten Kneipe und wo kann man hier eigentlich noch rauchen??"

Der Zugang zu Alkohol und Drogen ist großen Schwankungen unterworfen und kann je nach Gesellschaft, Gruppe oder Region sehr unterschiedlich ausfallen. Die jeweilige Besteuerung von Suchtmitteln und der Marktwettbewerb beeinflussen Preise, Zugänglichkeit und Konsummuster (Oesterberg 1992; Klingemann 1994: 152). Während das allgemeine Konsumverhalten epidemiologisch gut erforscht ist, wissen wir relativ wenig über die Auswirkungen dieser Parameter auf individueller Ebene, also: Wie preisempfindlich sind etwa Drogenkonsumenten in verschiedenen Phasen der Verhaltensänderung? Haben Preisverschiebungen, Einkommensveränderungen und gesundheitspolitische Maßnahmen einen Einfluss auf die Entscheidung, von einer Droge auf die andere umzusteigen? Godfrey (1986) weist in diesem Zusammenhang auf die Implikationen des von Becker & Murphy (1988) entwickelten ökonomischen Modells des rationalen Suchtverhaltens für Selbstheilungsprozesse hin: „[D]auerhafte Preisänderungen können kurzfristige Auswirkungen [auf die Nachfrage; Anm. d. Verf.] haben, wohingegen die langfristige Nachfrage nach Suchtmitteln als elastischer angenommen werden kann als diejenige nach anderen Gütern. Bestimmte Konsummuster, wie Rauschtrinken, plötzliche Konsumunterbrüche und wiederholte Ausstiegsversuche, lassen sich mit diesem Modell erklären" (Godfrey 1986: 180). Entsprechend finden sich in der Selbstheilerliteratur Hinweise auf Selbstbelohnungssysteme von Aussteigern (etwa nach dem Motto ‚das über den reduzierten Suchtkonsum gesparte Geld für etwas ausgeben, was mir Spaß macht') und die Wirkung zunehmender finanzieller Belastungen durch den Suchtmittelkonsum.

> *(befragt zu Möglichkeiten, Selbstheilung zu begünstigen)* „(...) das ist schwierig, da müsste man die ganze Gesellschaftsstruktur verändern und das scheint mir ziemlich schwierig." (Frisör, SINR-Interview, Stockholm)

Diese selbstheilungsrelevanten suchtpolitischen Rahmenbedingungen und Interventionsmöglichkeiten können sich im Zeitverlauf durchaus verändern, wie das Beispiel der Niederlande zeigt: Bongers et al. (1998: 144) definieren das ‚soziale Alkoholklima' als Zusammenspiel von Einstellungen zum Alkoholkonsum und alkoholbezogenen Problemen und den Ansichten über die Vertretbarkeit und Notwendigkeit suchtpolitischer Maßnahmen. Die Untersuchung zeigte eine dementsprechend erhöhte Toleranz, wenn man die Veränderung dieser Parameter über den Zeitraum von 1958-1994 betrachtet; gleichzeitig wurde eine abnehmende öffentliche Unterstützung für Werbeeinschränkungen und Preiserhöhungen bei alkoholischen Getränken festgestellt (ebd.). Dieser Liberalisierungstrend, der auf individueller Ebene Selbstheilungschancen tangiert, kann auch in anderen Ländern, wie der Schweiz und Großbritannien, festgestellt werden. In der Schweiz setzen sich längere Öffnungszeiten durch, es wurde die so genannte ‚Bedürfnisklausel', die die Zahl der Ausschankstellen in Relation zur Bevölkerung regulierte, abgeschafft und unter Druck der Welthandelsorganisation WTO 1999 die Spirituosensteuer vereinheitlicht. In Großbritannien stand die Neuregelung der Alkohollizenzerteilungen ebenfalls zur Debatte, wobei jedoch die öffentliche Zustimmung zu solchen Maßnahmen eher fraglich war (Alcohol Alert 2000b: 2-4, 2000c: 6 und 2000d: 7).

Drastische Veränderungen der Kontextbedingungen haben sich infolge der Aushöhlung der skandinavischen Alkoholmonopole mit dem Beitritt zur Europäischen Union ergeben (Holder et al. 1998). Beispielsweise verweigerte die Europäische Kommission Schweden eine Verlängerung der Ausnahmeregelung für die Einschränkung von Alkoholimporten. Welche Verhaltenswirkungen solche Maßnahmen auf gesamtgesellschaftlicher Ebene auf ‚Normalkonsumenten', Süchtige und deren Veränderungschancen haben, dürfte zumindest teilweise auch davon abhängen, inwiefern solche politischen Interventionen von der Bevölkerung akzeptiert und mitgetragen werden. In diesem Zusammenhang ist die kanadisch-amerikanische Vergleichsstudie (1989/1990) von Interesse, die hinsichtlich der Bevölkerungsakzeptanz alkoholpolitischer Maßnahmen einerseits eine recht ausgeprägte Polarisierung zwischen Befürwortern und Gegnern der Erschwerung des Zugangs zu alkoholischen Getränken und der Alkoholwerbung konstatiert, andererseits aber auf einen breiten Konsensus hindeutet, wenn es um das Verbot geht, Alkohol an bereits alkoholisierte Gäste abzugeben, und darum, Informationen über Möglichkeiten der Behandlung von Alkoholismus zur Verfügung zu stellen (Giesbrecht & Greenfield 1999). In einer neueren Studie ging Giesbrecht noch einen Schritt weiter und zog Bevölkerungsstichproben aus den Jahren 1993 und 2003 aus der kanadischen Provinz Ontario heran, bei denen die Einschätzung einer Liste evidenzbasierter alkoholpolitischer Maßnahmen erfasst wurde (Giesbrecht et al. 2005). Die Ergebnisse verdeutlichen, dass die Bevölkerung sowohl nachweislich effiziente Maßnahmen (Verkaufsmonopol, Trinkaltersbeschränkungen) als auch auch weniger wirksame Maßnahmen (Warnaufdrucke, Werbeverbot in Sendungen für Jugendliche) unterstützt. Einigen gemäß dem Stand der Forschung sehr wirksamen Maßnahmen, wie Steuererhöhungen und der Reduzierung der Ausschankstellen, wurde mittlere Unterstützung entgegengebracht. Diese Untersuchung macht deutlich, dass die Haltung in der Bevölkerung gegenüber suchtpolitischen – auch strukturellen – Maßnahmen, die einem selbstheilungsfreundlichen Gesellschaftsklima zuträglich wären, keineswegs negativ ist.

Das aktuellste Beispiel für einschneidende Veränderungen im gesellschaftlichen Umfeld von Süchtigen und SelbstheilerInnen ist zweifellos die Einführung partieller oder totaler Rauchverbote nicht nur in den USA (Clean Indoor Act 2003) und Irland (Public Health – Tobacco Act 2003), sondern auch in Großbritannien (2007), Italien (2005), Norwegen (1996), Spanien (2006), Neuseeland, Australien, Südafrika, Tansania, Kanada und Bhutan. Auch in der Schweiz sind erste Maßnahmen zur Reduzierung des Tabakkonsums ergriffen worden, wie ein Rauchverbot in öffentlichen Verkehrsmitteln und die Einschränkung des Rauchens in Gaststätten in einzelnen Kantonen (z. B. im Tessin).

Abb. 5: Poster-Kampagne zur Einführung des Rauchverbots in öffentlichen Verkehrsmitteln

Forschungsergebnisse zur Auswirkung von Rauchverboten auf den selbst organisierten Ausstieg aus der Nikotinsucht und das Konsumverhalten von Rauchern liegen erst ansatzweise vor. Indirekte Indikatoren, die im Zuge von Evaluationen erhoben wurden, betreffen die Verkaufszahlen von Zigaretten, die Luftqualität an öffentlichen Orten und Gesundheitsprobleme als Folge des Rauchens (z. B. Atembeschwerden, vgl. Allwright et al. 2005). Direkte Indikatoren beziehen sich auf die Wirkung von Raucheinschränkungen am Arbeitsplatz auf das Rauchverhalten der Angestellten, die Situation der Nichtraucher am Arbeitsplatz sowie auf Kunden und die Prävalenz von Rauchen in der Gesamtbevölkerung. Betrachten wir vor dem Hintergrund dieses Indikatorenkranzes etwa das Beispiel Irland, so bleibt abzuwarten, ob der hier beobachtete Rückgang der Verkaufszahlen bei Zigaretten, der beim Marktführer 11,3 % ausgemacht hat (vgl. <http://www.rauchenschadet.ch>), von Dauer sein wird. Bezüglich der Wirkung von Rauchverboten am Arbeitsplatz belegen bereits frühere Studien, dass starke Raucher hiervon am meisten profitieren und „dass die Einführung solcher Beschränkungen die Idee des kontrollierten Rauchens als sinnvolle Zwischenstation für abstinenzwillige Raucher und Raucherinnen glaubhaft machen könnte" (Borland et al. 1990: 180). Die aktuelle, 26 Studien umfassende Metauntersuchung von Fichtenberg & Glantz (2002) zu den Auswirkungen von rauchfreien Arbeitsumgebungen auf das Rauchverhalten kommt zu dem Schluss, dass „neben den Positivwirkungen für NichtraucherInnen (...) Rauchverbote am Arbeitsplatz es auch Rauchern leichter machen, das Rauchen einzuschränken oder völlig aufzugeben" (Fichtenberg & Glantz 2002: 190). Im Einzelnen kann eine Konsumreduktion von etwa 29 % angenommen werden. Gemäß der irischen Tabak-Kontrollstudie zeigen sich kurzfristig auch positive Auswirkungen der Verbote in der Gesamtbevölkerung; 83 % der befragten Raucher befürworteten solche Einschränkungen (Eaton 2005). Die Einführung von Rauchverboten in öffentlichen Räumen in Italien führte zu einem Raucherrückgang von 8 % (23 % bei der Altersgruppe von 15-24 Jahren) (Dobson 2005). Die erwähnte Studie von Fichtenberg & Glantz (2002) schätzt, dass bei einem Rauchverbot an allen Arbeitsplätzen in den USA der Pro-Kopf-Tabakkonsum um 4,5 % sinken würde (Fichtenberg & Glantz 2002: 188). Obgleich die Kausalität dieser Prozesse empirisch noch eingehender zu klären ist, so liegen doch erste Befunde vor, die die Instrumentalität von Rauchrestriktionen für Selbstheilungen vom Rauchen stützen: Die australische Studie von Trotter et al. (2002) zu den erwarteten Auswirkungen von Rauchverboten in Bars, Nachtclubs und Spielsalons auf das Rauchverhalten richtete ihr besonderes Augenmerk auf soziales Rauchen und die Aufgabe des Rauchens. 70 % der Raucher, die diese Orte regelmäßig besuchen, gaben an, dort mehr als in anderer Umgebung zu rauchen; 25 % meinten, dass sie durch die Einführung von Rauchverboten bessere Chancen zum Aufhören hätten. Die generell ausstiegsbereiten RaucherInnen waren – im Vergleich zu denjenigen, die keine Auswirkungen von Verboten auf ihre Änderungsbereitschaft erwarteten – tendenziell jünger, rauchten aus geselligen Motiven, beurteilten Restriktionen positiver und befanden sich während der Befragung 2,22-mal häufiger bereits in der Erwägungs- oder Entscheidungsphase, mit dem Rauchen aufzuhören. Es hat also den Anschein, dass solche Restriktionen insbesondere änderungsbereiten dissonanten Raucherinnen und Rauchern bei ihrem Ausstiegsbemühen zugute kommen. Die Aussagekraft dieser Studie ist freilich beschränkt, da es sich um Reaktionen auf eine hypothetische Einführung von Rauchverboten handelt. Es erscheint jedoch plausibel, dass vor allem dissonante Raucherinnen und Raucher, die bereits eine gewisse Änderungsbereitschaft entwickelt haben, aus solchen Umweltveränderungen Nutzen ziehen. Studien, die die Wirkung von Zugangsbeschränkungen und Verboten auf Selbstheilung vom Rauchen (und damit verbunden – im Sinne von ‚Doppellösungen' – möglicherweise auch vom pathologischen Spielen und Alkoholkonsum) untersuchen, stehen noch aus; angesichts der laufenden Gesetzesänderungen eröffnet sich hier ein weites Forschungsfeld.

Änderungsmotivation und Gesellschaft – Anmerkungen zu einer selbstheilungsfreundlichen Politik

In der Regel erscheinen gesellschaftliche Bezüge bei den Lebenslauferzählungen von Selbstheilerinterviews als nicht sehr prominent. Bei der Beschreibung ihrer persönlichen Selbstheilungsgeschichte erwähnen die Betroffenen kaum die Rolle der Gesellschaft oder andere übergeordnete strukturelle Bedingungen und abstrakte Konzepte. Teilweise könnte dies ein Methodenartefakt sein, wenn man sich die eingangs erwähnte individualistische Ausrichtung der Selbstheilungsforschung vergegenwärtigt. Der Umstand, dass gesamtgesellschaftliche Einflussfaktoren der Selbstheilung von den Betroffenen nicht explizit thematisiert werden, will jedoch noch nicht heißen, dass diese keinen Einfluss auf die Chancen des selbst organisierten Ausstiegs und Identitätswandels hätten. Bei genauerer Betrachtung der Lebenslauferzählungen von Selbstheilern werden diese Faktoren auf vermittelter Ebene als subjektiv relevant hervorgehoben. Es geht etwa um religiöse und spirituelle Erfahrungen bei der Selbstheilung und die Übernahme von gesellschaftlich anerkannten Helferrollen, „um sich selbst zu helfen" (vgl. Klingemann 1999).

Im Rückblick kann festgehalten werden, dass die Förderung einer ‚selbstheilungsfreundlichen Gesellschaft' unter anderem eine Beeinflussung der sozialen Distanz zu Süchtigen in der Bevölkerung und die Ermutigung zur Gewährung sozialer Unterstützung umfassen muss. Hinzu kommt eine Sensibilisierung hinsichtlich des bei Süchtigen vorhandenen kreativen Ausstiegspotentials sowie – allgemeiner – die Stiftung von Änderungsoptimismus, flankiert durch die Bereitstellung von Gegenargumenten zur vielfach angenommenen (Selbst-)Verschuldung und Gefährlichkeit von Süchtigen.

> „Die Sucht [sollte] allgemein mal mehr akzeptiert [werden] hier in dieser Gesellschaft, dass offener drüber gesprochen wird, dass Süchtige nicht unbedingt... dass das 'ne Ausgrenzung ist vom allgemeinen Leben, das ist ja ganz oft so, dass du, wenn du dich als in Anführungszeichen Süchtiger irgendwo bewirbst oder bei der Arbeit oder so, ganz schlechte Chancen hast, da irgendwo reinzukommen. Da sind die Vorurteile einfach so groß, dass Leute, die süchtig sind, nicht arbeiten können, unfähig sind, selbstständig zu leben." (Sozialarbeiter, SINR-Interview, Frankfurt)

Wechselwirkungen zwischen den verschiedenen kontextuellen Parametern von Selbstheilungsprozessen und die empirische Abklärung der Auswirkungen gesellschaftlicher Veränderungsprozesse auf individuelles Verhalten – hier auf das Bemühen, ohne professionelle Hilfe aus der Sucht auszusteigen – könnten am besten in einem überschaubaren, begrenzten Rahmen untersucht werden. Es käme etwa eine ausgewählte Gemeinde in Frage, in der nach dem Motto ‚Unsere selbstheilungsfreundliche Gemeinde – Schritte zu einem kommunalen Laboratorium individuellen Suchtverhaltens' die entsprechende Forschung in die Hand genommen würde.

> „Möglicherweise sollte die Gesellschaft den Problemen einfach mehr Beachtung schenken und Unterstützung gewähren (...) aber es hängt auch dann von deinem Entwicklungsstadium ab, ob du zuhörst. Man kann Alkohol oder Drogen nicht völlig aus der Gesellschaft verbannen; es ist einfach unrealistisch, dass alle Suchtmittel verschwinden würden." (Sozialarbeiter, SINR-Interview, Stockholm)

Künftige Forschungsbemühungen sind vonnöten, um gesamtgesellschaftliche selbstheilungsrelevante Indikatoren zu definieren und im internationalen Vergleich zu validieren. Die empirische Verknüpfung und Überprüfung solcher Kontextbedingungen mit den Parametern individueller Suchtveränderungsprozesse stellen eine methodische Herausforderung an künftige Untersuchungen dar, um so der Beantwortung der alten Frage *„Warum ändern sich Menschen (nicht)?"* einen Schritt näher zu kommen.

Literatur

Alcohol Alert (2000a). Advice on-line. In: Alcohol Alert 1. 8-9.

Alcohol Alert (2000b). Alcohol policy – what the public thinks. In: Alcohol Alert 1. 2-4.

Alcohol Alert (2000c). Minister lays down the law. In: Alcohol Alert 1. 6.

Alcohol Alert (2000d). White paper. In: Alcohol Alert 1. 7.

Allwright, S., Paul, G., Greiner, B., Mullally, B. J., Pursell, L., Kelly, A., Bonner, B., D'Eath, M., McConnell B., McLaughlin, J. P., O'Donnovan, D., O'Kana E. & Perry, I. J. (2005). Legislation for smoke-free workplaces and health of bar workers in Ireland: before and after study. In: British Medical Journal 331.7525. 1117.

Barber, J. G. & Gilbertson, R. (1998). Evaluation of a self-help manual fort the female partners of heavy drinkers. In: Research on Social Work Practice 8. 141-151.

Becker, G. S. & Murphy, K. M. (1988). A theory of rational addiction. In: Journal of Political Economy 96.4. 675-700.

Bongers, I. M. B., Goor, I. A. M. & Garretsen, H. F. L. (1998). Social climate on alcohol in Rotterdam, the Netherlands: Public opinion on drinking behavior and alcohol measures. In: Alcohol and Alcoholism 33. 141-150.

Borland, R., Chapman, S., Owen, N. & Hill, D. (1990). Effects of workplace smoking bans on cigarette consumption. In: American Journal of Public Health 80. 178-180.

Carlson, R. (1998). Don't Sweat the Small Stuff at Work. Hyperion: New York.

Christenson, P. G., Henriksen, L. & Roberts, D. F. (2000). Substance use in popular time television. Washington D.C.: Office of National Drug Control Policy.

Cunningham, J. A., Sobell, L. C. & Sobell, M. B. (1998). Awareness of self-change as a pathway to recovery for alcohol abusers: Results from five different groups. In: Addictive Behaviors 23. 399-404.

Dobler-Mikola, A., Zimmer-Höfler, D., Uchtenhagen, U. & Korbel R. (1991). Soziale Integration und Desintegration in der 7-Jahreskatamnese bei (ehemals) Heroinabhängigen. Forschungsinformation aus dem Sozialpsychiatrischen Dienst Zürich. Bericht Nr. 38.

Dobson, R. (2005). Italy's smoking ban has led to an 8 % drop in tobacco consumption. In: British Medical Journal 331. 1159.

Eaton, L. (2005). Northern Ireland will introduce a smoking ban. In: British Medical Journal 331. 922.

Estermann J., Herrmann, U., Hügi D. & Nydegger, B. (1996). Zusammenfassung der wichtigsten Ergebnisse – Empfehlungen. In: J. Estermann (Hrsg.): Sozialepidemiologie des Drogenkonsums. Berlin: Verlag für Wissenschaft und Bildung. 155-162.

Fichtenberg, C. M. & Glantz S. A. (2002). Effect of smoke-free workplaces on smoking behaviour. Systematic review. In: British Medical Journal 325. 188-191.

Freidson, E. (1960). Client control in medical practice. In: American Journal of Sociology 65. 374-382.

Giesbrecht N., Anglin L. & Ialomiteanu A. (2005). Alcohol policy effectiveness and public opinion. Is there support for effective policies in Ontario? Paper presented at 31st Annual Alcohol

Epidemiology Symposium of the Kettil Bruun Society for Social and Epidemiological Research on Alcohol in Riverside, USA, 27. Mai – 3. Juni 2005.

Giesbrecht, N. & Greenfield, T. K. (1999). Public opinion on alcohol policy issues. A comparison of American and Canadian surveys. In: Addiction 94. 521-531.

Godfrey, C. (1986). Economic influences on change in population and personal substance behavior. In: G. Edwards & M. Lader (Hrsg.): Addiction. Processes of change. Oxford, New York, Tokio: Oxford University Press. 163-187.

Granfield, R. & Cloud, W. (1999). Coming clean. Ovecoming addiction without treatment. New York: New York University Press.

Heather, N. (2001). Brief Interventions. In: N. Heather, J. P. Timothy & T. Stockwell (Hrsg.): Alcohol Dependence and Problems. Chichester: John Wiley & Sons. 605-626.

Holder, H. D., Kuhlhorn, E., Nordlund, S., Osterberg, E., Romelsjo, A. & Ugland, T. (1998). European integration and Nordic alcohol policies. Changes in alcohol controls and consequences in Finland, Norway and Sweden 1980-1997. Aldershot, UK: Ashgate.

Hughes, J. R. (1999). Four beliefs that may impede progress in the treatment of smoking. In: Tobacco Control 8. 323-326.

Hughes, J. R., Riggs, R. L. & Carpenter, M. J. (2001). How helpful are drug abuse helplines? In: Drug and Alcohol Dependence 62. 191-194.

Kavanagh, D. J., Sitharthan, T., Spilsbury, G. & Vignaedra, S. (1999). An evaluation of brief correspondence programs for problem drinkers. In: Behavior Therapy 30. 641-656.

Klingemann H. & Schatzmann S. (2004). Forschungs- und Diskussionsstand zum Kontrollierten Trinken in der Schweiz und ausgewählten Nachbarländern. In: H. Klingemann, R. Room, H. Rosenberg, S. Schatzmann, L. C. Sobell und M. B. Sobell (Hrsg.): Kontrolliertes Trinken als Behandlungsziel – Bestandsaufnahme des aktuellen Wissens. Expertise im Auftrage des Bundesamtes für Gesundheit (BAG). Schriftenreihe des Fachbereichs Soziale Arbeit der Berner Fachhochschule.

Klingemann, H. (1991). The motivation for change from problem alcohol and heroin use. In: British Journal of Addiction 86. 727-744.

Klingemann, H. (1992). Coping and maintenance strategies of spontaneous remitters from problem use of alcohol and heroin in Switzerland. In: The International Journal of the Addictions 27. 1359-1388.

Klingemann, H. (1994). Environmental influences which support or impede change in substance behavior. In: G. Edwards & M. Lader (Hrsg.): Addiction – multiple processes of change. Oxford: Oxford University Press. 131-161.

Klingemann, H. (1998). Harm reduction and abstinence. Swiss drug policy at a time of transition. In: G. Hunt & H. Klingemann (Hrsg.): Drug treatment systems in an international perspective. Drugs, demons and delinquents. Thousand Oaks, CA: Sage. 94-111.

Klingemann, H. (1999). Addiction careers and careers in addiction. In: Substance Use and Misuse 34. 1505-1526.

Klingemann, H. (2004). Sucht, Männergesundheit und Männlichkeit – ein neu entdecktes Thema. Unveröffentlichter Bericht im Auftrag des Bundesamtes für Gesundheit (BAG). Vufflens-le-Château.

Klingemann, H. & Bergmark A. (im Druck). The legitimacy of addiction treatment in a world of smart people. In: Addiction.

Klingemann, H. & Hunt, G. (1998). Drug treatment systems in an international perspective. Drugs, demons and delinquents. Thousand Oaks, CA: Sage.

Klingemann, H. & Klingemann, H.-D. (1999). National treatment systems in global perspective. In: European Addiction Research 5. 109-117.

Klingemann, H. (2003). How optimistic are the hairdresser and the lawyer about addicts 'kicking their habit' on their own? – Public Images on 'Natural' Recovery from Addiction in Switzerland, Colombia and Germany – International Collaborate Study on 'Societal Images of Natural Recovery from Addictions. Paper presented at the Summer Academy 'Social Work and Society', St. Petersburg, Russland, 29. August – 5. September 2003.

Korgaonkar, P. K. & Wolin, L. D. (1999). A multivariate analysis of Web usage. In: Journal of Advertising Research 39. 53-68.

Lemmens, P. H., Vaeth, P. A. C. & Greenfield, T. K. (1999). Coverage of beverage alcohol issues in the print media in the united states, 1985-1991. In: American Journal of Public Health 89. 1555-1560.

Lichtenstein, E., Glasgow, R. E., Lando, H. A., Ossip-Klein, D. J. & Boles, S. M. (1996). Telephone counseling for smoking cessation. Rationales and meta-analytic review of evidence. In: Health Education Research 11. 243-257.

Mathios, A., Avery, R., Bisogni, C. & Shanahan, J. (1998). Alcohol portrayal on prime-time television. Manifest and latent messages. In: Journal of Studies on Alcohol 59. 305-310.

Maxwell, B. (1998). How to find health information on the internet. Washington, D.C.: Congressional Quarterly.

McCartney, P. R. (1999). Internet communication and discussion lists for perinatal nurses. In: Journal of Perinatal and Neonatal Nursing 12. 26-40.

Moeri, R. (1997). Auswertung der Kurzevaluation zur Kampagne ‚Drogen, nüchtern betrachtet' – eine Mehrheit beurteilt die Kampagne positiv. BAG-Bulletin 42. Bern.

Moran, M. L. (1999). Dissemination of geriatric rehabilitation information via the internet. In: Topics in Geriatric Rehabilitation 14. 80-85.

Oldenburg, B., Glanz, K. & French, M. (1999). The application of staging models to the understanding of health behavior change and the promotion of health. In: Psychological Health 14. 503-516.

Österberg, E. (1992). Effects of alcohol control measures on alcohol consumption. In: International Journal of the Addictions 27. 209-225.

Parsons, T. (1951). The social system. New York: The Free Press.

Roberts, D. F. & Christenson, P. G. (2000). „Here's Looking at You, Kid". Alcohol, Drugs and Tobacco in Entertainment Media. A Literature Review Prepared for The National Center on Addiction and Substance Abuse at Columbia University. Kaiser Family Foundation.

Rogers, E. M., Vaughan, P. & Shefner-Rogers, C. L. (1995). Evaluating the effects of an entertainment-education radio soap opera in Tanzania. A field experiment with multi-method measurement. Albuquerque, NM: Annual Conference of the International Communication Association.

Saladin, M. E. & Santa Ana E. J. (2004). Controlled drinking more than just a controversy. In: Current Opinion in Psychiatry 17. 175-187.

Siegenthaler, U. (2000). Jedem Projekt seine eigene Website? Der Erfolg der Milestone-Website weckt neue Gelüste. In: Krebsliga intern (1), 11-12.

Slater, M. D. (1997). Persuasion processes across receiver goals and message genres. In: Commun Theory 7. 125-148.

Slater, M. D. (1999). Integrating application of media effects, persuasion and behavior change theories to communication campaigns. A stages-of-change framework. In: Health Commun 11. 335-354.

Trotter, L., Wakefield M. & Borland, R. (2002). Socially cued smoking in bars, nightclubs, and gaming venues. A case for introducing smoke-free policies. In: Tobacco Control 11. 300-304.

Uimonen, P. (2000). Gegen Zensur und Unterdrückung im Internet. In: Deutschland. Zeitschrift für Politik, Kultur, Wirtschaft und Wissenschaft 1 (Februar/März). 62-65.

Weiderer, M. (1997). Aspects of alcohol drinking and alcohol abuse in soap-operas and crime series of German television. In: Sucht 43. 254-263.

Wilde, G. J. S. (1991). Effects of mass media communications upon health and safety habits of individuals. An overview of issues and evidence. In: Addiction 88. 983-996.

Zulewska-Sak, J. (2004). „Mm, gonna try with a little help from my friends“. Social perception of factors improving or impeding chances of the natural recovery from addiction. Paper presented at 30th Annual Alcohol Epidemiology Symposium of the Kettil Bruun Society for Social and Epidemiological Research on Alcohol in Helsinki, Finnland, 31. Mai – 1. Juni 2004.

Zulewska-Sak, J. (2005). Social perception of factors impeding chances for natural recovery from addiction – a cross-cultural qualitative perspective. Paper presented at 31st Annual Alcohol Epidemiology Symposium of the Kettil Bruun Society for Social and Epidemiological Research on Alcohol in Riverside, USA, 27. Mai – 3. Juni 2005.

Zulewska-Sak, J. & Dabrowska, K. (2004). Comparative analysis of qualitative data from Warsaw (Poland), Bern (Switzerland), Stockholm (Sweden), Frankfurt (Germany) within International Collaborative Study on Societal Images of Natural Recovery from Addictions (SINR). Final report. Warschau. Online unter <http://www.kbpn.gov.pl> (23.01.2006).

Zulewska-Sak, J. & Dabrowska, K. (2005). Percepcja spoleczna czynnikow udaremniajacych samodzielne przezwyciezenie uzaleznienia – jakosciowa analiza porownawcza. [Social perception of factors impeding chances for natural recovery from addiction – a cross-cultural qualitative perspective]. In: Alkoholizm i Narkomania 18. 63-77.

8 Selbstheilung von der Sucht: Werkzeugkasten der Hilfemöglichkeiten

Joachim Körkel

Beim (weitgehend) selbstständig initiierten und umgesetzten Ausstieg aus der Sucht kann man von einer Reihe Hilfsmittel profitieren, die eigens zu diesem Zweck entwickelt wurden bzw. auch dafür nutzbar sind. Sie reichen von kurzen Fragebögen/Checklisten zur Selbsteinschätzung des eigenen Konsums (zu Risiken oder bereits eingetretenen negativen Auswirkungen des Konsums) über Chatgruppen im Internet bis hin zu schriftlichen Anleitungen, wie man selbstständig sein Konsumverhalten ändern kann. Die folgende Zusammenstellung gibt einen Einblick in das Arsenal an *deutschsprachigen* Hilfsmitteln zur Förderung der Veränderung des eigenen Suchtmittelkonsums, die ohne bzw. mit nur minimalem beraterischem/therapeutischem Kontakt auskommen. Da das Internet den Rückgriff auf solche Hilfsmittel sehr leicht macht – das Internet in diesem Sinne ‚niedrigschwellig' ist – liegt der Schwerpunkt der folgenden Darstellung auf Hilfsmitteln, die per Internet zugänglich sind.

Fragebögen/Checklisten zur Überprüfung des eigenen Suchtmittelkonsums

Es gibt inzwischen vielfältige Möglichkeiten, über das Internet anonym, online (interaktiv) und meist kostenlos zu testen, ob das eigene Konsumverhalten bedenkliche Ausmaße angenommen hat oder anzunehmen droht. Meistens wird die Online-Rückmeldung des Testergebnisses mit Empfehlungen zu ggf. notwendigen Veränderungsschritten und -wegen angereichert. Die folgenden Webseiten sind auf diese Zielsetzungen abgestimmt.

Alkohol
Die Webseite <*http://www.kontrolliertes-trinken.de/selbsttest*> bietet die Möglichkeit, seinen Alkoholkonsum aus verschiedenen Blickwinkeln zu beleuchten:

- Im Online-Test „Trinkgewohnheiten" (Bearbeitungsdauer: drei bis fünf Minuten) werden der gegenwärtige Alkoholkonsum sowie bereits eingetretene negative Folgeerscheinungen über die *10 Fragen des WHO-*

Fragebogens „AUDIT“ („Alcohol Use Disorders Identification Test“; Babor et al. 2001) erfasst (z. B. „Wie oft trinken Sie alkoholische Getränke?“). Zur Beantwortung der zehn Fragen stehen drei bis fünf Antwortmöglichkeiten zur Verfügung. Der Konsument erhält eine computergestützte Rückmeldung, ob sein Konsum als unbedenklich, risikoarm, riskant oder schädlich/abhängig einzustufen ist (auch diverse andere Webseiten bieten eine Selbsttestung mittels AUDIT an, z. B. <http://www.forum-p.it/kms/test_alkohol/alkohol_konsum.php>).

- Die Webseite *<http://www.kontrolliertes-trinken.de/selbsttest>* bietet zweitens die Möglichkeit, Art und Menge des konsumierten Alkohols sowie die Rahmenbedingungen des Konsums (Uhrzeit, Ort, anwesende Personen, Auslöser des Konsums) online in ein *„Trinktagebuch“* einzutragen. Für jede Eintragung, jeden Wochentag und jede Woche erhält man unmittelbar nach der Eintragung eine Rückmeldung über die zugeführte Alkoholmenge (in Gramm). Zusätzlich erfolgt für jede Konsumwoche eine computerbasierte, geschlechtsspezifische Rückmeldung, inwieweit der Konsum die von der Weltgesundheitsorganisation, dem US-amerikanischen Gesundheitsministerium, der Britischen Ärztevereinigung sowie deutschen Medizinern empfohlenen Grenzwerte für risikoarmen Konsum überschreitet.

  Das Trinktagebuch kann – mit drei zusätzlichen Erläuterungsseiten – unter der Adresse <http://www.kontrolliertes-trinken.de/kontrolliertes-trinken/web/pdf/Trinktagebuch_selbsttest.pdf> auch ausgedruckt werden, so dass man es mit sich führen, PC-unabhängig ausfüllen und später zur Berechnung der zuvor genannten Werte online in die PC-Maske eingeben kann. Verschiedene Webseiten haben dieses Tagebuch übernommen (z. B. <http://www.bkk-mannesmann.de/gesundheit/alkohol/pdf/trinktagebuch.pdf>; <http://www.advita-bkk.de/dl/beitraege/2454/15150>), andere Internetseiten halten ähnliche Varianten bereit, wie etwa <http://www.lieberweniger.de> oder <http://www.saufnix.com/tagebuch.html>.

  Eine verkleinerte, ‚abgespeckte‘ und kostenpflichtige Variante des ‚großen‘ Trinktagebuchs stellt das *„Trinktagebuch zum Einstecken“* dar (siehe <http://www.gk-quest.de/html/downloads/Programmheft-Materialien.pdf>). Es ist ein 28-seitiges Heftchen im DIN A7-Format, das Trinktagebücher für drei Monate enthält. Durch seine Handlichkeit kann es leicht in Geldbeutel, Jackentasche o. ä. eingesteckt und konsumnah genutzt werden.

- Wenn man – wiederum unter *<http://www.kontrolliertes-trinken.de/selbsttest>* – für zwei Tage seinen Alkoholkonsum mit Konsumzeitenangaben in den Online-Test *„Blutalkoholkonzentration"* einträgt, erhält man eine auch grafisch aufbereitete Übersicht, wie sich in diesen beiden Tagen der eigene Blutalkoholspiegel auf- und abbaut. Der Test ist online unter <http://www.gk-quest.de/html/downloads/Programmheft-Materialien.pdf> oder auf CD-ROM erhältlich (als CD-ROM kostenpflichtig).
- Anhand der online auszufüllenden 15 Ja-Nein-Fragen des Tests *„Zielfestlegung"* erhält die Alkohol konsumierende Person computergestützt Empfehlungen, ob für sie eher das Ziel der Abstinenz oder das des reduzierten, kontrollierten Trinkens in Frage kommt.

In der Broschüre *„Alles klar? Tipps und Informationen für den verantwortungsvollen Umgang mit Alkohol"* der Bundeszentrale für gesundheitliche Aufklärung (2001) findet sich zu Beginn ein *Alkoholselbsttest,* der aus 30 Ja-Nein-Fragen besteht (Download als PDF-Datei unter <http://www.bzga.de>). Die Auswertung erfolgt je nach Konsumschwere in den Ampelfarben grün (risikoarmer Konsum), gelb (riskant), orange (schädlich) oder rot (abhängig).

Auf der Internetseite *<http://www.alkohol-selbsttest.de>* (oder auch unter *<http://www.expertentest-alkohol.de>*) kann der Konsument

- rückblickend für einen Monat die Menge seines *täglichen Alkoholkonsums* eingeben,
- anhand von zwölf Fragen seinen gegenwärtigen *Änderungswunsch* einschätzen und
- auf mehreren Seiten die *positiven und negativen Seiten seines Alkoholkonsum* angeben.

Anschließend erhält er online eine Rückmeldung mit einer Zusammenstellung der positiven und negativen Seiten des eigenen Alkoholkonsums, einen Vergleich der eigenen Trinkmenge mit der der 18-65-jährigen Deutschen, eine Einschätzung des Konsumrisikos sowie Anregungen zu Veränderungsschritten.

Unter *<http://www.drugcom.de>* kann man online Angaben zu seinen Alkoholkonsumgewohnheiten eintragen (Häufigkeit und Menge des getrunkenen Alkohols, Konsumgründe, Konsumfolgen) und erhält dann eine ausführliche Rückmeldung, wie problematisch der Konsum einzuschätzen ist und welche Konsequenzen daraus zu ziehen sind. Der Test ist an den *AUDIT* und das *DSM-IV* angelehnt.

Das Internetangebot unter *<http://www.kreis-borken.de/kreisverwaltung/kreisverwaltung/gesundheit.php>* (→ Suchtberatung, → Selbsttest Alkohol) bietet die Möglichkeit, seinen Alkoholkonsum entsprechend den vier Fragen des *CAGE-Tests* und den sechs Alkoholabhängigkeitskriterien des *ICD-10* zu überprüfen.

22 online auszufüllende Fragen des *Münchner Alkoholismustests (MALT)*, die Anhaltspunkte für eine Alkoholismusdiagnose liefern können, sind unter <*http://www.bkk24.de/navigation/framesets/test_sucht.htm*> zu finden (mit Online-Feedback; in gleicher Form, allerdings ohne Online-Feedback, auch unter <*http://www.lebensgeschichten.org/alkohol/alkohol12.php*>).

Die unter <*http://www.fazit-verlag.de/downloads/MPU-brochure.pdf*> abrufbare Broschüre ist speziell auf *alkoholauffällige Kraftfahrer*, die sich zwecks Wiedererlangung ihres Führerscheins einer medizinisch-psychologischen Untersuchung unterziehen müssen, abgestimmt. Die Teilnehmer finden auf 21 Seiten insgesamt 138 Fragen zur Auseinandersetzung mit dem eigenen Alkoholkonsum (z. B. Analyse des früheren und jetzigen Trinkverhaltens und der ‚Promillefahrten', Checkliste für die MPU usw.). Die Fragen sind als Begleitmaterial zu einer psychologischen Beratung gedacht.

Die Schweizerische Fachstelle für Alkohol- und andere Drogenprobleme (SFA) hat einen *Promilletester* in Form einer Parkscheibe entwickelt. Mit wenigen Einstellungen lassen sich damit der eigene Promillegehalt und das Risiko, alkoholisiert z. B. ein Kraftfahrzeug zu steuern, abschätzen (<*http://www.sfa-ispa.ch/Extranet/publication/PublicationUpload/Parkscheibe.pdf*>).

Medikamente (Beruhigungs-, Schmerz- und Schlafmittel)

Ein Online-Selbsttest zum Medikamentenkonsum, der zwölf Fragen enthält und mit einer Rückmeldung sowie weiteren Empfehlungen endet, findet sich unter <*http://www.forum-p.it/kms/test_medikamenten/medikamenten_konsum.php*>.

Zigaretten

Speziell an Jugendliche richten sich zwei Tests unter <*http://www.ift-nord.de/ift/jbsf/index.php?where=mdt*>: ein Online-Test zur Zigarettenabhängigkeit (sechs plus vier Ja-Nein-Fragen, die an die „Hooked in Nicotine Checklist" angelehnt sind) sowie eine deutsche Fassung des „Fagerström-Test for Nicotine Dependence" zur Ermittlung der *Schwere der Abhängigkeit* (sechs online zu beantwortende Ja-Nein-Fragen mit Ergebnisrückmeldung).

Die Webseite der BZgA (<*http://www.rauchfrei-info.de/?id=6*>) bietet neben dem Fagerström-Test einen aus zwei Skalierungsfragen bestehenden *„Test Motivation"*, in dem nach der Motivation und Erfolgszuversicht, mit dem Rauchen aufzuhören, gefragt wird (<http://www.rauchfrei-info.de/index.php?id=3> mit Online-Feedback). Eine Vielzahl von weiteren Webseiten bietet ebenfalls den Fagerström-Test an (z. B. <http://www.meine-gesundheit.de/847.0.html>;

<http://www.forum-p.it/kms/test_tabak/auswertung_tabak_konsum.php> oder <http://popup.zdf.de/download/ratgeber/rauchen/rauchen1.html>).

Auf der Seite *<http://www.kontrolliert-rauchen.de/kontrolliertes-rauchen/web/pdf/Rauchprotokoll.pdf>* kann man ein *„Rauchprotokoll"* herunterladen. Es besteht aus sieben Balkendiagrammen für jeden Tag einer beliebig zu wählenden Woche. Für jede gerauchte Zigarette wird im Balkendiagramm des jeweiligen Tages ein Strich eingefügt; so lässt sich am Ende der Woche auf einfache Weise die Wochensumme errechnen. Auf diese Weise erhält man eine Übersicht über den gegenwärtigen Konsum und kann diesen als Ausgangspunkt nehmen, um die Anzahl gerauchter Zigaretten gezielt zu reduzieren (vgl. <http://www.kontrolliert-rauchen.de>).

Illegale Drogen

a) Drogenübergreifend (substanzunspezifisch) – Unter *<http://www.drogen-und-du.de>* werden 18 Online-Fragen angeboten, die der Selbstüberprüfung des eigenen Drogenkonsums („Konsum-Check") dienen und zu denen man anschließend eine Rückmeldung – die ggf. auf Änderungsbedarf hinweist – erhält.

Die Seite enthält zudem zwei weitere Online-Selbstüberprüfungstests mit anschließendem Feedback:

- 72 Fragen, die in zwölf verschiedene Bereiche unterteilt sind (z. B. ‚sich mögen', ‚Kontaktfreude'), dienen dazu, die *Zufriedenheit mit dem eigenen Leben* sowie seine Stärken und Schwächen einzuschätzen („Personality-Check").
- In einem *Drogenquiz* aus 25 Fragen kann man das eigene Wissen über psychoaktive Drogen überprüfen („Drogen-Quiz").

b) Ausgewählte Drogen (Cannabis, Alkohol, Partydrogen, Kokain, Opiate) – Auf der Seite *<http://www.suchtknacker.ch/html/04/quiz2.php>* wird online im ersten Fragenbereich nach der Konsumhäufigkeit von Cannabis, Alkohol, Partydrogen, Kokain und Opiaten, nach Mischkonsum, Konsumanlässen und Alter gefragt. Weitere Fragenbereiche beziehen sich auf das persönliche Befinden, Familie, Schule/Beruf/Perspektiven sowie Freunde/Hobbys/Freizeit. Jedem Fragenbereich schließen sich eine Rückmeldung und Empfehlungen an.

c) Cannabis – Unter *<http://www.drugcom.de>* kann man in ca. zehn Minuten 24 Fragen zu den Cannabiskonsumgewohnheiten beantworten (Häufigkeit und Menge des Cannabiskonsums, Konsumsituationen, Konsumgründe, negative Konsumfolgen) und erhält online eine Rückmeldung, wie problematisch der Cannabiskonsum einzuschätzen ist und in welcher Weise sich Änderungsbedarf ergibt. – Ein am DSM-IV ausgerichteter Online-Selbsttest zum Cannabiskonsum ist unter *<http://www.forum-p.it/kms/test_cannabis/cannabis_konsum.php>*

verfügbar. Er enthält zehn Fragen und endet mit einer Rückmeldung sowie weiteren Empfehlungen.

Essverhalten

Die Webseite *<http://www.svb.at/mediaDB/60805.pdf>* bietet ein *7-Tage-„Ess- und Trinkjournal"* bzw. -Tagebuch an, in das man täglich für unterschiedliche Tageszeiten Art und Menge der aufgenommenen Getränke und Speisen eintragen, nach verschiedenen Aspekten auswerten (z. B. „Was ist heute gut gelungen?", „Was ist mir heute aufgefallen?") und letztlich mit eigenen Wochenzielen abgleichen kann. Ein davon leicht abweichendes, speziell für Übergewichtige gedachtes „Ess- und Trinktagebuch / Ernährungsprotokoll" findet sich unter <http://www.eduhi.at/dl/Manuskript.pdf>.

Die Seite *<http://www.anad.de/de/11/bin_ich_essgestoert.html>* stellt *sieben Verhaltensweisen* vor zur Selbstüberprüfung, ob das eigene Essverhalten als ‚gestört' einzustufen ist. Unter <http://www.anad.de/de/20/mein_persoenliches_ess_protokoll.html> kann ein *Essprotokollbogen* heruntergeladen werden, um folgende Eintragungen vorzunehmen: Essenszeit, Befinden vor dem Essen, das Essen als solches (was, wie viel, wie), Sättigungsgrad, gewichtsreduzierende Maßnahmen nach dem Essen (z. B. Erbrechen) und Empfindungen nach dem Essen.

Unter der Adresse *<http://www.netdoktor.at/teste-dich-selbst/essstoerung/essstoerung.php>* findet sich ein differenzierter *24-Fragen-Online-Test* mit vorgegebenen Antwortalternativen, um für sich zu überprüfen, ob eine Essstörung vorliegen könnte. Nach Ausfüllen des Fragebogens erhält man online ein Feedback zum eigenen Essverhalten und bei problematisch erscheinendem Essverhalten *Hilfeempfehlungen* in Österreich (Selbsthilfegruppen, telefonische Auskünfte, ambulante Hilfen, stationäre Hilfen: siehe <http://www.netdoktor.at/wegweiser/adressen/anorexie.htm>). *Tipps für Freunde und Verwandte* sind unter <http://www.netdoktor.at/ratschlaege/fakten/essstoerungen.htm> zu finden.

Unter *<http://www.psychotherapiepraxis.at/e_survey.phtml>* hat man mittels 15 online zu beantwortenden Fragen die Möglichkeit, sein Essverhalten auf *bulimische* oder *anorektische* Züge zu überprüfen. Das anschließende Online-Testergebnis liefert Empfehlungen zur weiteren Vorgehensweise.

Auf der Seite *<http://www.netzwerk-essstoerungen.ch>* kann man gezielt überprüfen, ob eine *Magersucht* (<http://www.netzwerk-essstoerungen.ch/d/infos/selbstbeurtg/slb_magerst.htm>) oder eine *Bulimie* (<http://www.netzwerk-essstoerungen.ch/d/infos/selbstbeurtg/slb_bulimie.htm>) vorliegt. Darüber hinaus ist es möglich, seinen individuellen *Body Mass Index* zu berechnen (<http://www.netzwerk-essstoerungen.ch/d/infos/selbstbeurtg/slb_bmi.htm>).

Kaufverhalten
Das Internetangebot unter <*http://www.stangl-taller.at/ARBEITSBLAETTER/SUCHT/Kaufsucht.shtml*> umfasst elf Fragen zur Überprüfung eigener Kaufsuchtneigungen.

Zehn Warnsignale, die auf ein süchtiges Kaufverhalten hinweisen, sind unter <*http://www.suchtberatung-rostock.de/kauf.htm#2*> zusammengefasst.

Der Screeningtest *„SKSK - Screeningverfahren zur Erhebung von kompensatorischem und süchtigem Kaufverhalten"* von G. Raab, M. Neuner, L. Reisch und G. Scherhorn ist 2005 erschienen (Hogrefe-Verlag, Göttingen) und besteht aus 16 Items mit vierfach gestuften Antwortmöglichkeiten (von „trifft nicht zu" bis „trifft zu"). Das SKSK beschreibt süchtiges und kompensatorisches Kaufverhalten und misst das Ausmaß an Kaufsuchttendenz oder Kaufsuchtgefährdung. Das Verfahren ist kostenpflichtig.

Glücksspiel
Auf der Seite <*http://www.kreis-borken.de/kreisverwaltung/kreisverwaltung/gesundheit.php*> (→ Suchtberatung, → Selbsttest Spielsucht) findet man zehn Ja-Nein-Fragen zur Überprüfung einer Neigung zur Glücksspielsucht.

19 Ja-Nein-Fragen mit der gleichen Zielsetzung – Abklärung einer eventuell vorhandenen Spielsucht – enthält die Homepage <*http://caritas.erzbistum-koeln.de/neuss_cv/sucht_hilfe/gluecksspiel/selbsttest.html*>.

<*http://www.beges.ch/glueck-im-unglueck/index1.shtml#zitrone*> gibt online 20 Ja-Nein-Fragen zur Selbsttestung einer eventuell vorhandenen Glücksspielsucht vor.

PC-/Internetnutzung
Zur Überprüfung einer problematisch häufigen/langen PC-/Internet-Nutzung gibt es unterschiedlich umfangreiche Checklisten im Internet:

Unter <*http://gin.uibk.ac.at/thema/internetsucht/internetsucht.html*> findet man fünf Kriterien, die an die ICD-10-Abhängigkeitsdiagnostik angelehnt sind und das Vorliegen einer Internetsucht überprüfbar machen sollen. Darüber hinaus enthält die Seite knappe Grundinformationen zur Internetsucht.

Sechs auf Online-Sucht bezogene Fragen mit anschließender Testauswertung finden sich unter <*http://www.gesundheitpro.de/*> (→ Selbst-Test, → Test: Sind Sie online-süchtig?).

Einer US-amerikanischen Vorlage entlehnt sind die acht Kriterien, die unter <*http://www.kstw.de*> (→ Psycho-Soziale Beratung, → Testen Sie online, ob Sie suchtgefährdet sind) zur Selbstüberprüfung einer ggf. vorhandenen „PC-/Internetabhängigkeit" angeboten werden.

Auf der Webseite <*http://www.dr-walser.ch/sucht.htm*> sind zehn Kriterien aufgelistet, die die American Psychological Association für die Beurteilung einer Internetsucht formuliert hat. Die Kriterien sind am DSM-IV ausgerichtet und analog zur Definition der Spielsucht zusammengestellt. Positive Antworten für mindestens vier der Kriterien sollen auf Internetsucht schließen lassen.

Ein online auszufüllender *Fragebogen für Eltern*, die sich die Frage stellen, ob ihr Kind internetsüchtig ist, ist herunterladbar unter <*http://www.stangl-taller.at/ARBEITSBLAETTER/SUCHT/InternetsuchtTest.shtml*>. Der Fragebogen stellt eine Adaption des „Parent-Child Internet Addiction Test" dar und besteht aus 20 Fragen mit je fünf Antwortalternativen. Die Ergebnisrückmeldung erfolgt wiederum online.

Anhand von 29 online auszufüllenden, einer US-amerikanischen Vorlage entnommenen Fragen (Antwortformat: „trifft zu" – „trifft nicht zu") erhält man unter <*http://www.firstsurf.com/piuform.htm*> eine online-gestützte Rückmeldung, wie die eigene Internet- bzw. PC-Nutzung einzuschätzen ist.

Der Test unter <*http://www.psychotherapiepraxis.at/i_survey.phtml*> gibt 34 Fragen vor, die online jeweils auf einer 7-fach abgestuften Skala nach dem Grad der Zustimmung beantwortet werden können. Online erhält man am Ende das kommentierte Testergebnis und Empfehlungen zur Veränderung der Internetnutzung, falls dies angezeigt zu sein scheint.

Selbsthilfemanuale zur Veränderung des eigenen Suchtmittelkonsums

Selbsthilfebroschüren oder – wenn umfangreicher – Selbsthilfemanuale möchten dem Konsumenten konkrete Hilfsmittel an die Hand geben, damit dieser seinen Suchtmittelkonsum ohne bzw. mit nur minimalem therapeutischen Kontakt selbstständig, anonym und zeitflexibel verändern kann. Die folgenden Broschüren bzw. Manuale dienen diesem Zweck:

Alkoholkonsum

Körkel, J. (2003). 10-Schritte-Programm zum selbstständigen Erlernen des kontrollierten Trinkens. 2. Aufl. Heidelberg: GK Quest Akademie.

Dieses „10-Schritte-Programm" (unter <*http://www.kontrolliertes-trinken.de/kontrolliertes-trinken/web/1_betroffene/start_bet_10schritte.asp?x=0*>; kostenpflichtig) gibt in zehn aufeinander aufbauenden Kapiteln Informationen und genaue Anleitungen zur systematischen Reduzierung des eigenen Alkoholkonsums. Es umfasst 150 Seiten (100 Seiten Programm und 50 Seiten Anhang mit Tabellen und Arbeitsblättern). Zur Bearbeitung des Programms sind wöchentlich ein bis zwei Stunden über eine Spanne von drei Monaten einzuplanen. Falls individueller Klärungs- oder Hilfebedarf bei der Programmbearbeitung entsteht oder Rückmeldungen zum eigenen Veränderungsprozess gewünscht werden, kann unter <http://www.kontrolliertes-trinken.de> eine Onlineberatung (Einzelchat oder E-Mail) in Anspruch genommen werden. Das 10-Schritte-Programm ist vom Bundesverband der Betriebskrankenkassen als Präventionsmaßnahme anerkannt und kann von den örtlichen BKK-Stellen bezuschusst werden.

Bundeszentrale für gesundheitliche Aufklärung (2001). Alles klar? Tipps und Informationen für den verantwortungsvollen Umgang mit Alkohol. Köln: BZgA. Die Broschüre umfasst 61 Seiten (plus fünf Seiten Anhang). Sie hält zur Selbsteinstufung des eigenen Alkoholkonsums an und gibt je nach Schwere des Konsums die Empfehlung, seinen Konsum zu reduzieren oder alkoholabstinent zu leben. Zur Konsumreduktion werden diverse Empfehlungen ausgesprochen (z. B. Tipps zum Durchbrechen von Trinkgewohnheiten oder zum Umgang mit Alkoholverlangen, Trinkangeboten oder Rückfällen). Eine Kurzfassung findet sich unter <http://www.saufnix.com/tagebuch.html>.

Rumpf, H. J. et al. (2004). Umgang mit Alkohol. Informationen, Tests und Hilfen in 5 Phasen. Hamm: Deutsche Hauptstelle für Suchtfragen. Auch dieses Programm gibt praktische Anleitungen zur Veränderung des eigenen Alkoholkonsums. Theoretisch orientiert es sich am „Stufen-der-Veränderung-Modell" von DiClemente und Prochaska. Es kann kostenlos aus dem Internet heruntergeladen werden (unter <http://www.dhs-intern.de/pdf/umgang_mit_alkohol.pdf>).

Der Flyer *„Alkohol – wie viel ist zu viel?"*, der von der Schweizerischen Fachstelle für Alkohol- und andere Drogenprobleme (SFA) zum Download zur Verfügung gestellt wird, gibt Tipps zum moderaten Umgang mit Alkohol sowie Empfehlungen, wann Abstinenz angebracht ist (vgl. <http://www.sfa-ispa.ch/Extranet/publication/PublicationUpload/alkohol_wieviel.pdf>).

Die Webseite *<http://www.bist-du-staerker-als-alkohol.de>* der BZgA ist Teil einer Kampagne und möchte Jugendliche dazu anregen, sich mit dem eigenen Alkoholkonsum auseinander zu setzen. Die Seite bietet u. a. Informationen über die Auswirkung von Alkohol auf den Körper, einen Wissenstest zum Thema Alkohol und Rezepte für alkoholfreie Cocktails.

Analog dazu zielt *<http://www.kinderstarkmachen.de>* (ebenfalls von der BZgA) darauf ab, Kinder und Jugendliche sowie erwachsene Kontaktpersonen mit Kompetenzen für ein suchtfreies Leben auszustatten. Schwerpunkt dieser Kampagne ist der Freizeit- und Sportbereich. Sie wird in enger Kooperation mit den großen Breitensportverbänden sowie mit Organisationen aus der Jugendhilfe und Suchtprävention durchgeführt.

Rauchen
Rihs, M. & Lotti, H. (1995). Frei vom Rauchen – Gezielt aufhören und das eigene Leben neu genießen. Bern: Huber.
Das Buch gibt in vier Kapiteln systematische Anleitungen zur Beendigung des Zigarettenkonsums. Die beiden ersten Kapitel bereiten auf das Aufhören vor. Im zweiten Kapitel wird nach der Punkt-Schluss-Methode der Tag festgelegt, an dem das Rauchen beendet werden soll. Das dritte Kapitel vermittelt Hilfen für die ersten schwierigen Tage nach dem Aufhören. Im vierten Kapitel geht es um Hilfestellungen für den dauerhaften Nichtraucherstatus.

„Rauchfrei-Ausstiegsprogramm" der Bundeszentrale für gesundheitliche Aufklärung (o. J.) (<http://www.rauchfrei-info.de>)
Das „Rauchfrei-Ausstiegsprogramm" bereitet über drei bis zehn Tage hinweg auf den Tag der letzten Zigarette (Ausstiegstag) vor und begleitet anschließend für weitere 21 Tage. Auf Basis der persönlichen Angaben bei der Anmeldung zum Programm erhält man täglich ein E-Mail mit auf die persönliche Situation abgestimmten Tipps und Informationen. Ergänzend werden Hilfsmittel zur eigenen Erfolgskontrolle, Downloads und Links mit weiterführenden und vertiefenden Informationen zur Verfügung gestellt. Begleitendes schriftliches Material (Informationen, Anleitungen, Tipps etc.) enthält die 104 Seiten umfassende Broschüre „Ja, ich werde rauchfrei", die kostenlos im Internet heruntergeladen werden kann (<http://www.bzga.de/bzga_stat/pdf/31350000.pdf>). Die Broschüre enthält Vorschläge, wie ‚typische Rauch-Situationen' rauchfrei gestaltet werden können, wie rauchfrei das Körpergewicht gehalten werden kann und wie einem Rückfall vorzubeugen ist.

Das Rauchertelefon des Deutschen Krebsforschungszentrums Heidelberg (<http://www.tabakkontrolle.de/>, → Das Rauchertelefon)
Das Rauchertelefon dient als Motivations- und Informationsquelle. Der Anrufer wird in aller Regel ermutigt, einen Aufhörversuch zu unternehmen und erhält Unterstützung bei der konkreten Planung und Umsetzung des Aufhörversuchs. Wenn der Anrufer sich keinen Selbstaufhörversuch zutraut, können Therapeutenadressen und Klinikadressen übermittelt werden. Anrufer können das Faltblatt des Rauchertelefons kostenlos anfordern oder als PDF-Datei abrufen. Das Rauchertelefon bietet sich auch als eine kontinuierliche Anlaufstelle für rückfallgefährdete und rückfällig gewordene Raucher an.

Stop Smoking Online-Kurs
Kostenpflichtige Online-Nichtraucherkurse finden sich z. B. unter der Adresse <http://www.rauchfrei.de/rauchen.htm>.

„Just be smokefree" (<http://www.ift-nord.de/ift/jbsf/>)
Speziell für Jugendliche, die das Rauchen beenden möchten, ist „Just be smokefree" konzipiert. Aufhörwillige jugendliche RaucherInnen können sich zu die-

sem Zweck das „Handbuch ‚Rauchstopp'" über die zuvor genannte Webseite bestellen.

„Be Smart – Don't Start" (*<http://www.ift-nord.de/ift/be/>*)
Bei diesem in vielen europäischen Ländern angebotenen Programm (vgl. auch <http://www.smokefreeclass.info>) handelt es sich nicht um ein Selbsthilfemanual, sondern um einen Wettbewerb für SchülerInnen der 6. bis 8. Klasse, um sie vom Rauchen abzuhalten oder dazu zu bewegen, bereits begonnenen ‚Experimentierkonsum' wieder einzustellen. „Be Smart – Don't Start" ist kein Programm zur Raucherentwöhnung. Wenn in der Klasse bereits mehr als 10 % der Schülerinnen und Schüler regelmäßig rauchen, wird von einer Teilnahme am Wettbewerb abgeraten und stattdessen das Programm „Just be smokefree" empfohlen.

Vier Tipps zum Wenigerrauchen
Unter <http://www.ift-nord.de/ift/jbsf/index.php?where=wr> sind vier Tipps zum Wenigerrauchen zu finden, einer davon beinhaltet einen ausdruckbaren Vertrag über das Wenigerrauchen (<http://www.ift-nord.de/ift/jbsf/section/wr/vertrag_ wenigerrauchen.pdf>).

Zehn Tipps zum Wenigerrauchen sind im Internet unter der Adresse <http://www.rauchfrei.de/rauchen.htm> aufgeführt.

Illegale Drogen
Die Webseite *<http://www.drugcom.de>* vermittelt unter „Quit the Shit" Informationen sowie ein Beratungsangebot, um den eigenen *Cannabiskonsum* gezielt zu reduzieren. Die Informationen sind nach dem Muster verhaltenstherapeutischer Selbstkontrollprogramme aufgebaut (Konsumtagebuch führen, Ziele setzen, Selbstkontrollstrategien anwenden usw.). Neben dem Informationsteil gibt es ein individuelles und kostenloses 50-Tage-Beratungsangebot. Auf der Grundlage des durch den Konsumenten geführten Cannabistagebuches werden in einem One-to-one-Chat mit einem Berater der Webseite das einzuschlagende Ziel (Cannabiskonsum reduzieren der ganz damit aufhören?) und die einzelnen Veränderungsschritte besprochen.

Zur Förderung eines unschädlichen oder weniger schädlichen Konsums illegaler Drogen (Safer Use) hat eine Schweizer Arbeitsgruppe das Info-Set *„Drugs – Just Say Know"* (2004) herausgegeben, das im Internet kostenfrei heruntergeladen werden kann (<http://www.eve-rave.net/abfahrer/download/eve-rave/bericht115.pdf>). Auf 22 Karten sind etwa 30 Substanzen jeweils in vier Abschnitten beschrieben (Substanz, Wirkung, Risiken und Nebenwirkungen, Safer Use), und in einem beigefügten Faltprospekt sind Angaben zu verschiedenen Themen wie Safer Sniffing, Safer Sex, das Gesetz und anderes mehr zu finden.

Körkel, J. & GK Quest Akademie (2005). KISS-Handbuch: Kontrolle im selbstbestimmten Substanzkonsum. Heidelberg: GK Quest Akademie. (<http://www.kiss-heidelberg.de>)
Das Handbuch gibt Personen, die ihren Konsum illegaler und legaler Drogen reduzieren möchten, auf 104 Seiten (zehn Kapitel) Materialien zur Konsumreduktion an die Hand (Konsumtagebücher, Zielfestlegungsblätter, Checklisten zur Identifizierung von Risikosituationen, Tipps zum Umgang mit Ausrutschern etc.). Die Materialien sind für den Einsatz in der KISS-Einzel- und Gruppenarbeit gedacht.

Posma, R., Cramer, E. & Schippers, G. M. (2000). Der Entzugsprozess – Eine Spirale nach oben. 3. Aufl. Nijmegen: Universitätsdruckerei.
Die Broschüre ermutigt DrogengebraucherInnen, ihrem eigenen Rhythmus entsprechend den Drogenkonsum zu reduzieren oder einzustellen. Dazu werden diverse Tipps gegeben und den NutzerInnen wird die Botschaft vermittelt, dass die Veränderung des Konsums ein Prozess ist, der Zeit und Geduld erfordert.

Cramer, E., Blekman, J., van Emst, A. & Schippers, G. (2005). In einer Spirale nach oben. Selbstkontrolle über Drogenkonsum. Amsterdam: Jellinek Preventie.
Hierbei handelt es sich um ein stärker strukturiertes Arbeitsbuch als die zuvor genannte Broschüre „Der Entzugsprozess". Das Arbeitsbuch bildet die Grundlage für ein Einzel- oder Gruppenprogramm (vier Sitzungen).

Essstörungen
Schmidt, U. & Treasure, J. (2004). Die Bulimie besiegen – Ein Selbsthilfe-Programm. Weinheim: Beltz.
Das Buch gibt Betroffenen konkrete Anleitungen, um ihr bulimisches Essverhalten Schritt für Schritt zu verändern. Arbeits- und Übungsmaterialien unterstützen dabei. TherapeutInnen können das Buch begleitend zu ihrer Behandlung einsetzen.

Reich, G., Götz-Kühne, C. & Killius, U. (2004). Essstörungen: Magersucht, Bulimie, Binge Eating. (TRIAS Therapie Kompass). Stuttgart: TRIAS.
Der Band unterstützt bei der Selbstüberprüfung, ob Magersucht, Bulimie oder Binge Eating vorliegt, stellt das Spektrum der verfügbaren Therapieangebote dar (Einzel-, Familien- und Gruppentherapie; verhaltens-, tiefenpsychologische und körpertherapeutische Ansätze etc.) und gibt einen „Entscheidungsbaum" an die Hand, um für sich den passenden Therapieweg zu finden. Der Selbsthilfe-Teil enthält Übungen und Anleitungen sowie Adressen von Anlaufstellen und Internetseiten.

„Ess-Tipps"– Menschen mit Anorexie oder Bulimie gibt die Webseite *<http://www.anad.de/de/4/ess_tipps.html>* neben allgemeinen Empfehlungen

(z. B. „Lerne Hunger von Hunger zu unterscheiden") strukturierte Hilfestellungen zur Neuregulation des Essverhaltens an die Hand: ein täglich zu führendes Essprotokoll (s. o.), einen für jeden Wochentag auszuarbeitenden persönlichen Essplan (siehe <http://www.anad.de/de/21/mein_persoenlicher_ess_plan.html>) sowie den so genannten „Alternativen Diätplan" (<http://www.anad.de/de/22/der_alternative_diaetplan.html>).

Internetsucht
Unter *<http://www.firstsurf.com/piuform.htm>* finden sich einige kurze Hinweise zur Limitierung der Internet- bzw. PC-Nutzung (z. B. „Setzen Sie sich feste Grenzen, was Zeitaufwand und Kosten angeht, und halten Sie diese Grenzen unter allen Umständen ein.").

Zwanghaftes Kaufverhalten
Einige praktische Tipps („Sofortmaßnahmen") zur Veränderung von zwanghaftem Kaufverhalten sind z. B. unter <http://www.swr.de/praxis-doktor-weiss/archiv/2002/12/19/beitrag2_2.html> sowie unter <http://www.psychosoziale-gesundheit.net/psychiatrie/kaufzwang.html> zu finden.

Flyer/Broschüren

Flyer bzw. – bei größerem Umfang – Broschüren bieten die Möglichkeit, KonsumentInnen für ihren Suchtmittelkonsum zu sensibilisieren und auf diesem Wege eine Selbstveränderung oder Hilfeinanspruchnahme anzustoßen.

Eine Vielzahl an einrichtungs- und ortsspezifischen Flyern/Broschüren wurde inzwischen entwickelt. Von den Flyern/Broschüren ohne Einrichtungs- bzw. Ortsbegrenzung seien einige ausgewählte genannt:

Von der Webseite der *Schweizerischen Fachstelle für Alkohol- und andere Drogenprobleme (SFA)* (<http://www.sfa-ispa.ch/index.php?IDthemepub=19&langue=D&IDpubvis=1>) können Flyer zu folgenden Substanzen/Themen kostenlos abgerufen werden: Ecstasy, Alkohol, Alcopops, Alkohol und Schwangerschaft, Alkohol und Gesundheit, illegale Drogen und Medikamente im Straßenverkehr, Halluzinogene und Zauberpilze, Tabak, Cannabis, Kokain, Amphetamine und Methamphetamine, Heroin, Schnüffelstoffe sowie Mischkonsum.

Vielfältige Flyer bzw. Broschüren, vor allem zur Alkoholthematik, finden sich auch auf der Webseite der *Bundeszentrale für gesundheitliche Aufklärung (BZgA)* (<http://www.bzga.de>).

Informations-/Unterstützungsquellen (Webseiten, Bücher etc.)

Die vorhandenen Webseiten, die Potential für Selbstausstiegsprozesse besitzen, unterscheiden sich deutlich in Umfang und Informationsbreite. Einige beschränken sich etwa auf einen Suchtselbsttest (s. o.), andere geben umfassende Informationen zu suchtbezogenen Themen und Behandlungseinrichtungen, halten Chatrooms vor usw. Die folgenden Internetseiten seien besonders hervorgehoben:

Selbsthilfegruppenverbände

- Anonyme Alkoholiker <http://www.anonyme-alkoholiker.de> und – analog dazu – Anonyme Esssüchtige <http://www.oa-deutschland.de>, Anonyme Arbeitssüchtige <http://www.arbeitssucht.de>, Anonyme Sex- und Liebessüchtige <http://www.slaa.de>, Anonyme Spieler <http://www.anonyme-spieler.org/> u. a. m.
- Al-Anon Familiengruppen (Selbsthilfegruppen für Angehörige und Freunde von Alkoholikern) <http://www.al-anon.de/>
- Blaues Kreuz in Deutschland e. V. <http://www.blaues-kreuz.de>
- Blaues Kreuz in der Evangelischen Kirche Deutschland e. V. <http://www.blaues-kreuz.org>
- Bundesverband der Elternkreise drogengefährdeter und drogenabhängiger Jugendlicher e. V. (BVEK) <http://home.snafu.de/bvek/>
- Deutscher Guttempler-Orden (I.O.G.T.) e. V. <http://www.guttempler.de>
- Freundeskreise für Suchtkrankenhilfe <http://www.freundeskreise-sucht.de>
- JES – das bundesweite Netzwerk von Junkies, Ehemaligen und Substituierten <http://jes.aidshilfe.de/>
- Kreuzbund <http://www.kreuzbund.de>

Verbände/Organisationen/Einrichtungen der Suchthilfe

- Bundes Fachverband Essstörungen e. V. (BFE) <http://www.bundesfachverbandessstoerungen.de>
- Bundesverband für stationäre Suchtkrankenhilfe (buss) <http://www.suchthilfe.de>; Informationen zu Suchtmitteln, Behandlungseinrichtungen, Rechtsfragen u. a. m.
- Bundeszentrale für gesundheitliche Aufklärung (BZgA) <http://www.bzga.de>; auf der BZgA-Seite finden sich u. a. ein Ver-

zeichnis der deutschen Beratungsstellen zu Drogen-, Alkohol-, Medikamenten- und Glücksspielsucht, Ergebnisse suchtbezogener Studien, Informationsmaterialien zu Substanzen und zur Suchtprävention (verfügbar zum Download oder zur postalischen Bestellung)

- Deutsche Hauptstelle für Suchtfragen e. V. (DHS) <http://www.dhs.de>; Informationen über Sucht und Abhängigkeitserkrankungen; aktuelle Zahlen und Fakten zum Thema Sucht; Hinweise auf Veranstaltungen und Adressen von Einrichtungen; Flyer und Broschüren; Zugang zur DHS-Bibliothek (Anforderung von Literaturlisten etc.) u. a. m.
- Fachverband Glücksspielsucht <http://www.gluecksspielsucht.de>; Informationen zu Glücksspielsucht; Adressen von Beratungsstellen, Kliniken und Selbsthilfegruppen; Foren und Chats (letztere unter <http://www.gluecksspielsucht.de/chat>); diverse Materialien; Fachliteratur; Forschungsarbeiten u. a. m.
- Fachverband Sucht e. V. (FVS) <http://www.sucht.de>; Adressen von Fachkliniken, komplementären Einrichtungen, ambulanten Beratungs- und Behandlungsstellen, Tageskliniken, Selbsthilfegruppen, Präventionsstellen; Veröffentlichungen zum Thema Sucht; Bestellbroschüren; Veranstaltungskalender u. a. m.
- Gesamtverband für Suchtkrankenhilfe im Diakonischen Werk der Evangelischen Kirche in Deutschland e. V. (GVS) <http://www.sucht.org/hilfen/wege.html>; Informationen über Sucht und Suchtmittel, Angebote der Suchtkrankenhilfe, Anschriften, Kosten- und Rechtsfragen.

Online-Beratung
<http://www.das-beratungsnetz.de>; Online-Beratung: Chatberatung, E-Mail-Beratung, Telefonberatung, offene Diskussionsforen

Chatrooms und Foren
Es gibt unzählige Chatrooms und Foren über Suchtprobleme, die oftmals – aber nicht immer – von Fachpersonal betreut werden. Einige wenige davon, substanzspezifisch geordnet, sind:

- *Alkohol:* <http://www.alkoholselbsthilfe.de>; <http://www.saufnix.com/chatten.php>
- *Illegale Drogen:* <http://www.drogenberatung-jj.de/index.html> (über diese Webseite auch E-Mail-Beratung möglich); <http://cannabis-archiv.de/chat/> (speziell für CannabiskonsumentInnen)

- *Glücksspiel:* <http://forum.careplay.ch/default.asp?boardid=3>; <http://www.forum-gluecksspielsucht.de/>; <http://www.spielsucht-hilfe.de/index.html>; <http://www.spielsucht.net/action.shtml>; <http://www.spielsucht-therapie.de/spielsucht/forum.html>

Einzelne Suchtmittel

Alkohol

Viele der zuvor aufgeführten Verbände und Organisationen bieten diverse Informationen zum Thema Alkohol. Daneben seien erwähnt:

- <http://www.quarks.de/dyn/15126.phtml> bietet ein Spektrum alltagsnaher Informationen über Alkohol und Links zur Vertiefung.
- <http://www.kontrolliertes-trinken.de> bietet a) diverse Alkoholselbsttests, b) Hintergrundinformationen zum selbstkontrollierten Trinken und Möglichkeiten, dieses zu erlernen, c) Adressen von Fachkräften, die in Deutschland, der Schweiz und Österreich Angebote zum kontrollierten Trinken vorhalten (mit aktuellen Gruppenterminen), d) Pressereaktionen zu diesem Thema. Zusätzliche Links liefern weitere Informationen für Betroffene, Fachkräfte sowie PressemitarbeiterInnen.

Zigaretten

- <http://www.rauchfrei-info.de>. Die Webseite der Bundeszentrale für gesundheitliche Aufklärung (BZgA) bietet neben Selbsttests und einem Online-„Rauchfrei-Ausstiegsprogramm" (s. o.) vielfältige Informationen zum Thema „Rauchen" sowie verschiedene PDF-Dokumente, geht auf häufig gestellte Fragen ein und bietet telefonische Beratung („RAUCHFREI-Telefon") für Jugendliche und Erwachsene an, die rauchfrei werden wollen.
- Vielseitige Informationen zum Thema „Rauchen" finden sich auch unter <http://www.rauchfrei.de/rauchen.htm>, z. B. Selbsttest; Passivrauchen; Schwangerschaft und Rauchen; Entwöhnungsmöglichkeiten u. a.
- Das Deutsche Krebsforschungszentrum Heidelberg als WHO-Kollaborationszentrum für Tabakkontrolle der WHO bietet auf seiner Webseite <http://www.tabakkontrolle.de> eine Vielzahl Informationen rund um das Thema „Rauchen" und „Tabakentwöhnung".
- <http://www.kontrolliert-rauchen.de>. Die Homepage informiert über den Ansatz des kontrollierten Rauchens. Ausführlich wird der wissen-

schaftliche Stand zu diesem Thema dargestellt. Daneben kann man kostenlos ein „Rauchprotokoll" herunterladen (s. o. unter „Fragebögen/Checklisten").

Illegale Drogen

- <http://www.drugcom.de> bietet jugendgerecht gestaltete umfangreiche Informationen vor allem zu illegalen Drogen, aber auch zu Alkohol („druglex"), eine Übersicht zu Hilfsangeboten („drughelp"), regelmäßig neue Informationen („news") zum Thema Drogen und Sucht und Antworten auf häufig gestellte Fragen („frequently asked questions") zu Drogen und Drogenbehandlung. Unter der Rubrik „Wissen testen" finden Jugendliche acht Tests zum eigenen Wissensstand über die jeweiligen psychoaktiven Substanzen. In einem Selbsttest kann der eigene Alkohol- und Cannabiskonsum getestet werden (s. o.). Für junge Cannabiskonsumenten steht – anonym und deutschlandweit – das Ausstiegsprogramm „Quit the Shit" zur Verfügung. Auf der Webseite können auch persönliche Fragen via E-Mail-Kontakt gestellt („drugtalk") und eine weitergehende (anonyme und kostenlose) Online-Beratung in Anspruch genommen werden. Darüber hinaus ist es möglich, mit anderen KonsumentInnen rund um die Uhr zu bestimmten Themen zu chatten. Der Chatroom wird während bestimmter Sprechzeiten von einem Mitarbeiter der Webseite moderiert.
- <http://www.drogen-und-du.de/Index1.htm>. Diese Webseite mit vorwiegend sekundärpräventiver Absicht möchte neben der Vermittlung sachlicher Informationen über legale und illegale Drogen Anregungen zum risikobewussten Umgang mit psychoaktiven Substanzen geben. Dementsprechend finden sich auf der Webseite Substanzinformationen, diverse Selbsttests (vgl. oben unter „Fragebögen/Checklisten"), Anregungen zur persönlichen Risikoabwägung beim Substanzkonsum, Hinweise zur Nachweisbarkeit von Drogen, zu Rechtsfragen, zum Umgang mit Notfällen, Links zum Verzeichnis deutscher Suchtberatungsstellen und zu ausgewählten Einrichtungen für eher jugendliche KonsumentInnen.
- <http://www.eve-rave.net/>. Die vor allem für Raver gedachte ‚Techno-Webseite' enthält Informationen zu vorwiegend in der Raver-Szene genutzten Drogen, Drug-Checking, Drogen-/Technokultur und -politik sowie deutsche und Schweizer Gesetzestexte zum Drogenrecht, PDF-Dokumente zum Herunterladen (u. a. Broschüren zu Safer Use), eine Vielzahl von Links zu anderen ‚Drogenseiten' u. a. m.

- <http://www.suchtknacker.ch>. Diese Webseite bietet knapp gefasste Informationen zu den am häufigsten benutzten legalen und illegalen Drogen, Antworten auf häufig gestellte Fragen (z. B. „Ist Kiffen erlaubt?"), einen Selbsttest zu Drogenkonsum und Lebenssituation (s. o.), Empfehlungen zum Umgang mit Sucht in der Familie, Beratung per Telefon oder E-Mail, zwei Online-Spiele und eine „News-Seite".
- Unter <http://www.hausarzt.qualimedic.de/Drogen.html> finden sich, jeweils auf etwa einer Seite, Grundinformationen zu den verschiedenen, auch seltener gebrauchten Drogen.
- <http://cannabis-archiv.de/>. Die Seite enthält diverse Informationen über Cannabis, außerdem einen Chatroom (s. o.), Foren und einen Newsletter.
- <http://www.kiss-heidelberg.de> bietet Informationen zu Konsumreduktionsprogrammen für GebraucherInnen illegaler Drogen, besonders das Programm KISS („Kontrolle im selbstbestimmten Substanzkonsum"), Adressen von KISS-TrainerInnen, Literaturhinweise u. a. m.
- <http://www.xtc.mesh.de> versteht sich als Ecstasy-Beratungsstelle im Internet. Neben dem Angebot der persönlichen Beratung via Internet finden sich auf der Webseite Informationen über erste Hilfe bei Überdosierung, Checklisten zur Überprüfung des eigenen Konsums, Literaturhinweise u. a. m.
- Heudtlass, J.-H. & Stöver, H. (Hrsg.) (2005). Risiko mindern beim Drogengebrauch. Gesundheitsförderung, Verbrauchertipps, Beratungswissen, Praxishilfen. 3. Aufl. Frankfurt: Fachhochschulverlag.
  Das Buch möchte die „Risikokompetenz" von DrogennutzerInnen und die „Beratungskompetenz" professioneller HelferInnen in der Drogenhilfe stärken. Themen sind u. a. Safer-Use-Tipps, Mischkonsum und Wechselwirkungen, Tipps und Tricks für den Selbstentzug u. a. m.

Essstörungen

- Die Bundeszentrale für gesundheitliche Aufklärung (BZgA) bietet unter <http://www.bzga-essstoerungen.de> eine Vielzahl von Informationen zu Essstörungen. Sie reichen von der Einteilung der Essstörungen über Broschüren zum Thema Essstörungen bis zu Beratungsstellen, Telefonberatung, Literatur und Links.
- <http://www.anad-pathways.de>. Auf dieser Seite finden sich allgemeine Informationen zu Essstörungen und Beratungsangebote. Unter <http://www.anad.de/de/59/literatur_filmtipps.html> ist eine kommentierte Literaturliste verfügbar.

- <http://www.essprobleme.de>. Diese Webseite bietet auf ca. 300 Seiten Informationen, Chats, Foren und Austauschmöglichkeiten mit Gleichgesinnten via E-Mail.
- <http://www.essstoerungs-hotline.de> bietet Vermittlung und Vernetzung von Ratsuchenden und Therapeuten. Es gibt eine Suchmaschine, mit deren Hilfe man selbst einen Therapeuten suchen kann. Zusätzlich werden weitere Informationen und Angebote rund um das Thema „Therapie und Beratung" gegeben.
- <http://www.essstoerungen-frankfurt.de>. Die Seite des Frankfurter Zentrums für Essstörungen stellt allgemeine Informationen über Essstörungen und Beratungs- und Therapiemöglichkeiten zur Verfügung.
- <http://www.hungrig-online.de> – eine gemeinsame Kommunikationsplattform von hungrig-online.de, magersucht-online.de, bulimie-online.de und adipositas-online.com; ausführliche Informationen zu Essstörungen, umfangreiches Verzeichnis von Selbsthilfegruppen, Beratungsstellen und Kliniken in Deutschland, Österreich und der Schweiz.

Spielsucht

- <http://www.beges.ch/glueck-im-unglueck/index1.shtml#zitrone>; neben einem Selbsttest des persönlichen Spielverhaltens (s. o.) enthält die Webseite Erfahrungsberichte Betroffener, Foren und Links.
- <http://www.gluecksspielsucht.de/>
- <http://www.spielsucht-therapie.de/>
- <http://www.blaues-kreuz.org/spieler.htm>

Kaufsucht

- <http://www.kaufsucht.org/>. Die Webseite liefert eine Reihe von Informationen zu Kaufsucht, Literaturhinweise, ein Gästebuch und weitere Links zum Thema.
- 18 prägnante Thesen/Überlegungen und Anregungen zum Thema „Kaufsucht" sind unter <http://www.prof-gebert.privat.t-online.de/kaufsucht.html> zu finden.

FSC
www.fsc.org
MIX
Papier | Fördert gute Waldnutzung
FSC® C083411

Kolibri 360 GmbH
Ferdinand-Jühlke-Straße 7
99095 Erfurt, Deutschland
produktsicherheit@kolibri360.de